广东省县域历史文化资源

深圳卷

深圳市文物管理办公室

周 军　吴曾德　黄崇岳　主编

文物出版社

北京 · 2009

封面设计　张希广
责任编辑　窦旭耀
责任印制　陈　杰

图书在版编目（CIP）数据

广东省县域历史文化资源·深圳卷/深圳市文物管理办公室编著.—北京：文物出版社，2009.1
ISBN 978-7-5010-2649-4

Ⅰ.广…Ⅱ.深…Ⅲ.①文化遗产—简介—广东省②文化遗产—简介—深圳市 Ⅳ.K296.5

中国版本图书馆CIP数据核字（2008）第187204号

广东省县域历史文化资源

深圳卷

深圳市文物管理办公室
周军　吴曾德　黄崇岳　主编

文物出版社出版发行
（北京市东直门内北小街2号楼）
邮政编码：100007
http://www.wenwu.com
E-mail:web@wenwu.com
北京君升印刷有限公司制版印刷
新华书店经销
889×1197毫米　1/16　印张：26.75
2009年1月第1版　2009年1月第1次印刷
ISBN 978-7-5010-2649-4　定价：400元

目　录

凡　　例

一、本书记述了深圳市辖域内经调查或发掘的具有代表性的物质及非物质的历史文化资源。

二、本书分区编写，分为宝安区部分、南山区部分、福田区部分、罗湖区部分、盐田区部分、龙岗区部分。各部分又按“综述”、“概况”、“不可移动文物资源”、“博物馆纪念馆及馆藏文物”、“非物质历史文化遗产”、“历史名人”、“附录”等顺序编写。

三、附录内容主要有“文物保护单位一览表”、“未定保护级别文物一览表”、“博物馆纪念馆一览表”、“爱国主义教育基地一览表”、“文物分布图”等。

四、本书收录年限上至先秦时代及其后历朝历代，下至当今；各级文物保护单位、博物馆及其馆藏文物的记叙时间截至2004年。

五、由于本地在先秦阶段处于夏、商、周各王朝的势力范围之外，故凡涉此阶段的时间概念表述，均加“时期”二字，意为相当于中原这一段时期。秦汉以后则不加“时期”二字。

概　　述

第一节　地理环境

深圳市地处我国广东省中南沿海，濒临南海，陆域位置东经113°46′至114°37′，北纬22°27′至22°52′。全市总面积1948.69平方公里（根据1995年深圳市土地资源详查结果），其中特区内391.71平方公里。东临大亚湾、大鹏湾，西连珠江口，北靠东莞、惠州，南与香港新界接壤，是一个自然环境优美、历史文化资源比较丰富的现代化滨海城市。

深圳市陆域平面形状呈东西宽、南北窄的狭长形。西自东宝河的滩地西缘，东至大鹏半岛最东端海柴角，东西最大宽度约135公里；北自罗田水库北部边界，南至蛇口半岛狮山以南海边，南北最大宽度约44公里，东部南北最窄处自葵涌以北的石桥坑至鲨鱼涌海岸，仅6公里。

深圳地势东南高，西北低。境内地形复杂，地貌类型多样，属于以丘陵为主，低山、丘陵、台地、阶地、平原相结合的综合地貌区。其中低山、丘陵及高台地组成的山地面积，占全市陆地总面积的62.8%。西部沿海一带是滨海平原。

深圳海岸线全长230公里，海洋资源丰富，有优良的海湾港口，通海条件优越。

深圳属于亚热带海洋性气候，年平均温度22.4℃，最高温度36.6℃，最低温度1.4℃。年平均降雨量1948.6毫米，其中6—8月份每月的雨量在300毫米以上，占全年降雨的一半以上。因受近海特殊地理位置和高温多雨气候的综合影响，空气湿度大，平均相对湿度为79%，一般在春末至秋初湿度大，12—1月湿度最小，属湿润地区。常年主导风向为东南风，其中春季多为东南偏东风，秋季多为东北偏北风。年平均日照数为2120小时，太阳年辐射量5404.9兆焦耳/平方米，因纬度低，属日照时间较长、日总辐射较多的地区。因受山峦阻挡，夏秋季的台风较少直接到达。

深圳市依山傍海、气候宜人的自然环境，自古以来就适合人类居住。

第二节　历史沿革

深圳早在六七千年前新石器时代中期，就有原始人类的活动足迹。相当于中原地区的夏、商、周三代，在深圳山岗地带和沿海沙丘谷地，已生活着与中原华夏族有别的“百越部族”，他们善于捕鱼、航海，也有农耕生活。

公元前214年，秦始皇统一中国，并在岭南设置了南海、桂林、象三郡，迁徙50万人进行开发。深圳属于南海郡辖区内。汉代在深圳设立了“司盐都尉”。东晋咸和六年（331年），设立了辖地有宝安等六个县的东官郡，其范围包括粤中、粤东和闽南的诏安、漳浦一带。郡治在今南头古城一带。宝安县辖地约为今东莞市、深圳市和香港。唐代至德二年（757年）改宝安县为东莞县，县治也由南头迁至涌（今东莞市）。唐开元二十四年（736年），在东莞南头城（今深圳南山区南头城）设立了“屯门街道”，成为东南沿海军事重街道。明洪武二十七年（1394年），深圳设立了东莞守御千户所和大鹏守御千户所，后又在南山半岛设立了南头寨，是“虎门之外卫，省会之屏藩”，军事防卫力量进一步加强，管辖六汛，牵制范围东至潮汕，西至上下川，南至大洋，是深圳在军事史上重大发展时期。

“宝安”的来历，是由于今属于东莞市的宝山，古代产银，所以“言宝，得宝者安，凡以康民也”。另一种说法是，“邑地枕山面海，周围二百里，奇形胜迹不一而足，而山辉泽美，珍宝之气萃焉，故旧郡名以宝安”。在宋代，深圳不但是中国南方海路贸易的重要枢纽，而且是食盐产区，此外珍珠和香料亦很出名。明清时期，宝安经济以产盐、稻米、茶叶、香料和捕鱼、种蚝为主。

明万历元年（1573年），朝廷取“革故鼎新，转危为安”之义，将原宝安县部分从东莞县分离出来，建立新安县，并在东莞守御千户所城的基础上，扩建成新安县城。新安县管辖范围包括今深圳市及香港特别行政区。

清代初期，清政府为防范台湾郑成功及明代遗民在大陆沿海进行抗清活动，实行东南沿海省分内迁50里的迁海之举，新安县所剩部分曾一度纳入东莞县界。康熙二十三年（1684年）新安县始复原界。

清道光二十二年（1842年）8月29日，中英签订不平等的《南京条约》，新安县的香港岛被英国割占。清咸丰十年（1860年）10月24日，新安县的九龙半岛因不平等的《北京条约》而被迫割让给英国。清光绪二十四年（1898年）6月9日，中英签订《展拓香港界址专条》，英国又强租了“新界”，为期99年。至此，新安县原有的香港、九龙和“新界”成为英国殖民地。

民国二年（1913年），因新安县与河南省的新安县同名，为免混淆，又复称宝安县，县治仍在南头。

深圳墟建于清朝初年。由于这一带水泽密布，田边有一条大水沟，故名深圳。全国解放后，1953年因深圳墟连接港九铁路，交通便利，人口密集，工商业比较发达，宝安县县委、县政府东迁到深圳墟。

1979年2月，中央决定在宝安县的基础上建立深圳市，作为“出口加工区”。3月广东省决定将深圳市改为地区级省辖市。1980年5月，中央决定正式建立深圳经济特区。1980年10月，恢复宝安县建制（属深圳市管辖），并改深圳市为副省级市。1988年11月，国务院正式批准深圳市在国家计划中（包括财政计划）实行单列，并赋予其相当于省一级的经济管理权限。

目前深圳市下设南山、福田、罗湖、盐田、宝安、龙岗六个区，其中前四个区为经济特区。

第三节　历史文化概况

在市委、市政府的重视和领导下，深圳的文博工作者历经22年的不懈努力和艰苦奋斗，文物保护和博物馆事业得到飞速发展，并随着考古调查、发掘和研究工作的开展和深化，深圳的地上、地下历史文化遗产以其从未有过的清晰面貌，展现在世人面前。

通过文物普查，已知深圳拥有地上地下文物1792处，其中古遗址及古遗物采集点107处，各类古建筑1685处；已公布的各级文物保护单位150处，不可移动文物点34处。

上百处的先秦文化遗址，证明深圳约有7000年的社会发展史。南山西丽屋背岭商时期墓葬群的发现和发掘，荣获2001年“全国十大考古新发现”称号。宝安西乡铁仔山的东晋至明清时期墓葬群的发现和发掘，列入2000年“全国重大考古新发现”。

深圳拥有1670多年的城市发展史。有600多年历史的南头古城和国家重点文物保护单位大鹏古城，有清代各时期的近200座城堡式客家围以及许多广府式社区聚落和民居，体现了自古以来的移民文化是深圳文化的特色和优势。有成为中国近代史缩影的“天下第一街道”——“一街两制”的中英街。还有在中国近代史上造成深远影响的两次重大历史事件的见证：1839年的九龙海战等7次战斗以全胜战绩拉开了鸦片战争的序幕，孙中山领导的1900年三洲田起义打响了资产阶级武装革命的第一枪。有东江纵队司令部旧址，反映了东江纵队在抗日战争中立下的不朽功勋。这些丰富的内涵，极大地提升了深圳历史文化的地位。

考古资料表明，早在距今六七千年前的新石器时代中期，人类就已经在深圳这块土地上繁衍生息。深圳境内发现和探明了近40处新石器时代的遗址，它们主要分布在海边沙丘和较大河流两旁的山岗上。其中新石器时代中期遗址有6处，余为新石器时代晚期遗址。我市考古工作者重点科学发掘了龙岗区大鹏咸头岭新石器时代中期沙丘遗址、龙岗区葵冲大黄沙新石器时代中期沙丘遗址、盐田区大梅沙1区新石器时代中期沙丘遗址、龙岗区坪山夹圳岭新石器时代山岗遗址等。

进入相当于中原地区的夏商周时期后，尤其在春秋战国时期，已跨入了青铜时代，人口大量增加，社会生产力也明显得到提高。这可从两方面得到印证：

其一，我市考古工作者在深圳地区发现了60余处这一时期的文化遗址，数量较之新石器时代为多，而且各个区均有发现。遗址数量的增加和分布面积较广，说明此时本地区人口增多，而且各处都有先民居住。

其二，全市第二次文物普查时，在南山区的西丽地区和宝安区的石岩地区共发现了34处这一时期的文化遗址，且每个遗址的面积都在10000平方米以上。在不大的范围内，遗址如此密集而且面积较大，正是族群数量增多及每一个族群人口增长较快的证明。

从遗址的类型和所发现的文物来看，当时人类的生产和生活方式可分为两类：一类以捕捞为主业，居住在深圳东部和西部海边，如商时期的盐田大梅沙社区遗址，春秋时期的盐田大梅沙2区遗址等。另一类以种植为主业，居住在深圳中部和北部沿河流两岸的山岗坡地上，如商周时期的南山西丽屋背岭墓葬区，战国时期的叠石山遗址等。

两汉至唐宋时期，深圳的历史有三大变化：一是至少从西汉中期开始，文化面貌从以土著文化为主变为与中原文化趋于一致。二是城市的建立和发展。据文献记载，东晋咸和六年（331年），东官郡郡治和宝安县县治同设于今南山区南头一带，深圳的城市历史迄今已有1673年。这两大变化使深圳的经济与社会步入了快速发展的阶段。三是唐代建立了屯门镇，驻军2000人，从此确立了古代深圳成为广东地区军事重镇的地位。另外，在南山区南头古城附近及与之紧邻的宝安区西乡一带，发现和清理了12座汉墓、22座东晋墓、88座南朝墓，它们是深圳经济和社会发展的佐证。

明清时期是深圳历史上最重要的时期。这时期的地上文物古迹保留甚多，第二次文物普查共发现古建筑1324处（有的一处是一个社区村落），其中绝大部分属于这一时期。主要种类有城址、民居、祠堂、庙宇、碑坊、塔阁、私塾（书院）、桥梁、古井等。它们中最重要的是明洪武年间建立的东莞千户守御所城和大鹏千户守御所城，即南头古城和大鹏古城。大鹏古城史称“沿海所城，大鹏为最”，在我国18000公里的海岸线上，是保存下来的最好的明清海防军事城堡之一。深圳移民文化主要由西部的广府文化和东部的客家文化组成。清代原新安县居民主要是广府人，广府文化成了强势文化，只有在今盐田至香港新界一带有客家人。1958年人民公社化后，将原属惠阳县的龙岗、横岗、坪山、坪地、坑梓等客家地区划归宝安县，构成今深圳龙岗区，从此客家文化与广府文化“平分秋色”，共同成为深圳历史文化或移民文化的底蕴。现存的广府民居、客家民居和其他各式民居，有着丰富的文化内涵，生动而具体地反映出深圳移民文化的特色，显示出颇为深厚的深圳历史文化的源流。可以说深圳是在国内外久负盛名的客家民系和广府民系的历史文化、民情风俗以及中西文化交流的典型地区，其影响播及港澳和东南亚等地区，具有重要历史地位。

深圳是一座英雄的城市。深圳军民在抗击倭寇、葡萄牙殖民主义和英国殖民主义的斗争中，写下了可歌可泣的光辉篇章。早在明弘治六年（1491年），西洋海盗商人入侵深圳地区，东莞守御千户所千户袁光在围剿“番夷”的战斗中壮烈牺牲。正德十六年（1521年），广东按察副使汪鋐亲赴东莞守御千户所城（今南头城）组织起一支四千余军民和五十余艘船只的反侵略队伍，从陆地和海上英勇讨伐占据“屯门海澳”的葡萄牙侵略者，取得了“屯门海战”大捷，收复了被葡萄牙殖民者占据七年的失地，显示出深圳军民捍卫祖国领土完整的英雄气概，揭开了中国人民反击西方殖民侵略的序幕。

深圳近代史上还发生了两件大事，并都对中国历史产生过重大影响。第一件事是1839年的九龙海战拉开了鸦片战争的序幕。当年9月4日英殖民主义者义律率5艘舰船开炮轰击我水师船。大鹏营守将赖恩爵随即指挥水师船和九龙炮台开炮反击。九龙海战以我方的大胜而告终，这应是鸦片战争的起点，“一般地说来，中英第一次鸦片战争是从这次海战开始的”（科利斯《洋烟记》1946年英文版第252页）。九龙海战后的2个月即11月3—13日，发生了穿鼻洋（位于虎门外30里）之战、官涌之战（尖沙嘴洋面）等7次战斗，都以我方胜利结束，充分体现了中国人不畏强暴的英雄气概，打出了威风和志气。

第二件事是清光绪庚子二十六年农历润八月十三日（1900年10月6日）孙中山领导和发动的惠州三洲田（今属深圳市盐田区）武装起义，打响了资产阶级武装革命的第一枪。“庚子首义”虽败犹荣，它用血与火的战斗唤醒了民众，是辛亥革命成功的前奏。

中国共产党成立后，在其领导下的宝安县农民运动和工人运动开展得轰轰烈烈。1925年6月19日爆发的反抗英帝国主义的省港大罢工，深圳既是罢工工人的中转站，又是封锁香港、支援罢工斗争的前线，深圳人民为省港大罢工作出了巨大的历史性贡献。在抗日战争中，中国共产党领导下的东江纵队在广东的抗日战争和解放战争中，立下了不可磨灭的卓越功勋。

大鹏古城，以及三洲田庚子首义遗址、省港大罢工接待站遗址、中共宝安县第一次代表大会旧址、东江纵队司令部旧址、营救香港文化人旧址等一批革命旧址，现已成为爱国主义教育基地和旅游胜地，在两个文明建设中发挥了重要作用。

深圳在历史上是一个移民城市，是古南越族文化与中原文化、移民文化、海洋文化、西方文化等文化的交融和同化地区。在社会生活中，广府人、客家人和沿海渔民逐步创造出富有特色的民间艺术和民间风俗。同时，还涌现出一批具有影响的历史人物。这些宝贵的非物质文化遗存，也是深圳历史文化的重要组成部分。

事实证明，深圳是一座历史文化积淀较为深厚的现代化城市。

壹　宝安区历史文化资源

综　述

1993年1月，深圳市政府撤宝安县建宝安区。现宝安区下辖西乡、福永、沙井、松岗、公明、石岩、光明、龙华、观澜、新安、大浪、民治12个街道办事处。区政府设在新安街道办。

宝安是深圳的文物大区之一，文化灿烂，人杰地灵，地上、地下保存的文物古迹比较丰富。目前，全区拥有省级文物保护单位1处、市级文物保护单位5处、区级文物保护单位16处、区级不可移动文物保护点29处；各类博物馆、纪念馆4座。

全区发现各类文物古迹679处（点）。其中，古代文化遗址及古代文化采集点8处、古村落38处、古代祠堂211处、碉楼170座、私塾书室63处、庙宇宗教建筑4处、革命旧址4处、古圩市3处、近代西洋建筑7处、古井35眼、古桥3座、碉堡3座、旧码头1处、古墓葬29处。其中较重要的历史文化资源介绍如下。

清代古村落中的18处保存较好。如松岗碧头古村落存有蚝壳墙体的古民居，这在深圳地区现存的古村落中较为罕见。公明街道合水口广府式围村，在宝安区现存的同类古民居中具有典型性。西乡黄麻布古村落是沿海地区的客家村落，既保留有客家文化的传统，又吸收广府文化的因素，反映了客家人南迁之后与广府文化交流融合的历史进程。

广府式祠堂多为三开间，少数五开间。建筑材料大多使用木料、青砖、红砂岩石条或花岗岩石条。建筑装饰有木雕、石雕和灰塑。公明街道合水口村的麦氏大宗祠、西乡街道固戍村的佑文姜公祠，是目前深圳地区较早的广府式祠堂。沙井街道新桥村的曾氏大宗祠、松岗街道燕川村的陈氏大宗祠等都具有较高的文物价值，是深圳地区广府式祠堂建筑的典型代表。

各类古代书室、古代学校有力地见证了本地居民崇文重教的历史传统。

革命纪念地、革命旧址中的白石龙营救文化名人旧址，是抗日战争时期广东人民抗日游击总队指挥部，也是我党营救滞留香港（已沦入日寇手中）的我国文化名人和爱国志士八百余人的中转地，为中华民族作出了重要贡献。

在各类碉楼中，观澜街道的碉楼群规模大，类型多，保存好。

观澜古圩是是宝安县明清时期四大圩市之一，也是深圳地区目前保存最完好的古圩，古墟中有清代中晚期的民居、商铺建筑、碉楼和近代西洋建筑。为研究清末民国初深圳地区的政治、经济、文化发展等提供了珍贵的实物资料。

西乡街道固戍社区沙湾村的清代码头旧址，是深圳地区现存比较完好的清代码头旧址。现尚存店铺20多间、碉楼1座。它对研究清朝至民国时期深圳地区航运交通、沿海商业贸易及社会经济等具有较高的历史价值。

馆藏文物均为一般文物，总数200余件。

第一章　宝安区概况

第一节　环境与现状

宝安区陆域位置为北纬22°33′—22°51′，东经113°46′—114°6′。它位于深圳市西北部，北接东莞市，东邻龙岗区，西濒珠江口，区域面积733平方公里。域内有莲花山余脉自东向西贯穿南部，故此区域多低山、高丘；北部是低谷、台地、河谷平原；东部有观澜河谷；中部为公明盆地；西部沿海是低缓的平原和广阔的潮间带泥滩。区内主要山峰有羊台山（海拔587米）、求雨坛（海拔325米）、吊神山（海拔288米）等。主要河流有茅洲河、观澜河、西乡河、石岩河等。水库有石岩水库、铁岗水库等。森林主要分布在低山丘陵区，以相思树为多，间有杉、松及亚热带丛林。

区内气候属亚热带海洋性季风气候，年平均气温22℃，最低气温1.4℃，最高气温为36.5℃左右。每年5月至9月为雨季，年均降雨量在1926.7毫米左右。常年盛吹东南偏东风、东北偏北风。海岸线较长，海域面积较大，海产品较为丰富。

第二节 历史沿革

考古资料表明，早在距今六千年前的新石器时代，人类活动已相当频繁。进入铁器时代以后，宝安的政治、经济及文化都取得了较大的发展。

夏、商、周这里为百越地。东晋咸和六年（公元331年），置宝安县（“革故鼎新，得宝而安”），县治设在今南山区南头古城，迄今已有1600多年。明朝曾改为新安县。

民国初年复名宝安县。1979年1月改宝安县为深圳市。1981年恢复宝安县建制。1993年1月撤县建立宝安区至今。

第二章　不可移动文物资源

第一节　各级文物保护单位

一、广东省文物保护单位

曾氏大宗祠

位于宝安区沙井街道新桥社区。

曾氏大宗祠

始建于清乾隆年间。嘉庆三年（1798年）扩建。

该建筑为五开间三进布局。面阔20米，进深50米，占地面积1000平方米。由前堂、牌楼、中堂、后堂等组成。

宗祠前有旗杆石十多对，旧时凡族中子弟中举或升官，均在宗祠前立杆竖旗，以示荣耀。

前堂面阔五间，进深三间。前堂大门悬挂“曾氏大宗祠”的匾额，并有对联“天下斯文忠一贯”、“古今乔木第三家”。大门外两侧为塾台。

用花岗岩砌筑的石牌坊位于前天井前，为三开间三段式。坊上横额楷书“大学家风”四个大字，左刻小楷“大清嘉庆三年（1798年）戊午初冬之吉立”，右刻“堂下孙腾光拜题，应中敬书”。两侧浮雕人物和云鹤图案。左右檐额阳刻“体忠”、“行恕”。背面横匾刻“片石流辉”、“堂下孙煜拜题”、“堂下孙应中敬书”等字样。

曾氏大宗祠石牌坊

中堂左右有廊庑，

后堂面阔五间，进深三间。

祠内檐壁均有人物故事彩画。

1984年9月，被深圳市人民政府公布为市级文物保护单位。

2002年7月，被广东省人民政府公布为省级文物保护单位。

二、深圳市文物保护单位

1. 绮云书室

位于宝安区西乡街道乐群社区。

绮云书室

港胞郑姚创建于清光绪十一年(1885年)。

朝向南偏西20°。建筑群包括门厅、中厅、后厅、东船厅、西书楼、明楼、花园、厨房、水井等，占地面积3000平方米，是深圳历史上最大的私人书室建筑。

该建筑木雕、石雕、砖雕工艺精湛，图案精美。尤其是梁柱构件均用粗大的红木制作。

现书室主体部分保留完好。

该书室曾是宝安县第二区农民运动和党组织的革命活动中心。因此具有较高的历史、艺术价值。

1998年7月，被深圳市人民政府公布为市级文物保护单位。

2. 永兴桥

永兴桥

位于宝安区沙井街道新桥社区。

始建于康熙年间。清乾隆五十年(1785年）重建。据清嘉庆《新安县志》载:“永兴桥在新桥村之西，锁前溪而跨两岸，当往来要冲，东接黄松岗乌石诸路，西连云林茅洲诸圩。康熙年间监生曾桥川建，日久倾颓。乾隆五十年武生曾大雄、钦赐翰林曾联魁、贡生曾腾光、曾应中等倡捐重建。周围俱以白石砌之。阔三丈余，长十丈余，高五丈余。桥孔有三，上列栏杆，工程浩繁，颇为坚固。虽历经沧桑，而依然完好如故”。

现存为三跨石拱桥。长50米，面阔3.4米，拱高5米余。全桥用花岗岩石砌筑。桥面两侧有浮雕龙凤和小狮的栏板。

1984年9月，被深圳市人民政府公布为市级文物保护单位。

3. 凤凰塔

位于宝安区福永街道凤凰岩岭下凤凰社区。

建于清嘉庆、道光年间。1991年重修。俗称风水塔或文塔。

该塔为六边形六层楼阁式。高约20米。塔基及第一层下半段用青砖砌筑。塔内每层有楼板和木梯。

每层叠涩出檐，无平座。第一层正面开长方形门，第二、三层正面用券门，第四、五层正面开方窗，第六层正面开圆窗。每层与正面相接的两侧面有长条形小窗。塔刹早已遭雷击毁，今存塔刹为1991年重修时所加。

凤凰塔

每层塔门、正面窗上均有石匾或对联，楷书阳文：第一层为“凤阁朝阳”；第二层为“开文运”，左右联为“地近舟山凭凤翥”、“天明黄道任龙翔”；第三层为“经纬楼”，左右联为“凤云蟠五岭”、“金壁联三台”；第四层为“独占”；第五层为“直上”；第六层为“绮汉”。

1984年9月，被深圳市人民政府公布为市级文物保护单位。

4. 文昌阁

位于宝安区新安街道固戍社区南滨海处。

建于清乾隆年间。同治十二年（1873年）、光绪二十五年（1899年）、民国23年（1934年）多次重修。

平面呈方形。首层长、宽各4.2米。高三层，共12米。

基座由花岗岩条石砌筑，阁身青砖垒砌。每层之间以砖叠涩出檐，上有琉璃麒麟，周围有花、草、树木、人物等浮雕。每层有楼梯、楼板，可供登临。

文昌阁

一、二、三层的石门额上分别刻“联登凤阁”、“更上一层”、“会极”。顶端原本有木制笔状塔刹，称“文笔”。

1984年9月，被深圳市人民政府公布为市级文物保护单位。

5. 黄氏宗祠

位于宝安区新安街道上合社区。

始建于明代。后经多次重修。

该建筑为三开间三进布局。前宽9米，后宽10米，进深41.3米，建筑面积371.7平方米。

前堂大门石匾书“黄氏宗祠”，两侧原挂对联“江夏先声”、“珠玑旧业”。

前天井立一座四柱三间三段式石牌坊，是为晋孝子黄舒而立，匾额上书“孝行流芳”，上盖以石湾产琉璃瓦，为道光至光绪年间重修所增。

中堂屏风上挂“敦木堂”木匾，旁立有该社区名女黄姑婆神位。

后天井两侧有两廊庑，其柱础石质为红砂岩，为明代物。

后堂设神龛。

整个宗祠的木雕、石刻、雕塑等，笔法流畅，雕工细腻，用料上乘。

1998年7月，被深圳市人民政府公布为市级文物保护单位。

三、宝安区文物保护单位

中共宝安县第一次党代会旧址

1. 中共宝安县第一次党代会旧址

位于宝安区松岗街道燕川社区素白公祠。

该公祠为三开间二进一天井两廊庑布局。通面阔11.6米，进深18.4米，占地面积213.44平方米。

1928年2月23日，中共宝安县委召开第一次全县党员代表大会，会址原定周家村，后改在素白公祠举行。

1999年3月，由宝安区人民政府公布为区级文物保护单位，并在旧址内建立了中共宝安县一大旧址纪念馆。

2. 东宝行政督导处旧址

位于宝安区松岗街道燕川社区陈氏宗祠。

始建年代不详。重修于清光绪二十二年（1896年）。

该建筑坐北向南。为三开间三进带两跨院的布局，通面阔22米，进深42米，占地面积约924平方米。

1944年7月至1946年6月，中国共产党领导的东江路西解放区东（莞）宝（安）抗日根据地的抗日民主政府即东宝行政督导处设在此。1949年后成为燕川小学校址。

1999年3月被公布为区级文物保护单位。同年对其全面维修，并在此建立了“宝安抗日纪念馆”。

3. 营救文化界人士旧址

位于宝安区龙华街道白石龙社区和樟坑社区。

旧址中，除白石龙教堂尚保存完好外，余皆废弃或无存。

白石龙教堂原为晚清住宅。三开间两进布局，面阔6.5米，进深11.8米，面积76.7平方米。土木结构。清末民国初改为天主教堂，门额匾书“天主堂”，内部用砖拱结构代替传统的木构梁架。

1942年2月起，根据中共南方局的指示，广东人民抗日游击总队历尽艰险，分批从日寇占领下的香港将国内著名文化界人士和民主人士营救出来，并安置在宝安县白石龙广东人民抗日游击队总部、白石龙村天主教堂以及樟坑村等处，作短暂停留后，安全护送到解放区。

2003年11月被公布为区级文物保护单位。

2005年6—8月进行维修，并建成“中国文化名人大营救纪念馆”。

4. 陈朝举墓

位于宝安区沙井街道沙井中学旁。

墓堂、拜堂等用灰砂夯筑而成，墓堂后正中立花岗岩墓碑一块，上刻“宋正议大夫野望陈公诰封夫人晏氏太母之墓”。墓堂前两侧各立一高48、宽28厘米的《更修初迁祖野望公墓志》青石碑。

陈朝举（1134—1213），讳孔硕，字朝举，号野望。宋淳熙年间进士，授正议大夫。因避战乱，自洛阳辗转南迁，初至南雄珠玑巷，后立家东官归德场涌口里。其后裔分布于沙井、福永陈屋、松岗燕川、横岗荷坳、龙岗及东莞等地。

该墓经多次修葺，现存地面建筑为清代重修。

1999年3月被公布为区级文物保护单位。同年实施修复保护。

5. 文氏大宗祠

位于宝安区松岗街道东方社区东方村三巷。

清代建筑风格。现代进行过维修。

该建筑为三开间三进布局。面阔13.7米，进深30.3米，占地面积415.11平方米。

前堂大门两侧设塾台。门上石匾刻“文氏大宗祠”。门下有高大门枕石。前后出檐廊，廊梁架结点分别用雕有动物、人物、花草的驼墩、斗拱和瓜柱，前檐柱间联以石月枋，石驼墩斗拱承檩。两侧有素面红砂石墀头。前堂两侧设次间。

天井两侧设亭台式廊庑。

中堂为硬山，船形正、垂脊，辘筒灰瓦覆顶，琉璃瓦剪边。

后堂与中堂的屋檐直接相接。梁架系抬梁式与穿斗式相结合，结点用圆斗状瓜柱，其后部设二道加墙一分为三间。尖山式硬山，船形正脊，辘筒灰瓦覆项。

2003年11月被公布为区级文物保护单位。

6. 龙津石塔

位于宝安区沙井街道沙四村桥东五巷。

建于南宋嘉定五年（1221年）。清嘉庆《新安县志》载：“龙津石塔在邑中之三都沙井村河边，宋嘉定年间，盐大使建石桥于沙井之东北，桥成之日波涛汹涌，若有蛟龙奋跃之状，故立塔于上以镇之。”

龙津石塔

石塔构件用粗砂岩雕刻而成。塔座正方形，长、宽均为0.56米，高0.29米。须弥座四角浮雕竹节状角柱。塔身为正方形，长宽均为0.44米，高0.6米。正面有弧形佛龛，龛内浮雕半身佛像，螺髻，长圆形脸，突眼，高鼻，小口，双耳垂肩，平胸细腹，身披袈裟，一手平放，一手屈指举于胸前，颇具宋代雕刻造像的风格。塔身左右两面亦有弧形龛：左龛的上部有双手合十与手执宝剑的佛像，下阴刻楷书四行十二字的经文咒语："奄□□，尾萨漂，尾萨罗，叫泮宅"；右龛的上部浮雕一只手，提宝剑，下阴刻四行十六字："奄帝势□，惹睹呢俗，睹提□□，□□泮呢"。因年久风化，经文咒语字迹漫漶不清。葫芦形塔顶和塔身等保存尚好。

1984年，当地群众在原塔基前重建塔座，将残存塔身等安放塔座上。

1999年3月被公布为区级文物保护单位。

7. 智熙家塾

位于宝安区沙井街道坣岗社区北帝路口。

建于光绪戊申年（1908年）。

该建筑朝向东北。为三开间两进一天井两廊庑布局。面阔13米，进深33米，占地面积429平方米。

大门额匾题"智熙家塾"，款为"光绪戊申秋月谷旦"、"顺德陈敏章敬书"。檐口有彩绘，檐板有戏剧人物、花草、暗八仙等雕刻图案。尖山式硬山，博风灰塑花草树木、动物等。辘筒灰瓦，博古正脊。清水砖墙，花岗石条砌墙裙、墙角。

后堂为二层阁楼式。镬耳式封火墙，辘筒灰瓦，绿琉璃瓦剪边。

这是一座家塾和家祠合一的建筑。

1999年3月被公布为区级文物保护单位。

8. 曾耀添宅

位于宝安区沙井街道上星社区。

建于民国时期。因屋主绰号"得财改"，故当地人称之"得财改楼"。整栋建筑保存比较完好，造型优美，具有较高的保护利用价值。

坐东朝西，面阔15.5米，进深12.62米，占地面积195.6平方米。

该建筑是一座中西合璧的混凝土结构三层楼房，内外墙体全部用三合土夯筑。内部梁、柱、板均用混凝土浇注。

外观呈浓郁的欧式建筑风格：入口处采用巴洛克式样门柱，拱券顶门窗，三层为罗马式外挑拱廊，楼顶大平台建穹隆顶凉亭。

其平面为传统方形围屋式布置。房屋中央是内院式天井，房间沿天井四周排列，每面各三间。

整栋建筑只有一个大门供出入，门内设岭南传统式样的推拉铁栅（趟栊）门，底层对外不开窗，有较强的防卫功能。

1999年3月被公布为区级文物保护单位。

第二节　地上文物资源

一、宫观、寺庙、教堂

1. 西乡王大中丞祠

位于宝安区西乡街道西南端。

始建于清康熙年间。

该建筑为三开间三进布局，面阔11.75米，进深32.73米，占地面积384.5平方米。

前殿前后出廊。大门外两侧有塾台。门额匾阳刻“王大中丞祠”，两旁阴刻对联“巡粤表孤忠，耿耿丹心，奏牍两章留史册”、“抚民留善政，元元赤子，讴思万载仰旌常”。檐板刻花鸟草木、人物故事。明间与两次间相隔的为搁檩式承重墙。木构梁架上高浮雕人物故事，有装饰性斗拱。尖山式硬山，船形正脊两边有灰塑博古装饰，辘筒灰瓦，绿琉璃瓦剪边。

中殿情况同前殿。

前、后天井两侧有卷棚顶廊庑。

该祠祀奉清康熙初年广东巡抚王来任。

2. 清湖三界庙

位于宝安区龙华街道清湖老村北部。

始建于明代。清道光十二年（1832年）重修。

该建筑座东朝西。为三开间二进布局，面阔9.5米，进深12.4米，占地面积117.8平方米。

前殿面阔三间，进深二间。明间辟门。明间与次间有墙相隔，拱券门洞相通。左次间墙上嵌有“重修三界庙碑”。内墙檐有彩绘壁画。木构梁架。尖山式硬山，博古式正脊，辘筒瓦屋面，绿璃璃瓦剪边。

后殿情况同前殿。

天井内有庑殿式香亭，单面坡廊庑。

该庙供奉玄帝、文帝、武帝和土地神。

3. 新二社区康杨二圣庙

位于宝安区沙井街道新二社区。

始建年代不详。现存建筑为道光二十七年（1847年）重修。

该建筑坐东朝西。为三开间二进布局，面阔8.22米，进深14.54米，占地面积118.5平方米。

前殿面阔三间，进深三间。出前廊。正门外两侧设塾台，红砂石方形檐柱。石门额上刻“康杨二圣庙”。右次间墙壁嵌石碑篆书“重修康杨二圣庙碑记”。木构九架梁。木雕人物故事驼墩，圆斗状瓜柱。尖山式硬山，辘筒灰瓦，绿琉璃瓦剪边。琉璃正脊雕饰欧式建筑及西洋人物图案，博古式垂脊下部饰瓷坐狮一对（残）。

后殿面阔三间，进深三间。船形正脊。尖山式硬山。后堂已部分倒塌。

整栋建筑为花岗石柱础，清水砖墙。

这是本市现存古建筑中受西方文化影响最早的一例。

二、教堂

白石龙天主教堂

参见第二章第一节宝安区文物保护单位营救文化名人旧址条。

三、宗祠

1. 上合村黄氏宗祠

参见第二章第一节深圳市文物保护单位黄氏宗祠条。

2. 曾氏大宗祠

参见第二章第一节广东省文物保护单位曾氏大宗祠条。

3. 坣岗陈氏大宗祠

位于宝安区沙井街道坣岗社区东北。

始建于清乾隆甲寅年（1794年）。现代维修。

前天井两侧为亭台式廊庑。后天井两侧为卷棚顶廊庑 。

该建筑面朝东南。为三开间三进布局。面阔12米，进深35.18米，占地面积近430平方米。

前堂大门外有塾台，檐柱均为花岗石。门额行书“陈氏大宗祠”，右侧小字“乾隆岁次甲寅三月吉旦”。门两侧楹联为“前面桥溪后面沙溪溪水长流涌出渡溪新气象”、“空中天马庭中禄马马辟超拔迎来驸马旧家风”。

中堂后金柱间构置木屏风，上有现代重修时所挂“虞祐堂”牌匾。金柱楹联为“雍睦世家子孙发达开先绪”、“颍川堂上祖武传留启后人”。

后堂明间置供桌、神位等，左右对联为“六龙怀念姻亲旧”、“五马近思世泽长”。

4. 东方村文氏大宗祠

参见第二章第一节宝安区文物保护单位文氏大宗祠条。

5. 合水口麦氏大宗祠

位于宝安区公明街道合水口社区北。

始建于明末。民国元年（1911年）重修。1997年再修。现存建筑为清代风格。

该建筑为五开间三进布局。坐北朝南。面阔18.6米，进深46.9米，占地面积约872平方米。

前堂面阔五间，进深三间。大门上有“麦氏大宗祠”木匾，两侧有对联为“长江源远”、“古柏根深”。尖山式硬山，抬梁式和穿斗式相结合的梁架。

前天井建四柱三间三段式石牌楼，庑殿顶，上刻“宿国流芳”，左侧有小字“民国元年岁次壬子重修”。两侧为尖山式硬山廊庑。

中堂宽五间，深五间。尖山式硬山，抬梁式和穿斗式相结合的梁架。

后天井两侧为卷棚顶廊庑。

后堂中间设神龛，内供奉牌位。尖山式硬山。

6. 玉律德贵曾公祠

位于宝安区公明街道玉律社区玉律一区北部。

始建于清初。1989年重修。

该建筑为三开间二进布局。面朝东南。面阔13米，进深22米，占地面积286平方米。

前堂大门石匾行书“德贵曾公祠”，门两侧对联行书“源通沂水”、“脉接武城”，横批“百子千孙”。

天井两侧为卷棚顶廊庑。

后堂后部正中靠墙有一木牌“十四世祖显考曾公德贵妣曾母冼氏之神位”。

曾氏族人祖籍山东，后经江西迁至此。

四、塔阁、牌坊（楼）

1. 凤凰塔

参见第二章第一节深圳市文物保护单位凤凰塔条。

2. 文昌阁

参见第二章第一节深圳市文物保护单位文昌阁条。

3. 龙津石塔

参见第二章第一节宝安区文物保护单位龙津石塔条。

4. “孝行流芳”牌楼

位于宝安区新安街道上合社区黄氏宗祠内。

清末建筑。

为四柱三间三段式。石座平面为长方形，座底长6.15米，宽3.4米，以花岗岩石板铺砌而成。石柱4根，前后有夹柱抱鼓石。明间高3.15米，宽1.75米。左右次间高0.8米。庑殿顶，饰以石湾制绿色琉璃瓦及陶塑。横梁及斗拱为木质结构。

明间额刻“孝行流芳”楷书，上立竖匾书“奉旨旌表”，左右对联为“西晋伦常南粤士”、“六年庐墓一生心”。左右次间额书“出第”、“入孝”。背面竖刻“奉旨旌表”楷书。

此牌坊是为表彰当地孝子黄舒而立。

五、住宅

1. 广府式住宅

(1) 沙四升平围寨墙

位于宝安区沙井街道沙四社区。

建于南宋。

现尚存寨墙一段，系用蚝灰、黄泥、砂石版筑而成。

据传，这里原为宋、元时期归德盐场衙署所在地。清初，归德场原盐课司署。因迁界，建筑遭破坏。康熙八年（1669年）复界后，本地成为义德堂陈姓回迁聚居地，逐渐发展成为沙井大村。

升平围寨墙是广府围的历史遗存，是沙井历史变迁的见证。

(2) 万丰寨墙

位于宝安区沙井街道万丰社区。

建于明代。

是当时邓家蓢村（今万丰社区）的村防设施。由围门、碉楼和寨墙三部分组成。

今存寨墙一段和墙上碉楼一座。寨墙残高约1.2米，残长6米，厚1.2米，均用青砖垒砌。从砖的规格和形制来看，应是明代遗存。碉楼残高约3米。

（3）**黄埔洪田围**

位于宝安区沙井街道黄埔社区。

建于清末。

该建筑呈三纵三横排列。坐东朝西，背山面水。

单元建筑为一天井一正房。以洪田一巷3号为例：坐东朝西。面阔11米，进深10.54米，占地面积116.4平方米。

大门为推拉式趟栊门，门上木枋有彩绘。后有天井小院。

正房北开大门，面阔三间。屋内靠后部设二层。三合土夯筑墙体。尖山式硬山，平脊两头作博古饰，辘筒灰瓦，博风灰塑黑带白草纹。

寨墙高大，花岗石基础，清水砖墙，有压顶。

（4）**燕川民居**

位于宝安区松岗街道燕川社区二区9号。

建于清末民国初年。坐西朝东。面阔9.6米，进深9.3米，占地面积89.3平方米。

天井两侧设单面坡廊庑，红陶瓦屋面，正面有挡风墙，檐下有灰塑。

正房为三开间二层。后壁墙檐饰彩绘及墨题诗词壁画。前檐下方形石柱间以木枋相连。尖山式硬山，船形正脊。

整栋建筑以红砂石为墙础，清水砖墙。木构梁架。

（5）**径口民居**

位于宝安区光明街道径口社区。

建于清末民国初年。

该建筑坐东朝西。东西四排，南北六列。均为砖木构建。

单元建筑为一天井一正房。面阔10.50米，进深9.50米，面积99.7平方米。

正房三开间，坐东朝西。中间开门，红砂石门柱，有门罩，饰彩绘。两侧门及门罩略低于中门。清水砖墙。尖山式硬山，红陶板瓦屋面，船形正脊。

2. 中西合璧式住宅

（1）流塘国际大厦

位于宝安区西乡街道流塘社区荔园一路25号。

建于民国。为南洋华侨刘姓兄弟所建。

坐北朝南。面阔14.5米，进深20米，占地面积290平方米。

该建筑为三层近代欧式建筑造型。混凝土墙体。巴洛克式门柱，拱券顶门。门额书“镇业国际大厦”。楼顶大平台建堡式瞭望台，四角设碉堡，具有较强的防御功能。保存较好。

（2）曾耀添宅

参见第二章第一节宝安区文物保护单位曾耀添宅条。

3. 湘赣式住宅

新二曾氏宅

位于宝安区沙井街道新二社区向西二巷14号。

坐东北朝西南。为三开间带前院的住宅。面阔9.9米，进深12.9米，面积127.7平方米。

正房明间为厅，两次间为居室。正房前为院落。

大门开在东南院墙靠正房处，红砂岩石门框，檐口饰卷草纹。

进大门即为卷棚顶长廊，卷棚内檐口有“三友图”和“写生图”。

西南院墙的两侧各有一间小房，为厨房、杂物间。两小房之间是天井。

两小房空间的西南围墙上压顶，下饰几条弦线纹。再下中间为一长幅、两侧两小幅山水画堆塑。再下正中是方形镂空花窗，其两侧对联为“明月当窗花正馥”、“清风浮案墨生香”，横批“竹笑兰言”。可见西南院墙是照壁的另一种形式。

4. 碉楼

（1）水田碉楼

位于宝安区石岩街道水田社区。

建于1932年。

坐北朝南。底平面呈方形，长5米，宽5米。

高四层（约15米）。三合土夯筑墙体。混凝土楼板。层与层之间有木梯相通。

各层四壁设窗和枪眼。枪眼长方形，外小内大，呈倒喇叭状。

第四层正面灰塑八卦图，其上雕怪兽头像。封火墙若塔刹状。有朱书“1932”。

（2）**观澜碉楼群**

位于宝安区观澜街道。

几乎每个社区居委会(自然村)都有碉楼。据不完全统计共114座。最早的为清嘉庆至道光年间，最晚的建于20世纪30年代。

早期碉楼修建在客家围屋的四角，一般有三四层，墙体用三合土夯筑，上有望孔和枪眼，主要起防御功能。

至清晚期，碉楼建筑的规模、体量大为缩小，一般建在民宅之一隅，墙体也开始使用水泥。

后期碉楼则将居住与防御功能合二为一。为采光和通风，各层都开方窗，只在楼顶设枪眼。后来碉楼成为海外华侨回乡光宗耀祖的标志性建筑，于是一座座独立的碉楼拔地而起，形成了一个社区有几十座碉楼那样的景观。

六、 革命纪念建筑及历史名人建筑

1. 革命纪念建筑

（1）**中共宝安县第一次党代会旧址**

参见第二章第一节宝安区文物保护单位中共宝安县第一次党代会旧址条。

（2）**东宝行政督导处旧址**

参见第二章第一节宝安区文物保护单位东宝行政督导处旧址条。

（3）**营救文化界人士旧址**

参见第二章第一节宝安区文物保护单位营救文化界人士旧址条。

2. 历史名人故居

沙浦二社区蔡学元进士第

位于宝安区松岗街道沙浦二社区。

建于清嘉庆十三年（1808年）。

该建筑为坐北朝南。三开间二进布局。面阔12.85米，进深20.1米，占地面积258.3平方米。

门厅面阔三间，进深一间。平面呈“凹”字形。明间辟门，门额匾书“进士第”。两次间为耳房。尖山式硬山,红瓦屋面，博古正脊，脊身有灰塑。檐板有花草图雕饰。

后堂进深一间。尖山式硬山，船形脊，红陶瓦屋面。封檐板上有木雕，檐下有山水壁画。

天井两侧廊庑已毁。

距“进士第”不远有花岗石制“进士碑”四通，正楷碑文，皆为“钦取咸安宫官学教习蔡学元立。嘉庆戊辰（1808 年）科进士”。

七、 学校（私塾、书室、书院）

1. 松元厦振能学校

位于宝安区观澜街道松元厦社区松元河南岸山岗上。

建于 1914 年。

包括一座两层教学楼、一座五层校舍楼及礼堂等。建筑面积 2460 平方米。

教学楼为九开间，两侧有三开间平房，瓦顶。两层教学楼正中上部为巴洛克式钟楼。其下一横匾上灰塑“观澜中学”四字。

校舍为三开间五层碉楼式建筑。其上灰塑楷书“振能学校”。

该建筑现仍为观澜中学使用。

2. 绮云书室

参见第二章第一节深圳市文物保护单位绮云书室条。

3. 沙四碧涧公家塾

位于宝安区沙井街道沙四社区九巷 1 号。

现存建筑风格为清末。

该建筑为三开间两进一天井两廊庑一牌坊布局。土木石构筑。三合土地面。

天井两侧的廊庑已被改建为二层现代小楼。

4. 坣岗村智熙家塾

参见第二章第一节宝安区文物保护单位智熙家塾条。

八、其他建筑

1. 古井

（1）凤凰岩长寿仙井

位于宝安区福永街道凤凰社区凤凰岩古庙北。

始建于明弘治庚戌（1490 年）。现代维修。

井口为圆形，直径0.58米。外用边长1米的花岗石条砌成方形。井壁用石块砌成筒状。

井旁立有红砂岩石碑两块：

其一，阴刻楷书“长寿仙井”，落款“番禺举人陆莫口题”。今碑已残，残高0.68米，宽0.27米，厚0.13米；

其二，阴刻楷书“净瓶洒露”，落款“明宏（弘）治庚戌（1490年）进士郑士忠题”，保存完整。

长寿仙井水质好，四季不涸，现仍在使用。

（2）**凤凰古井**

位于宝安区福永街道凤凰社区巽岭公家塾东约20米。

建于清代。

井口用青石围成正方形，边长1米。井壁用石块砌成圆筒状。

井北有一石碑，高1.03米，宽0.45米，厚0.15米。上书“南无阿弥陀佛”。

该井水质好，现仍在使用。

（3）**上横朗古井**

位于宝安区龙华街道同胜上横朗社区西部。

建于清代。

井口为正六边形，边长1.10米。用花岗岩石条围砌而成。周围有大型石台。井壁用青石块砌成圆筒状。

井北边有一石碑，高0.6米，宽0.3米，厚0.15米，为打井时所立，止面书“南无阿弥陀佛”。

该井水质较好，仍在使用。

（4）**沙井中学云林仙井**

位于宝安区沙井中学大门左侧300米处。

据传建于明成化年间。

井口用花岗岩石条砌成方形，石条长1.42米，宽0.11米。井深2.5米。井壁用青砖砌筑。四周现为水泥铺成的平台。

水质上乘，现仍被使用。

（5）**周木墩老村井**

位于宝安区光明街道周木墩老村。

建于清代。

井口用规则的花岗岩条石砌成八边形，边长0.37米，直径1.02米。井口周围用条石铺砌成八边形的井台，呈中间高四周低的缓坡状。井壁用青砖砌筑。

据讲该井已沿用数百年，现水质仍好，继续使用。

2. 桥梁

永兴桥

参见第二章第一节深圳市文物保护单位永兴桥条。

第三节　地下文物资源

一、遗址

1. 红星威岗山东北遗址

位于宝安区公明街道红星社区威岗山东北部。

遗址长110米，宽100米，总面积11000平方米。2000年深圳市第二次文物普查时发现。

遗物中有较多的泥质印纹硬陶，少量的素面夹砂红褐陶及磨制石器等。印纹硬陶为灰色，纹饰有方格纹、菱形纹等。可辨器形有罐等。石器有镞等。

该遗址面积较大，堆积较厚，内涵丰富。

2. 红星威岗山东南遗址

位于宝安区公明街道红星社区威岗山东南部的一座小山丘上。

遗址南北长150米，东西宽120米，总面积18000平方米。2000年深圳市第二次文物普查时发现。

遗物中有较多的夹砂素面红褐陶及泥质印纹灰陶。纹饰有夔纹、叶脉纹、方格纹、菱形纹等。另有磨制石器等。

该遗址时代从新石器晚期至商周时期。

二、古窑址与窑藏

1. 古窑址

（1）步涌窑址

位于宝安区沙井街道步涌小学西侧荒坡上。在此发现窑址3座，1984年9月深圳博物馆清理发掘。

3座窑均已残破不全。中间的一座窑用砖砌成椭圆形，窑壁砖呈红色，上饰大方格和菱形纹。窑内填土中发现有长条形和圆锥状的支垫窑具以及一些青瓷片。

这3座瓷窑的年代为南朝。

（2）岗头窑址

位于宝安区沙井街道岗头社区旁的岗头山南坡下。1984年9月深圳博物馆在此发现窑址2座，并清理其中一座，编号为沙岗Y1。

窑已塌毁，平面略呈半圆形。最短径1.25米，最长径1.6米，残高0.23米，窑壁厚0.20厘米。窑底平整。填土内有窑壁残块、红烧土块、锥状窑具及瓷片。出土锥状支烧窑具100多件、残瓷碗2个。在窑址旁不远处有数堆锥状支烧窑具堆积，其中夹杂少量的瓷片。

这2座瓷窑的年代为南朝。

（3）楼村窑址

位于宝安公明街道楼村社区百果园内。2004年7月宝安区文物普查发现。窑址前有古河流经过，窑址就分布在沿河的二级台地上，依山傍水。

探明和清理出窑5座、作坊1处、瓷片堆积4处以及瓷土和明清古村落等遗迹。

在清理的四座窑中，以1号窑保存最为完整，出土器物最多。2号窑、3号窑因两年前开山种树已遭破坏，残留有工作面、火膛及部分窑床。

出土瓷、瓦片万余片及大量窑具，其中可复原的器物达近百件。大多为酱褐釉和青黄釉，以及少量青白瓷和青花瓷。主要有碗、盏、盘、碟、双系罐、四系罐、高足杯、盆、壶、擂钵、器盖等。此外，还出土有大量带字器物，如“中”、“花”、“用”、“号”、“有”、“福”、“劳”、“土”等，其中一碗底戳印八思巴文印章。

时代为元朝。

2. 窖藏

（1）铁仔山铜钱窖藏

位于宝安区西乡街道铁仔山东坡。1984年7月当地农民取土时发现。

窖藏铜钱已大部散失，收集到的约有10公斤。多为宋代年号钱。

该窖藏时代应为南宋。

（2）桥头铜钱窖藏

位于宝安区福永街道桥头社区。1984 年当地农民发现。

窖藏现场已遭破坏，铜钱部分散失，收集了约120公斤。大部份是宋代钱币，其中有一枚北宋靖康元宝，较为珍贵。

该窖藏时代应为南宋。

（3）沙围铜钱窖藏

位于宝安区松岗街道沙围社区花果山。1995 年 9 月当地农民取土时发现。

据说原有4000公斤，仅收回2000公斤。由于现场已遭破坏，窖藏情况不明。铜钱锈蚀相当严重。根据初步整理，有汉五铢、新莽货泉、唐开元通宝、乾元重宝、五代十国的周元通宝、南唐的唐国通宝、前蜀的通政元宝等。其中以两宋钱币占绝大多数，最晚为南宋淳祐十二年（1252 年）的淳祐元宝。

该窖藏时代应为南宋。这是深圳地区第一次发现数量如此之多，品种、版别如此丰富的铜钱窖藏，在整个广东地区也不多见。此批窖藏为研究宋代深圳地区的社会经济与政治提供了宝贵的资料。

（4）松柏山铜钱窖藏

位于宝安区沙井街道松柏山广深高速公路工地。1989 年 3 月施工时发现。

经整理，这批铜钱大多为宋钱，有少量开元通宝、唐国通宝。

该窖藏时代应为南宋。

（5）白岗山铜钱窖藏

位于宝安区福永街道白岗山。1983 年 9 月 23 日基建时发现。

铜钱共重52.5公斤，埋藏在距地表40厘米处的一个直径为25厘米的圆型土坑内，排列有序。有东汉五铢、新莽货泉、隋五铢、唐开元通宝、五代十国年号钱等，以宋代年号钱最多，最晚的为元至正通宝。

该窖藏时代应为元朝。

三、墓葬

1. 古墓葬

（1）岗面山墓葬

位于宝安区新安街道西乡中学北侧山岗上。1984 年在基建施工取土时发现。

当深圳博物馆考古人员闻讯赶到现场时，墓葬已被推毁，墓砖遍地。考古人员从现场采集到汉代陶器17件，有四耳提筒、两耳平底壶、两耳圈足壶、高脚盏、簋、平底釜、碗、器盖等。

墓葬时代为东汉。

（2）**铁仔山墓葬群**

位于宝安区西乡铁仔山东坡。

东汉墓 1984年深圳博物馆调查发现并清理2座，编号为西崩M10、M11。

西崩M10为长方形竖穴土坑墓，带短墓道。墓坑填土为灰褐色五花土。墓向东偏北15°。全长3米，宽1.18米，墓残深0.3米。出土随葬品仅有陶碗1件，还有少量酱褐色陶片。

东晋墓 1984年深圳博物馆发现并清理3座东晋墓，编号为西崩M3、M4和M9。

西崩M3为长方形砖室券顶墓，曾被盗挖，故大部已被破坏。墓东偏北25°，残长2.56米，宽1.6米。墓后壁中部有头龛，墓壁砖为三横一竖,墓底砖平铺呈人字形，砖面上拍印方格纹，大小为36厘米×15厘米×4厘米。墓中底部有木炭和红烧土块。出土遗物有青釉、酱釉陶片。

西崩M9为“凸”字形砖室券顶墓，曾被盗掘。墓向东偏北22°。全长4.68、宽1.66米，墓室残深0.61米。墓底平铺17块垫棺砖，中间部分为横放，两边斜放，砖的规格为36厘米×16厘米×4.5厘米,砖面上拍印方格纹。出土遗物有青釉陶小杯1件及大量青釉和酱釉陶片。

西崩M4为长方形砖室券顶墓。墓向东偏北40°。残长2.16、宽1.6、残高1.5米。后壁中部有头龛。墓底未铺砖，仅见数块垫棺砖和灰烬、木炭。墓四壁砖为横竖相间的砌法，砖两侧饰有方格纹，大小为37厘米×17厘米×5厘米。出土遗物有较多青釉陶片。

2000年为配合107国道西乡段立交桥工程建设，由深圳市文物管理委员会办公室、市博物馆、宝安区文化局并邀请河南省洛阳市第二文物工作队共同组成联合考古队，对铁仔山古墓群进行了第二次抢救性考古发掘（下同），共发现东晋墓5座，其中砖室墓3座，土坑墓2座。

砖室墓均为纪年墓，纪年砖一般砌在券顶内侧或墓壁上部内侧。3座纪年墓的年号分别为晋元帝司马睿“大兴二年”（公元319年）、“大兴四年”（公元321年）和晋

铁仔山墓葬群

明帝司马绍“太宁二年”（公元324年），即均为东晋初年墓。纪年的内容主要是：“大兴四年辛巳岁宜封侯”、“太宁二年岁甲申宜子孙”、“大兴二年六月”等，字体为隶书，苍劲有力。随葬器物有青釉瓷四系罐、钵、盂、铁剪、银饰、料珠等。

砖室墓的砖可分为三种：素面砖、纹饰砖和纪年砖，砖上的纹饰主要有手印纹、网状纹、米字纹、水波纹、斜线纹、菱形纹、梯形几何纹、云纹、米字纹＋折线纹、网格纹＋菱形纹等。

砖室墓可分两型：

I型墓为长方形单室券顶墓，墓室长4.12、宽1.04、高1.14米。从起券处到券顶高1.29米。短斜坡墓道长2.1米。墓室后壁中下部有一近正方形头龛，长0.12、宽0.11、进深0.18米。在墓道与墓室间用封门砖相隔，封门砖采用一层侧顺砖，一层侧竖砖，逐层叠砌而成。墓底错缝平铺一层青砖，砖长31—36、宽12—18、厚4—5.5厘米。

II型墓也为长方形单室，但无券顶和壁龛。墓室长3.42、宽0.61—0.64、高1.14

米。墓壁砖错缝平铺，砖长35、宽14.5、厚4—4 .5厘米，均为青灰色。墓底为坚硬的红色风化土，在墓底的前部、中部和后部各有一块稍突出于红色土的较平整的岩石，可能为垫棺之用。

东晋土坑墓均为长方形竖穴。墓一般长1.9、宽0.52、深1米左右。棺木与人骨均朽而无存。随葬品仅有青釉瓷四系罐、钵和碗等。

南朝墓 1988年深圳博物馆调查发现并清理22座。

均为砖室墓。墓葬均遭盗掘，有的仅余墓室一角。墓葬形制有3种：长方形单室券顶墓16座；前、后室券顶墓1座；长方形叠涩顶墓4座。红色墓砖，有长方形、楔形两种，素面为主，个别砖面上有模印的莲花纹或网格纹。出土青釉瓷器101件，主要有四耳罐、六耳罐、碗、杯、碟、盘、钵、灯、唾壶、鸡首壶、带柄杯形器、砚、器盖、陶釜、陶杯等。其他随葬品有滑石猪、滑石蝉及铁剪等。

2000年为配合107国道西乡段立交桥工程建设，进行了第二次抢救性考古发掘。共发现南朝墓36座，有砖室墓和土坑墓两种。砖室墓一般破坏较重，土坑墓保存较好。

砖室墓大小差异较大，最大的墓室长5.88、宽1.08米；最小的长0.96米、宽0.46米。大型墓的墓室一般分前室和后室，上有券顶。墓的后壁及左右壁用砖仿砌直棂窗。近墓门处有渗水井，与墓门外的砖砌排水沟相通。排水沟一般长12米左右，个别长达60余米。随葬器物主要集中放在前室。墓底用砖平铺成人字形。小型墓为狭小的单室墓，叠涩顶。

随葬品多寡不一，最多的17件，最少的仅有1件，主要为青釉瓷器。种类有鸡首壶、杯、盅、钵、碗、碟、四系罐、盂等，还有砚台及滑石猪等。

南朝墓的砖一般为红色，少量为青砖，有三种规格：38厘米×18厘米×5.2厘米、37厘米×17厘米×5厘米、39.5厘米×19厘米×5.3厘米。

南朝的土坑墓，其长度在1.9—2.1米之间，宽度在1—1.2米之间，随葬器物以青釉碗、罐、钵为主。

宋墓 2000年为配合107国道西乡段立交桥工程建设，进行了第二次抢救性考古发掘。在该墓地B区发现宋墓4座。

均为长方形瓦室墓。墓室长2.6—2.7米之间，宽1.2米左右，深0.68米。墓壁皆用30—32层瓦片叠砌而成，墓口用大石条或大石板覆盖，墓底用厚3—5厘米的细黄土铺垫。随葬品较少，仅有石砚台、铁刀、铜钱等。

明清墓 1980年广东省博物馆发现并清理2座明代墓。编号为西崩M24、M38。

以M38为例，该墓用贝壳烧成的灰沙筑成。东西方向。墓室长2.2、宽0.7、高0.6米。封门外正中镶有一块方砖朱书的买地契，上书“大明天顺元年（公元1457年）岁次”字样。随葬品有陶罐、陶碗，分别置于墓室前端。

2000年为配合107国道西乡段立交桥工程建设，进行了第二次抢救性考古发掘，发现明清墓203座。

主要为土坑墓，墓长在2.1—2.4米之间，宽度在0.52—0.8米之间。构筑方法是先挖一土圹，然后在圹底铺垫一层石灰，将棺置于圹底正中，再在圹与棺之间填充三合土并夯实。除单人葬外，还流行双人合葬墓。随葬品大多数置于脚头前的熟土二层台上，也有少数是置于墓圹右侧中部。器物为两个并排放置的酱釉瓷四系罐，罐内各置一青花瓷酒杯，罐口上各扣一青花瓷碗或碟。绝大多数墓的人骨架已腐朽无存或仅存少量肢骨，少数人骨保存较好。人骨均仰身直肢，头向北。女性双手交叉置于骨盆正中。耐人寻味的是，在女性胸部近乳处放置一鸭蛋大小的卵石。男性的死亡年龄一般在40岁左右，女性的死亡年龄一般在60岁左右。

其中两座明墓有地上建筑。以M184为例：该墓为夫妻合葬墓，分拜堂、祭台、墓堂及半圆形护墙几个部分。整个墓东西宽3.87米，南北长3.2米。祭台用红砂岩构筑，中部有放置墓志的须弥座，其基座由上枋、束腰及仰俯莲花组成。东侧墓志无存，西侧墓志残。墓志中段书“故妣郑氏孺人墓”，右段书“旨正统己巳（1149年）春三月二十八日立”。墓室由东、西两个墓圹组成，墓圹的构筑方法同其他明墓，不同的是墓口用红色砂岩石板覆盖。人骨已腐朽无存。没有发现随葬品。墓室外侧用瓦片构筑成弧形护墙。

（3）**流塘墓葬群**

位于宝安区西乡流塘社区西北的富足山脚。1986年深圳博物馆发现并清理22座。

墓葬形制为长方形竖穴土坑墓和砖室墓，墓向北偏东。多为中、小型墓。其平面结构以呈“曰”字形为多。墓穴的四壁用长方形砖和楔形砖垒砌。墓顶塌毁，情况不详。

较大型墓葬构筑讲究，如M19：平面呈“中”字形。全长7.6、宽1.9米。分墓道（斜坡式）、前室、中室、后室和左、右耳室六个部分。前室设水井及排水道，中室左右壁上砌有假棂窗，后室后墙上砌有壁龛。此批墓葬共出土随葬器物70件，主要是青釉瓷器。

这批墓葬时代为南朝。

（4）**万丰大边山墓葬**

位于宝安区沙井街道万丰社区大边山平缓的山坡上。1984年深圳博物馆发现并清理2座，编号为沙万M1、M2，均为长方形砖室墓。

沙万M1，墓室因基建被毁去一部分，人骨架及葬具无存。残长1.86、宽0.92米。墓室后壁（从下往上第二层中部）有一宽16、高10.5厘米的头龛。墓底砖平铺呈人字形。出土少量青釉陶片。

沙万M2，墓室也因基建被毁一大半。券顶。人骨架及葬具均无存。残长1.2、宽1.65米。墓室后壁（从下往上第一层砖中部）有一长13、宽13厘米的头龛。墓底砖平铺，出土少量青釉陶片。

墓葬时代为东晋。

2. 历史人物墓

（1）**沙井陈朝举墓**

参见第二章第一节宝安区文物保护单位陈朝举墓条。

（2）**将石清提督麦冠东墓**

位于宝安区公明街道将石社区。1984年文物普查时发现。

墓主麦冠东为清初四川夔州提督，封怀勇将军。墓前有石马、石鼓等，还有雍正三年（1725年）“诰封”碑文。

第三章　博物馆、纪念馆及馆藏文物

第一节　博物馆、纪念馆

一、中共宝安县第一次代表大会纪念馆

位于宝安区松岗街道燕川社区素白陈公祠内。

该祠为三开间两进布局，建筑面积213.44平方米。

1928年2月23日，中共宝安县委召开第一次代表大会。会议地址原定在燕川周家村，后因情况变化，临时改在此祠内举行。出席会议的代表19人，选举出了中共宝安

县第三届委员会。2000年，市、区文物部门对该旧址进行了维修。2000年10月25日，该馆正式成立并对外开放。负责人孙明。

基本陈列为《宝安革命风云录》。它通过大量图片和实物，生动翔实地展现了1922—1928年中国共产党在宝安县的革命活动。整个展览分为“中共宝安县党组织的建立”、“工农革命运动的高涨”、“反对国民党反动派的斗争”、“中共宝安县第一次党代会”、“宝安人民的革命武装斗争”，共五个部分。展览所反映的内容，在宝安革命史上占有光辉的一页。尤其是中共宝安县委第一次代表大会，对于后来宝安县境内的武装斗争和土地革命起了重要的指导作用。

二、宝安抗日纪念馆

位于宝安区松岗街道燕川社区北巷6号的泽培陈公祠，即建于1944年中国共产党在广东省成立的第一个抗日民主政权——东宝行政督导处旧址内。1999年宝安区政府将其公布为区级文物保护单位。

该馆于2001年6月29日正式对外开放。负责人孙明。

基本陈列《宝安抗日烽火展》由“日寇南侵广东”、“惠东宝人民抗日游击队武装的诞生”、“东江纵队的成立及其武装斗争”、“东宝行政督导处”、“抗日战争的胜利”五部分组成。通过100多张珍贵的历史照片和图表、浮雕、油画、实物及沙盘模型，反映了我党领导下的宝安人民为抗战胜利作出的贡献。

三、十里红妆民俗博物馆

位于宝安区福永街道“万福人家”二楼。由深圳市十里红妆文化传播有限公司创建于2005年7月。展示面积600多平方米。

现有馆藏文物200多件。大新分为旧时（清末、民国时期）吴越富豪为女儿出嫁置办的嫁妆，主要有花轿、杠箱、床、橱柜、桌椅、被帐以及女红梳洗等用品。

有三个展厅：第一展厅为江南民居景观复原，展现了一个清雅灵秀、富庶繁华的江南水乡；第二展厅展示闺阁红妆家具，再现了旧时吴越女性生活场景；第三展厅为生活场景模拟，讲述江南水乡女子从儿童、少女到出嫁结婚、生儿育女、儿孙满堂等一生的生活情景。使观众体验到旧时浙东的社会文化。

第二节 馆藏文物

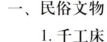

一、民俗文物

1. 千工床

千工床

长 2.10 米，宽 2.60 米，高 2.32 米。

又名雕花拔步床，床的制作普遍都很讲究，每床必施雕饰，且往往朱金雕刻、镶嵌、螺钿等工艺相结合。床沿前小平台称“拔步”，由雕花柱架、挂落、花罩和卷篷顶等组成。前部右边安放门橱，置镜箱、茶具、灯台等；左边放置马桶箱。后部为卧床本体。因为新婚之夜听床的习俗和纸窗一点即破的缘故，新人们在这里营造出一个多功能的私密性空间。

衣架

2. 衣架

红妆家具精品，置挂长衫衣物，通体线条流畅，立柱与横栏有镂雕变龙，中间横栏间饰泥金卷草纹。

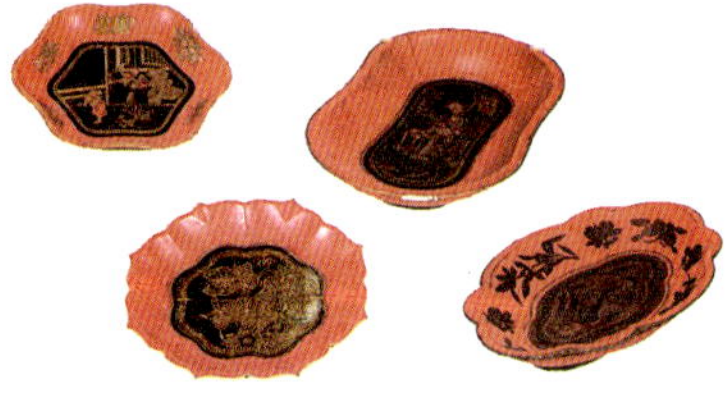
供盘

3. 供盘

祭祀时供放水果干货，底黑漆，表示对祖先的敬重，常描有各类故事人物画和代表吉祥的植物花鸟。祭盘的做工非常复杂，需要经过箍盘、打磨、上漆、彩绘。

小提桶

4. 小提桶

一般用于田间送饭，走亲访友，盛放干果点心所用。通体光素髹朱漆，桶体圆球形，高高扬起的提梁犹如女子腰肢的线条，下有圈足，造型圆润而空灵，简约而委婉，线条变化富有韵律感。

5. 梳头桶

盛放梳子首饰等梳洗用具的容器，很多人都会误以为是农妇去田里间给丈夫送饭的提桶，只有宁波绍兴梳妆用梳头桶，相当于镜台，提手只能略微倾斜，不能到底，这样可以把镜子放在上面。

梳头桶

圈椅

6. 圈椅

也叫教子椅，长1.22米、宽0.67米、高0.91米。

7. 春凳

闺阁房内夫妻之物，比一般凳子位矮，面稍宽。

春凳

8. 花架

厅堂装饰之物。

花架

9. 梳妆台

女子梳洗用具，

属于红妆家具的内房家具。

梳妆台

10. 马桶

又叫“子孙桶”，意“百子千孙”，是嫁妆中必备的家具，通常要排在送嫁妆队伍的最前面开路，挑此桶者，工钱都要加倍。

马桶

11．小屏风

内房装饰用品。

小屏风

二、碑刻

1. 凤凰岩“莺石点头”碑

位于宝安区福永街道凤凰社区凤凰岩古庙北一花岗砂岩石下。

清康熙丙辰（康熙十五年，1676年）。

红砂岩质。残高50厘米，宽28厘米，厚15厘米。

碑文为阴刻楷书，“莺石点头”的“头”字残缺。为“康熙丙辰进士文……”所刻。

2. 沙浦社区“进士碑”

位于宝安区松岗街道沙浦社区委沙浦二村342号老年人活动中心大门两侧。东、西侧各有一红砂岩石质垒砌的碑座，上各立2碑，共4通石碑。

清嘉庆戊辰年（嘉庆十三年，1808年）。

两侧碑和碑座的形制及大小基本相同。碑座平面为方形，剖面为梯形，上宽170厘米，下宽180厘米，高90厘米。碑为白花岗岩质，长方形，宽28厘米，高100厘米、厚12厘米。东、西两侧石碑相距约9.7米。

碑文均为楷书阴刻，内容相同，“嘉庆戊辰科进士钦取咸安宫官学教习蔡学元立”。

3. 清湖“重修三界庙碑”

位于宝安区龙华街道清湖老社区三界庙大门左次间墙上。

道光十二年（1832年）。

高25厘米，宽51厘米。

碑文为：“三界古庙，遍海内皆有，而我清湖之庙，则有异焉。何异？其神之显灵而御敌也。昔明有草寇攻破老围，神以大旗掩护，乡人窥之，围墙已破，弗胜，惶恐。贼视之，围墙如故，遂去之。此非□圣爷显灵护祐，曷克臻此。此不但已也，其声灵赫曜，善者福之，恶者祸之，固又神之所为，鉴视不爽者。盖其庙在村前之西，阳台鼎峙于前，鹅岭特立于后，左金龟而萦环，右珠峰而耸翠，而且道接通衢，门成市所，清流激湍，绿树阴浓，至斯境者，莫不睹庙貌而仰神灵也。缅维旧址，仅存两间，左立圣爷，土君右侧。迄于今，世远年湮，不无颓朽之灵；风雨催残，曷胜圮倾之感。而圣爷之灵爽式凭，则依然如昨矣。道光壬辰年，族长广培、族耆坚中，偕于绅士，毕集斯庙，议欲重建。男妇乐助，集腋成裘，其不敷者，则课粪银以续之。令广培、坚中二公督理，以劝厥事。于是鸠工庀材，化二为三，左立二帝之宫，右为土神之室，而圣爷则居正焉。栋宇重新，奂轮志美，虽非极壮观，而亦可以阙恫也。善夫惟神以灵，福人惟人以诚。答神感应之妙，捷于影响，肃书于在，俾观斯庙者，咸知神之异，而知所以报其异者。是为序。……（姓名）道光十二年岁次壬辰季秋月。"

4. "凤凰岩古庙重修序"碑

位于宝安区福永街道凤凰社区凤凰岩古庙外。

清同治甲戌年（同治十三年，1874年）。

花岗岩质。碑高140厘米，宽72厘米，厚5厘米。

碑额、碑文均小楷阴刻，碑文曰："尝谓：神灵赫曜，祈祷者拜谒如云；古迹巍峨，游观者往来若织。原凤凰岩观音庙者，元初时，三世祖应麟公所建也。□□龙穴，□带虎门，佳气郁□，芳林发郁，□造物特开□窝穴，洵邑之□区也。左侧望烟楼、鸡心岩、石乳湖；右侧有莺哥石、净瓶石、石地塘；后侧有飞云顶；前有松琴迳。八景森列，天造地设。明季蔡若圩得□于此，仙□堪□□初文凤，□开垦田园，徵劳可溯。创建以来，遐迩人士，游玩置□，礼谒惟虔，由来已久。更有骚人墨士，吟山咏物，多著诗章，名师宿儒，讲学授徒，长留教泽。回忆□年，举人蔡玉田、岁贡文德华、进士蔡榕蒲、□贡陈肃山、岁贡陈上林、副贡曾泰中、岁贡庾宝所、举人海门增生、文星桥诸先生，前后相承，在兹振铎。自是，邑中知名之士，多由此发迹而飞腾，则信乎地灵人杰者哉。中间屡经倾圮，乾隆辛亥，邑侯陆公，嘉庆丙子，邑侯孙公，叠次倡修，堂庑多□□□□，然有倍于昔。迄今，世远年湮，风雨所侵，□□□蚀，不无墙倾瓦解之处，□斯土者，其能度外置之乎。爰是，经营筹划，鸠工庀材，举□□及左右，□□□房等处，重为修□□者，换梁加柱，并故□□□者，黑垩垣墙，丹涂栋角，并石路，增建凉亭贰座，园内加起女□叁间，费□□，不得不仰资众力，尚幸人心踊跃，题助欢欣。经始于壬申年十月□，成于甲戌年九月□□□，大功告□，谨将诸君芳名□，以志不朽云，是为序。"其后署劝捐芳名：特授新安县正堂伊绍鉴、辛丑进士钦点户部主事陈桂籍、特授新安县儒学正堂梁允福、钦办内□中书衔新安县正堂郑□荣、特授新安县右堂黄致斋、钦加副将衔游府补参府周权、署水师提标左营龚需恩、署理龙门守府文岐凤、水师提标左营右□总司卢定安、文应麟太祖等400多人。据碑文载，此碑是告竣时所立。

5. 固戍“重修文阁碑记”

立于宝安区新安街道固戍社区侧文阁内。

光绪元年（1875年）。

碑文为：“原夫文阁创建，由来已久，其规制分建三层，各祀神在圣其上，前人原取形家丁财两贵之说，为一乡风水计者，三旬洁良意美。迨乾隆年间，祀事者不戒于火，一时木料文笔燃烧殆尽，由是列圣共祀一龛上，□面旁风，暗然无光。因循任其颓废者，距今垂百年矣。辅每岁时叩谒，或值天晦，负雨骤至，展拜不成礼，惕不安于心。屡约同人，签募重修，其中多成于风水方位之说，往往不界，窃常混焉。夫吾侪文人，各有阖庐，以庇风雨，况神圣在上，灵爽式凭乎。是以赫然震怒，于同治癸酉岁，受假雷电之威，以警亵慢之罪。神之垂戒，可谓深切若明矣。辅等益加寅畏，遂于甲戌二月，亟与同事诸君募捐修治，鸠工庀材，悉仍旧贯。阅月余而告竣。盖至是得以妥神灵崇祀。姜昌畏敬撰。光绪元年岁次乙亥冬月。”

6. 下涌“重修天后宫”石碑

位于宝安区松岗街道塘下涌社区松黄公祠前小院西北角。

光绪丙申年（光绪二十二年，1896年）。

花岗岩质。碑高80厘米、宽36厘米、厚12厘米。

“天后宫”三字为阳刻正楷，竖向书写，右下阴刻小楷“光绪丙申年重修”。

第四章 非物质历史文化遗产

第一节 民间艺术

一、石岩客家山歌

石岩街道办位于宝安区北部。石岩客家山歌曲调与别地客家山歌有所不同，有自己独特的旋律，歌词一般是七字体，四句或五句，四句的是一、二、四句押韵，五句的则是一、二、四、五句押韵。

石岩客家山歌演唱形式主要是个人自唱，或两人一唱一和，擂台斗歌则是最精彩、最激烈、最为群众喜爱的一种形式。

石岩山歌流传时代久远。据多位老人回忆说，客家山歌不管什么年代都起着丰富生活、凝聚人心、号召民众、鼓舞斗志、战胜困难的作用，不少老辈客家人的婚姻都是用客家山歌来牵线搭桥的。所以石岩客家山歌有一定的历史价值、文化价值和社会价值。

二、观澜舞麒麟

观澜街道办位于宝安区的东北面。早在250多年前，观澜松元厦村开基始祖陈振能来到这里时，就有了观澜客家人“舞麒麟”这一喜庆婚丧时的民间活动节目。1925年陈氏振能族后人修正的《陈氏族谱》中记载：在陈氏振能族的“舞麒麟”队伍中，曾有陈国宾和陈觐高两人分别于清咸丰十一年（1861年）和同治庚午年（1870年）中过武举人。观澜的“舞麒麟”经过200多年的传承，从1795年出生的松元厦村第一代师傅陈德华到现在，已传承到第六代。目前，观澜的“舞麒麟”主要分布在松元厦、樟坑径、君子布和桂花四个社区，每个社区有一支队伍，共有队员60多人。

观澜的“舞麒麟”的麒麟，一般长5—6米。麒麟头部用竹片等扎成，眼睛可以转动，口可以翕合。其身用绸布镶着闪闪发光的鯊片。舞动时，一人舞麒麟头，一人舞麒麟尾，两人配合默契，把传说中麒麟的喜、怒、哀、乐、惊、疑、醉、睡等动、静神态表现得栩栩如生。“舞麒麟”在表演过程中的伴配乐器主要有唢呐、鼓、铜锣、铜钹和二胡。表演结束后，附有真枪实刀的武术表演。

观澜的“舞麒麟”作为岭南客家人的民间传统活动，具有典型的民族性、民俗性和民间传承性，也有广泛的社会影响，同时还具有一定的民间舞蹈、民间音乐、民间体育和人类学、民俗学研究价值。

三、福永醒狮舞

醒狮舞是福永传统的民间艺术。经考，从清嘉庆年间起，福永就有逢年过节划龙船、舞龙狮、唱大戏的习俗。改革开放以来，舞龙狮和唱大戏得到了较好的继承和发扬，特别是醒狮舞艺术更深得福永群众的喜爱和赞赏。

福永醒狮舞最大的特点在于用眼睛的闭合来表现狮子的喜、怒、哀、乐各种神态，用柱桩、钢丝等道具来展现舞者的技巧。近20多年来，福永醒狮舞曾多次参加省和全国比赛，曾荣获金奖，并代表国家参加过马来西亚国际狮王争霸赛而荣获第三名。福永醒狮舞具有较高的艺术价值。

四、陈仙姑的故事

在宝安、东莞一带流传了一百多年的陈仙姑的故事，是以真人真事为基础演义而成。

陈仙姑原名陈端和，生于清代咸丰年间的公明水贝村（现深圳市宝安区西部），当时水贝村的沘河（现茅洲河）河水泛滥，瘟疫盛行，当地群众处于水深火热之中。

陈端和年纪虽小，却立志要改变村民们长期受疾病侵害的现状。她不顾家人的反对，经常到东莞、增城一带求医问药，为当地群众驱除病魔，因而深受乡亲的喜爱和敬佩。

传说同治年间陈端和死后升仙，惩治了大沘河二河神，使当地乡亲摆脱了水灾和瘟疫之患，使人们过上了丰衣足食、安居乐业的日子。乡亲们为了颂扬她舍己为众、不畏艰难的崇高情操与无私奉献的精神，为她修建了一座庙，并编成故事，代代相传。

陈仙姑的故事具有一定的历史价值、民俗价值和文学价值。

五、万丰粤剧

万丰粤剧是宝安沙井镇万丰村潘氏一脉兴起与传承的，而后发展成为粤剧的一个中心区之一。自元代的潘氏四世祖潘礼敬开始，之后又有明代的潘楫、清代的潘耀扬、清末的潘有声、近代的潘荣耀等，迄今近700年历史。一个村一个姓氏，能坚持这么多年的传承，实不多见。

潘楫著有《律吕图说序》一书，评价说："有真见，可以破千古不决之疑，可以索千古不传之绪。"潘耀扬为清代重臣，官至两广提督，晚年归里，在万家朗村"将军第"（今万丰村仁爱路）之侧修建了一幢"八音楼"，四时召戏班前来演戏，为万家朗构筑了浓郁的粤曲氛围，逐渐养成了万丰人对粤曲之雅好。

万丰村民间每遇祭祀、喜庆、宗族活动，都与演戏相结合，请戏班成为当地的常事，而民间艺人与戏剧爱好者，农忙务农，农闲从艺，因此万丰村的粤剧艺术能经久不衰地流传下来。

直到现在，万丰拥有两次荣获国家金奖的村办专业粤剧团，组织了群众粤乐社，还重修“八音楼”，积极开展群众性粤剧活动。2004年由广东省文化厅命名为广东省民间艺术（粤剧）之乡。

万丰粤剧具有一定的历史价值、艺术价值和社会价值。

第二节　民间风俗

一、沙井蚝民生产习俗

沙井位于深圳市宝安区南部。“沙井蚝”是深圳最主要的土特产之一。其历史可以追溯到宋朝。从宋代开始插杆养蚝，距今一千多年，是世界上最早人工养蚝的地区。至明、清，沙井蚝业有较大发展。沙井蚝产地分布在深圳市沙井、福永、盐田、前海、后海和香港流浮山一带。

新中国成立后，“沙井蚝业合作社”在1956年被国家评为“模范合作社”，1957年被评为“全国劳模集体单位”。此后，沙井蚝发展迅速，产品远销海内外，苏联、日本、越南等国专家纷纷前来考察，沙井蚝民也到各地传授生产技术。1980年以后，因蚝田海水被污染，沙井蚝民不得不赴阳江、台山、惠东等地建立养蚝基地。

在长期生产过程中，沙井蚝已形成一整套成熟的养殖技术。其生产程序有种蚝、列蚝、搬蚝、散蚝、开蚝等。生产习俗有打山口、流水定作息、集体协作等，还有用蚝壳砌墙、拜天后、拜观音等习俗和信仰，特别在收获的开蚝季节，更有一定的风俗习惯。沙井蚝民生产习俗世代相传至今，具有一定的文化价值和社会价值。

二、松岗赛龙舟

松岗地处宝安区西北部。因水资源充沛，河道宽阔，松岗自古就有端午节赛龙舟的习俗。到了清代光绪年间，当地文氏家族掺入了以纪念民族英雄文天祥为内容的拜祭先祖的宗族色彩，形成了一套完整的、规范的、严谨的仪式，成为当地传统的重大群众活动。

松岗传统赛龙舟活动的地点有两处：一处是以金花围村的中心砘为起点，经松岗老街，至石鼓郎的龙船弯处为终点；另一处是以金花围村的中心砘为起点，沿茅洲河，至碧头村旧码头为终点。

多年来，旅居海内外的松岗人已把松岗传统龙舟赛习俗传到了广东沿海、港澳地区及东南亚、欧洲等地。松岗龙舟赛习俗，有一定的历史价值、民俗文化价值和社会价值，还有一定的旅游价值。

三、西乡三月初三“抢花炮”

“抢花炮”是珠三角和西江一带广府人的重要习俗。一般在正月十五、二月初二、三月初三等日期举行，称“拥炮”、“花炮会”或“抢花炮”等。三月三“抢花炮”原流行于宝安西乡一带。

每年农历三月初三日上午，宝安区西乡附近的村民云集西乡河大沙滩（现西乡戏院处）举行“抢花炮”活动。此时沙滩上人海如潮，摩肩接踵，旌旗飘舞，鼓炮齐鸣，一片欢乐热闹的气氛。先搭好彩绸装饰的炮架，把铁铳固定于其上，铳口塞有带编号的铁或竹制炮花（圈）。每当花炮冲天，带有编号的炮花（圈）从天上降落时，人们如潮水般争抢带有编号的炮花，以求大吉大利。幸运者抢到后，可到北帝庙领“炮（屏）”（即与炮花编号相同，绘有北帝圣像，并有龙凤和吉祥语装饰的双面玻璃屏），抬回家供奉。供奉时更是谦恭虔诚，以求一年的吉利。到来年二月二十八日，又把“炮屏”抬回北帝庙，名为“还炮（屏）”，以贡献给下一轮的“抢炮”胜出者。

第五章　历史文献

一、明天顺八年（1464年）卢祥编修的《东莞县志》

1. 这是目前能见到的与深圳相关的最早的志书。

2. 据该志书“凡例”第一条：“旧志名《宝安》，今依邑名定为《东莞志》”，又据该志书中《重修东莞志书序》：“东莞在晋为郡，隋为邑，曰宝安，唐曰东莞。郡志莫考，邑志自宋熙宁以前不传，熙宁以后邑人陈庚始纂修之，曰《宝安志》。”可见，卢祥看到并依据的《宝安志》，应为陈庚纂修之宋本。另则，事实上唐至德二年（757年）已改“宝安县”为“东莞县”，但不知为什么陈庚仍以“宝安”为名。此志后因“刻板毁于兵燹”而不传。

3. 据该志书“凡例”第二条：“志书所述俱依旧志，唯永乐初以后者续之”。即卢祥编的《东莞县志》只是续编了从“永乐”初（1403年）至“天顺”（1464年）60年间之事。旧志中“沿革、邑名始末，旧志失详，今考订改正”（“凡例”第三条），还将旧志中的《归附事迹考》改为《历世事迹》（“凡例”第四条）。

4. 卢祥编的《东莞县志》有12卷。内容涉及地理、环境、沿革、风俗、城池、祠庙、教育、官府、军事、水利、名人、古迹、诗文等。其中不少与深圳有关，但比较简单。如二卷《城池》中涉及南头古城、大鹏古城只有几句话："东莞守御千户所城在邑之十都海濒，洪武十四年开设。""大鹏守御千户所在邑之第九都海濒，洪武十四年开设。"

二、明万历十五年（1587年）邱体乾编修的《新安县志》

邱体乾（字时亨，江西林川人）在万历十四年（1587年）以举人任知县，"创学田、修邑乘、勤于课士，清丁粮、均船役，民甚德之"，但其所修之志今已佚失。

三、明崇祯十三年（1672年）李可成编修的《新安县志》

崇祯八年（1635年）知县李玄倡议重修县志，后因其调任海丰而作罢。崇祯十三年（1640年）举人周希曜（字道升，江南旌德人）任知县，始修县志，历时三年，于崇祯十六年（1643年）完成。但其主修之志今已不见。

四、清康熙十一年（1688年）靳文谟编修的《新安县志》

清康熙九年（1670年）李可成任县令（号集又，辽东铁岭人），以旧志所载多需补充，故于翌年开始续修，隔年完成。惜该志今亦已佚失。

五、清康熙二十七年（1688年）靳文谟编修的《新安县志》

该志共分十三卷：

卷一"兴图志"，分县境图及县城图。

卷二"天文志"，分星野、气候、风异及占候。

卷三"地理志"，分述沿革、城池、封域、都里、墟市、津梁、山海、井泉、古迹、丘墓、风俗及方产。

卷四"职官"，分文官制、武官制、文官表及武官表。

卷五"宫室志"，内有文署、武署、杂署、学校、坛壝、庙祠、邮铺、坊牌及台榭。

卷六"田赋志"，分述户口、土田、赋役、监课、鱼课、杂饷及屯田。

卷七"典礼志"，分述事典及祀典。

卷八"兵刑志"，内载军制、戎器、墩堡、南头寨、汛池、寨船、寨兵、兵壮及刑制。

卷九“选举志”，内述荐辟、乡科、岁贡、恩监及封爵。

卷十“人物志”，内分名臣、乡贤、行宜、忠勇、列女及侨寓。

卷十一“防省志”，内分邮政、灾异、寇盗及迁复。

卷十二“艺文志”，分载条议、纪述及题咏。

卷十三杂志，内分寺庙及仙释。

其各卷内容的归合，既有方志的特点，又吸取了历代正史的做法，如《天文志》《地理志》《职官志》《兵刑志》《艺文志》等无疑是仿效正史体例，而其内容则当然具地方特色。在编排顺序上，首卷为《舆图志》，将“县境图”、“县城图”列入，这是方志开宗明义所必须的。然后才列《天文志》等。在内容方面也较为详尽，以卷三《地理志·城池·邑城》条（即南头古城）为例：“东莞守御所城也。明洪武二十七年广州左卫千户崔皓开筑。连子城共五百七十八丈五尺，高二丈，面广一丈，址广二丈。门四，东曰聚奎，西曰道海，南曰宁南，外曰迎恩，北曰拱辰。隆庆六年建县。万历元年，知县吴大训谓北门当县治之背，正对来脉，开门非宜，塞之止通。东、西、南三门城楼、敌楼各四，警铺二十五，雉堞一千二百，吊桥三，水关二，一在东南隅，一在西南隅。至万历五年，知县曾孔志增建东、西、南三门子城（瓮城），城楼三，敌楼四，……崇祯十三年，知县周希曜因议新增城池，将城垣周围增高五尺，今总高二丈五尺，雉堞计八百九十有五，濠五百九十二丈，旧浅狭，寻浚阔二丈，深一丈五尺。”与明“天顺”本二卷《城池·东莞守御千户所城》相比，具体内容增加很多。余皆是，不一一列举。

六、清嘉庆（二十四年即1819）舒懋官编《新安县志》

该志书连卷首在内共二十五卷：

卷首“训典”。

卷一“沿革志”，载县治，沿革表及考附。

卷二“兴地略一”，内分舆图、疆域、分野、气候、风异、月令、风俗、墟市及都里。

卷三“兴地略二”，即物产。

卷四“山水略”，内分水陂堰、潮汐及井泉。

卷五“职官志一”，分述文官制、武官制及文官表。

卷六“职官志二”，列武官表。

卷七“建置略”，内有城池、廨署、学校、坛庙、津梁及坊表。

卷八“经政略一”，分户口、田赋附役、杂饷、监课及鱼课。

卷九“经政略二”，载学制及书院。

卷十“经政略三”，述礼制及祀典。

卷十一“经政略四”，载兵制、屯田沿革、仓储及驿政。

卷十二“海防略”，即防海形势及寨船。

卷十三“防省志”，述灾异、寇盗及迁复。

卷十四“宦迹略”，分历代及国朝两部分。

卷十五“选举表一”，分荐辟、文科甲、正贡及文职四部分。

卷十六“选举表二”，分武科甲及武职二项。

卷十七“选举表三”，有贡监、例职、封赠、恩荫及重宴各项目。

卷十八“胜迹略”，述古迹、冢墓及寺观。

卷十九“人物志一”，载乡贤、孝行、行谊、忠义、忠勇义侠附及隐逸。

卷二十“人物志二”，主述列女。

卷二十一“人物志三”，分寿考、流寓及仙释。

卷二十二“艺文志一”，载奏疏及条议。

卷二十三“艺文志二”，载议序。

卷二十四“艺文志三”，载述文、诗及赞。

与前志不同处，在卷一前增加了卷首《训典》，录入从清世祖顺治九年（1652年）至嘉庆二十四年（1819）的历代皇帝有关诏谕；将《天文》列入《舆地略》内；为适应形势需要，增加《海防略》及海防图：将《宫室志》改名为《建置略》；将《田赋志》、《典礼志》、《兵刑志》合并入《经政略》；将“名宦”从《人物志》中分离，另立《宦绩略》等。

在叙述方法也有不同。如以卷一《沿革志》与康熙本卷三《地理志》相比，它不似后者那样直叙，而是采用表格的形式，之后则引用了《尚书·尧典》《尚书·禹贡》《汉书·赵陀传》《晋书·地理志》《宋史·地理志》《元史·地理志》《明史·地理志》等文献。

另大段抄袭康熙本的地方很多，以《卷二·舆地志》为例：它的《分野》除在末尾增加一点《明史·天文志》的内容外，余皆抄袭康熙本卷二《天文志·星野》。又如它的《气候 · 风异》及《气候 · 占候》均是抄袭康熙本卷二《天文志 · 风异》和《天文志 · 占候》。又如卷七《建置略 · 城池 · 邑城》，讲述南头古城也完全抄袭康熙本卷三《地理志 · 城池 · 邑城》条。当然，这种抄袭在当时是很正常的。

自康熙二十七年（1688 年）至此志成书，历经 131 年。由于社会、经济的发展，内容当然须相应增加。以卷二《舆地略 · 墟市》与康熙本卷三《地理志 · 墟市》比较为例：后者列出 27 处墟市："城内市牌楼楼市、南头新旧中三市、西乡大庙前市、和平墟、白灰洛墟、周家社区墟、疍家荫墟、云林墟、望牛墩墟、黄松冈墟、茅洲新旧二市、沙头墟、下步墟、月冈屯墟、大桥塾墟、深圳墟、天冈墟、大步头墟、清湖墟、平湖墟、永丰墟、塘头下墟、葵涌墟、盐田墟、清溪墟、塘勒墟"。而前者卷二《舆地略 · 墟市》除标明废除"白灰洛、周家社区墟、疍家荫墟、下步墟"4 处外，又新增了 10 处："沙井墟、升平墟、清平墟（在新桥社区侧）、新墟（在沙井社区内）、白龙冈墟、桥头墟、王母墟、长洲墟、碧洲墟、乌石岩墟"。

又如在教育方面，除卷七《建置略 · 学校 · 学宫》条与康熙本卷五《宫室志 · 学校》同外，又在卷九《经政略 · 书院》条增加了"文冈书院"、"凤冈书院"，表明了教育事业的发展。如此等等，不一而足。

七、宝安县志编写小组 1960 年编《宝安县志》初稿

为手抄油印本，内部发行。共分五篇十四章：

第一篇：美丽而富饶的宝安

　　第一章：优越的自然环境

　　第二章：区域和居民

第二篇：宝安人民的光荣历史

　　第一章：封建社会和旧民主主义革命时期

　　第二章：新民主主义革命时期宝安人民的革命斗争

第三篇：解放初期的宝安

　　第一章：人民政权的建立和巩固

　　第二章：宝安人民为国民经济的恢复而奋斗

　　第三章：翻天覆地的土地改革运动

第四篇：第一个五年计划时期宝安各项工作的辉煌成就

第一章：过渡时期党的总路线和县首届人代会召开

第二章：以农业合作化为中心的各项工作成就

第三章：伟大的全民整风运动

第四章：第一个五年计划的辉煌成就

第五篇：高举总路线、大跃进、人民公社的红旗奋勇前进

第一章：社会主义建设总路线和大跃进

第二章：人民公社化运动

第三章：中国共产党是宝安人民一切胜利

第六章　历史名人

第一节 东晋—明清时期名人

一、黄　舒

黄舒（东晋），字展公，宝安沙井镇人。

黄舒心地善良，虽生活贫苦，而服侍双亲体贴入微。亲朋有求必应，虽千里之遥，也依然前往。父亲去世，黄舒于父坟之侧搭一茅庐守孝三年。虎啸狼嚎、风霜雨雪都不能动摇其孝顺之心。后母逝，也如此。

黄舒孝行传出之后，人们将他比作春秋时孝子曾参，经官府奏准在他家门挂匾名“参里”，其宅旁之山也称为“参里山”或“参山”。黄舒事迹见载于《广州乡贤传》、《东莞县志》及《新安县志》。

黄舒死后葬于“大田乡猪母岗”。大田乡在今沙井镇北面的步涌。

二、文应麟

文应麟（1240—1298），东莞岭下村（今宝安区福永镇岭下村）人，为宋丞相文天祥从弟文天瑞之子。

他为人倜傥，尚志节。南宋景炎（1276—1278年）中，与丞相弟文璧守惠州，文应麟奉劝文璧修筑城墙加强防御，文璧不听。元军来攻，举城降元。文应麟耻与为伍，带着两个儿子文起东、文起南，逃至东莞东渚（今宝安区西部一带）隐居。后移居岭

下村，重修凤凰岩古庙。

三、王来任

王来任（？—1668），字宏宇。

明崇祯七年（1634年）举人。清康熙四年（1665年）任广东巡抚。

清朝初年，清政府为防沿海居民支持郑成功“反清复明”，采取了灭绝人性的“迁海”措施，强迫沿海居民从海岸线内迁五十里。当时的新安县受影响最大，被内迁三分之二，致使成千上万的居民背井离乡，苦不堪言，而县域内几荒无人烟。王来任目睹此景，深感不安。于康熙七年（1668年），冒死写下《展界复乡疏》，奏请朝廷准许迁民回乡复业。

康熙八年(1669年)，清朝驰禁展界，许迁民归故里，百姓如获再生。今深圳市宝安区西乡镇保留有纪念王来任的“王大中丞祠”。其大门两侧石刻对联“巡粤表孤忠，耿耿丹心，奏牍两章留史册”；“抚民留善政，元元赤子，讴思万载仰旌常”，表达了广东沿海人民对王来任的感激之情。

四、麦世球

麦世球（清代），新安周家村（今宝安区公明镇周家村）人。

清康熙二年（1663年），广东首次开武科，麦世球获乡武科举人。雍正元年（1723年）麦世球已80多岁高龄，也是他中举60周年，新安县特地为他举办“重宴鹰扬”。

五、蔡珍、蔡学元

蔡珍（清代），新安县沙浦村（今宝安区松岗镇沙浦村）人。

清乾隆二十一年（1756年）举人，在新安县文冈书院掌教十余年，深得县人敬仰，邑中名人学子多出其门下。

蔡学元（清代）乃蔡珍次子。乾隆六十年（1795年）举人，嘉庆十三年（1808年）进士。后任内廷咸安宫官学汉教习。清嘉庆十三年（1808年），蔡学元在村南蔡氏祖祠西侧建进士第。又于“东圃公祠”前左右各树立一对旗杆石，其中一条旗杆石上刻：“嘉庆戊辰科进士，钦取咸安宫官学汉教习蔡学元立”。后任肇庆府教授（正七品）。嘉庆十八年（1813年）调任潮州府教授。后离任归家。

嘉庆《新安县志·艺文志》载有嘉庆二十年（1815年）蔡学元《重修赤湾天后庙记》一篇，文中记有明清时期的海内外交流资料，颇有历史价值。另一篇是道光九年（1829年）蔡学元撰的《重修观音古庙碑记》，石碑，该碑现仍立于沙井镇内围头六巷观音古庙内。蔡学元死后，敕授文林郎。

六、陈桂籍

陈桂籍（清代），字月樵，宝安区沙井镇辛养村旁腊岗仔人。

道光二十一年（1841年）进士。官至户部主事。

咸丰六年（1856年），为牵制入侵广州的英军，陈桂籍采取骚扰英军后方基地（香港）的措施。同年12月，他在新安县南头城学宫内的明伦堂召开抗英动员大会，声讨英军暴行，发表抗英檄文，发动全县士民打击英军。后根据乡民的报告，派练勇突然搜查通敌的传教士住地，将他们的财产充公。

陈桂籍安排其弟陈芝廷负责对香港实行禁运，在新安县和通往九龙的交通线上部署哨卡，还组织小型船队执行各种任务。

咸丰七年（1857年）陈桂籍带领新安练勇千名，驻扎广州东路三宝墟，配合攻打侵占广州之英军。英军进攻三宝墟，遭到新安练勇的顽强抵抗。在附近龙眼洞乡勇助战下，英军大败而逃，新安练勇追击英军从银坑岭至西牛角。

翌年三千英军进犯新安县治南头，遭到南头军民的英勇抵抗，英军一度攻入南头城。在危急关头，由陈桂籍指挥的沙井练勇赶到，与城内守军合兵一处，将英军赶出南头城。

后陈桂籍在广州为官，死后葬于广州白云山。

第二节 民国—社会主义革命时期名人

一、黄学增

黄学增（1900—1929），原名学曾，广东省遂溪县东民区墩文村人。

1920年考入广州省立第一甲种工业学校，在校期间走上革命道路。1923年加入社会主义青年团，同年转为中共党员。1924年考入广州第一届农民运动讲习所。1924年上级派黄学增等以国民党中央农民部特派员身份，在宝安县开展农民运动和建党工作，发展了第一批共产党员。1925年发展第二批共产党员，并吸收国民党中央农民部特派员郑ä]南（郑哲）为共产党员，并根据中共广东区委的指示，成立了中共宝安县支部，黄学增任书记。在“省港大罢工”期间，他发动宝安县工农群众，配合省港罢工工人纠察队和“建国陆海军大元帅府铁甲车队”封锁香港，援助罢工。同时在宝安县成立了县农民协会和五个区农民协会。1926年任广东南路办事处主任，组织领导各县农会开展清匪工作。1928 年担任中共琼崖特委书记，同年被选为中共广东省委候补常委。

1929 年被捕牺牲。

二、卓凤康

卓凤康（1886 — 1942），宝安区龙华镇弓村人。牙买加归侨。

光绪三十二年（1906 年），卓凤康加入同盟会。宣统三年（1911 年）夏，卓凤康和周振源秘密组织发动龙华、乌石岩两处民众上千人举行武装反清起义，以声援广州黄花冈起义。10 月，卓凤康等率领龙华人民武装攻入新安县城（今南头古城）。

1913 年，卓凤康被清政权通缉，无奈到牙买加避难。

1935 年，卓凤康回国，投身抗日救亡活动。1938 年任龙华乡乡长，他通过宣传抗日、发动募捐、调解纠纷、组织抗日护乡队等活动，配合部队打击敌人，保护百姓和家园。

1939 年，卓凤康领导的护乡队发展到 300 人。8 月在卓凤康的主持下，由共产党员周吉带领龙华乡民兵武装数十名，参加火烧南头沙河大涌桥的战斗，大获全胜。

1940 年，卓凤康以龙华乡长的身份，营救出被国民党军抓捕的抗日游击队员。

1941 年，龙华乡成立宝安县第一个抗日民主乡政府，卓凤康担任乡长。6—7 月，卓凤康率龙华乡民兵武装配合广东人民抗日游击队，在望天湖一带两次袭击日军，打死打伤日军数十名。8 月，日军从南头兵分三路对龙华进行“扫荡”。卓凤康等带领龙华乡民兵，配合广东人民抗日游击队作战，毙伤窜犯牛地埔的敌人 40 多名。

1942 年，由于奸细告密，卓凤康在龙华弓村被国民党军抓捕，英勇就义。

1949 年宝安县人民政府追认卓凤康为革命烈士。

三、周振熙

周振熙（1898 — 1945），宝安区龙华镇弓村人，青少年时期就读于南头凤岗书院。

1938年由党组织派他到龙华乡政府当文书，协助进步人士卓凤康乡长主持乡政。

1939年初东宝边区游击大队成立后，周振熙积极协助部队，建立各村抗日自卫队，动员青年参军，扩大部队力量。同年加入中国共产党。

1940年曾生、王作尧部队主力转移至海陆丰，周振熙把部队留下的30多支枪和弹药以及军用物资存在家中保管。

1941至1943年，周振熙带领自卫队配合我抗日游击队，参加反扫荡斗争。

1942年初至10月，周振熙奉党组织的指示到敌后开辟新区，扩大游击区活动据点。他与胞弟周吉、长子周向荣和其他同志一起深入到白石洲、上下沙河一带，分别以教师、小贩和中医身份为掩护进行活动，发展党组织，扩大武装队伍。年底周振熙任龙华乡乡长。

香港沦陷后，他动员群众，尽一切可能安置从香港抢救回来的文化名人和爱国民主人士。他积极发展农村抗日根据地的文化教育事业，普遍建立夜校，不管男女老少均可进夜校学文化，唱革命歌曲和听抗日故事。他切实执行路西区行政督导处的“二五”减租及减息政策，制止高利贷，让农民受益。还认真贯彻路西区行政督导处的决定，在龙华乡建立救济会，举办商业合作社，组织群众到路西公明一带采购粮食，救济饥民。同时贯彻自力更生、生产救灾的方针，实行兴修水利，大搞生产运动。在他的支持下，龙华东段的灌溉渠兴修成功，引灌龙华河水，使大面积的单造田变成了双造田，同时动员和组织农民把旱田改种小麦、高梁和小米。1944年至1945年，龙华粮食普遍丰收，农民踊跃缴交公粮，大力支持东江纵队。

1945年日本投降。周振熙带领民兵高唱“东江纵队队歌”，跟随部队进军南头和西乡，收复失地，接受日寇投降。同年12月周振熙因公去龙华牛地埔，途中突遇国民党军围捕，英勇牺牲。

四、卢耀康

卢耀康（1922—1942），广东省东莞市东坑镇丁涌村人。

1932年在上东坑广英小学读书。1938年卢耀康投身参加抗日救亡工作，贴标语、发传单，参加宣传演讲。

1939年卢耀康在清溪参加东宝人民抗日游击大队，不久加入中国共产党。

1941年任东莞清塘地区游击队副指导员兼支部书记。他率队在盐田坳伏击国民党运输队，截获价值一百多万元的棉纱、药材。后接上级指示，化名卢江强，到香港组织一支三十多人的武工队，番号为江强队，开展搞武器装备、给养，开辟交通线为主的敌后工作。

1942年卢耀康任广东人民抗日游击总队宝安大队副中队长兼小队长。10月卢耀康率领一中队80多人深入到黄田、固戍、沙井一带新区活动，驻扎在黄田基围村。12月驻南头。日、伪军出动200多人，对我部队在黄田的税站进行了突然袭击。卢耀康率四十多位战士痛击日伪军，掩护税站人员安全撤退。之后卢耀康率两个班转移到黄田，被敌人包围，他们英勇抵抗，直至弹尽粮绝，全部壮烈牺牲。

五、郑姚、郑毓秀

郑姚（清代），宝安区西乡镇乐群村（旧称屋下村）人。

木匠，后因经营木材生意发家。曾多次赈黄河水灾，受慈禧太后的封赐；倡议捐资重修西乡屋下村的郑氏宗祠及西乡墟街道等，并建“绮云书室”（深圳市目前保留的最优秀的清代建筑之一）。

郑毓秀（1891—1959），郑姚的孙女。法文名苏梅。

13岁时，为反抗封建婚约而离家出走。翌年入天津“中西女塾”教会学校。

光绪三十三年（1907年），毓秀随姐姐留学日本。在日期间，她接受孙中山反清革命思想的薰陶，于翌年参加同盟会。不久，郑毓秀回国从事革命活动，参与了革命党人组织的暗杀清朝重臣袁世凯和良弼的活动。

1914年赴法国攻读法学。1917年以优异的成绩获得巴黎大学法学硕士学位，并加入法国法律学会，是该学会的第一位中国人。1919年被任命为巴黎和会中国代表团成员，担任联络和翻译工作。郑毓秀作为留法学生组织的重要领袖，组织留学生到中国代表团驻地游行请愿，要求代表团拒绝在卖国和约上签字。

1920年，回国赴四川宣传男女平权，鼓励女生出国留学。同年又与张申府、蔡元培等同船去法国。向警予在《给中法协会的信》中多处提到郑毓秀在巴黎帮助她们解决困难。1924年郑毓秀取得巴黎大学法学博士学位。

1925年回国后被聘为北京女子师范大学校长。

1926年她与同学魏道明博士在上海法租界开设了律师所，成为中国第一个女律师。同年，爱国民主人士杨杏佛在上海被捕，郑毓秀利用她的关系，疏通法租界当局，使杨杏佛获释。

1927年起，郑毓秀历任上海审判厅厅长、国民党上海市党部委员、江苏政治委员会委员、江苏地方检察厅长、上海临时法院院长兼上海法学院院长。1928年，郑毓秀任国民党立法院立法委员、建设委员会委员。抗日战争期间，郑毓秀任教育部次长。

郑毓秀曾定居台湾。1948年，郑毓秀移居美国。

1959年郑毓秀病逝于美国洛杉矶。

六、陈烟桥

陈烟桥（1911—1970），宝安区观澜镇牛湖村鹅地吓村人，

1928年入广州美术学校西画科学习。1931年转入上海新华艺术专科学校西画系开始从事新木刻运动，并加入中国左翼美术家联盟。

1932年陈烟桥与陈铁耕、何自涛等组织野穗社，与鲁迅常通书信。1934年陈烟桥的《天灾》、《投宿》、《某女工》、《受伤者的呐喊》四幅木刻作品参加在巴黎举行的“革命的中国绘画与木刻展览”。《拉》、《窗》和《风景》三幅木刻作品入选鲁迅所编的《木刻纪程》。1935年出版手拓本《陈烟桥木刻集》。1936年参加第二届全国木刻流动展览会在上海的展览工作。年底与江丰、沃渣等组织上海木刻工作者协会。

1938年他为艾泼斯坦的《人民战争》一书作木刻插图。9月被推为全国木刻界抗敌协会理事。1939年应陶行知之邀任育才学校绘画组组长。翌年任重庆《新华日报》美术科主任，从事抗日的木刻和漫画创作。先后出版《烟桥木刻集》和《鲁迅与木刻》两书。《鲁迅与木刻》被译成俄文出版。

抗日战争胜利后，陈烟桥在上海从事美术活动，为中国共产党的刊物《群众》及进步刊物《文萃》提供作品。

建国后，陈烟桥从事行政和教学工作，历任华东文化部美术科科长、中国美术家协会上海分会秘书长、中国美术家协会理事。1958年调广西壮族自治区工作，任广西艺术学院副院长、中国美术家协会广西分会主席、广西壮族自治区人民委员会委员，第三届全国人民代表大会代表。

1970年在广西南宁逝世。

七、尹林平

尹林平（1908—1984），原名尹光嵩，又名尹利东、林平，江西省兴国县高兴区松林乡尹屋村人。

1927年春参加农民协会，后任红三军七师二十一团三连副排长、排长、副连长。1930年秋任红军补充第五团第一连教官。1933年任中共漳州中心县委委员兼军委书记。1936年担任中共厦门临时工委书记，10月，在中共闽南特委工作。1937年7月，任中共南临工委委员、武装部长，后兼外县工作委员会书记。1938年4月任中共广东省委常委兼军委书记，11月任中共东江特别委员会书记。1939年5月任中共东江军事委员会委员，参与东江游击队的领导工作。1940年5月，兼任东江游击队的政治委员，7月兼任东江前方特别委员会书记，9月在宝安县布吉乡上下坪主持召开会议，组建“广东人民抗日游击队”。

1941年日军占领香港。尹林平组成武工队，进入港九地区，成立港九大队。香港沦陷，大批文化名人及爱国人士受困，中共南方局急电香港廖承志，要不惜代价抢救。尹林平赶回宝安，召开紧急会议，部署抢救工作，在廖承志统一指挥下，尹林平、曾生、王作尧组织营救和护送，安全将被困人士撤出香港，转送至大后方。从1941年12月至1942年2月共抢救出文化名人及爱国人士800余人，连同国民党官员和眷属，以及国际人士、港九同胞、侨商侨眷不下万人，受到党中央来电表扬，史称“中国文化名人大营救”。

1942年尹林平任广东军政委员会书记、广东人民抗日游击总队政委，协助曾生指挥部队，粉碎国民党顽军向东江和珠江三角洲的抗日武装发起的进攻。1943年尹林平任中共广东省临时工作委员会书记，同年任广东人民抗日游击队东江纵队政委。

1944年尹林平在大鹏半岛土洋村主持召开中共广东省临委和军政委联席会议，作出全面开展抗日武装斗争和恢复各地党组织活动的决定。此举获得毛泽东的赞许。

1945年尹林平任中共广东区党委书记，并在罗浮山冲虚观主持召开中共广东省临委干部扩大会议。

1946年尹林平作为华南抗日游击队的代表参与有关广东问题的谈判。经过斗争，终于签定了广东中共武装北撤的协议。

1947年，尹林平任中共香港分局副书记，负责领导广东、广西、港澳以及闽、赣、湘、滇等省与两广接壤部分地区的中共党组织。

1948年，尹林平率部队入宝安，组织粉碎国民党军队近万人的“清剿”行动。尹林平运用“集中兵力，各个歼敌”的方针，仅用一千多人的兵力就重创了敌人，粉碎了国民党军队的“清剿”行动。

1948年，尹林平任粤赣湘地区临时区党委书记。1949年尹林平任中国人民解放军粤赣湘边纵司令员兼政委，建立了粤北和海陆惠紫两大根据地；参加领导广东战役，并受命组建广东省支前司令部，任司令员。

1950年任广东省公路修筑委员会主任。1955年任中南军区公安部队政委兼广东军区第二政委及广东省人民政府委员、交通厅长等职。

1956年任华南分局交通运输部部长。1956年11月至1960年8月任广东省副省长兼省委组织部长。1960年8月至1966年5月，任广东省委书记。

1967年尹林平被黄永胜一伙以“反军”罪名宣布逮捕，后又扣上“叛徒”、“走资派”等罪名，被监禁六年。1973年出狱。

1977年到中央党校学习。同年任广东省政协副主席。1979年任中共广东省委书记、省政协主席。1982年为中共十二大代表，中央顾问委员会委员。

1984年病逝于北京。

八、王作尧

王作尧（1913—1990），原名王伯克，广东省东莞市人。

1927年考取广东田亩陈报处绘图员训练班。1928年考取广东军事政治学校就读步兵科，1934年毕业，被分配到国民党革命军第三军。1936年加入中国共产党。

1938年1月，受党组织委派，回东莞发展抗日武装，任中共东莞中心支部宣传委员。5月，任中共东莞中心县委宣传部长兼武装部长。王作尧等通过统战工作，把东莞县常备壮丁队团结过来。10月东莞县抗日模范壮丁队成立，王担任队长。他们曾在东江南岸榴花塔一带与进犯日军展开激战。12月根据中共东南特委决定，模范壮丁队部分队员与东宝惠边抗日游击队第一支队会合，成立东宝惠边人民抗日游击大队，王作尧任大队长。部队成立后，在广九铁路以西袭击日军并破坏铁路，切断日军电话线。11月，王作尧率队攻打驻宝安南头日军，一举收复南头。随后，在宝安县的龙华、乌石岩建立了抗日游击基地。

1940年2月王作尧率部东移海陆丰地区。8月秘密返回东宝惠敌后前线。9月任广东人民抗日游击队第五大队大队长。之后，王作尧率第五大队开辟了阳台山根据地。1941年他率第五大队击退日军对阳台山的反复“扫荡”，部队从30余人发展到600余人。日军攻占了港九地区后，王作尧派武工队进入港九地区，发展成著名的广九大队。

1942年王作尧任东江军政委员会委员和广东人民抗日游击总队副总队长兼参谋长。期间，参与领导中国文化名人大营救活动。同年国民党顽军3000余人向阳台山根据地大举进攻，王作尧率主力先转出外线，避敌锋芒，然后集中兵力，会同第三大队在金桔岭反击并重创敌军。7月王作尧受命代表广东人民抗日游击队与国民党当局举行谈判，并率部击退国民党顽军对我军的偷袭。1943年在王作尧的争取、教育下，伪军第三十九师八十九团代团长、第一营营长梁德明部130多人起义，加入我游击队。同年，王作尧指挥部队分三路突围，粉碎了日军对阳台山等抗日根据地发动的“万人扫荡”。12月广东人民抗日游击总队改称为广东人民抗日游击队东江纵队（简称“东纵”），王作尧任副司令员兼参谋长。1944年率部进入罗浮山区，横扫敌伪势力，初步建立起以罗浮山为中心的江北抗日根据地。1945年7月，为迎接八路军三五九旅南下支队，王作尧率部挺进粤北，创立赣粤边根据地。

1946年王作尧随北撤部队抵达山东烟台，任华东军政大学第四大队大队长。1947年任华东野战军第十纵队副参谋长。1948年任华东军政大学教育部副部长。1949年任两广纵队副司令员。同年率部从水路进入广州，任广东军区江防司令部副司令。10月任珠江三角洲作战指挥部副司令员并兼前线委员会委员。1950年参与部署和组织解放万山群岛战役。后调任第十五兵团兼广东军区司令部副参谋长，并兼任广州市防空司令部司令员。1951年任广东防空司令部第一副司令。

1954年入北京防空军高级防校学习，并兼任高级班主任，后又兼任代训练部长。1955年被授予大校军衔。1956任沈阳军区防空军副司令员，1957年任武汉军区空军副司令员。1961年被晋升少将军衔。

“文化大革命”期间受到迫害。1975年恢复党组织生活及政治待遇。1978年被安排在广州军区工作。1979年当选为省人大副主任。1988年被中央军委授予一级红星勋章。

1990年在广州逝世。

附　　录

一、宝安区各级文物保护单位一览表

1. 省级文物保护单位

序号	保护单位名称	类别	时代	地理位置	公布时间
1	曾氏大宗祠	古建筑	清	沙井街道	2002.7.17

2. 市级文物保护单位

序号	保护单位名称	类别	时代	地理位置	公布时间
1	永兴桥	古建筑	清	沙井街道新桥社区	1984.9.6
2	凤凰塔	古建筑	清	福永街道凤凰社区	1984.9.6
3	文昌阁	古建筑	清	西乡街道固戍社区	1984.9.6
4	黄氏宗祠古建群	古建筑	清	新安街道上合社区	1998.7.15
5	绮云书室	古建筑	清	西乡街道乐群社区	1998.7.15

3. 区级文物保护单位及文物点

序号	保护单位名称	类别	时代	地理位置	公布时间
1	中共宝安县第一次党代表会旧址	近现代重要史迹	大革命时期	松岗街道燕川社区	1999.3.29
2	东宝行政督导处	近现代重要史迹	抗战时期	松岗街道燕川社区	1999.3.29
3	燕川村古建群	古建筑	清	松岗街道燕川社区	1999.3.29
4	陈朝举墓	古墓葬	宋	沙井街道沙井中学旁	1999.3.29
5	营救文化名人旧址	近现代重要史迹	抗战时期	龙华街道白石龙社区	2003.11.3
6	东方村文氏大宗祠	古建筑	明—清	松岗街道东方社区	2003.11.3
7	龙津石塔	古建筑	宋	沙井街道沙井社区	1999.3.29
8	沙井智熙家塾	古建筑	清	沙井街道坐岗社区	1999.3.29
9	沙井曾耀添宅	现代建筑	民国	沙井街道上星社区	1999.3.29

10	沙井江氏大宗祠	古建筑	清	沙井街道步涌社区	1999.3.29
11	麦氏大宗祠	古建筑	明—清	公明街道合水口村	2004.8.20
12	东宝中学旧址	近现代重要史迹	抗战时期	公明街道下村小学内	2004.8.20
13	公明墟	近现代重要史迹	抗战时期	公明街道老墟	2004.8.20
14	陈东澜墓	古墓葬	明	公明街道李松朗社区	2004.8.20
15	文起东古墓	古墓葬	元—明	公明街道楼村社区	2004.8.20
16	文尚德墓	古墓葬	明—清	公明街道李松郎社区	2004.8.20
17	曾氏古墓群	古墓葬	明—清	沙井街道新桥社区	2004.8.20
18	文氏古墓群	古墓葬	明—清	松岗街道潭头社区	2004.8.20
19	黄氏古墓群	古墓葬	明—清	新安街道上合社区	2004.8.20
20	陈振能墓	古墓葬	清	观澜街道松元厦社区	2004.8.20
21	陈向廷进士墓	古墓葬	明	松岗街道燕川社区	2004.8.20
22	燕川陈士美墓	古墓葬	明	松岗街道燕川社区	2004.8.20
23	日军侵华碉堡	进现代重史要迹	抗战时期	松岗街道山门社区	2004.8.20
24	叶道章古墓	古墓葬	宋	西乡街道九围社区	2004.8.20
25	廖氏宗祠	古建筑	清	龙华街道清湖社区	2004.8.20
26	清湖三界庙	古建筑	清	龙华街道清湖社区	2004.8.20
27	铁仔山古墓群	古墓葬	战国—明清	西乡街道臣田社区	2004.8.20
28	文狄介古墓葬	古墓葬	明	福永街道凤凰社区	2004.8.20
29	潘氏祖墓	古墓葬	明	福永街道立新水库东	2004.8.20
30	邓益逊古墓葬	古墓葬	明	沙井街道万丰社区	2004.8.20
31	廖乐善等合葬墓	古墓葬	明	龙华街道清湖社区	2004.8.20
32	元代古窑址	古墓葬	元	公明街道楼村社区	2004.9.22
33	振能学校	近现代重要史迹	民国	观澜街道观澜中学内	2004.9.22

34	广安当铺	古建筑	清	沙井街道新桥社区	2005.2.1
35	王大中丞祠	古建筑	清	西乡街道乐群社区	2005.2.1
36	植利碉楼	近现代重要史迹	民国	福永街道桥头社区	2005.2.1
37	凤凰村古建筑群	古建筑	清	福永街道凤凰社区	2005.2.1
38	林山古文化遗址	古遗址	新石器	福永街道凤凰社区	2005.2.1
39	观澜老街	古建筑	清末	观澜街道观澜社区	2005.2.1
40	麦氏古墓葬	古墓葬	明—清	光明街道碧眼社区	2005.2.1
41	蔡学元进士第	古建筑	清	松岗街道沙埔社区	2005.2.1
42	贵湖塘老围	古建筑	清	观澜街道桂花社区	2005.2.1
43	文秀公碉楼	古建筑	清	观澜街道桂花社区	2005.2.1
44	宋郑南莆墓	古建筑	宋	西乡街道黄田社区	2005.2.1

4. 镇、村级文物保护单位

序号	保护单位名称	类别	时代	地理位置	公布时间
1	沙四围头井	古建筑	清	沙井街道沙四社区	2000.6.13
2	衙边云林仙井	古建筑	明	沙井街道衙边社区	2000.6.13
3	衙边云溪井	古建筑	明	沙井街道衙边社区	2000.6.13
4	沙四观音天后庙	古建筑	清	沙井街道沙四社区	2000.6.13
5	沙井洪圣古庙遗址	古建筑	明	沙井街道沙井大街	2000.6.13
6	坣岗北帝庙	古建筑	清	沙井街道坣岗社区	2000.6.13
7	坣岗陈氏大宗祠	古建筑	清	沙井街道坣岗社区	2000.6.13
8	黄埔洪四围	古建筑	明—清	沙井街道黄埔社区	2000.6.13
9	新二古村落	古建筑群	清	沙井街道新二社区	2000.6.13
10	万丰潘氏大宗祠	古建筑	清	沙井街道万丰社区	2000.6.13
11	万丰钟岗公祖祠	古建筑	清	沙井街道万丰社区	2000.6.13
12	沙四升平围围墙	古建筑	清	沙井街道万丰社区	2000.6.13
13	万丰福镇围围墙	古建筑	清	沙井街道万丰社区	2000.6.13

14	坐岗碉楼	近现代重要史迹	清末民初	沙井街道坐岗社区	2000.6.13
15	南宋陈梦龙墓	古墓葬	清	沙井街道新桥社区	2000.6.13
16	洪田七烈士墓	古墓葬	抗战时期	沙井街道黄埔洪田围	2000.6.13
17	凤岩古庙（凤凰村）	古建筑	元	福永街道凤凰社区	2001.2.15
18	杨侯宫（桥头村）	古建筑	清	福永街道桥头社区	2001.2.15
19	塘尾村邓氏宗祠	古建筑	明	福永街道塘尾社区	2001.2.15
20	福永村陈氏宗祠	古建筑	明	福永街道福永村	2001.2.15
21	福永村梁氏宗祠	古建筑	明	福永街道福永社区	2001.2.15
22	福永村庄氏宗祠	古建筑	明	福永街道福永社区	2001.2.15
23	桥头村林氏宗祠	古建筑	明	福永街道桥头社区	2001.2.15
24	桥头村陈氏宗祠	古建筑	明	福永街道桥头社区	2001.2.15
25	怀德村潘氏宗祠	古建筑	元	福永街道怀德社区	2001.2.15
26	怀德村谦吾公家塾	古建筑	清	福永街道怀德社区	2001.2.15
27	怀德村梅桃松三公祠	古建筑	明	福永街道怀德社区	2001.2.15
28	白石厦村文氏宗祠	古建筑	明	福永街道白石厦社区	2001.2.15
29	白石厦村石琚公祠	古建筑	清	福永街道白石厦社区	2001.2.15
30	明代立新水库旁潘氏五、六、七世祖墓	古墓葬	明	福永街道立新水库边	2001.2.15
31	元代万丰村后山邓氏四世祖墓	古墓葬	元	沙井街道万丰社区村后山坡	2001.2.15
32	辛围村革命烈士纪念碑	当代文物	当代	福永街道兴围社区	2001.2.15
33	桥头尖岭山革命烈士墓群	近现代重要史迹	民国	福永街道桥头尖岭山	2001.2.15
34	沙头广居	近现代重要史迹	民国	沙头社区沙头二路6号	2003.10.9

35	蝉生新楼	近现代重要史迹	民国	沙井街道坣岗社区	2003.10.9
36	新桥当铺	古建筑	清	沙井街道永新桥东侧	2003.10.9
37	南洞古村落	古建筑群	清	沙井街道黄埔南洞	2003.10.9
38	大钟山遗址	古遗址	汉—清	沙井街道万丰社区大钟山	2003.10.9
39	德辉陈公祠	古建筑	清	沙井街道衙边社区	2003.10.9
40	辛养陈氏大宗祠	古建筑	清	沙井街道辛养社区	2003.10.9
41	沙井陈氏宗祠	古建筑	清	沙井街道沙四社区	2003.10.9
42	宗汉公家塾	古建筑	清	沙井街道步涌社区	2003.10.9
43	宣玉钟公祠	古建筑	清	沙井街道沙头社区	2003.10.9
44	冼氏宗祠	古建筑	清	沙井街道黄埔社区	2003.10.9
45	潘氏宗祠	古建筑	清	沙井街道万丰社区	1996
46	述岗祖祠	古建筑	清	沙井街道万丰社区	1996
47	圣学祖家塾	古建筑	清	沙井街道万丰社区	1996
48	福镇围	古建筑	清	沙井街道万丰社区	1996
49	咸井	古建筑	清	沙井街道万丰社区	1996
50	陈平庙	古建筑	清	沙井街道万丰社区	1996
51	善缘庵	古建筑	清	沙井街道万丰社区	1996
52	长房厅	古建筑	清	沙井街道万丰社区	1996
53	大粮仓	当代文物	当代	沙井街道万丰社区	1996
54	万丰广场	当代文物	当代	沙井街道万丰社区	1996
55	文展馆	当代文物	当代	沙井街道万丰社区	1996

二、宝安区未定保护级别不可移动文物一览表

1. 祠堂

序号	名称	地点	时代	备注
1	刘氏宗祠	石岩镇水村	清末民初	三开间二进
2	郑氏宗祠	石岩镇水村	民国	三开间二进

3	赵氏宗祠	石岩镇上屋村委田心村	明末	三开间二进
4	叶氏宗祠	石岩镇上屋村委	清末	三开间二进
5	赵氏宗祠	石岩镇上屋村委上排村	民国（1932年）	三开间二进
6	叶氏家祠	石岩镇上屋村	清末	三开间二进
7	谢氏宗祠	石岩镇石岩村委龙眼山村	清末	三开间二进
8	刘氏声宗祠	石岩镇应人石村	清	三开间二进
9	爱庭刘公祠	石岩镇应人石村	清末	三开间二进
10	翠崖黄公祠	光明办东周居委会木墩村	清	三开间二进
11	黄氏大宗祠	光明办碧眼居委会径口村	清	三开间二进
12	绍歧祖祠	光明办凤凰居委会白花村黄屋排	民国	三开间二进
13	周氏宗祠	光明办凤凰居委会白花村黄屋排	民国	三开间二进
14	遗爱陈公祠	光明办圳美居委会圳美村	清	三开间二进
15	陈氏宗祠	沙井镇后亭村	清	三开间二进
16	江氏宗祠	沙井镇步涌村	清	三开间二进
17	静庵江公祠	沙井镇步涌村	清	三开间二进
18	江氏家祠	沙井镇步涌村	清	三开间三进
19	潘氏宗祠	沙井镇万丰村	清	三开间二进一天井
20	昂积陈公祠	沙井镇沙三村四巷34号	清	三开间二进一天井
21	昂积陈公祠	沙井镇沙三村十四巷20号	清	三开间二进一天井
22	静乐陈公祠	沙井镇沙三村十四巷21号	清	三开间二进一天井

23	陈氏大宗祠	沙井镇坐岗村	清乾隆 甲寅年	现代重修 三开间三进 一天井
24	曾氏大宗祠	沙井镇新桥村	清乾隆 年间	清嘉庆三年扩 建五开间三进
25	陈氏宗祠	沙井镇沙三村	清中晚期	五开间三进
26	怀翠曾公祠	沙井镇新二村	清	三开间二进
27	谦益二祖祠	沙井镇新二村	清	三开间二进
28	和亭公祠	沙井镇上星村	清	三开间二进
29	升焕公家祠	沙井镇黄埔村南洞	清	三开间二进
30	黄氏宗祠	新安街道办上合村	明	后多次重修 三开间三进
31	廖氏宗祠	龙华镇清湖村原清湖小学 南侧	清末	现代重修 三开间二进
32	何氏宗祠	龙华镇龙华村委赤岭头村东部	清末	三开间二进
33	戴氏宗祠	龙华镇龙华村委元芬村东	清末	三开间二进 一天井
34	黄氏宗祠	龙华镇龙华村委下早禾坑 村口	清末	三开间 二进一天井
35	吴氏宗祠	龙华镇大浪村委浪口村中部	清末	三开间二进
36	弓村祠堂	龙华镇三联村委弓村中部	清末	三开间二进
37	郑氏宗祠	龙华镇三联村委牛地埔村南	清末	三开间二进
38	德贵曾公祠	公明镇玉律村玉律一区北	清	现代重修 三开 间二进一天井
39	懋轩曾公祠	公明镇长圳村南部	清末	三开间二进
40	塘家祠堂 1	公明镇塘家村北部	清末	三开间二进
41	塘家祠堂 2	公明镇塘家村北	清末	三开间二进
42	塘家祠堂 3	公明镇塘家村东北	清末	三开间二进
43	麦氏宗祠	公明镇田寮村南	清末	三开间二进

44	乐善麦公祠	公明镇塘尾村东北	清乾隆四十四年	三开间二进
45	将围祠堂	公明镇将石村委将围村东	清末	三开间二进
46	麦氏祠堂	公明镇塘尾村东	清末	三开间二进
47	悦田吴公祠	公明镇将石村委上石家村	清末	三开间二进
48	楼村祠堂 1	公明镇楼村西南	清末	三开间二进
49	楼村祠堂 2	公明镇楼村村委办公楼东南约 60 米	清末	三开间二进
50	楼村祠堂 3	公明镇楼村祠堂 2 西侧	清末	三开间二进
51	允彩陈公祠	公明镇西田村西南	清同治甲子年孟冬	现代重修三开间二进
52	鱼屏陈公祠	公明镇上村村委元山村西	明嘉靖二年	现代重修三开间二进
53	元山祠堂	公明镇鱼屏陈公祠东侧	明代	现代重修三开间二进
54	延龄陈公祠	公明镇上村村委上南村北	民国甲年秋季	三开间二进
55	慈水陈公祠	公明镇上村村委永北村中	清末	三开间二进
56	勤道公祠	公明镇上村村委永南村北	清末	三开间二进
57	泰宇陈公祠	公明镇下村小学内	清	三开间二进
58	下村祠堂 1	公明镇下村小学内	清	三开间二进
59	下村祠堂 2	公明镇下村北部	清	三开间二进
60	梁氏祠堂	公明镇李松萌村中	1621 年	现代重修三开间三进
61	麦氏大宗祠	公明镇合水口村委北	明末	现代重修五开间三进
62	甘泉麦公祠	公明镇茨田埔村西北	清末	三开间二进
63	莊氏宗祠	福永镇福永村委庄屋村	清道光乙酉年仲春	现代重修三开间二进

64	梁氏宗祠	福永镇福永村委梁屋村一巷	清道光丁亥年仲冬	现代重修 三开间二进
65	沈氏宗祠	观澜镇观澜村委岗头村南	清末	现代重修 三开间二进
66	黄氏宗祠	观澜镇观澜村委大布巷新围西	清末	三开间二进
67	陈氏宗祠	观澜镇桂花村委贵湖塘村贵岭街	清末	三开间二进
68	欧氏宗祠	观澜镇桂花村委观澜河西大湖村	清末	三开间二进
69	陈氏宗祠	观澜镇桂花村委庙溪村南	清末	三开间二进
70	陈氏宗祠	观澜镇松元村委西隔壁	清末	三开间二进
71	邓褀宗祠	观澜镇福民村委竹村	宋代	道光二十二年重修三开间二进
72	邓褀家祠	观澜镇福民村委竹村邓褀宗祠前	宋代	道光二十二年重修 三开间二进
73	罗氏宗祠	观澜镇福民村委悦兴围村	宋代	道光二十二年重修 三开间二进
74	杨氏宗祠	观澜镇大小坑村委樟阁村51号居民楼南侧	清末	三开间二进
75	何氏宗祠	观澜镇大小坑村一段5号居民楼西侧	清末	三开间二进
76	洪氏宗祠	观澜镇君子布老围三巷古榄树东北约18米	清末	三开间二进
77	温氏宗祠	观澜镇君子布老围洪氏宗祠北约19米	清末	三开间二进
78	何氏宗祠	观澜镇君子布老围温氏宗祠东南约28米	清末	三开间二进
79	王氏宗祠	观澜镇君子布老围何氏宗祠北约7米	清末	现代重修 一开间一天井

80	凌氏宗祠	观澜镇君子布村龙兴二巷1号居民房西侧	清末	三开间二进
81	张氏宗祠	观澜镇君子布村委张村二巷18号	清末	三开间二进
82	魏氏宗祠	观澜镇牛湖村委启明街52号居民东侧	清末	三开间二进
83	李氏宗祠	观澜镇牛湖村委启明街魏氏宗祠东约30米	清末	三开间二进
84	邓氏宗祠	观澜镇牛湖村启明街李氏宗祠北约47米	清末	三开间二进
85	陈氏宗祠	观澜镇新田村委吉坑村一巷1号居民楼南约55米	清末	三开间二进
86	文扬陈公祠	观澜镇新田村委谷湖龙东3号居民楼西	清末	三开间二进
87	李氏宗祠	观澜镇新田村老围	清末	三开间二进
88	曾氏宗祠	观澜镇樟坑径村白鸽湖村新樟路北二巷10号民房西侧	清末	三开间二进
89	曾氏家祠	观澜镇曾氏宗祠西侧	清末	三开间二进
90	素白陈公祠	松岗镇燕川村燕川一区108号居民楼西南侧	清	现代维修宝安县党代会旧址三开间二进 现
91	泽培陈公祠	松岗镇燕川村北巷6号	清光绪二十二年	代改修路西行政督导处旧址三开间二进
92	宗祠	松岗镇燕川村二区15号民层东	清	三开间二进
93	赖氏大宗祠	松岗镇罗围村52号民房西侧	清末	现代重修 三开间二进

94	赖氏小宗祠	松岗镇罗围村 205 号民房东侧	清末	现代重修 三开间二进
95	勉耕黄公祠	松岗镇下塘涌一村村委办公楼西北侧	清末	现代重修 三开间二进
96	见松黄公祠	松岗镇下塘涌一村 237 号居民楼东南侧	清末	现代重修 三开间二进
97	大天宗祠	松岗镇碧头村五巷 63 号居民楼西南侧	清	三开间二进
98	松月文公祠	松岗镇谭头二村 70 号伟生站东侧	清嘉庆庚辰年	现代重修 三开间二进
99	满客文公祠	松岗镇谭头二村 60 号居民楼东侧	清	三开间二进
100	东圆文公祠	松岗镇谭头二村 12 号居民楼西侧	清	三开间二进
101	文氏大宗祠	松岗镇东方大村三巷 90 号居民房东侧	清	现代重修 三开间二进
102	声誉公家祠	松岗镇红星村西坊西区 60 号居民楼东侧	清庚申年秋月	现代重修 三开间二进
103	福全袁公祠	松岗镇楼岗旧村东五巷 288 号居民楼北侧	清	现代重修 三开间二进
104	福进袁公祠	松岗镇楼岗东路 7 号居民房西南侧	清	现代重修 三开间二进
105	富祖蔡公祠	松岗镇沙浦二村 343 号居民楼东侧	清	现代重修 三开间二进
106	碧沙蔡公祠	松岗镇沙浦一村三巷 122 号	清	现代重修 三开间二进
107	王氏大宗祠	松岗镇溪头村五 240 号居民楼西侧	清道光二十九年	现代重修 三开间二进

108	轩堂二公祠	松岗镇松岗村委东风村 6号居民楼北侧	清	三开间二进
109	文氏宗祠	松岗镇松岗村东风一巷 18号居民楼东侧	清	三开间二进
110	月爱文公祠	松岗镇松岗村委山美村 178号	清	三开间二进
111	宗祠	松岗镇山门村下山门二路 2号居民楼西北侧	清	现代重修 三开间二进
112	三房厅宗祠	西乡镇钟屋村73号	清	三开间二进
113	林公家祠	西乡镇黄田林屋村283号 居民楼西北侧	清	现代重修 三开间二进
114	佑姜公祠	西乡镇固戍村塘东西八巷 13号	清	三开间二进
115	姜公祠	西乡镇固戍村石街路44号 居民房西侧	清	现代重修 三开间二进
116	郑氏宗祠	西乡镇乐群村乐群二巷 3号居民房西侧	清光绪 四年	现代重修 三开间二进
117	温氏宗祠	西乡镇河东村东兴坊区 1号村委办公楼西	清康熙 年间	现代重修 三开间二进
118	温氏家祠	西乡镇河东新村152号 居民楼西侧	清康熙 年间	现代重修 三开间二进
119	黄氏宗祠	西乡镇铁岗村8号居民楼 西侧现为村委	清	现代重修 三开间二进
120	曾氏祠堂	西乡镇长圳村	清末	三开间二进

2. 宫观庙宇和教堂

序号	名称	地点	时代	备注
1	洪圣宫	石岩镇官田村	清同治年间	三开间二进
2	关帝宫	石岩镇罗租村	清末民初	三开间二进

3	乌石岩庙	石岩镇石岩居委会	清（1840年）	三开间二进
4	天主堂	石岩镇水田村	清末	广府民居 后改为天主教堂
5	福音堂	石岩镇水田三祝里村	民国（1937年）	广府民居 后改为天主教堂
6	关帝古庙	沙井镇步涌西边村	清	
7	圣帝宫	沙井镇沙四村十四巷3号	清	一开间二进 一天井
8	北帝古庙	沙井镇坐岗村北帝路	清	三开间三进
9	康扬二圣庙	沙井镇新二村向西路	清	三开间二进 一天井
10	大王古庙	新安街道办办上合村	清	三开间二进 一天井
11	三界庙	龙华镇清湖老村北	明	清道光十二年重修 三开间二进 一天井
12	玉律二区古庙	公明镇玉律村玉律二区西	民国	一开间二进
13	长丰古庵	公明镇长圳村大眼山北麓	明万历丙辰年	清光绪十六年重修 天然洞穴
14	祥溪禅院	松岗镇燕川北风巷2号居民房东约11米	清末	三开间二进 一天井
15	洪圣宫	松岗镇洪桥头村北 盛纸品厂西侧	清	文革时被毁 1996年原址重建
16	众圣宫	松岗镇碧头村北路幼儿园西南侧	清	一开间二进
17	北帝庙	松岗镇东方一村自强吸塑厂西北侧	清	一开间二进

18	观音宫	松岗镇楼岗村福全袁公祠北侧	清同治十一年重修	一开间二进
19	大庙宫	松岗镇沙埔村富祖蔡公祠后厅东侧	清	现代重修
20	上帝古庙	松岗镇沙埔围村一巷5号居民楼东侧	清	一开间二进
21	原坛庙	西乡镇钟屋村三85号居民楼西北侧	清	一开间二进
22	妈祖庙	西乡镇黄田村宝安县友谊球阀厂院内	清	现代重修 三开间三进一天井
23	北帝庙	西乡镇流塘村榕树路65号治安大楼东	清	现代重修 一开间二进

3. 炮楼

序号	名称	地点	时代	备注
1	水田村炮楼	石岩镇水田村	民国（1932年）	方形 四层
2	石龙仔村炮楼	石岩镇水田石龙仔村	民国	方形 四层
3	官田村炮楼	石岩镇官田村	民国	方形 四层
4	黎光村炮楼	石岩镇官田黎光村	民国	方形 四层
5	元岭村炮楼	石岩镇上屋元岭村	民国	方形 四层
6	坑尾村炮楼	石岩镇上屋坑尾村村	民国	方形 四层
7	元径村炮楼	石岩镇上屋元径村	民国	方形 四层
8	罗租村炮楼	石岩镇罗租村	民国	方形 四层
9	塘头村炮楼	石岩镇塘头村	民国	方形 四层
10	塘头村炮楼	石岩镇塘头村	民国	方形 四层
11	树德堂村炮楼	石岩镇上屋田心村	民国	长方形 四层
12	径口村炮楼	光明办碧眼居委会径口村	民国	长方形 四层

13	庙径口炮楼	光明办凤凰居委会白花村庙径口	民国	长方形 四层
14	马池田炮楼	光明办凤凰居委会白花村马池田	民国	长方形 四层
15	黄屋排炮楼	光明办凤凰居委会白花村黄屋排	民国	长方形 四层
16	黄屋排炮楼	光明办凤凰居委会白花村黄屋排	民国	长方形 四层
17	白花村炮楼	光明办凤凰居委会白花村	民国	长方形 四层
18	岗村炮楼	沙井镇 岗村	民国	长方形 四层
19	洪田村炮楼	沙井镇黄埔洪田村	民国	长方形 四层
20	料坑村炮楼	石岩镇石岩村委料坑村	民国	长方形 四层
21	清湖老树村炮楼	龙华镇清湖老村西北	清末	长方形 四层
22	樟坑村炮楼	龙华镇民治村委樟坑村南	清末	长方形 四层
23	龙华老街炮楼	龙华镇龙华村龙华老街中	民国	长方形 四层
24	浪口村炮楼	龙华镇大浪口村委浪口村瑞霭民居北	清末	长方形 四层
25	浪口村炮楼	龙华镇大浪口村委浪口村北	清末	长方形 四层
26	浪口村炮楼	龙华镇大浪口村委浪口村东南	清末	长方形 四层
27	石凹村炮楼	龙华镇大浪口村石凹村中	清末	长方形 四层
28	玉律碉堡	公明镇玉律村南一山岗顶部	抗日战争时期	长方形 四层
29	长圳炮楼	公明镇长圳村有创书室南	清末	现代重修 长方形 四层
30	长圳炮楼	公明镇长圳村	清末	现代重修 长方形 四层
31	塘家炮楼	公明镇塘家村南部	清末	长方形 四层
32	上石家炮楼	公明镇将石村委上石家村南	清末	长方形 四层

33	东门街炮楼	观澜镇观澜村东门街与众安街交叉路口北	民国	方形 四层
34	南门街炮楼	观澜镇观澜村南门街观澜古寺北约 62 米	民国	方形 四层
35	南门街炮楼	观澜镇观澜村南门街观澜古寺南约 33 米	民国	方形 四层
36	南门街炮楼	观澜镇观澜村南门街 11 号居民后	民国	方形 四层
37	西门街炮楼	观澜镇观澜村西门街 27 号居民后	民国	方形 四层
38	围仔炮楼	观澜镇观澜村围仔 10 巷 8 号居民楼北侧	民国	方形 四层
39	贵湖塘炮楼	观澜镇桂花村委湖塘村贵岭街	民国	方形 四层
40	大湖老围炮楼	观澜镇桂花村委大湖老围东南	民国	方形 四层
41	大湖村炮楼	观澜镇桂花村委大湖村	民国	方形 四层
42	庙溪村炮楼	观澜镇桂花村委庙溪村	民国	方形 四层
43	松元村炮楼	观澜镇松元村观澜中学教学楼后	民国	方形 四层
44	松元村炮楼	观澜镇松元村昌发塑胶厂西北	民国	方形 四层
45	悦兴炮楼	观澜镇福民村委悦兴围村罗氏宗祠西北	民国	方形 四层
46	水围炮楼	观澜镇库坑村委东南水围村	民国	方形 四层
47	中心村炮楼	观澜镇库坑村委中心村	民国	方形 四层
48	中心炮楼	观澜镇库坑村委中心村委东北约 65 米	民国	方形 四层
49	围仔村炮楼	观澜镇库坑村委围仔村委 21 号居民楼北侧	民国	方形 四层

50	坳背村炮楼	观澜镇库坑村委坳背村	民国	方形 四层
51	黎光村炮楼	观澜镇黎光村委南约 100 米	民国	方形 四层
52	黎光村炮楼	观澜镇黎光村落西	民国	方形 四层
53	塘前村炮楼	观澜镇大水坑村委塘前村 38 号居民楼东	民国	方形 四层
54	樟阁村炮楼	观澜镇大水坑村委樟阁村古榕树南约 47 米	民国	长方形 五层
55	樟阁村炮楼	观澜镇大水坑村委樟阁村东 13 号居民西被侧约 17 米	民国	长方形 五层
56	大水坑炮楼	观澜镇大水坑村委一段	民国	长方形 五层
57	大水坑炮楼	观澜镇大水坑村委 2 号居民楼西侧	民国	长方形 五层
58	桔岭新村炮楼	观澜镇大水坑村委桔岭新村	民国	长方形 五层
59	老围炮楼	观澜镇君子布老围三巷 2 号居民楼南侧	民国	方形 四层
60	老围炮楼	观澜镇君子布老围炮楼南约 46 米老围一巷	民国	方形 四层
61	龙头炮楼	观澜镇君子布村龙头三巷 7 号居民楼西北	民国	方形 四层
62	龙头炮楼	观澜镇君子布村龙头三巷炮楼东北约 51 米	民国	方形 四层
63	龙头炮楼	观澜镇君子布村龙头二巷凌氏宗祠西北约 20 米	民国	方形 四层
64	启明街炮楼	观澜镇牛湖村启明街邓氏宗祠西北	民国	方形 四层
65	启明街炮楼	观澜镇牛湖村启明学校二层教学楼后	民国	方形 四层
66	吉坑村炮楼	观澜镇新田村委吉坑村	民国	方形 四层

67	谷湖龙炮楼	观澜镇新田村谷湖龙文扬陈公祠西约50米	民国	方形 四层
68	牛岭炮楼	观澜镇新田村牛岭街24号居民楼东北约22米	民国	方形 四层
69	上围村炮楼	观澜镇樟坑径村委上围村东区51号居民楼后	民国	方形 四层
70	上围村炮楼	观澜镇樟坑径村委上围村东区炮楼东侧	民国	方形 四层
71	上围村炮楼	观澜镇樟坑径村委上围路北二巷18号居民楼后	民国	方形 四层
72	上围村炮楼	观澜镇樟坑径村委上围路97号居民楼西南约60米对面坑村	民国	方形 四层
73	白鸽湖炮楼	观澜镇白鸽湖村新樟路北一巷1号民居东侧	民国	方形 四层
74	新樟炮楼	观澜镇新樟路北二巷曾氏宗祠南约17米	民国	方形 四层
75	沈浦楼	松岗镇碧头村佘屋16号居民楼东北侧	民国	方形 四层
76	钟屋村炮楼	西乡镇钟屋新村大巷1号居民楼东侧	民国	方形 四层
77	钟屋村炮楼	西乡镇钟屋村286号居民楼东侧	民国	方形 四层
78	黄田炮楼	西乡镇黄田林屋村190号居民楼南侧	民国	方形 四层
79	黄田炮楼	西乡镇黄田林屋村96号居民院内	民国	方形 四层
80	固戍村炮楼	西乡镇固戍村文昌路138号民居楼西南侧	民国	方形 四层

81	黄麻布炮楼	西乡镇黄麻布村黄麻布路134号民居房后东南侧	民国	方形 四层
82	黄麻布炮楼	西乡镇黄麻布东区47号	民国	方形 四层
83	九围村炮楼	西乡镇九围村七巷35号	民国	方形 四层
84	鹤洲村炮楼	西乡镇鹤洲村四巷5号	民国	方形 四层
85	铁岗村炮楼	西乡镇铁岗村19号民房东侧	民国	方形 四层

4. 书室（私塾、学校）

序号	名称	地点	时代	备注
1	宗汉公家塾	沙井镇步涌村	清	三开间二进一天井
2	碧涧公家塾	沙井镇沙四村九巷1号	清	三开间二进一天井
3	瑞丰公家塾	沙井镇沙四村	清	三开间二进一天井
4	暄丰公家塾	沙井镇沙四村	清	三开间二进一天井
5	家塾	沙井镇新二村向西路20号	清	三开间二进一天井
6	智熙家塾	沙井镇茔岗村北帝路	清	三开间二进一天井
7	文明公家塾	沙井镇黄埔洪田村	清	三开间二进一天井
8	元珠家塾	龙华镇清湖老村西南	清末	三开间二进一天井
9	文秀家塾	公明镇玉律村玉律三区	民国	三开间二进一天井
10	二公家塾	公明镇楼村北部	清末	三开间二进一天井
11	茅山公家塾	福永镇凤凰村东部	明代	清嘉庆已卯年桂月重修三开间二进一天井
12	岭公家塾	福永镇凤凰村北部	清道光元年	三开间二进一天井
13	谦吾公家塾	福永镇怀德村十一巷	清	三开间二进一天井
14	涣延家塾	观澜镇牛湖村启明街	光绪二年	三开间二进一天井
15	发乾公家塾	松岗镇燕川村二区15号	清末	现代重修 三开间二进一天井
16	延龄公家塾	松岗镇潭头村潭头二路70号卫生站西侧	清	三开间二进一天井

17	澄鉴家塾	松岗镇潭头一村8号民居房北侧	清	三开间二进一天井
18	毓永家塾	松岗镇楼岗村委东南侧	光绪六年	现代重修
19	秋日公家塾	松岗镇松岗村委山美新村	清	三开间二进一天井
20	南野家塾	西乡镇流塘村建安二路10号民居楼西侧	民国六年	现代重修
21	家塾	西乡镇铁岗村71号民居楼东侧	清	现代重修
22	得淳书室	光明办圳美居委会圳美村	清	三开间一进一天井
23	玉成书室	新安办上合村	清	三开间二进一天井
24	西庄书室	新安办上合村	清	三开间二进一天井
25	集芝书室	公明镇玉律村	民国	中西合璧 三开间二进一天井三层楼
26	有创书室	公明镇长圳村东南	清末	三开间二进一天井
27	顾三书室	福永镇凤凰村东北	清（1883年）	现代重修 三开间三进二天井
28	振能学校	观澜镇松元村观澜中学内	民国（1929年）	二层教学楼 五层校舍及礼堂

5. 围村（门）

序号	名称	地点	时代	备注
1	生平围围墙	沙井镇沙四村	南宋	三合土夯筑
2	敦睦门	观澜镇观澜村委大布巷老围西南	清末	面阔一间 进深一间青水墙
3	老围门及围墙	观澜镇桂花村委贵湖塘村贵岭街	清末	三合土夯筑
4	长安围围门	观澜镇观澜村委横坑河西	清末	面阔一间 进深一间青水墙
5	马坜村老围	观澜镇观澜村观澜大道南侧贵星楼后	清末	客家围平面长方形 三堂二横四角楼

6. 商铺

序号	名称	地点	时代	备注
1	新墟街商铺	沙井镇沙四村新墟市街15号	清	

7. 古塔

序号	名称	地点	时代	备注
1	龙津石塔	沙井镇沙四村沙河慬岸	南宋嘉定五年	石质 正方形 高89厘米
2	凤凰塔	福永镇凤凰村委东南	清（1816年）	现代重修 青砖砌 六角六层
3	文昌阁古塔	西乡镇固戍沙湾村1号 民居楼西北侧	清乾隆年间	现代重修 三层 高12米

8. 古桥

序号	名称	地点	时代	备注
1	凤凰岩古桥	福永镇凤凰村凤凰岩山 脚下	宋末元初	三孔石桥
2	永兴桥	沙井镇新桥村	清乾隆五十年	三孔石桥 长50米

9. 古楼

序号	名称	地点	时代	备注
1	南门街洋楼	观澜镇观澜村南门街	民国	中西合璧式 四层楼

10. 民居

序号	名称	地点	时代	备注
1	木墩村民居	光明办东周居委会木墩村	清	广府民居 一天井 一主屋（三开间）
2	径口村民居	光明办碧眼居委会径口村	民国	广府民居 一天井 一主屋（三开间）

3	碧眼村民居	光明办碧眼居委会碧眼村	民国	广府民居 一天井一主屋（一开间进深二间）
4	白花村4号院民居	光明办凤凰居委会白花村四号院	清	广府民居 一天井一主屋（三开间）
5	白花村2号院民居	光明办凤凰居委会白花村二号院	清	广府民居 三开间进深一间
6	四屋厅五巷1号民居	沙井镇步涌村四屋厅五巷1号	清	广府民居 一天井一主屋（三开间）
7	四屋厅三巷5号民居	沙井镇步涌村四屋厅三巷5号	清	广府民居 一天井一主屋（三开间）
8	步涌村十五巷23号民居	沙井镇步涌村十五巷23号	清	广府民居 一天井一主屋（三开间）
9	聚乐园民居	沙井镇沙三街沙井大街440号（三开间）	清末民初	广府民居 一天井一主屋
10	禅生新旧楼	沙井镇岗村	民国	广府民居 一天井一主屋（三开间）
11	新二村向西路十八巷十号民居	沙井镇新二村向西路十八巷十号	清	广府民居 一天井一主屋（三开间）
12	曾耀添旧宅	沙井镇上星村	民国	中西合璧式 三层楼
13	围荫德别墅	沙井镇上星村	民国	
14	仁里长春民居	沙井镇上星村	民国	广府民居 一天井一主屋
15	龙头一巷十一号民居	沙井镇上星村龙头一巷十一号	民国	广府民居 一天井一主屋（三开间）
16	上星村民居	沙井镇上星村	民国	广府民居 一天井一主屋（三开间）
17	洪田村民居	沙井镇黄埔洪田村	清	广府民居 一天井一主屋（三开间）

18	一巷一号民居	沙井镇步涌村一巷一号	清	广府民居 一天井一主屋（三开间）
19	沙四八巷八号民居	沙井镇沙四村八巷八号	清	广府民居 一天井一主屋（三开间）
20	二巷五号民居	沙井镇步涌村二巷五号	清	广府民居 一天井一主屋（三开间）
21	上合村民居	新安办上合村	清	广府民居 一天井一主屋（三开间）
22	罗租村民居	石岩镇罗租村	清末民初	广府民居 一天井一主屋（三开间）
23	清湖老村民居	龙华镇清湖老村	清末	广府民居 一天井一主屋（三开间）
24	白石龙民居	龙华镇民治村委白石龙村	清末	广府民居 一天井一主屋（三开间）
25	白石龙会议旧址	龙华镇民治村委白石龙村东北	清末	广府民居后改为天主教堂
26	樟坑村民居	龙华镇民治村委樟坑村	清末	广府民居一天井一主屋（三开间）
27	塘水围村民居	龙华镇民治村委塘水围村	清末	广府民居 一天井一主屋（三开间）
28	水尾民居	龙华镇民治村委水尾村	清末	广府民居 一天井一主屋（三开间）
29	沙吓村民居	龙华镇民治村委沙吓村	清末	广府民居 一天井一主屋（三开间）
30	赤岭头村民居	龙华镇龙华村委赤岭头村	清末	广府民居 一天井一主屋（三开间）
31	陶吓村民居	龙华镇龙华村委陶吓村	清末	广府民居 一天井一主屋（三开间）

32	元芬村民居	龙华镇龙华村委元芬村	清末	广府民居 一天井一主屋（三开间）
33	上早禾坑村民居	龙华镇龙华村委上早禾坑村	清末	广府民居 一天井一主屋（三开间）
34	下早禾坑村民居	龙华镇龙华村委下早禾坑村	清末	广府民居 一天井一主屋（三开间）
35	龙华老街民居	龙华镇龙华村委龙华老街	民国	广府民居 一天井一主屋（三开间）
36	上横朗村民居	龙华镇同胜村委上横朗村	清	广府民居 一天井一主屋（三开间）
37	下横朗村民居	龙华镇同胜村委下横朗村	清	广府民居 一天井一主屋（三开间）
38	赖屋山村民居	龙华镇同胜村委赖屋山村	清	广府民居 一天井一主屋（三开间）
39	浪口村民居	龙华镇大浪村委浪口村	清末	广府民居 一天井一主屋（三开间）
40	瑞霭村民居	龙华镇大浪村委浪口村西偏南	民国	中西合璧式 一开间二层
41	石凹村民居	龙华镇大浪村委石凹村	清末	广府民居 一天井一主屋（三开间）
42	上岭排村民居	龙华镇大浪村委上岭排村	清末	广府民居 一天井一主屋（三开间）
43	下岭排村民居	龙华镇大浪村委下岭排村	清末	广府民居 一天井一主屋（三开间）
44	新围村民居	龙华镇大浪村委新围村	清末	广府民居 一天井一主屋（三开间）
45	黄麻埔村民居	龙华镇大浪村委黄麻埔村	清末	广府民居 一天井一主屋（三开间）

46	水围村民居	龙华镇大浪村委水围村	清末	广府民居 一天井一主屋（三开间）
47	罗屋围村民居	龙华镇大浪村委罗屋围村	民国	广府民居 一天井一主屋（三开间）
48	弓村民居	龙华镇三联村委弓村	清末	广府民居 一天井一主屋（三开间）
49	狮头村民居	龙华镇三联村委狮头村	清末	广府民居 一天井一主屋（三开间）
50	河背村民居	龙华镇三联村委河背村	清末	广府民居 一天井一主屋（三开间）
51	玉律一区民居	公明镇玉律村玉律一区	民国	广府民居 一天井一主屋（三开间）
52	长圳民居	公明镇长圳村	清末	广府民居 一天井一主屋（三开间）
53	塘家民居	公明镇塘家村	清末	广府民居 一天井一主屋（三开间）
54	东坑民居	公明镇东坑村	清末	广府民居 一天井一主屋（三开间）
55	田寮民居	公明镇田寮村	清	广府民居 一天井一主屋（三开间）
56	新村民居	公明镇田寮村委新村	清	广府民居 一天井一主屋（三开间）
57	龙湾民居	公明镇田寮村委龙湾村	清	广府民居 一天井一主屋（三开间）
58	塘尾民居	公明镇塘尾村	清	广府民居 一天井一主屋（三开间）
59	将围民居	公明镇将石村委将围村	清末	广府民居 一天井一主屋（三开间）

60	上石家民居	公明镇将石村委上石家村	清末	广府民居 一天井一主屋（三开间）
61	石围民居	公明镇将石村委石围村	清	广府民居 一天井一主屋（三开间）
62	楼村民居	公明镇楼村	清末	广府民居 一天井一主屋（三开间）
63	西田民居	公明镇西田村	清末	广府民居 一天井一主屋（三开间）
64	上南民居	公明镇上村村委上南村	民国	广府民居 一天井一主屋（三开间）
65	永北民居	公明镇上村村委永北村	清末	广府民居 一天井一主屋（三开间）
66	永南民居	公明镇上村村委永南村	清末	广府民居 一天井一主屋（三开间）
67	贻燕民居	公明镇下村西南	清葵已仲秋	广府民居 一天井一主屋（三开间）
68	下村民居	公明镇下村东北	清末	广府民居 一天井一主屋（三开间）
69	李松蓢民居	公明镇李松蓢村	清	广府民居 一天井一主屋（三开间）
70	茨田埔民居	公明镇茨田埔村	清末	广府民居 一天井一主屋（三开间）
71	马山头民居	公明镇马山头村	清末	广府民居 一天井一主屋（三开间）
72	凤凰民居	福永镇凤凰村岭下16巷一号	清	广府民居 一天井一主屋（三开间）
73	凤凰民居	福永镇凤凰村岭下村南5号	清	广府民居 一天井一主屋（三开间）

74	塘尾民居	福永镇塘尾村北五巷12号	清	广府民居 一天井一主屋（三开间）
75	白石厦民居	福永镇白石厦村委横岗村中部	清	广府民居 一天井一主屋（三开间）
76	植利楼民居	福永镇桥头村委桥头小学南	民国	广府民居 一天井一主屋（三开间）
77	马坜村民居	观澜镇观澜村观澜大道南侧贵宾楼后	清末	广府民居 一天井一主屋（三开间）
78	大湖老围民居	观澜镇桂花村观澜河东大湖老围	清末	广府民居 一天井一主屋（三开间）
79	大湖村民居	观澜镇桂花村观澜河西大湖村	清末	广府民居 一天井一主屋（三开间）
80	庙溪村民居	观澜镇桂花村委庙溪村中东部	清末	广府民居 一天井一主屋（三开间）
81	松元村民居	观澜镇松元村昌发塑胶厂西北	清末	广府民居 一天井一主屋（三开间）
82	竹村民居	观澜镇福民村委竹村邓禔宗祠周围	清末	广府民居 一天井一主屋（三开间）
83	水围村民居	观澜镇库坑村委水围村炮楼东北	清末	广府民居 一天井一主屋（三开间）
84	中心村民居	观澜镇库坑村委中心村炮楼东南	清末	广府民居 一天井一主屋（三开间）
85	围仔村民居	观澜镇库坑村委围仔村炮楼南	清末	广府民居 一天井一主屋（三开间）
86	黎光村民居	观澜镇黎光村委东南炮楼南约50米	清末	广府民居 一天井一主屋（三开间）
87	黎光村民居	观澜镇黎光村委古井西部约30米	清末	广府民居 一天井一主屋（三开间）

88	塘前村民居	观澜镇大水坑村委塘前村炮楼东南部	清末	广府民居 一天井一主屋（三开间）
89	樟阁村民居	观澜镇大水坑村樟阁村古井北侧	清末	广府民居 一天井一主屋（三开间）
90	樟阁村民居	观澜镇大水坑村樟阁村炮楼南侧	清末	广府民居 一天井一主屋（三开间）
91	大水坑村民居	观澜镇大水坑村炮楼西北侧	清末	广府民居 一天井一主屋（三开间）
92	大水坑村民居	观澜镇大水坑村何氏宗祠后	清末	广府民居 一天井一主屋（三开间）
93	桔岭新村民居	观澜镇大水坑村桔岭新村炮楼北侧	清末	广府民居 一天井一主屋（三开间）
94	君子布围民居	观澜镇君子布村君子布老围三巷古榄树东北部	清末	广府民居 一天井一主屋（三开间）
95	君子布围民居	观澜镇君子布村君子布老围一巷炮楼北侧	清末	广府民居 一天井一主屋（三开间）
96	龙头村民居	观澜镇君子布村龙头三巷炮楼与炮楼之间	清末	广府民居 一天井一主屋（三开间）
97	龙头村民居	观澜镇君子布村龙头二巷炮楼西侧	清末	广府民居 一天井一主屋（三开间）
98	牛湖村民居	观澜镇牛湖村启明街邓氏宗祠南部	清末	广府民居 一天井一主屋（三开间）
99	吉坑村民居	观澜镇新田村委吉坑村陈氏宗祠东西二侧及南部	清末	广府民居 一天井一主屋（三开间）
100	牛岭村民居	观澜镇新田村委牛岭街炮楼南部	清末	广府民居 一天井一主屋（三开间）
101	新田村民居	观澜镇新田老围李氏宗祠四周	清末	广府民居 一天井一主屋（三开间）

102	上围村民居	观澜镇樟坑村委上围北二巷炮楼西北侧	清末	广府民居 一天井一主屋（三开间）
103	对面坑村村民居	观澜镇樟坑村委对面坑村炮楼东侧	清末	广府民居 一天井一主屋（三开间）
104	白鸽湖村民居	观澜镇樟坑村委新樟路北二巷曾氏宗祠东西二侧及南部	清末	广府民居 一天井一主屋（三开间）
105	燕川二区民居	松岗镇燕川村二区九号	清末	广府民居 一天井一主屋（三开间）
106	燕川一队民居	松岗镇燕川村燕川一队二区三十号	清末	广府民居 一天井一主屋（三开间）
107	塘下涌村民居	松岗镇塘下涌村 206 号	民国	现代重修 广府民居一天井一主屋（三开间）
108	碧头村民居	松岗镇碧头村北路出租屋 760 号	清	现代改修广府民居一天井一主屋（三开间）
109	碧头村民居	松岗镇碧头村北路出租屋 763 号	清	现代改修 广府民居一天井一主屋（三开间）
110	谭头三村民居	松岗镇潭头村委民房西北侧	清	广府民居 一天井一主屋（三开间）
111	东方大村民居	松岗镇东方大村十四巷 367 号民房西北侧	清	广府民居 一天井一主屋（三开间）
112	东方大村民居	松岗镇东方大村十四巷 367 号	清	现代重修 广府民居一天井一主屋（三开间）
113	龙门村民居	松岗镇红星龙门村 77 号居民楼东南侧	清	广府民居 三开间二进一天井
114	进士第	松岗镇沙浦二村 353 号	清嘉庆十三年	现代改修 三开间二进一天井
115	下山门民居	松岗镇山门村下山门二路 2 号居民楼西北侧	清	现代改修广府民居一天井一主屋（三开间）

116	锦基苑	西乡镇流塘旧村西区 60 号	民国	中西合璧式 三层楼
117	国际大厦	西乡镇流塘村荔园一路 25 号	民国	中西合璧式 三层楼
118	河西村民居	西乡镇河西二坊 138 号居民楼南侧	清	广府民居 一天井一主屋（三开间）
119	铁岗村民居	西乡镇铁岗村 8 号	清	现代改修 广府民居一天井一主屋（三开间）

11. 古井

序号	名称	地点	时代	备注
1	官田村古井	石岩镇官田村	清	圆形 砖砌
2	黎光村古井	石岩镇官田黎光村	清末民初	圆形 砖砌
3	木墩村古井	光明办东周居委会木墩村	清	八边形 砖砌
4	圳美村古井	光明办圳美居委会圳美村	清	圆形 砖砌
5	新陂头村古井	光明办圳美居委会新陂头村	清	圆形 砖砌
6	姜下村古井	光明办圳美居委会姜下村	清	圆形 砖砌
7	姜下村古井	光明办圳美居委会姜下村	清	圆形 砖砌
8	沙四村古井	沙井镇沙四村九巷一号北侧	清	圆形 砖砌
9	步涌村古井	沙井镇步涌村	清	圆形 砖砌
10	新二村古井	沙井镇新二村	清	圆形 砖砌
11	洪田村古井	沙井镇黄埔洪田村	清	圆形 砖砌
12	南洞村古井	沙井镇黄埔南洞村	清	圆形 砖砌
13	云林村古井	沙井镇衙边村	清	圆形 砖砌
14	樟坑村古井	龙华镇民治村委樟坑村	清末	方形 砖砌
15	上横朗村古井	龙华镇同胜村委上横朗村	清	六边形 石砌
16	浪口村古井	龙华镇大浪村委浪口村西	清末	圆形 砖砌
17	玉律三区村古井	公明镇玉律村玉律三区	民国	长方形 石砌

18	塘家古井	公明镇塘家村塘家祠堂2西侧	清末	圆形 砖砌
19	塘家古井	公明镇塘家村西部	清末	圆形 砖砌
20	东坑古井	公明镇东坑村中部	清末	六边形 石砌
21	东坑古井	公明镇东坑村南	清末	六边形 石砌
22	田寮古井	公明镇田寮村南	清	圆形 砖砌
23	将围古井	公明镇将石村委将围村北	清末	六边形 石砌
24	楼村古井	公明镇楼村村委办公楼东约50米	清末	六边形 石砌
25	西田古井	公明镇西田村允彩陈公祠东	清末	六边形 石砌
26	下村古井	公明镇下村居民西北	清末	方形 砖砌
27	李松蓢古井	公明镇李松蓢村梁氏宗祠西侧	明末	圆形 石砌
415	李松蓢古井	公明镇李松蓢村东部	明末	圆形 石砌
28	茨田埔古井	公明镇茨田埔村北部	清末	六边形 石砌
29	马山头古井	公明镇马山头村东部	清末	六边形 石砌
30	圩镇古井	公明镇圩镇中部	清末	方形 砖砌
31	长寿仙井	福永镇凤凰岩古庙北侧	明代	现代重修 方形石砌
32	凤凰古井	福永镇凤凰村茅山公家塾北约25米	宋末元初	方形 石砌
33	凤凰古井	福永镇凤凰村嶺公家塾西侧	宋末元初	方形 石砌
34	凤凰古井	福永镇凤凰村嶺公家塾东约20米	宋末元初	方形 石砌
35	白石厦古井	福永镇白石厦村委石龙头村中	清	圆形 砖砌
36	塘尾古井	福永镇塘尾村北七巷	清	现代重修 圆形砖砌

37	塘尾古井	福永镇塘尾村居民东南约10米	清	圆形 砖砌
38	怀德古井	福永镇怀德村五巷	清	圆形 砖砌
39	福永古井	福永镇福永村委陈屋村汝道祖祠西侧	清	圆形 砖砌
40	福永古井	福永镇福永村委梁屋村梁氏宗祠西北	清	圆形 砖砌
41	企坪村古井	观澜镇桂花村委企坪村西北	清末	方形 砖砌
42	松元村古井	观澜镇桂花村委松元村陈氏东宗祠约55米	清末	方形 砖砌
43	中心村古井	观澜镇库坑村委中心村炮楼1西约17米	清末	五边形 砖砌
44	黎光村古井	观澜镇黎光村居民1南部路西约15米	清末	方形 砖砌
45	黎光村古井	观澜镇黎光村古井西北部约26米	清末	方形 砖砌
434	黎光村古井	观澜镇黎光村中东部	清末	六边形 砖砌
46	樟阁村古井	观澜镇大水坑村委樟阁村扬氏宗祠前	清末	六边形 砖砌
47	吉坑村古井	观澜镇新田村委吉坑村五巷一号居民楼南约27米	清末	圆形 砖砌
48	白鸽湖村古井	观澜镇白鸽湖村新樟路北二巷5号民房前	清末	六边形 石砌
49	燕川二区古井	松岗镇燕川二区131号居民小楼前	清末	现代重修 方形砖砌
50	燕川一队古井	松岗镇燕川一队二区30号居民房西侧	清末	现代重修 方形砖砌
51	众圣宫古井	松岗镇碧头村众圣宫门前5米处	清	现代重修 圆形砖砌

52	东方村古井	松岗镇东方村文氏大宗祠天井的东侧近中厅处	清	圆形 砖砌
53	楼岗村古井	松岗镇楼岗村毓永家塾前厅外北侧	清	圆形 砖砌
54	江边村古井	松岗镇江边村190号民居房南侧	清	圆形 砖砌
55	塘下涌村古井	松岗镇塘下涌村300号民居房西北侧	清末	现代重修 长方形 砖砌
56	钟屋村古井	西乡镇钟屋村八和厅宗祠厨房（朝向西）前	清	圆形 砖砌
57	钟屋村古井	西乡镇钟屋村150号民居楼北侧	清	圆形 砖砌
58	钟屋村古井	西乡镇钟屋村原坛庙（朝向西）前十四米处	清	圆形 砖砌
59	黄田村古井	西乡镇黄田林屋村223号民居房东侧	清	现代重修 圆形砖砌
60	黄田村古井	西乡镇黄田村桃园路南四巷一号居民楼南侧	清	现代重修 圆形砖砌
61	固戍村古井	西乡镇固戍村佑文祠门前8米处	清	现代重修 圆形砖砌

12. 碑刻

序号	名称	地点	时代	备注
1	良极文公拜石石匾	福永镇凤凰村凤凰岩古庙东南	宋末元初	花岗岩质 高140厘米 宽30厘米
2	“长寿仙井”碑	福永镇凤凰村凤凰岩古庙北	明	
3	“净瓶洒露”碑	福永镇凤凰村凤凰岩古庙北	明弘治庚戌年	

4	莺石点头碑	福永镇凤凰村凤凰岩古庙北	清康熙丙辰年	红砂岩质 残高50厘米 宽28厘米
5	潘氏宗祠重修碑	福永镇怀德村潘氏宗祠前厅右耳房外墙上	清乾隆四十五年	花岗岩质 高90厘米 宽80厘米
6	进士碑	松岗镇沙浦二村342号老年人活动中心大门两侧	清嘉庆十三年	（四通）花岗岩质 高100厘米 宽28厘米
7	进士碑	松岗镇沙浦一村2号居民楼大门东侧	清嘉庆十三年	（二通）花岗岩质 高100厘米 宽28厘米
8	重修三界庙碑	龙华镇清湖老村三界庙内	清道光十二年	青石质 高25厘米 宽51厘米
9	凤凰古庙重修序碑	福永镇凤凰村凤凰岩古庙外	清同治十三年	花岗岩质 高140厘米 宽72厘米
10	重修文阁碑记	新安街道办事处固戍村	清光绪元年	

三、宝安区馆藏文物珍品一览表

序号	名称	时代	级别	质地	规格	收藏单位	备注
1	千工床			木质	长2.10米，宽2.60米，高2.32米。	十里红妆民俗博物馆	
2	衣架			木质		十里红妆民俗博物馆	
3	供盘			木质		十里红妆民俗博物馆	
4	小提桶			木质		十里红妆民俗博物馆	
5	梳子桶			木质		十里红妆民俗博物馆	

6	圈椅			木质	长1.22米，宽0.67米，0.91米。	十里红妆民俗博物馆	
7	春凳			木质		十里红妆民俗博物馆	
8	花架			木质		十里红妆民俗博物馆	
9	梳妆台			木质		十里红妆民俗博物馆	
10	马桶			木质		十里红妆民俗博物馆	
11	小屏风			木质		十里红妆民俗博物馆	

四、宝安区历史文献、地图一览表

序号	名称	时代	编著者或出处	备注
1	《东莞县志》	明代	卢祥	天顺八年（1464年）
2	《新安县志》	清代	靳文谟	康熙二十七年（1688年）
3	《新安县志》	清代	舒懋官	嘉庆二十四年（1819年）

五、宝安区历史名人一览表

序号	姓名	籍贯	生卒年月	备注
1	黄舒	宝安沙井	东晋	
2	文应麟	宝安福永	1240—1298	
3	王来任	不详	？—1668	
4	麦世球	宝安公明	清代	
5	蔡珍	宝安松岗	清代	
6	蔡学元	宝安松岗	清代	蔡珍次子
7	陈桂籍	宝安沙井	清代	
8	黄学增	广东省遂溪县	1900—1929	
9	卓凤康	宝安龙华	1886—1942	牙买加归侨
10	周振熙	宝安龙华	1898—1945	
11	卢耀康	广东省东莞市	1922—1942	
12	郑姚	宝安西乡	清代	

13	郑毓秀	宝安西乡	1891—1959	郑姚的孙女
14	陈烟桥	宝安观澜	1911—1970	
15	尹林平	江西省兴国县	1908—1984	
16	郑哲	深圳福田	现代	
17	王作尧	广东省东莞市	1913—1990	

六、宝安区博物馆、纪念馆一览表

名称	地址、邮政编码	电话、传真	开放时间
中共宝安县第一次代表大会纪念馆	宝安区松岗镇燕川村(518105)	0755—27059740	9:00—17:30
宝安抗日纪念馆	宝安区松岗镇燕川村(518105)	0755—27059761	9:00—17:30
白石龙文化名人大营救纪念馆	宝安区白石龙村(518105)	0755—28153458	9:00—17:30
深圳十里红妆民俗博物馆	宝安区福永街道(518000)		9:00—17:30

七、宝安区爱国主义教育基地一览表

序号	名称	地址	备注
1	中共宝安县第一次代表大会纪念馆	宝安区松岗镇燕川村(518105)	爱国主义教育基地
2	宝安抗日纪念馆	宝安区松岗镇燕川村(518105)	爱国主义教育基地

八、宝安区文物古迹分布图

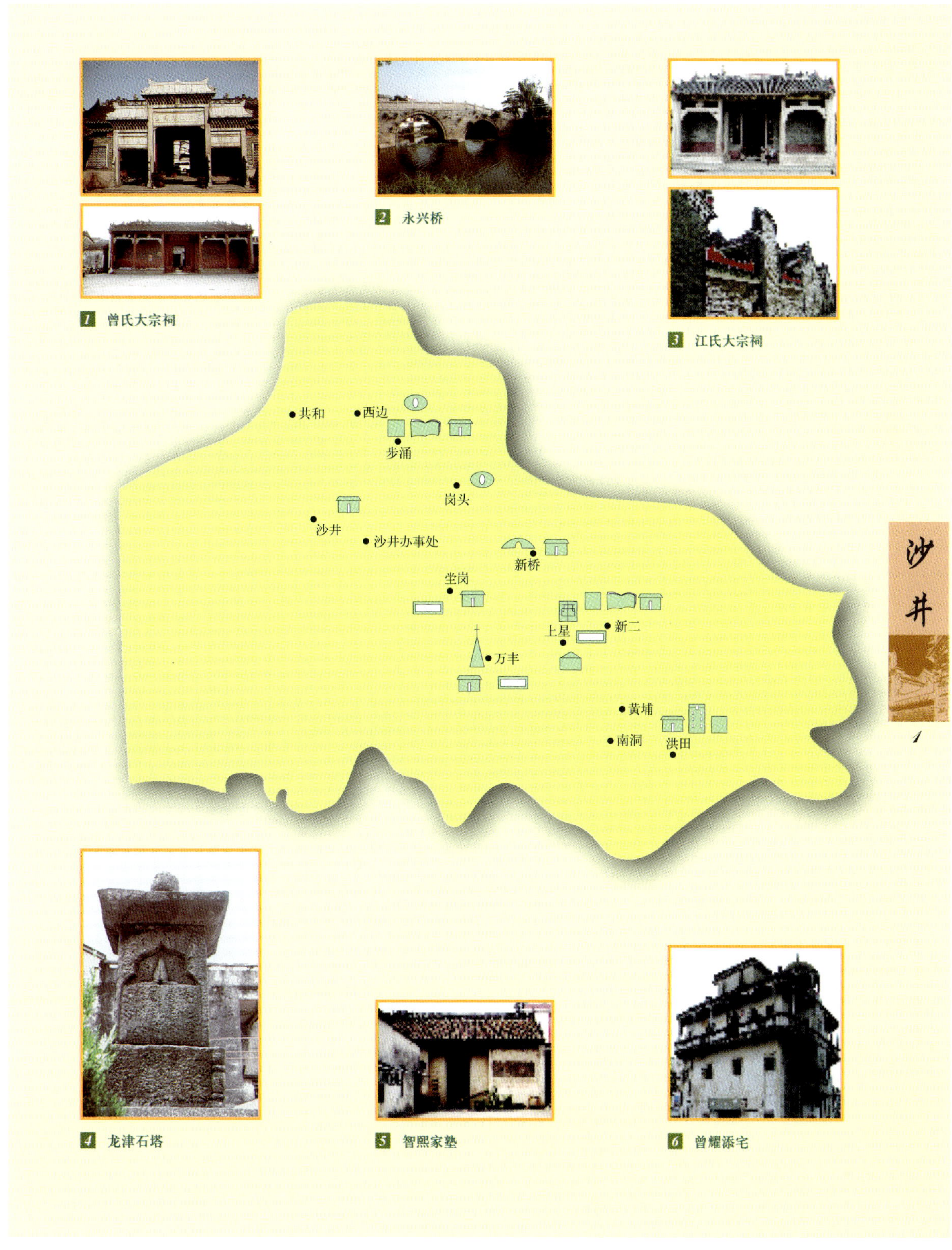

1 绮云书室

2 文昌阁

3 西乡王大中丞祠

4 黄氏宗祠

5 铁仔山墓葬群

1 中共宝安县第一次党代会旧址

2 东宝行政督导处旧址

3 文氏大宗祠

4 沙浦二社区蔡学元进士第

5 燕川古村落

松岗

3

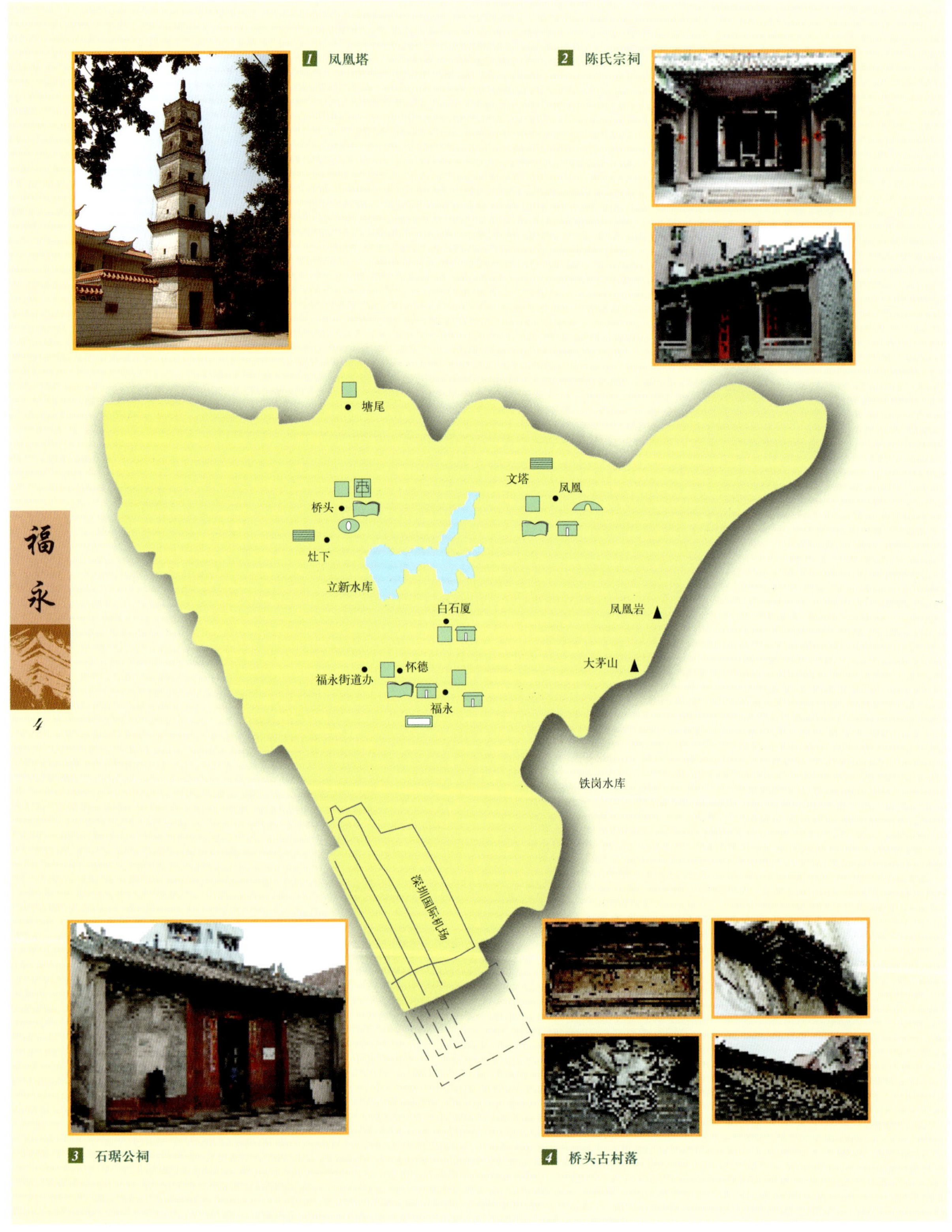

1 凤凰塔
2 陈氏宗祠
塘尾
文塔
凤凰
桥头
灶下
立新水库
白石厦
凤凰岩
大茅山
怀德
福永街道办
福永
铁岗水库
深圳国际机场
福永
3 石鼓公祠
4 桥头古村落

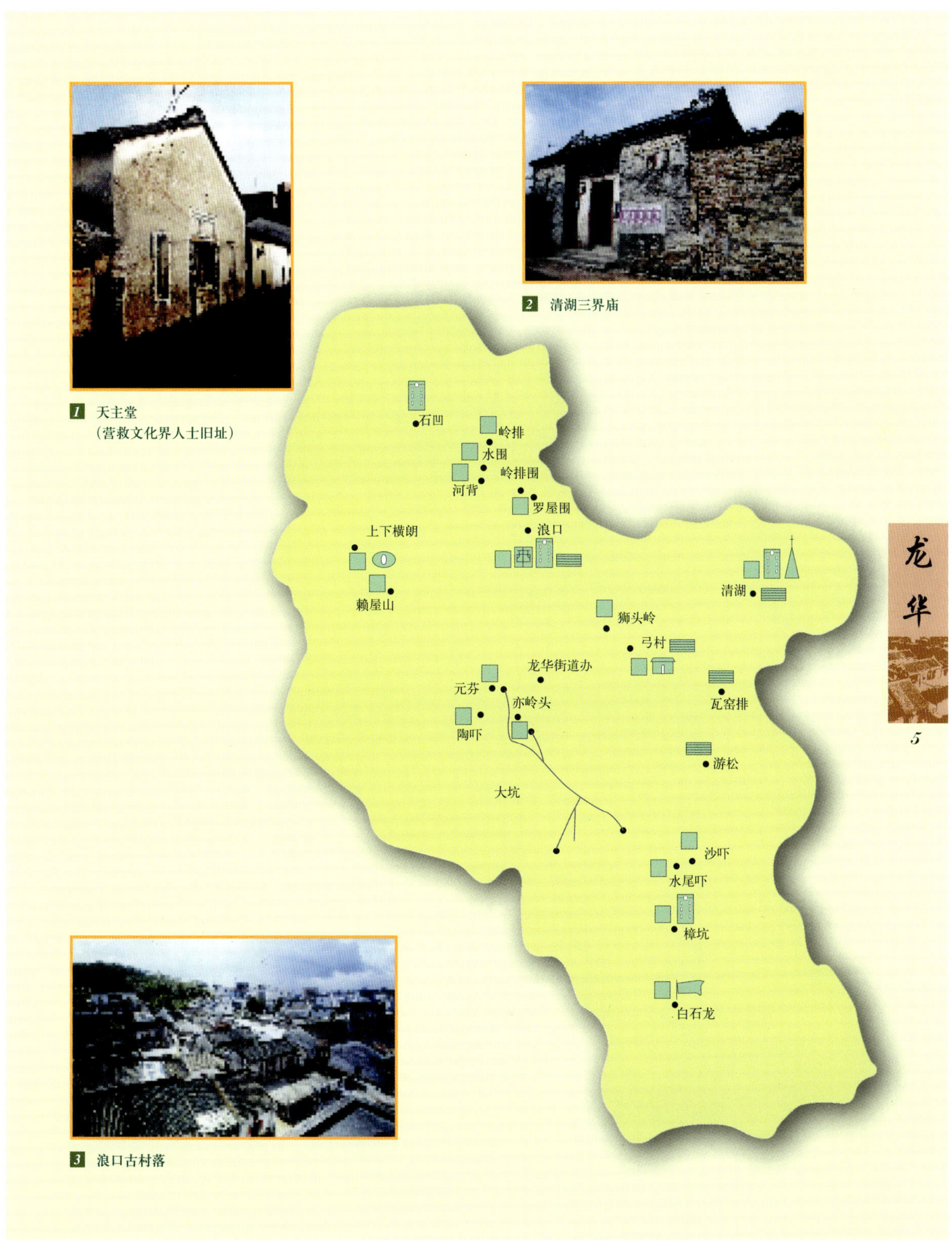

1 天主堂（营救文化界人士旧址）

2 清湖三界庙

3 浪口古村落

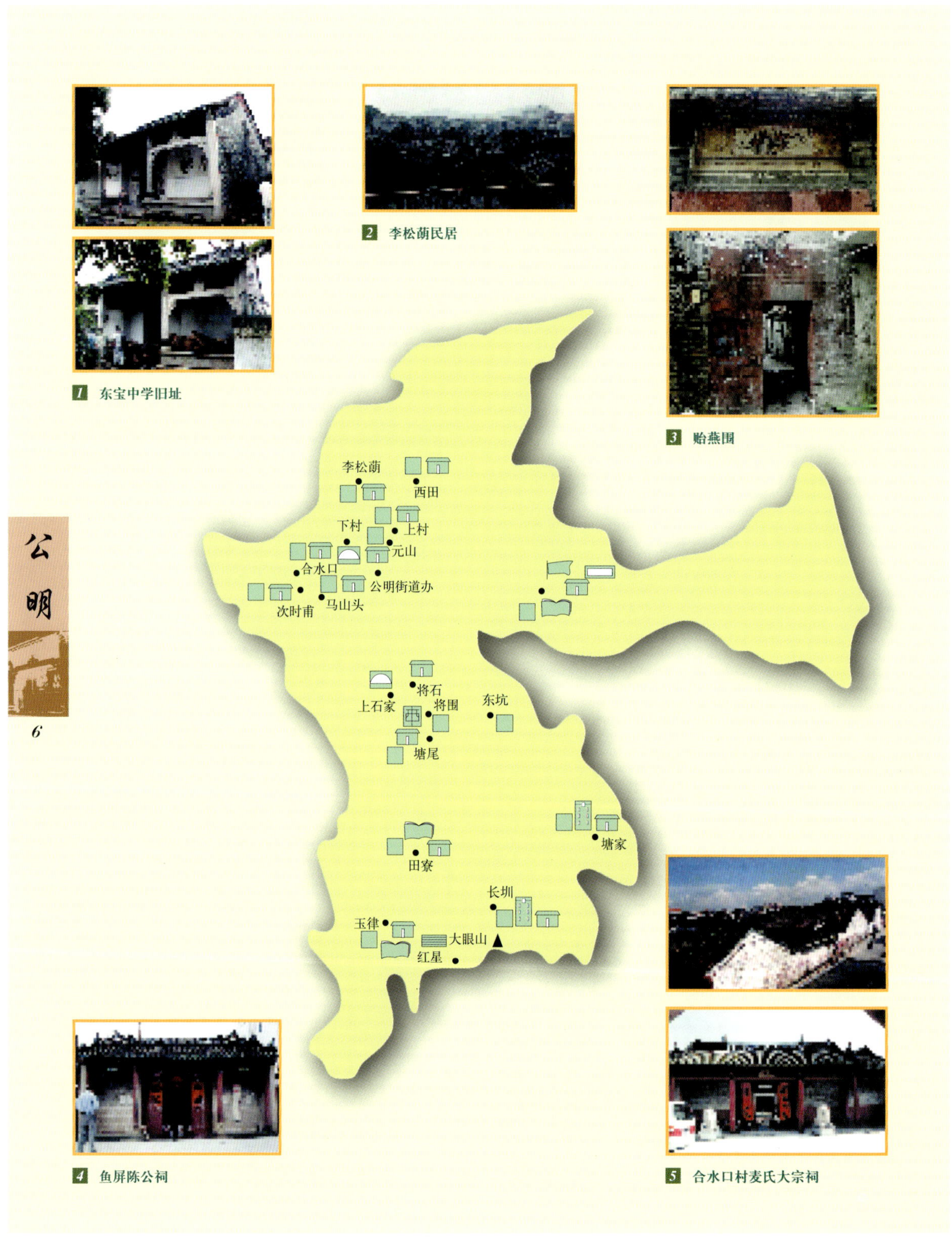

1 东宝中学旧址

2 李松荫民居

3 贻燕围

4 鱼屏陈公祠

5 合水口村麦氏大宗祠

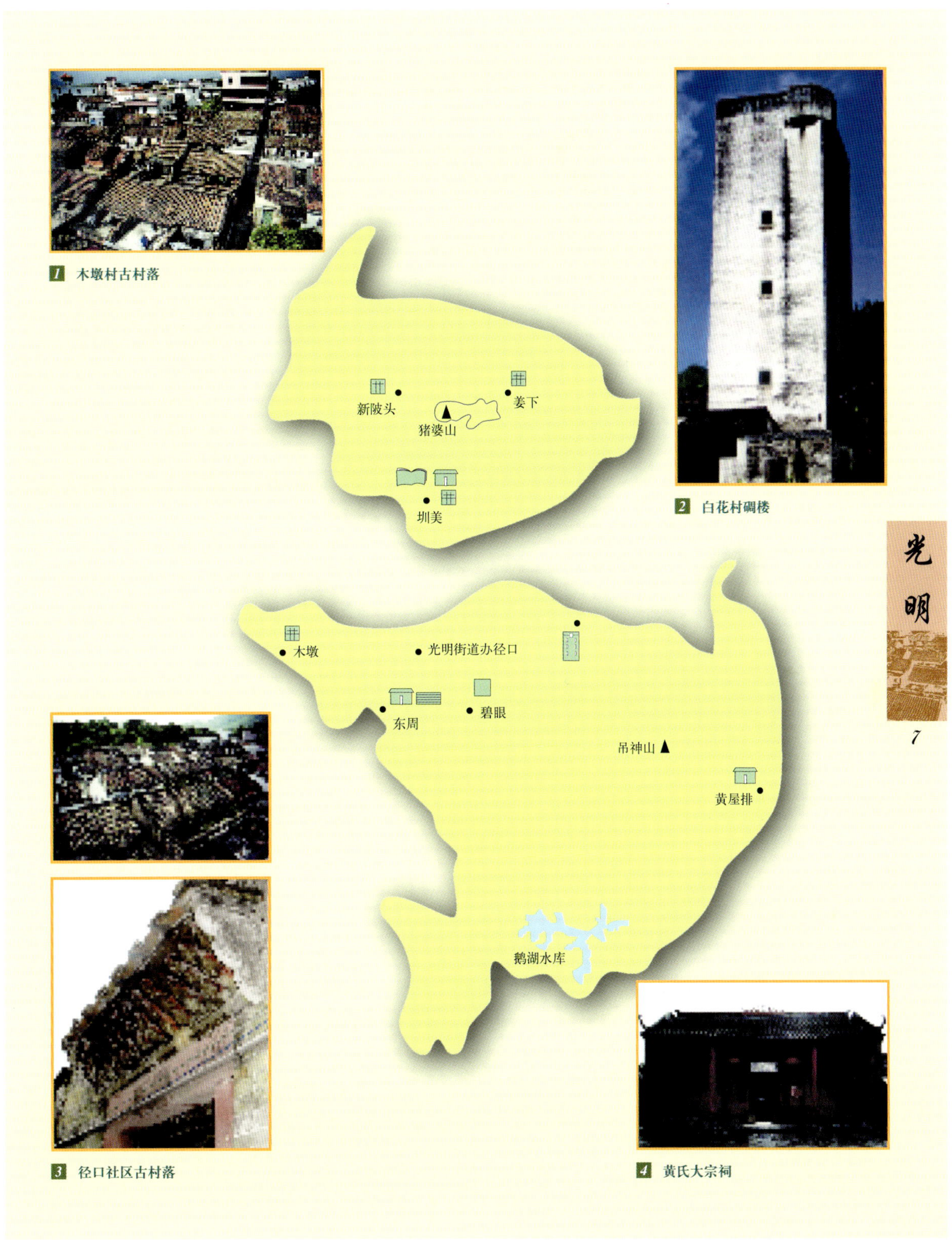

1 木墩村古村落

2 白花村碉楼

3 径口社区古村落

4 黄氏大宗祠

光明

7

1 关帝宫

2 赵氏宗祠

3 树德堂碉楼

4 乌石岩庙

5 赵氏宗祠

石岩

1 振能学校

2 涣延家塾

3 贵湖塘老围

4 马坜村老围

5 大布巷老围

编 后 记

宝安区在深圳市范围内，历史悠久，人口众多，幅员辽阔，是深圳文化资源较为丰厚的地区。本部分通过对历年来宝安区物质文化和非物质文化遗产普查资料的整理和研究，系统地记述宝安区历史文化资源、非物质文化遗产。

历史文献部分基本上都为明、清时期的宝安县志，且宝安区沿袭了旧宝安县名，因此我们将此部分放入宝安区历史文化资源内记叙。

本部分的编写，主要由吴曾德、周军、黄崇岳同志完成。黎乔筑同志提供非物质文化遗产的材料。宝安区文化局、文管办给予了大力支持，孙明同志参加概述的编撰。陈宁、张伟同志绘制宝安区文物分布图。陈宁同志负责编写的技术工作。

贰　南山区历史文化资源

综　述

1983年，深圳市政府在今日南山区范围内成立南头管理区和蛇口管理局。1990年1月，南头管理区和蛇口管理局合并成立南山区，区政府所在地为南头街道办事处。下辖南山街道办事处、南头街道办事处、蛇口街道办事处、沙河街道办事处、招商街道办事处、粤海街道办事处、桃源街道办事处、西丽街道办事处共8个办事处。

南山区境内有省级文物保护单位1处、市级文物保护单位10处、区级文物保护单位18处。

现有博物馆、纪念馆4座。馆藏文物2000余件，其中二级文物5件、三级文物47件。

1956年，广东省文化局的考古工作者在南山区境内进行考古调查时，于南头九街西门外鹦哥山南坡发现了新石器晚期遗址，采集了石器、网坠及大量陶片。这是南山区境内文物工作的开始。

1979年深圳市成立后，特别是1980年深圳特区成立后，南山区境内的文物工作开始起步，并逐步发展：

1980—1981年广东省博物馆考古队先后发掘了蛇口赤湾和鹤地山新石器时代晚期沙丘遗址、南头红花园及大王岗和桂庙岗西坡的古墓地。

1984年深圳市博物馆考古队为配合深圳市城市基本建设，组织了全市第一次文物普查，南山是这次普查的重点之一。通过普查在南山共发现和发掘新石器时代—战国的遗址4处。

1987—1990年深圳市考古工作者在南山先后发掘了叠石山战国时代遗址、向南村商代遗址等，在西丽水库西北台地发现了春秋时代遗址。

综上所述，从1980—1990年，在南山区境内共发现和发掘地下古遗址11处，其中新石器时代遗址5处、春秋时代遗址2处、战国时代遗址3处、宋代砖瓦窑遗址1处、古代墓葬46座，其中汉墓9座、东晋墓9座、南朝墓4座、隋墓1座、唐墓3座、宋墓2座、元墓2座、明墓13座和清墓3座。

出土的大量珍贵文化遗物中，红花园汉墓出土的乘法口诀墓砖，为全国汉墓中首次发现，对研究中国数学史提供了弥足珍贵的实物资料。在叠石山战国时代山岗遗址中出土的四件铁锛，为广东省所少见，它们对探讨当时广东先民的生产和生活提供了不可多得的实物资料。

这一时期，还发现了一批具有重要价值的古建筑。1995年对建于明初，后遭兵燹的赤湾天后宫进行了重建。同时又维修了信国公文氏祠，内设“文天祥事迹展”等。

1997年市文管办会同南山区文管办对南头古城南门和北城墙进行了发掘，出土了明代建筑构件、瓷器、铁器等大量文化遗物。

1999年市、区两级文物部门在南山区进行的全市第二次文物普查的试点工作。新发现16处古遗址和373处历史建筑。

2000年配合南头古城改造，考古人员对南头古城南门外进行了考古发掘。

1990年南山区成立了南山区文物管理委员会办公室（副处级），这是全市第一个区级文物管理机构。首先，复查了过去已发现的古遗址和古建筑。通过复查发现绝大多数古遗址和古建筑保存较好，有的还经过一定的维修或修复，如天后庙遗址、南头古城遗址等。但有一些遗址因大规模基本建设遭到了严重破坏，甚至荡然无存，如赤湾鹤地山沙丘遗址等。

发现了一批古遗址和古墓葬，有些具有较高的学术价值。月亮湾遗址是目前深圳发现的时代最早的新石器时代的山岗遗址。高职院遗址发现了新石器时代和青铜时代的地层叠压关系，这对于研究广东地区从新石器时代向青铜时代的嬗变与发展，提供了不可多得的实物资料。在西丽水库地区发现了15处含有青铜时代文化遗物的遗址，说明今日的环西丽湖地区在青铜时代是人类重要的聚居区。南源古街保存得比较完整，有街道、商店、当铺、碉堡和祠堂等，具有较高的研究、保护和旅游开发价值。在西丽塘朗发现的清代女祠，在整个深圳市是比较少见的，它以纪念在西丽有杰出贡献的女性为主，这对于研究深圳妇女史有着较高的史料价值。

第一章　南山区概况

第一节 环境与现状

南山区陆域位置为东经113°17′—113°28′，北纬22°25′—22°40′。位于深圳市西南部，东与福田区毗邻，北通过羊台山与宝安区相连，西至伶仃洋，南与香港隔海相望。区域面积150.79平方公里。

南山区辖西丽、桃源、南山、南头、蛇口、招商、粤海、沙河8个办事处，64个社区，总人口81万（2001年年底统计）。

南山区的地理环境是比较优越的。两面临海，且海岸线较长，海域面积较大。地势南北高，中间低，大部分为坡状台地，台面已微丘陵化，平缓的岗地相间分布。土壤以花岗岩风化土为主，岩性为含石英砂粒的硬质黏土。深南大道以北为丘陵区，平均海拔高度20—30米。以新围、珠光村为中心，形成一个狭小盆地。

区内主要山峰有羊台山（海拔587米）、塘朗山（海拔430米）、南山（海拔336米）。主要河流有横贯南北的大沙河。森林主要分布在北部山区。以松树为多，间有杉、竹及亚热带丛林。

从地质构造来说，本区除南山办事处一隅为地堑构造外，其余均为羊台山地台构造。羊台山地台由燕山期花岗岩构成。

南山区的气候属于亚热带海洋性气候。年均降雨量约在1948.4毫米左右。常年主导风向为东南风。

第二节 历史沿革

依山傍海的地理环境和风调雨顺的气候条件，再加上丰富的食物资源，使南山成为古人类重要的生活聚居区。考古资料表明，早在6000年前的新石器时代，人类就已经在南山生活栖息。到了距今约3000年的青铜时代，人类的足迹已遍及南山大地。进入铁器时代后，南山逐渐成为整个粤东南地区政治、军事、经济和文化的中心。东晋成帝咸和六年（331年），东晋政权设置东官郡，辖今天的粤东南地区和福建南部一隅，郡治所在地就在今南山区的南头古城一带。由此证明深圳城市的历史可上溯到距今1600多年的东晋时期。从明代万历六年（1573年）至1953年，其间有380年县治或县政府的所在地在今日的南头古城。1953年4月，宝安县人民政府迁往深圳后，南山曾分别为区、人民公社和办事处。1983年，深圳市政府在今日南山区范围内成立南头管理区和蛇口管理局。1990年1月，南头管理区和蛇口管理局合并成立南山区。

第二章 各级文物保护单位

第一节 广东省文物保护单位

南头古城（又名新安故城）

位于南山区深南大道以北、中山园路以西。始建于明洪武二十七年(1394年)，即东莞守御千户所。

南头古城

呈不规则的长方形。城垣范围东西长为680米，南北宽为500米。

城墙用山岗黄泥沙土夯筑，内外包砖。现除北城墙尚存一段高低不等、断断续续的城墙遗迹外，余皆已无存。1997年深圳文物部门解剖了南头古城的城墙基址，找到了北门，搞清了城墙基础结构。

其余三城门中，西城门被毁，东城门虽存但已改为石块构筑，唯南城门保存完好。南城门底宽11.72米，高4.4米，拱形城门洞宽2.8米，长11米，高3.3米。南门上方有一块长方形石匾，上用小纂阳刻“宁南”二字。

城内道路有六纵三横共9条，即县前街、显宁街、永盈街、聚秀街、和阳街、迎恩街、王通街、牌楼街、新街等。现仍保存部分市井门楼，其中保护较完好的聚秀街门楼，为一开间，花岗石大门，面阔3.7米，进深4米，大门宽2.1米，砖墙，瓦顶，上塑飞脊，寿字瓦当，门楼内墙有粉红石的神龛。门楼额匾原有街名，文革时被涂封。

城内尚保存部分有重要历史、艺术、科学价值的建筑。如保存最为完整、规模最大的是纪念文天祥的信国公文氏祠，还有东莞会馆、报德祠、育婴堂，原新安县衙残留墙体（长21.4米，高3.5米），清嘉庆八年（1803年）始建的凤冈书院遗址以及几十处明清时期具有岭南及南洋建筑风格的民居。

东晋咸和六年（331年），划出南海郡的东、南部，设立“东官郡”，郡治就在南头。东官郡的首县是宝安县，县治也设在南头。隋开皇九年（589年）废东官郡，宝安县改属南海郡，县治仍在南头。唐开元二十四年（736年）新设置“屯门”于南头城，驻军2000人，唐至德二年（757年）宝安县改名为东莞县，县治从南头迁至甬（今东莞）。

现存的南头古城,初始为明朝东莞守御千户所所城。后明朝在广东建水师共6个寨，下辖6个巡防前哨基地。东莞所、大鹏所和南头水寨都隶属于南海卫，组成一个相互配合的军事防御区。

明隆庆六年（1572年），时任广东参政兼提刑按察司副使的刘稳，向朝廷报奏请予南头设县。万历元年（1573年）朝廷颁发分县诏书，准予设置新县，从原东莞县分出民户7608户，男女共33971口，定名“新安”，县治设在南头东莞所城。刘稳将东莞所城修葺一新，修建了县署和学宫等。新安县的地域大致包括今天的香港地区和深圳市的大部。

清顺治十八年（1661年），清政府颁布“迁海令”，初迁划界将新安县境的三分之二，包括县治南头划为内迁范围，续迁又划出24个村围。康熙五年（1666年），新安县被裁，并入东莞县。康熙八年（1669年）正月，清朝廷下令展界，新安在这一年复县。康熙二十三年（1684年），新安全面复界，县治仍在南头城。鸦片战争后，香港、九龙、新界被英国强占，新安县境域被划走了五分之三。但新安县治仍保留。

民国三年（1914年），为避免与河南省新安县重名，恢复古名宝安县，县治仍在南头城。

1983年5月,南头古城南门和北城墙被深圳市人民政府公布为市级文物保护单位。

1984年9月,信国公文氏祠、东莞会馆、育婴堂三处又被公布为市级文物保护单位。

1988年7月，南头古城址被公布为市级文物保护单位。同时政府陆续拔专款对重点文物建筑进行复原修缮。

1996年,南山区政府批复同意南山区文物管理委员会整修新安故城（南头古城）。1997年4月，深圳市人民政府办公厅批转全国政协八届五次会议第2234号提案《关于对深圳市新安县城进行全面规划保护的建议案》，同月，南山区政府发布《关于整修新安故城的通知》，对新安故城（南头古城）进行全面保护。1999年9月，南山区人民政府正式成立新安故城管理处，负责日常的文物保护管理事务。

2002年7月，南头古城垣被广东省人民政府公布为省级文物保护单位。

第二节 深圳市文物保护单位

一、赤湾烟墩

位于南山区赤湾小南山山顶。

建于明洪武二十七年（1394年）。1995年重修。

烟墩呈圆台形，底径11米，顶径6米，高约6米。顶部中间凹陷，墩台护坡用石块和砖砌筑。

该烟墩位于珠江口东岸，与赤湾古炮台构成防御体系，是明代东莞所城最重要的烽火台。嘉靖三十年（1551），东莞所千户万里率军抗击番夷，在此战死。

1988年7月，被深圳市人民政府公布为市级文物保护单位。

赤湾古炮台

二、赤湾左炮台

位于南山区赤湾社区东鹰嘴山上，为东莞所（南头城）之前哨，与赤湾右炮台遥相呼应。

建于清康熙八年（1669年）。据清嘉庆年间编撰的《新安县志》记载：“赤湾左炮台一座，兵二十名，生铁炮六位。”

该炮台坐北朝南。平面呈长方形，长26.2米，宽15.5米，高4.5米。上部青砖砌成，底部石块砌筑。内原有营房七间，现已毁。

鸦片战争期间，赤湾左、右炮台重修。在对英海战中，赤湾炮台发挥了重要的号炮作用，为广东水师提督关天培在穿鼻洋、伶仃洋和深圳湾击败英军作出了重要贡献。

光绪十八年（1893年），赤湾左、右炮台被废弃。

1984年深圳博物馆对该炮台进行了发掘，出土了清代的陶瓷器、枪弹、铁炮弹、匕首、砚台、铜钱和象棋子等。

1979年，招商局蛇口工业区开发赤湾，投资修葺了左炮台。同时在左炮台旁竖立一尊民族英雄林则徐铜像。

1983年5月，被深圳市人民政府公布为市级文物保护单位。1995年5月，被深圳市委、市政府命名为深圳市爱国主义教育基地。

三、宋少帝墓

宋少帝墓

位于南山区赤湾社区西侧。

始建和重修年代不祥。据《赵氏族谱·帝昺玉牒》记载："后遗骸漂至赤湾，有群鸟遮其上。山下古寺老僧往海边巡视，忽见海中有遗骸漂荡，上有群鸟遮居，窃以异之。设法拯上，面色如生，服饰不似常人，知是帝骸，乃礼葬于本山麓之阳。"清代赵氏族人为纪念南宋末少帝赵昺而重修。

墓地面建筑进深9米，宽5.5米，用灰砂土夯筑。墓碑刻书"大宋祥兴少帝之陵"。现存墓葬地面建筑为清代风格。

1983年5月，被深圳市人民政府公布为市级文物保护单位。

四、赤湾天后宫

位于南山区赤湾社区旁。

始建年代不详。明永乐八年（1410年）曾重修。据明天顺八年（1564年）翰林院学士判广东府事黄谏撰《新建赤湾天妃庙后殿记》载："三宝太监郑和，奉明成祖朱棣之命，率领舟师，远下西洋。船队行至珠江口南山附近遇险，请祷天后。天后显灵，救助郑和。郑和归朝，复命奏上，奉旨遣副帅张源整修赤湾天后庙。"

据新编《宝安县志·太后圣母条》载，赤湾天后宫经历代修缮扩建至民国年间，

赤湾天后宫

已“有屋大小一百间，里面有许多大小不同的佛像”。庙内建筑有山门、牌楼、月池、石桥、钟楼、鼓楼、前殿、正殿、后殿、右左偏殿、厢房、长廊、碑亭、角亭等二十余处及99座门，加上附属建筑、庙产及祀田，占地达九百余亩，是广东沿海最大的一座天后庙，也是深港地区历史上最负盛名的人文景观之一，列新安八景之首。

20世纪50年代后期，天后庙建筑被毁，仅留下遗迹，上建兵营。

1992年南山区文物部门在赤湾天后庙遗址上先后复建了门殿、正殿、偏殿、日池、月池、钟楼、鼓楼等。

1988年7月，被深圳市人民政府公布为市级文物保护单位 。

信国公文氏祠

五、信国公文氏祠

位于南山区九街中山东路15号。

始建年代不详。现存建筑为清嘉庆十二年（1807年）重修。1995年再次重修。

该建筑为三开间三进布局。面阔11.5米，进深34.5米，占地400平方米。

四周为清水砖墙。门额石匾刻“信国公文氏祠”，落款为“嘉庆丁卯桂月重修”。木构梁架、柁墩、斗拱等构件均有雕刻。辘筒灰瓦面。船形正脊，两端兽头状，脊身灰塑腾龙、花卉、醒狮、蝙蝠等图案。尖山式硬山。

信国公是文天祥的谥号，该祠是为纪念文天祥，由其弟文璧后裔所建。

1984 年 9 月，被深圳市人民政府公布为市级文物保护单位 。

六、育婴堂

位于南山区九街南头小学旁。

建于 1913 年，由意大利传教士兴办。

该建筑占地约1500平方米。砖砌围墙。仿哥特式建筑风格的砖木结构门楼。主体建筑为砖木结构的二层楼房，呈“凹”字形。正面和两翼都为三开间二层，走廊为罗马式拱廊。

育婴堂

屋内墙上有意大利文及白话文碑刻一通。

1984 年 9 月，被深圳市人民政府公布为市级文物保护单位。

七、汪刘二公祠

位于南山区关口社区玄武古庙南侧。

始建于明万历年间。清代重修。抗日战争时被日寇拆毁，现只剩后殿以及前殿基础及残壁，但也已被改建。

祠中奉祀的是明广东按察司按察使汪鋐和广东提刑按察司副使刘稳。明正德十一年（1516 年），葡萄牙舰队入侵黄埔港，随后占领屯门港，并伺机侵犯南头。正德十八年（1523 年），汪鋐率军民在屯门与侵略者海战，大获全胜，夺回被占七年之久的屯门港。

明朝隆庆年间，刘稳巡海于南头，乡民吴祚等请求重建县治，刘稳体察民情，秉报朝廷获准，于明万历元年（1573 年），从东莞县重新划出新安县。

为纪念有功于民的汪鋐、刘稳，当地百姓遂建汪、刘二公祠。

1998年7月，被深圳市人民政府公布为市级文物保护单位。

陈郁故居

八、陈郁故居

位于南山区南山街道南山社区西巷235号。

始建于清道光年间。民国初年重修。1963年、1975年、1988年各级政府曾拨专款进行保养性维修。1999年再次重修。

为三开间平房。砖木结构。前有院，四周有砖砌围墙。院子面阔13.2米，进深15.7米，占地面积约250平方米。

1901年11月15日陈郁在此出生并度过幼年和童年。15岁离乡往香港打工，从此走上了革命的道路。他曾参加了香港海员大罢工和震惊中外的省港大罢工，成为一名卓越的领导人。1949年任国家燃料工业部部长,1955年任国家煤炭工业部部长，后任广东省省长。陈郁同志是中国工人运动先驱者之一，是工人阶级久经考验的伟大战士。

1984年9月，被深圳市人民政府公布为市级文物保护单位。

1999年南山区委、区政府又拨专款进行重修，在院内添设了陈郁半身铜像，室内为“陈郁同志生平事迹”陈列。2000年成立陈郁故居管理处。

解放内伶仃纪念碑

九、解放内伶仃纪念碑

位于南山区南头东校场。

为纪念解放内伶仃岛而牺牲的烈士，于1950年建立此碑。碑高8.5米,占地480平方米。碑身正面刻“革命烈士永垂不朽”，碑座刻烈士英名。

1984年9月，被深圳市人民政府公布为市级文物保护单位。

1995年迁入南山区中山公园。

十、东莞会馆

位于南山区南头古城内。又称“宝安公所”。

东莞会馆

建于清同治七年（1868年）。1996年重修。是清代东莞商人在新安县设立的商会会所。

该建筑为三开间二进布局。面阔11米，进深24.5米，面积269.5平方米。

现前殿仅存一开间。方砖铺地。辘筒灰瓦顶，博古式正脊，檐板有雕刻，檐口有壁画。

后殿三开间。面阔11米，进深9.04米。内有修建“宝安公所”时立的四块石碑。

1984年9月，被深圳市人民政府公布为市级文物保护单位。

第三节 南山区文物保护单位

一、屋背岭墓葬群

位于南山区西丽街道福光社区屋背岭的顶部，海拔高度61米。1999年第二次文物普查时发现。

为进一步搞清该遗址的性质和内涵，2001年4—6月，深圳市文物管理委员会办公室组织进行了考古试掘，发现了13座商时期墓葬和3座春秋墓葬。在商时期墓中出土了40件陶器、玉器和石器，在春秋墓中出土了10件陶器、石器和青铜器。2001年10—12月，深圳市文物管理委员会办公室组织了由广东省考古研究所、深圳博物馆、南山区文物管理委员会办公室共同参加的屋背岭商周时期墓地的抢救性发掘。又发现商时期墓葬81座（出土180余件石器和陶器），春秋时期墓葬3座（出土10件青铜器、石器和陶器）。

屋背岭墓葬群

商时期墓葬均属长方形竖穴土坑墓，长度一般不超过2米，深度在0.4米左右。葬具和人骨架均已无存。

出土陶器中，釜、豆、罐、钵的数量较多，还有尊、壶、杯、器座、纺轮等，形制多样，富于变化。纹饰种类较多，菱形格纹、复线菱形格内带凸点或凸块纹、曲折纹、卷云纹、云雷纹、方格纹、复线方格内带凸点纹等，一般设在腹部以下，比较规整，豆类多素面。

石器共57件，其中出土32件，采集25件。种类有锛、斧、铲、凿、镞、环、磨石等。

由于有四组墓（8座）存在打破关系，也就是有明显的早晚关系，因此它们对整个墓群的分期和相对年代的界定起着至关重要的作用。据此并结合整个广东地区的发掘资料，屋背岭墓葬群可分为早、中、晚三期。

这三期的递变，主要表现在陶器的变化上。以豆为例：早期的豆以夹砂陶为主，泥质陶为次，夹砂陶豆的柄有粗细和高矮之分，黄色泥质软陶豆为大深盘、外撇矮圈足。中期的豆以泥质陶为主，有少量夹砂陶，黄色泥质软陶豆的盘较深，圈足由早期的外撇变成外卷，呈喇叭状，还新出现了高圈足豆。晚期不见夹砂陶豆，只有泥质陶豆。高柄豆减少，泥质灰陶矮圈足豆的陶土较细腻，较坚硬，豆盘烧造前多挤压成椭圆形，喇叭状圈足变高，器壁较厚，又新出现浅盘细柄带箍高圈足豆。

通过与广东、香港先秦时代遗址和墓葬材料的对比，发现屋背岭商周时期墓群与曲江石峡遗址、东莞圆周和社区头遗址、龙川坑仔里遗址、珠海亚婆湾遗址、普宁池尾后山遗址、香港涌浪遗址、马湾遗址等出土的器物有相近或相似之处，如有流带把罐（壶）、大口尊、高柄竹节豆、凹底罐等，都是上述遗址共有的最具特征的典型器物，说明它们的时代相近。经初步研究，屋背岭遗址商周时期墓葬群中，其早期墓的时代约相当于新石器时代晚期至夏商之际，中期墓的时代约相当于商代中期，晚期墓的时代约相当于商代晚期至西周初年。

屋背岭遗址商周时期墓葬群的发现和发掘，获得“2001年中国考古十大新发现”称号。

2002年2月被公布为区级文物保护单位。

二、鹦歌山遗址

位于南头古城北面的鹦歌山上，濒临深圳湾，广深公路从遗址的南端由东至西经过。遗址长200米，宽80米，面积1.6万平方米。1956年8月为中山大学历史系第五调查组发现。1984年深圳市博物馆复查。

鹦歌山的南坡较集中地出土大量陶片和少量石器。夹砂粗黑陶饰绳纹、条纹，泥质灰陶饰方格纹、曲折纹、叶脉纹等。石器为有肩锛2件、梯形锛2件和亚腰形网坠1件。

该遗址属新石器时代晚期。因当地基本建设，遗址现已无存。

2002年2月被公布为区级文物保护单位。

三、叠石山遗址

位于西丽茶光社区南面，海拔高约50米，东临大沙河。南北宽100米，东西长约300米，面积3万平方米。1987年4月，深圳市博物馆考古工作者配合广深高速公路建设进行考古调查中发现，同年10月发掘。

共挖探方（沟）14个（条），揭露面积330平方米。地层堆积分三层：

第一层，扰土层，厚28—48厘米，浅黄色夹粗沙土，含沙量较多，内有近现代陶瓷片以及少量夔纹陶片；

第二层，黄褐色粘土，厚15—36厘米，含沙量较少，文化遗物大部分出自此层；

第三层，浅黄褐色粘土，厚12—40厘米，柱洞和灰坑开口于此层底部，出土陶片较少。发现建筑遗址1处，柱洞49个，直径13—35厘米之间，深20—80厘米之间，平面形状大致呈圆形。原发掘者推测为干阑式建筑遗迹。灰坑1个，平面略呈方形，口大底小，坑壁较整齐。口长2.6、宽0.9米，底长1.95、宽0.34米，灰黑色填土。出土大量文化遗物，有陶片、石器、青铜器和铁器，尤其是4件铁斧意义重大，为研究广东地区早期铁器的使用和来源等问题提供了珍贵的实物资料。陶片8000多片，以泥质硬灰陶为主，占92.77%，泥制红陶次之，夹沙陶和釉陶极少。纹饰有方格纹、夔纹、回字纹、菱形纹、重圈纹、云雷纹、米字纹、篦点纹、弦纹、指甲纹等。陶器口沿及圈足内常见简单刻划符号。种类有罐、瓮、尊、盒、碗、豆、簋、壶、钵、鼎、器座等。石器5件，均为磨制。种类有石锛等。青铜器2件，种类有锸等。

叠石山遗址^{14}C测年数据为距今2250±110年，时代为战国末年。

2002年2月被公布为区级文物保护单位。

四、九祥岭遗址

位于南头至西丽湖公路东面，西丽小学背后山岗上，东临大沙河。

面积1.3万平方米。海拔约60米。1989年深圳大学英籍专家谭世安先生及其助手鞠顺祥先生调查发现，并采集了25件陶豆和大量的几何印纹硬陶片。1990年深圳博物馆复查。

该遗址的陶片纹饰主要为夔纹与方格纹、水波纹或菱形纹与重圈纹相组合的复合纹饰。器型仅见罐、豆，其中豆有30余件。还有石器，种类为小型的石锛、凿和玉环。

遗址的时代为春秋时期，因修公路和当地基本建设，遗址已基本无存。

2002年2月被公布为区级文物保护单位。

五、玄武古庙

位于南山区关口正街汪刘二公祠旁。

始建于宋代。根据四块内嵌石碑即《重修玄武坊古庙碑》和《玄武坊重修三圣宫古庙碑》等，可知该庙分别在清乾隆五十七年（1792年）和咸丰三年（1852年）重修过。现存建筑物为清末风格。

该建筑为单开间三进布局。面阔5.8米，进深24.45米。包括前院、前殿、两廊庑和正殿。保留尚好。

该庙原祀玄帝，后增祀文帝、圣母，故又称“三圣宫”。

2002年2月被公布为区级文物保护单位。

六、女祠

位于南山区塘朗社区南部。

建于清代。

为三开间二进布局。面阔8.9米，进深16.20米,面积144.2平方米。

前殿平面呈“凹”字形，有后檐廊。门额石横匾刻“彤管生辉”，其上立竖匾刻“奉旨旌表”。清水砖外墙，尖山式硬山，辘筒瓦屋面，平脊两端有博古式装饰。两次间檐壁有灰塑山水图画。

天井地面用条石铺设，天井两侧为敞开式廊庑。

后殿为三间敞厅，有前廊。石柱，木构梁架，木雕雀替和柁墩。清水砖外墙，尖山式硬山，辘筒瓦屋面，船形正脊上有灰塑装饰。

前、后殿山墙均有饰海草图案的灰塑博风。

清嘉庆《新安县志》载该祠“为郑乔叔妻戴氏立”。

2002年2月被公布为区级文物保护单位。

七、春牛堂

位于南山区大南山北坡。

始建于明代，现存建筑为清末风格。

该建筑为五开间三进布局。面阔23米，进深43米，面积789平方米。现存前殿、中殿遗址、后殿、围墙及古井等。

后殿面阔23米，进深11.5米，面积264.5平方米。祀天后，神牌上书：“护国庇民天后元君之神位”，其对联为“自宋迄今八百年来昭圣迹，由闽而粤三千里内著神灵。”

明清时期，每年春耕开始，新安知县均在此举行开春鞭耕仪式，祈祷一年风调雨顺、五谷丰登、六畜兴旺与国泰民安，因而有“春牛堂”之称，是新安县重要的礼仪建筑。

2002年2月被公布为区级文物保护单位。

八、后海天后庙

位于南山区后海社区。

创建于明代。现存建筑为清光绪四年(1878年)重修。1996年再度重修。

该建筑为三开间二进布局。面阔17.8米，进深17.3米。

前殿平面为“凹”字形，前檐为抬梁结构。大门内有屏风门。辘筒灰瓦屋顶，绿琉璃瓦剪边。博古式琉璃正脊饰花草、瑞兽，垂脊有瑞兽。梁架构件、斗拱、柁墩彩绘鎏金人物和瓜果等。

后殿出前檐，砖砌回廊。两次间后檐用墙砖封闭，与厅连为一体，砖墙承重搁檩。其他情况与前殿相同。

天井内立牌楼一座。左右有廊庑。

2002年2月被公布为区级文物保护单位。

九、大王古庙

位于南山区大涌社区铜鼓路东侧。

始建于明代，1996年重修。

座北朝南，五开间两进，面阔15.3米，进深17.8米，包括山门、祀亭、左右厢房、左右廊、左右侧殿和大殿。主殿奉祀南海之神祝融，侧殿分祀天后和土地。

2002年2月被公布为区级文物保护单位。

十、吴氏宗祠

位于南山区南山街道南园社区正街38号。

始建于明代。现存建筑为清代重修。

该建筑为三开间三进布局。面阔13.5米，进深52米。包括照壁、塾台、前堂、前天井（及牌楼、左右廊庑）、中堂、后天井（及左右廊庑）、后堂。

照壁位于祠前48米处。长13.55米，厚0.65米。

前堂出前、后檐廊，抬梁式木结构。大门左右有塾台，上有石月梁和石柁墩。门楣石匾刻“吴氏宗祠”，两边对联为“绍世德之作求经文纬武”、“缵孝恩以锡类毓秀钟灵”。有雕花檐板与梁架雕刻。

前天井牌坊为明万历新安县乡贤、解元吴国光所立。为三开间三段式。其横额为“乡贤名宦”，柱联曰“渤海跃金鳞跳此龙门翻锦浪”、“延陵鸣瑞鸟飞于银苑集琼枝”。

中堂为穿斗式梁架，保留有明代柱及柱础各四根。屏风门上挂堂号“德馨堂”。右侧墙有1992年仲冬立的“南园吴氏宗祠重修志”。

后堂也有雕花檐板与梁架雕刻。神龛祀“开基始祖宋洪渊吴公之位”，还有二至十三世牌位。南侧龛立有“元诏征镇国将军吴应雷神位”，有像，旁立石碑，上刻“镇国将军应雷吴公履历简略”。

2002年2月被公布为区级文物保护单位。

十一、叶氏宗祠

位于南山区南山街道墩头社区234号。

始建于明代，现存建筑为清光绪乙未年（1885年）重修。

夯土砖木结构。坐南向北。面阔12.2米，进深32.4米。三开间三进，带前后廊，包括门厅、塾台、门房、前廊、中堂、后堂等。大门石额阳刻“叶氏宗祠”四个大字，两侧小字阴刻“光绪乙未小阳月，顺德辛寿康拜书”。木刻对联曰：“系出南阳叶茂枝繁历代源流光世泽，门朝北斗敦宗怀祖千秋祠祀荐馨香”。梁架前为抬梁式，后为穿斗式。中堂屏风门上挂“善庆堂”，堂的梁架为前后檐步三架穿斗式。后堂有檐雕，梁架有雕刻，门厅有壁画，中、后堂有简单卷草纹壁画。

2002 年 2 月被公布为区级文物保护单位。

十二、大板桥

位于南山区南头社区墩头村。

始建年代不详。据清康熙二十七年（1688 年）《新安县志》载：“大板桥，在墩头里，乡人郑可言建。”

为单跨石拱桥。长 17.4 米，上阔 3.8 米，下宽 4.2 米，距地面高 4 米。桥孔跨度 5.5 米。桥两侧有石栏板。

2002 年 2 月被公布为区级文物保护单位。

十三、第一届中共宝安县委、宝安县农民自卫军模范队训练班旧址

位于南头涌下社区升平里 18 号郑氏宗祠。

该建筑创建于明代。坐东朝西。为三开间三进二天井带左右廊的建筑。面宽 11.2 米，进深 32 米。基本保存完好。

1925年的宝安县农民协会、1926年第一届中共宝安县委都成立于此。为提高农民军的思想觉悟和战斗力，特成立农民自卫军模范队，并在此培训。

2002 年 2 月被公布为区级文物保护单位。

第三章　地上文物资源

第一节　宫观 寺庙 教堂 祠堂

一、南头古城关帝庙

位于南山区南头古城南门外东侧。崇祀三国时期关羽。

始建于明万历四十年（1612 年）。据嘉庆《新安县志》载：“关帝庙……在南门外教场演武厅之左，万历四十年参将张万纪建”。现存建筑为清代中期风格。民国时该庙

曾作为“宝安县议会”所在地。

该建筑为三开间二进布局。面阔13米，进深25.3米。砖木结构。分前殿、左右廊庑、后殿三部分。后殿已毁。

1997年南山区文物部门重修该庙，并恢复后殿。

二、赤湾天后宫

位于南山区赤湾社区旁（见第二章第二节深圳市文物保护单位赤湾天后宫条）。

三、春牛堂

位于南山区大南山北坡（见第二章第三节南山区文物保护单位春牛堂条）。

四、后海天后庙

位于南山区后海社区（见第二章第三节南山区文物保护单位后海天后庙条）。

五、大王古庙

位于南山区大涌社区铜鼓路东侧（见第二章第三节南山区文物保护单位大王古庙条）。

六、玄武古庙

位于南山区关口正街汪刘二公祠旁（见第二章第三节南山区文物保护单位玄武古庙条）。

七、育婴堂

位于南山区九街南头小学旁（见第二章第二节深圳市文物保护单位育婴堂条）。

八、信国公文氏祠

位于南山区九街中山东路15号（见第二章第二节深圳市文物保护单位信国公文氏祠条）。

九、汪刘二公祠

位于南山区关口社区玄武古庙南侧（见第二章第二节深圳市文物保护单位汪刘二公祠）。

十、女祠

位于南山区塘朗社区南部（见第二章第三节南山区文物保护单位女祠条）。

十一、吴氏宗祠

位于南山区南山街道南园社区正街38号（见第二章第三节南山区文物保护单位吴氏宗祠条）。

十二、叶氏宗祠

位于南山区南山街道墩头社区234号（见第二章第三节南山区文物保护单位叶氏宗祠条）。

第二节　住宅与碉楼

一、广府式住宅

1. 塘朗新围

位于南山区西丽街道塘朗社区塘朗老围南面。

始建于明代晚期，清代重建。

坐东朝西。新围平面布局类似于老围，但规模较大。围内房屋纵横排列，横向四排，纵向七列。民居多为三间一套式。

北面有古井一口。井口用四条花岗岩石块砌成方形，井台用三合土夯筑而成，现已遗弃不用。

南面是悦富郑公祠。为三开间两进布局，依次为前堂、天井、左右两廊、后堂。前堂门额匾阳刻“悦富郑公祠”。门外两侧有塾台，门内两侧为厢房，博古正脊。天井两侧有卷棚式廊庑，与前、后堂相连。后堂为五架梁，船形正脊。

2. 塘朗老围

位于南山区西丽街道塘朗社区北部，背靠塘朗山。

始建于明嘉靖年间。现存建筑均为清代所重建。

坐东向西。面阔 48 米，进深 64 米。砖木结构。前有禾坪与大月池。

老围正面中间为门楼。门楼右侧供有土地神。门楼南北两侧连以围墙。

进门楼是一横巷，巷宽 1.6 米。有六条纵巷与横巷交叉。在第二纵巷北头有古井一口。

清代在围内西北角建郑氏宗祠，西南角建女祠。

围内单元式民居多为一间一套式，少量二间一套式。外墙多为清水砖墙，侧面山墙有的也有灰塑。内墙大部分石灰抹面。门额均有灰塑。屋顶多见辘筒灰瓦，少量板瓦。屋脊多为船形脊。

该围目前仍保存较好。

二、碉 楼

南园德馨楼

位于南山区南山街道南园社区与南山社区交界处。

民国建筑。

坐西朝东。底平面呈长方形，东西宽 5.8 米，南北长 7 米。

高五层。砖木结构。门额石匾上刻“德馨楼”三字。内设木梯通向各楼层。

第三节 其他建筑

一、书室

向南逢源书室

位于南山区南山街道向南社区一坊 24 号。

建于民国十二年（1923 年）。

是一座三开间二进二层带天台的建筑。

大门向南，额匾题“逢源书室。民国十二年岁次癸亥季冬吉立。李□八十书”等字。其上有灰塑。

木楼梯开在一层东侧。一、二楼均为彩砖铺地。天花板上绘花卉图案。两次间有精致的木雕花格。

二层原有铁梯通向天台，现已毁。天台设栏杆，绿釉葫芦形栏柱。外墙四周有女儿墙，正面中部凸起，灰塑八卦图案。

二、帝国主义侵华建筑

1. 内伶仃岛海关

位于南山区蛇口街道内伶仃岛南湾东部的山谷里。

清光绪二十四年（1898年），英国所谓租借新界后，将海关北迁于此。

有砖瓦房四座，分别为办公房、仓库（或礼堂）、宿舍和厨房。均为白灰披挡青砖墙，红方砖铺地，木板天棚，辘筒灰瓦，平脊。

其中办公室面阔21.8米，深5.4米，前有门檐、走廊。仓库面阔10米，进深20米。

1949年后，该海关旧址曾为当地驻军所用，现已弃置。

2. 大铲岛海关

位于南山区蛇口街道大铲岛西北坡的山岗上，居高临海。

建于清末。

该建筑为平房。面阔15.8米，进深5.5米。青砖砌筑，外加护柱。房前有台阶。辘筒灰瓦，平脊。

其旁原有石碑一块，上刻："粤海防疫大铲厂界"，侧署："宣统三年（1911年）正月关务处税务司立"。现此碑为现代复制（原碑藏市博物馆）。

第四章　地下文物资源

第一节 遗　址

一、新石器时代遗址

1. 南山月亮湾遗址

位于南山区南山社区月亮湾荔枝园内。遗址东隔冲沟遥望大南山，西接荔湾大道，濒临大海，北通过冲沟直到蛇口，南至月亮湾花园。冲沟从大南山而下，绕过遗址东面和北面直奔大海。沟内常年流水，深可没膝，水源主要是泉水和山上流水。

遗址长160米，宽150米，总面积约2万平方米。1999年深圳市第二次文物普查时发现。

通过地面调查和钻探、试掘，该遗址的地层堆积情况如下：

第一层，耕土层，灰黑色粗砂土。最厚处为28厘米，最薄处27厘米，平均深度27.5厘米。包含遗物为近代瓷片、陶片及大量石英岩石块。

第二层，为文化层，灰黄色细沙土层。最厚处24厘米，最薄处22厘米，平均深度为23厘米。出土的文化遗物中，以夹砂黑陶为主，泥质红陶为次。绝大多数为素面，少量有绳纹。有一片泥质陶片上有缕孔。陶片的火侯较低且易碎。可辨器形少，仅有罐、豆等。

石器仅有石锛一件，石质为灰色石英岩。长、宽、厚为5.6厘米 × 4.5厘米 × 1.1厘米，通体磨制，上窄下宽，单面刃，刃部锋利，制作精细。

第三层，红褐色砂质黏土层，内含石英细颗粒。最厚处24厘米，最薄处20厘米，平均深度为22厘米。本层除出土少量大小石英块外，没有发现文化遗物。

该遗址是深圳山岗遗址中时代早、面积大、保存情况较好的一处，应重点保护。

2. 赤湾遗址

位于南山区蛇口街道赤湾社区西面沙丘上，背依马鞍山，东靠大南山，西临小南山，南面伶仃洋。

遗址长约100米，宽约50米，面积5000平方米。1980年广东省博物馆进行了考古发掘，发掘面积50平方米。

地层堆积共二层：

第一层，表土层，灰色细沙土，厚20—25厘米。

第二层，文化层，厚50—60厘米。出土遗物丰富，主要有夹砂红陶、黑陶和几何印纹陶、磨光石器。陶器多为残片，有夹沙粗陶和几何印纹软陶两种，其中夹沙粗陶占88.4%。纹饰以绳纹、篮纹、编织纹为主，约占总数的89.6%。其次为划纹、方格纹和贝划纹等。可辨器形有罐、釜、尊、豆、器座，还有炉座、炉箅和炉壁。石器10件，种类有锛、刀、镞、环、砺石、磨盘和残石器等。

该遗址的时代应为新石器时代晚期并延续至商时期。

因当地基本建设，遗址现已无存。

3. 内伶仃岛南湾遗址

位于南山区蛇口社区内伶仃岛南湾沙丘。遗物主要分布在南湾东部山前的沙丘上。

遗址长60米，宽20米，面积1200平方米。1984年深圳市第一次文物普查时发现。

陶片较少，为几何印纹陶，饰云雷纹、曲折纹。石器仅见1件长身石斧。

因当地基本建设，遗址现已无存。

二、商周时期遗址

1. 向南村遗址

位于南山区向南社区的沙堤上。东距深圳湾1000米，西离南头湾1600米。遗址面积约1万平方米。1996年深圳博物馆进行考古发掘，发掘面积1030平方米。

地层堆积为三层：

第一层，表土层，厚25—40厘米，由建筑垃圾和回填物构成。

第二层，近代扰乱层，灰黑色沙土夹淤泥，内含不同历史时期的陶瓷片。厚25—80厘米。

第三层，文化层，灰黑色沙土夹淤泥，厚80—90厘米。出土大量文化遗物，分陶片、石器和骨角器三大类。陶片数量很多，约4万余片，均属灰陶系，夹砂陶占85%。纹饰以绳纹为主，还有曲折纹、方格纹、叶脉纹和云雷纹等。器类有釜、罐、尊、钵、盆、盘、圈足盘、器座、纺轮和网坠等。较为突出的特征是大部分器物口沿和圈足均呈瓦棱状，有几道凹槽。

出土石器64件。石料有石英岩、砂岩和花岗岩。器类有锛、戈、镞、环、网坠、杵等。磨制精良的有肩有段石锛是这时期的典型石器。

骨器12件，其中骨镞1件，角锥2件，其他为骨饰。

向南村遗址是深圳地区出土文物较丰富的遗址之一，也是珠江三角洲地区商时期较重要的遗址之一。

2. 长源麻坑窝遗址

位于南山区西丽街道长源社区西面的小山丘上，山丘海拔50米。东距长源居委会560米，北距长岭陂水库402.5米，南距大沙河52.5米，西到上面光社区的直线距离为612.5米。遗物与遗迹分布在该山丘海拔40米的东南坡和西坡上。

遗址分A、B、C三个区，总面积约30000平方米。1999年深圳市第二次文物普查时发现。

除A区栽种少量荔枝外，其余两区地表无植物。地表土壤为花岗岩风化而形成的红黄色砂质土，内含细小石英颗粒。由于雨水的逐年冲刷，部分古代遗物直接裸露。

该遗址A区面积约1.8万平方米。发现商时期的陶片和石锛。陶片分泥质黄陶和泥质灰黑陶两种。纹饰有方格纹、叶脉纹、弦纹、网纹等。器形主要是罐。石器有石锛、石斧两种。

B区面积约9000平方米，C区面积约1800平方米。发现有商时期的陶片、陶器及磨石。陶片分夹砂陶和泥质陶两类。纹饰主要是叶脉纹。

该遗址的时代以商时期为主。

3. 职业技术学院遗址

位于南山区西丽职业技术学院内，东距沙河西路70米，北距西丽水库420米，西距亚太国际学校910米，南距沙河297.5米。

遗址长420米，宽320米，面积达134400平方米。1999年第二次文物普查时发现。

遗址面积非常大，整个校园内都可拣到陶片。通过地面调查，钻探和试掘，地层堆积可分为三层：

第一层，耕土层。土色灰黑，粗砂质。最浅处为10厘米，最厚处为25厘米，平均为17.5厘米。本层包含物有近现代瓷片、硬质陶片等。

第二层，灰褐色砂土层，质较疏松。最深处30厘米，平均深度为20厘米，厚25—37厘米。文化遗物主要是印纹硬陶片。陶色以灰色为主，褐色次之。纹饰有方格纹、方格纹+云雷纹、方格纹+叶脉纹、夔纹、菱形纹、菱形纹+蓖点纹、弦纹、圆圈纹、刻划纹、蓖点纹和云雷纹。以素面为主，约占总数的69%，其次为方格纹，约占总数的13.46%，再次为夔纹和菱形纹，各占总数的4.9%。器形主要是罐。此层属于春秋战国时期。

第三层，红褐色砂土层，质硬。最深处为32厘米，最浅处为16厘米，平均深度为24厘米。此层出土少量夹砂黑陶片和水晶石块。夹砂黑陶片较薄、易碎、块小，均素面。无可辨器形者。此层属于新石器时代晚期。

该遗址时代主要为春秋战国时期。面积大，保存较好，且发现了与新石器时代相叠压的地层关系，应重点保护。

4. 茶光叠石山遗址

位于南山区西丽茶光社区南面，东临大沙河。海拔约50米。南北宽100、东西长约300米，面积3万平方米。1987年4月深圳市博物馆考古工作者配合广深高速公路建设进行考古调查中发现，同年10月发掘。

共挖探方（沟）14个（条），揭露面积330平方米。地层堆积分三层：

第一层，扰土层，浅黄色夹粗沙土，含沙量较多，厚28—48厘米。内有近现代陶瓷片以及少量夔纹陶片；

第二层，黄褐色黏土，含沙量较少，厚15—36厘米。文化遗物大部分出自此层；

第三层，浅黄褐色黏土，厚12—40厘米。柱洞和灰坑开口于此层底部。出土陶片较少。发现建筑遗址1处，柱洞49个，直径13—35厘米之间，深20—80厘米之间，平面形状大致呈圆形。原发掘者推测为干阑式建筑。灰坑1个，平面略呈方形，口大底小，坑壁较整齐。口长2.6、宽0.9米，底长1.95、宽0.34米，灰黑色填土。

出土大量文化遗物，有陶片、石器、青铜器和铁器，尤其是4件铁斧意义重大，为研究广东地区早期铁器的使用和来源等问题，提供了珍贵的实物资料。陶片8000多片，以泥质硬灰陶为主，占92.77%，泥质红陶次之，夹砂陶和釉陶极少。纹饰有方格纹、夔纹、回字纹、菱形纹、重圈纹、云雷纹、米字纹、篦点纹、弦纹、指甲纹等。陶器口沿及圈足内常见简单刻划符号。种类有罐、瓮、尊、盒、碗、豆、簋、壶、钵、鼎、器座等。石器5件，均为磨制。种类有石锛等。青铜器2件，种类有锸等。

叠石山遗址^{14}C测年数据为距今2250 ± 110年（经树轮校正）。

第二节、窖藏与墓葬

一、窖藏

1. 禾镰坑铜钱窖藏

位于南山区沙河社区禾镰坑。1984年6月深圳博物馆调查发现。

窖藏铜钱重约3．5公斤，约2800余枚。大部分保存尚好。可辨的有西汉五铢、西汉四铢半两、新莽货泉、东汉五铢，其中有三枚“四出五铢”钱，弥足珍贵。

该窖藏时代应为东汉。

2. 南联石场铜钱窖藏

位于南山区沙河社区南联石场。1985年6月深圳博物馆调查发现。

窖藏铜钱重约4公斤，有1000多枚。没有盛装物，一些铜钱结成一团，仍保留串起来的痕迹。可辨的有汉五铢、四铢半两、货泉、晋五铢，最晚为六朝五铢。

该窖藏时代应为南朝。

二、古墓葬

1. 后海墓葬

位于南山区蛇口后海大龙须沙丘遗址内。1981年深圳博物馆在该遗址发掘时发现一座。

墓葬为长方形竖穴土坑墓，残长2.7米，宽1.2米，东北方向。墓坑填灰黄色砂土。随葬品4件，有素面陶罐、陶盆、圈足折肩陶尊等。

墓葬时代为新石器时代晚期。

2. 大湖墓葬

位于南山区南头大湖社区南。1980年广东省博物馆在此调查发现并清理一座战国时期墓葬。

该墓为长方形土坑竖穴墓。由于局部已被破坏，故墓长不明。墓宽1.2米，墓底距地表1.38米。墓内随葬米字纹陶瓮一件，暗红色，泥质，大口宽唇，深鼓腹，小平底。

墓葬时代为战国时期。

3. 红花园墓葬

位于南山区红花园，西濒珠江口，南接蛇口半岛。

（1）**汉墓** 1981年南山区在此建居民新社区时发现，同年广东省博物馆进行考古发掘。共清理9座。其中除M9为西汉墓外，余8座都为东汉墓。而且均盗扰严重，有6座墓较完整。6座墓的墓形可分为4种：长方形竖穴土坑墓、“凸”字形砖室墓、“中”字形砖室墓和“卜”字形砖室墓。

长方形竖穴土坑墓2座，以M6为例：长2.9、宽0.9、距地表0.82米。墓壁平直，墓底夯实，随葬品中陶器置于头端，装饰品位于腰部。

“凸”字形砖室墓2座，以M3为例：墓室内长4.3、宽1.4、残高0.34米。墓壁用砖错缝平砌，前室和后室前部地面用砖错缝横铺，封门砖为横砖平砌，后室后部地面为夯土。随葬品置于前室和后室前部。

“中”字形砖室墓1座。全长6.35米，最宽2.1米，残高1.3米。分前、中、后三室三个部分。墓顶塌毁，结构不详。中室平面略呈方形，后室平面呈长方形，后室墓底比中室墓底高出一平砖。墓壁砖为错缝平砌，前室和中室的地面用砖错缝直铺，后室的地面用砖对缝直铺。

“卜”字形砖室墓1座。全长8米，最宽6.7米，残高1米。分、前、中、后室和侧室。中室平面近方形，后室和侧室平面均为长方形，后室墓底高出中室墓底一平砖，券顶塌毁。封门砖为横砖平砌，墓壁砖为错缝平砌，长方形前室无铺地砖，中室西部地砖错缝直铺，余铺作人字形，后室和侧室地面平铺人字形地砖。中室与封门处均有盗洞。

六座墓共出土随葬器物76件。以陶器为大宗，共61件。有罐、鼎、壶、釜、三足盒、瓿、碗、盆、杯、带把三足杯、盂、尊、薰炉、豆形灯、案、灶、井、器盖等。铜镜3件，铜钱1串。银镯2件，银指环1件。料珠6颗。

其中，M3出土乘法口诀墓砖1块，为全国汉墓中首次发现，为研究汉代数学史提供了珍贵的实物资料。

（2）**东晋墓** 1980—1981年广东省博物馆发现并清理8座东晋墓。其中长方形土坑墓4座、长方形砖室墓4座。

长方形土坑墓墓壁不规整，墓底经过夯实，填土为含细砂五花土。随葬品置于墓室前端，铁剪放墓室后部。

长方形砖室墓为单砖墙、券顶。墓壁砖平铺直砌。墓砖有青、红两种，两面拍印方格纹。砖长34—37、宽14—16、厚3—4厘米。

随葬品有陶器36件，其中陶罐14件，陶釜1件、陶盒1件、釉陶盒1件、陶盆2件、陶瓶1件、陶碗6件、陶杯7件、陶碟1件、纺轮3件。其他还有铜镜1件及铜盆、铁削、铁叉形簪、铁剪及石砚等。

（3）**南朝墓** 1981年深圳博物馆发现并清理一座。形制为长方形土坑墓。出土青瓷钵、青釉六耳罐、杯等。

（4）**宋墓** 1981年深圳博物馆发现并清理一座墓，仅出土一件内装骨渣的陶魂坛。釉为酱褐色。圆纽穹顶盖，盖和器肩上有仿屋顶瓦面状的附加堆纹。宽肩收腹，底内凹。通高34厘米。

（5）**明墓** 1981年深圳博物馆发现并清理4座，编号为南红M3、M4、M9 、M10。均为石椁墓，南北方向，红砂岩石板砌筑。

M3长5.3、宽3.5米。分拜堂和墓堂两部份。墓堂呈马蹄形，其底用石板平铺横砌。拜堂和墓堂的隔墙上有浮雕卷云纹图案，破坏严重。随葬品荡然无存。

M4则为长方形三椁室墓，椁室并排。墓室长2.3米。中椁室较宽，三椁室宽度分别为0.75、0.83、0.76米。上盖石板。墓底铺沙石。墓曾被盗，随葬品仅剩一件锈蚀严重无法辨认的铁器。

（6）**大王山墓葬**

位于南山区南头古城南郊的大王山。1980—1981年广东省博物馆发现并清理一座。

“凸”字形砖室墓。单砖墙，圆券顶。墓底用砖平铺，封门用一平砖、一侧砖相间砌筑。墓砖有两种规格：一种长方形砖，长33—35厘米，宽14.5—15.5厘米，厚5厘米；另一为楔形砖，长、宽尺寸同前，厚5—25厘米。墓壁砖素面，墓底砖正、背面均印有斜方格纹，侧面印有“米”字、曲折、方格组成的花纹，楔形砖一侧印有叶脉纹。由于该墓曾被盗，出土遗物仅有陶罐2件、纺轮1件、铁剪1把。墓葬时代为东晋。

还发现3座南朝墓均为砖室墓。形制有“日”字形、“中”字型和“十”字型。出土青黄釉鸡首壶、碗、六耳罐、陶盏、陶碟、滑石猪等随葬品。

（7）**大涌墓葬**

位于南山区南头大涌。

一座长方形砖室墓。长4、宽1米。出土青釉鸡首壶、碟、带盖杯、圜底钵、小杯、盏、碗等共9件。

墓葬时代为南朝。

（8）**牛埔排墓葬**

位于南山区坪山乡牛埔排。1985年深圳博物馆发现并清理2座。编号M1、M2。

M1为长方形，残长1.8、宽0.92米。墓底为夯土面。墓壁从下往上先平砌五行砖，继而用残瓦叠砌，其上再平砌10行砖。墓口则用三块石板封盖。

M2残长1.26、宽0.9米。墓底垫石灰，无铺地砖。墓室内有木炭。随葬器物有银发簪、鎏金铜管、铜镜、铁剪、石砚及铜钱。

该两墓年代为宋代。

第五章　博物馆、纪念馆及馆藏文物

第一节　博物馆、纪念馆

一、天后博物馆

位于南山区赤湾天后宫（市级文物保护单位）内。

成立于1997年。馆长先后为徐尚黎、周保民、龙辉。属自筹自支性事业单位，无编制。聘用管理人员20人，内设机构有办公室、群工部、后勤部和保卫科。

天后博物馆

天后博物馆是以天后信仰为依托的专题性民俗类博物馆，是收藏和研究有关天后的文物和文化的重要机构。

该馆的基本陈列为《天后文物展》、《南山历史文物展》。

二、陈郁故居纪念馆

位于南山区南头陈屋社区陈郁故居（市级文物保护单位）内。

2000 年 10 月正式对外开放。全额事业单位，编制 1 名。

该馆负责有关陈郁同志文物的征集、故居的维修和文物的安全以及陈列展览的日常开放和宣传讲解工作。

基本陈列《陈郁生平事迹展》，以陈郁同志一生所经历的各个历史时期的重要事件为主线，分为三个部分：

第一部分为1949年前陈郁同志的革命活动，如参加香港海员大罢工、省港大罢工以及解放战争等内容。

第二部分是陈郁同志起居室的复原，以实物为主。

第三部分展现了解放后陈郁同志为社会主义建设、特别是为中国能源工业的发展所做出的贡献。

纪念馆展现了陈郁同志在战争年代为革命献身以及和平年代为人民服务的精神。陈郁故居现收藏有书信、文件、书籍、家具、照片等馆藏文物 23 件。

2000 年 7 月，经中共南山区委批准，陈郁故居成为区级爱国主义教育基地。

南头古城博物馆

三、南头古城博物馆

位于南山区南头古城南门广场。馆址为建于1950年的新中国第一届宝安县人民政府办公楼。

由市文化局在2002年11月8日批准成立。全额事业单位，与南头古城管理处两块牌子一套人马，编制3名，2004年增编为7名，归口南山区文管办管理，馆长伍杨。

该馆属地志博物馆，主要收藏、展示和研究南山区的历史文化。现藏青铜、陶瓷、玉石等出土文物2000多件。基本陈列有《南头古城历史展》、《2001年度全国十大考古新发现——屋背岭商时期墓地发掘成果展》，全面展示深圳1600多年的城市发展史，充分阐明南头古城是深、港、澳地区的历史源头。

南头古城博物馆与南头古城垣（省级文物保护单位）、信国公文氏祠、育婴堂等6处市级文物保护单位一并开放，将成为观众参观、游览、进行爱国主义教育的重要场所。

四、招商局历史博物馆

位于南山区蛇口招商局内。

该馆是在招商局档案馆的基础上，成立于2004年9月。

招商局创立于1872年，是我国近代第一家民族工商企业，也是“洋务运动”至今仅存的硕果。它开创了中国近代民族航运业等诸多新兴经济领域，并在辛亥革命、抗日战争、解放战争等许多重大历史关头发挥了特殊作用，在中国近代经济史和社会发展史上占据重要地位。2002年12月纪念招商局创立130周年时，朱镕基题词“百年民族企业，喜看硕果仅存”。该馆收藏有关招商局历史文献资料、照片、实物等，展示招商局不凡历史，也从一个侧面反映了中国民族企业一个多世纪以来所走过的艰难发展道路。

第二节 馆藏文物

一、陶器

1. 大口尊

二级

大口，折腹，喇叭形圈足，方格纹。

泥质灰陶，胎质较硬，大敞口，折沿尖唇，外唇边加厚。高领，有数道轮旋痕迹，束颈，折腹，喇叭形高圈足，外撇形成一圈台面，领颈下及圈足上各饰一周方格纹带。

大口尊

2. 陶钵

二级

敛口，深弧腹，小圜凹底，云雷纹。

泥质灰白陶，陶质坚硬，似子口内敛，直腹斜收，较深，最大腹径在中部，小圜凹底，器表周身饰雷纹。

陶钵

3. 带流罐

二级

带流，小方格纹。

变形，底部稍斜，泥质灰陶，胎质较硬，折沿圆唇，口部有流，为手捏呈V字形，小高领，束颈，折腹，最大腹径在下部，圜底内凹，下腹部及底部饰方格纹。

带流罐

4. 带流罐

二级

带流，复线菱格纹。

变形，泥质灰陶，胎质较硬，敞口，折沿方圆唇，外唇加厚，带流，为手捏呈V字形，束颈，折肩，扁球腹稍折，圜底内凹，肩以下饰复线菱格乳丁纹。手制，器表有凹凸修整痕迹。

带流罐

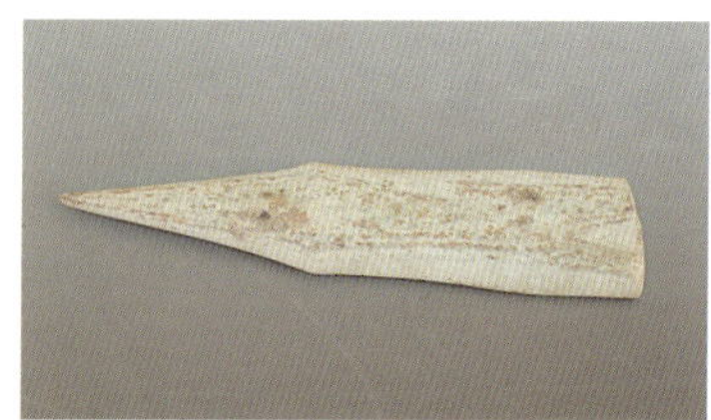
石矛

墓碑

陶豆（盘）

陶碗（豆）

陶罐

5. 石矛

二级

出土地层明确，形制规整，制作工艺精细，时代特征明显，为深圳地区少见。完整，出土时为淡青色，体扁平呈圭形，矛锋双棱，两翼微弧，中有脊，尾部凹陷，断面呈菱形。一面有锈迹样纹痕。

6. 四孔罐

三级

四乳丁，四孔罐型器，青釉剥落，造型别致，深圳地区罕见。

泥质，橙黄陶，胎质细腻，口沿四周有四孔，平肩，肩周有四乳丁，圈足外撇，青釉已脱落，形制独特。

7. 墓碑

三级

长方形，灰黑色麻石，阴刻碑文，碑文剥蚀较模糊。

8. 陶豆（盘）

三级

泥质，橙黄色，直口圆唇，浅腹，小矮圈足，内施酱釉不及底，底有仁义礼智信梅花形红色印章。

9. 陶碗（豆）

三级

泥质，橙黄陶，侈口圆唇，斜腹，挖足。内施釉不及底，外腹部有仁义礼智信梅花形红色印章。

10. 陶罐

三级

泥质，橙黄陶，卷沿圆唇，小高领，弧肩，斜收腹，凹底。轮制，有明显拉坯痕迹。内施薄釉，器表口沿下至肩腹部施酱釉。

11．陶罐

三级

泥质，橙黄陶，折沿圆唇，小高领，弧肩，斜收腹，凹底。轮制，有明显拉坯痕迹，内施薄釉，器表口沿下至肩部施酱釉。

陶罐

12. 陶罐

三级

泥质，橙黄陶，卷沿圆唇，小高领，弧肩，斜收腹，凹底。轮制，有明显拉坯痕迹，内施薄釉，器表口沿下至肩腹部施酱釉。

陶罐

13. 陶罐

三级

泥质，橙黄陶，直口方唇，小高领，弧肩微折，斜收腹，凹底。口沿下至肩部施酱釉，轮制，有拉坯痕迹。

陶罐

14. 陶罐

三级

泥质，橙黄陶，酱釉施至肩腹部，侈沿尖唇，小高领，弧肩，斜收腹，凹底。内施酱釉，轮制，器身有明显拉坯痕迹。

陶罐

15. 高足杯

三级

青釉，深圳较少见，为龙泉窑系。

高岭土，白胎，尖圆唇外撇，直垂腹，竹节状高圈足，稍外撇，通体施青釉，有冰裂。

高足杯

高足杯

16. 高足杯

三级

青釉，深圳较少见，为龙泉窑系。

高岭土，白胎，尖圆唇，敞口，弧腹斜收，腹较深，竹节状高圈足，稍外撇，通体施青釉，有冰裂。

木雕像

17. 木雕像

三级

著冠，方面垂耳，坐姿，垂腿交足，背上部有方形榫槽，有坐段，施彩绘，有剥落。

木雕像

18. 木雕像

三级

底部残，著冠，方面垂耳，着官服，束带，衣褶垂摆，坐姿，背上部有方形榫槽，中部有坐段。

提梁壶

19. 提梁壶

三级

彩瓷，青黄釉酱，深圳地区少见，完整。

侈口尖唇，小高领，平肩，弧腹，曲状流，肩上有提梁，凹底，通体施黄绿釉，多已剥落。

陶尊

20. 陶尊

三级

直口，高领，圆腹，束颈，高假圈足（外撇）雷纹。

泥质灰陶，陶质较硬，直口，高领，近肩处加厚呈一圈颈带状，鼓腹稍扁，最大腹径在中部，高假圈足，稍外撇，饰雷纹，口沿、足部与器身为分体制作，合制而成。

21. **陶带流罐**

三级

敞口，带流，束颈，垂肩，扁腹，圜底，曲折纹。

变形，泥质灰陶，折沿，斜直唇，口沿上有手捏呈V字形流，束颈，折腹，圜底，下腹部及底部饰曲折纹，

陶带流罐

22. **陶豆**

三级

圆唇，双腹，高把，喇叭形足。

泥质橙黄陶，敞口，折沿近平，圆唇，外唇加厚，双腹，高柄，喇叭形圈足外撇稍呈台面，有唇边。

陶豆

23. **陶钵**

三级

直口，深腹，小圜底。

夹砂黑陶，直口，斜直沿，直腹较深，小圜底，饰粗绳纹。

陶钵

24. **陶钵**

三级

圜凹底，敛口，雷纹。

泥质橙黄陶，陶质较软，敛口，方唇，腹较深，圜底内凹，口沿以下饰雷纹。

陶钵

25. **陶罐**

三级

方格乳丁纹，圜凹底，束颈，敞口。

泥质灰陶，陶质坚硬，敞口，平折沿，尖唇，束颈，鼓腹，最大腹径在中部，圜底内凹，颈部以下饰方格乳丁纹。

陶罐

陶罐

26. 陶罐

三级

蓝纹，扁腹，圜底，直领罐。

泥质灰陶，陶质较硬，直口高领，有两道轮旋痕迹，扁球腹，圜底，领以下饰梯格纹。

陶豆

27. 陶豆

三级

浅双腹，高把，喇叭形圈足。

豆盘变形，泥质橙黄陶，敞口，折沿圆唇，浅盘，双腹，高柄，喇叭形圈足，外撇形成一台面，素面，豆盘及圈足上有明显轮旋痕迹。

陶罐

28. 陶罐

三级

敞口，束颈，垂肩，扁球腹，圜凹底，曲折纹。

泥质灰陶，陶质坚硬，卷沿方唇，外唇加厚，束颈，鼓腹稍折，圜底内凹，折腹以下饰曲折纹。

陶豆

29. 陶豆

三级

高圈足豆（变形）

豆盘变形，泥质灰陶，敞口，折沿近平，方唇，浅盘，双腹，高柄，稍显竹节状，喇叭形圈足，外撇形成一台面，豆盘及圈足有明显轮旋痕迹。

陶罐

30. 陶罐

三级

云雷纹，圜凹底，敞口，折肩，肩部素面。

泥质灰白陶，胎质较硬，侈口，圆唇，唇边加厚，束颈，折腹，最大腹径在中部，圜底内凹，肩以下饰云雷纹。

31. **带把壶**

三级

敞口，带流，瓦形把，圜底，云雷纹。

泥质灰陶，陶质坚硬，尖唇，斜直口，口沿上有一小流，束颈，园鼓腹，瓦形把连接口沿及腹中部，小圜底，领以下饰云雷纹。

带把壶

32. **陶罐**

三级

敞口，束颈，扁球腹，圜凹底，云纹。

变形，泥质灰陶，陶质坚硬，敞口，方唇，外唇加厚，束颈，圆鼓腹微折，最大腹径在中部，圆底内凹，肩以下饰卷云纹。

陶罐

33. **陶豆**

三级

浅盘，竹节把，带孔喇叭形圈足。

泥质橙红陶，陶质较软，平沿圆唇，浅盘，双腹，竹节状高柄，喇叭形圈足，柄上有两个对称十字形镂孔。

陶豆

34. **陶罐**

三级

敞口，束颈，垂肩，扁腹，圜凹底，雷纹。

泥质灰陶，陶质较硬，侈口圆唇，外唇加厚，内侧口沿下有一周凸起，束颈，折腹稍扁，圜底内凹，折腹以下饰云雷纹，器身有明显抹痕。

陶罐

35. **陶豆**

三级

敞口，浅腹，喇叭形，矮圈足。

变形，泥质灰陶，素面，敞口，斜直沿，突唇，外唇加厚，腹较深，矮圈足，外撇形成一台面，有明显轮旋痕迹。

陶豆

陶豆

36. 陶豆

三级

浅盘，双腹，高把，喇叭足。

泥质灰白陶，折沿圆唇，外唇加厚，浅盘，双腹，高柄，喇叭形圈足，外撇稍呈台面，豆盘有明显轮旋痕迹。

陶豆

37. 陶豆

三级

高圈足，较完整的商时期典型器物。

泥质灰陶，陶质较硬，敞口，折沿圆唇，双腹，长高柄稍呈上细下粗，喇叭形圈足，外撇形成一台面，素面，豆盘及圈足有明显轮旋痕迹。

陶尊

38. 陶尊

三级

大敞口，高颈，垂肩，扁圆腹，圜凹底，复线菱格乳丁纹。

泥质灰陶，大敞口，折沿圆唇，高领，有轮旋痕迹，垂肩，圆鼓腹，圜底内凹，肩以下饰复线菱格乳丁纹。

陶碗

39. 陶碗

三级

素面，饼足，深弧腹。

泥质灰黄陶，陶质较软，素面，侈口，方圆唇，斜收腹较深，矮圈足近平。

陶碗

40. 陶碗

三级

敞口，浅腹，短撇圈足。

泥质灰陶，陶质较软，素面，侈口，突唇，斜直沿，腹较浅，矮圈足外撇形成一圈台面。

41. 陶罐

三级

敞口，束颈，垂腹，圜凹底，复线菱格乳丁纹。

泥质灰陶，陶质较硬，敞口，折沿，尖圆唇，带流，为手捏呈V字形，小高领，折肩，垂腹，最大腹径近底部，圜底内凹，下腹部及底部饰复线菱格凸点纹。

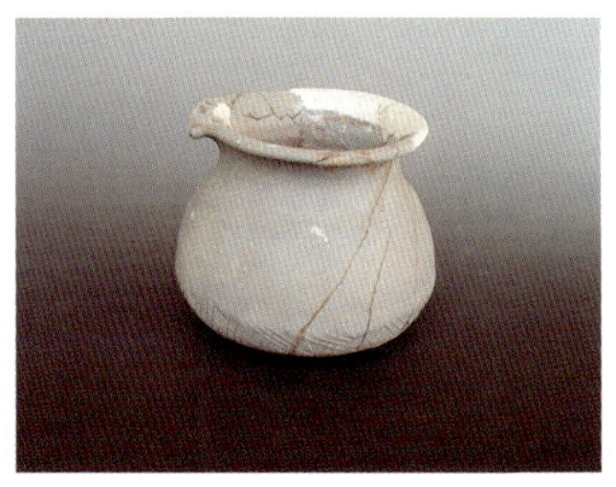
陶罐

42. 陶罐

三级

敞口，带流，束颈，垂肩，圆腹，圜凹底，复线菱格乳丁纹。

变形，泥质灰陶，陶质坚硬，敞口，折沿圆唇，外唇加厚，带流，为手捏呈V字形，折腹，折腹以下饰复线菱格凸点纹。

陶罐

43. 陶罐

三级

敞口，带流，束颈，垂肩，深腹圜凹底，复线菱格乳丁纹。

泥质灰黄陶，折沿圆唇，带流，为手捏呈V字形，束颈，肩稍折，圆鼓腹稍折，最大腹径近底部，腹下部饰复线菱格凸点纹。

陶罐

44. 陶罐

三级

敞口，带流，束颈，垂肩，深腹，圜凹底，复线菱格乳丁纹。

泥质灰陶，卷沿方圆唇，带流，为手捏呈V字形，小高领，肩微折，垂腹稍折，腹较深，最大腹径近底部，圜底内凹，下腹部及底部饰复线菱格纹。

陶罐

45. 陶罐

三级

陶罐

陶罐

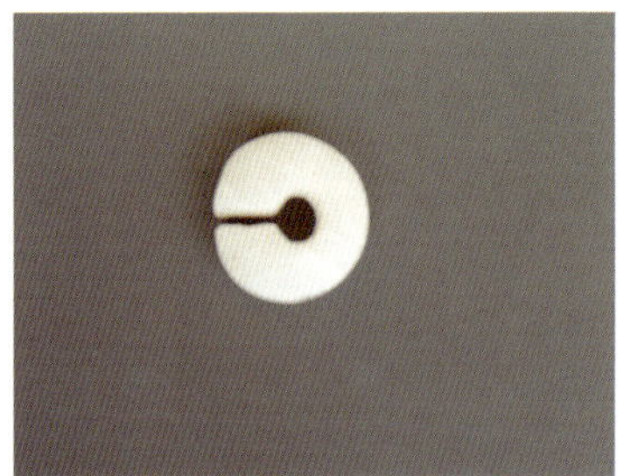
玉玦

玉玦

有段石锛

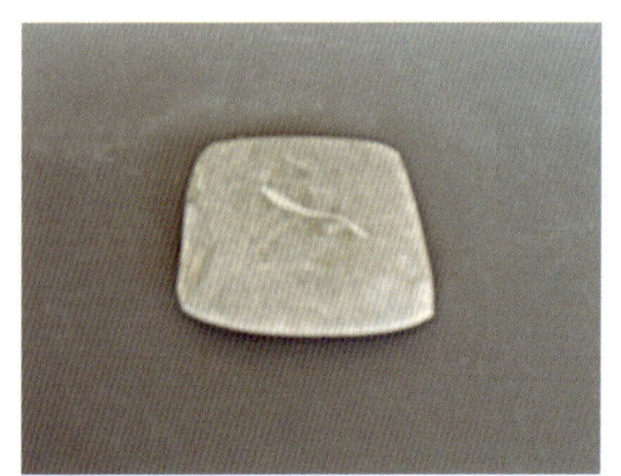
石斧

敞口，带流，圜凹底，复线菱格乳丁纹。

变形，泥质灰陶，陶质较硬，敞口，方唇，折沿近平，带流，手捏呈V字形，束颈，折肩，圆鼓腹稍折，最大腹径近底部，下腹部及底部饰复线菱格乳丁纹。

46. 陶罐

三级

泥质灰陶，口部残，直口，鼓腹，小圜底，领口以下饰长方格纹。

二、玉、石、青铜器

1. 玉玦

三级

完整，灰坑出土。

石英质，完整，乳白色，圆形，台形面，孔系对钻而成，缺口为直口，缺口宽0.35厘米。

2. 玉玦

三级

完整，灰坑出土。

石英质，完整，乳白色，圆形稍椭，台形面，孔系对钻而成，缺口为直口，缺口宽0.40厘米。

3. 有段石锛

三级

有段石锛，完整，有地层关联，时代特征明显。

蛇纹岩，平面近长方形，近中部有段，横截面呈梯形，通体磨光，背稍弧，单面平刃。

4. 石斧

三级

残，平面略呈梯形，通体磨光，弧背，双面弧刃。

5. 青铜斧

三级

有明显地层，深圳地区少见，属流行器，比较完整。

完整，呈扁平长条形，双面弧刃，方銎，銎沿下有一周束棱。

青铜斧

6. 青铜矛

三级

有明显地层，深圳地区少见，属流行器，比较完整。

骹部稍残，呈鱼尾形，矛身断面呈菱形，中脊起双棱，两刃较直，銎作圆形，上有圆孔和钮各一，中空，通至前锋，具明显越式特征。

青铜矛

第六章　非物质历史文化遗产

一、开丁节

开丁节是深圳市南山区蛇口渔二村的一个传统民间节令。

渔二村居民的祖籍均为广东海丰。过开丁节则是源于潮汕、海陆丰的旧俗。当时，生男孩要庆周岁，凡生男孩的家庭，要于次年正月元宵节前后在神座前焚香点烛，并点上灯笼，然后挂在礼堂或家门口，祈求多生男孩，俗称挂灯、上灯，还要邀请同宗长辈家长、亲朋好友到家中吃开丁茶（当地又称菜茶），以祝贺添丁。后来，逐渐形成了正月十三过开丁节，吃开丁茶的习俗。

渔二村的先辈一百多年前移民至蛇口以后，早年生活艰难，人生地不熟，更期盼家中人丁兴旺；同时，也成了身虽在他乡，而同乡间却能相聚的一次好机会，因此这一习俗便沿袭至今。随着时代的发展，开丁节的内涵也不断更新，过去是生男孩挂灯，后来生女孩也挂灯，现在则成了全村居民的共同节日，家家挂红灯。

现在，每逢农历正月十三，渔二村都要扎起彩色门楼，敲锣打鼓，鞭炮齐鸣，表演舞狮，搭台演戏，每家都做开丁茶（这是一种将饮食和饮茶结合，把蔬菜、肉食、粮食和茶水、汤类融合在一起的菜茶，吃来别有风味），迎接亲朋好友，还欢迎陌生人到访。这一天，村民走街串户，互相祝福，想祝福哪一家，就到哪能一家去吃开丁茶，一直要吃到次日凌晨。

开丁节历史悠久，通过传承下来的一些过节形态，尤其现在生男生女都一样过节，而重视添丁，就是重视生命，这对现在强调以人为本，以及对人类生存环境的思考，也是一个很有意义的课题。

制作开丁茶，是南粤饮食文化的一个组成部分，具有一定的文化价值。过开丁节，加强亲友邻里间的沟通与团结，广纳外来人员融入社区，这就是强调和谐，也具有一定的社会价值。

二、土牛鞭春

我国是一个农业古国和农业大国，古代许多民俗是围绕农业生产及农业季节展开的。每年农历立春时，由县太爷主持的开耕礼——“土牛鞭春”，当然是重要的农事民俗活动，亦是民间的盛大节日之一。此俗一直延至民国时期。

在原新安县城南头城郊的大南山下，有一座创建于明代的“春牛堂”。面宽23米，进深43米，为五开间三进两天井式建筑，主祀天后。明清时期新安县令就在此举行“土牛鞭春”开耕礼。

据清嘉庆《新安县志》载：立春前一日，有司以土牛、芒神（又称“春子”、“太岁”，即放牛娃）迎于南山下，次早鞭春。“土牛”即堆土为牛，在牛肚子里放置五谷，外饰彩纸。芒神是木制的。开耕仪式由县令主持，在“春牛堂”设香案，摆三牲、果、酒，行一跪三叩礼拜祭。尔后县令右手扶犁，左手扬鞭，作犁田与鞭打土牛状，以示开耕大吉。然后，群众将土牛打碎，争相夺取土牛的泥末和牛肚子里的五谷，撒在猪圈、牛栏、鸡舍及田地上，祈求五谷丰登、六畜兴旺。参加开耕礼的农民手持农具，还有“飘色”（扮故事）等各种民间艺术表演。

三、“辞沙”祭妈祖

“辞沙”祭妈祖是深圳市南山赤湾天后宫特有的一项传统民间习俗。“辞沙”即辞别沙滩，投入茫茫大海，去开辟生产或从事新事务。

从明代开始，凡在赤湾过往或出使东南亚各国的朝廷官员都要停船靠岸，到天后庙进香，以大礼祈神保佑，以求出海平安顺利。他们将猪、牛、羊肚子挖空，填上草，放在海边沙滩祭妈祖。祭拜完毕后，即将牲口沉入海底。这一习俗，历经五百多年，中途因填海将祭祀活动由沙滩移至宫庙。

活动时间一般在农历二月二十三（天后诞）或秋天举行。如今的“辞沙”，活动要进行四天，分别进行摆供品、点油灯、扎“鬼王”、竖“城隍”、拜祭妈祖、舞狮、武术表演，烧“鬼王”、祭拜和烧城隍等程序。

“辞沙”习俗已传承五百多年，是我国保存完好的祭拜妈祖习俗之一。妈祖是正义的化身，也是集中传统美德于一身的文化形象，妈祖文化是中华民族向心力和凝聚力的体现。“辞沙”习俗，具有深厚的文化价值，对加强海内外华人的团结和促进祖国和平统一起纽带作用，具有重要的社会价值。对研究海洋文化和信仰文化也有一定研究价值。

第七章　历史名人

第一节 南宋—明清时期名人

一、文天祥

文天祥（1236—1283），字宋瑞，一字履善，号文山，江西庐陵富田乡（今江西吉安县富田乡）人。

宋宝祐年间进士，状元及第，官至右丞相。祥兴元年（1278年），在潮州等地抗元，不幸在海丰五坡岭被俘，二过零丁洋（今深圳市内伶仃岛旁海域）。文天祥触景生情，写下千古绝句《过零丁洋》。后被害于北京柴市口。

今深圳市宝安区福永、松岗等镇有文天祥弟文璧的后裔，南头古城内有文天祥祠一座。

二、汪鋐

汪鋐（1466—1536），字宣之，号诚斋，徽州婺源大畈（今江西婺源县大畈乡）人。

弘治二年（1489年）举人。弘治十五年（1502年）进士。正德十六年（1521年），汪鋐任广东提刑按察使，时值葡萄牙人（佛朗机）入侵广东沿海，侵占东莞屯门（大致在今香港海域），明武宗皇帝命汪鋐率军驱逐之。

葡萄牙人船坚炮利，拥有当时世界上最先进的火炮，称为“佛朗机铳”。汪鋐命人秘密掌握其结构，然后仿制。1521年汪鋐率战船封锁屯门澳，晓喻佛朗机离开。但他们根本不理睬，还派十多艘战船泊于屯门澳，并在岸边修筑堡垒据险抵抗。是年秋，中国军队水陆夹攻，用佛朗机铳和火舟攻击，步兵摧毁岸边敌垒。经过激战，葡萄牙人大部被歼，岸上营垒也尽被摧毁，残余的则逃往外海。中国军队大获全胜，缴获资财无数。

同年十二月，明武宗皇帝特敕加汪鋐一级，使食一品俸。命他仍留驻南头，将佛朗机彻底驱逐。

嘉靖元年（1522年），葡萄牙人准备劫掠新会县茜草湾。汪鋐闻报，命令舰队迅速出击，生擒42人，斩首39人，缴获战船两艘。葡萄牙人败逃，不敢再犯中国海域。

关于汪鋐驱逐迹葡萄牙人的战史，明东莞人进士祁敕撰《重建汪公生祠记》和明五羊人评事陈文辅撰《都宪汪公遗爱祠记》有载。汪鋐为答谢支持他作战的南头乡贤吴瑗、郑志锐及全体军民，赋诗一首：“辚辚车马出城东，揽辔欣逢二老同。万里奔驰筋力在，一生精洁鬼神通。灶田拨卤当秋日，渔艇牵篷向晚风。回首长歌无尽兴，天高海阔月明中。”

嘉靖元年（1522年）底，汪鋐将缴获的佛朗机铳进献朝廷，之后又三次上疏明世宗皇帝，推荐使用该铳。

嘉靖十四年（1535年）汪鋐告老还乡。翌年汪鋐病逝。今南头古城内尚保留有纪念他和刘稳的汪刘二公祠。

三、李茂材

李茂材（？—1567），山西太原府阳曲县人。

李茂材承世荫，任东莞守御千户所正千户。他在南头训练了一批精干善战的水军，这就是当时广东有名的“东莞乡兵”。

嘉靖三十三年（1554年），李茂材率东莞乡兵参加捕剿海盗何亚八、许老、陈文伯、王朝宜等，立战功，升指挥佥事。后又督兵消灭外国海盗江老、陈亚旺等。

嘉靖四十三年（1564年），李茂材参与平定潮州拓林海兵谭允传等的叛乱。

嘉靖四十四年（1565年），参加会剿潮州南澳岛深澳的倭寇吴平，因俘斩倭贼，立功，升为拓林守备。

隆庆元年（1567年），李茂材参与追剿倭寇曾一本，督兵与敌血战八昼夜，杀敌甚众，后因失援阵亡。

新安县知县丘体乾赋诗赞颂李茂材："桓桓将军，夙秉智勇"，"碧血颜头，忠精金石"。

四、刘稳

刘稳（1518—1575），字朝重，别号仁山，湖广酃县（今湖南省酃县）人。

16岁为博士弟子。25岁中举。嘉靖三十五年（1556年）登进士。嘉靖三十八年（1559年）授南京兵部武选司主事，升广东提刑按察司佥事，领南韶兵备道，后晋副使，仍治兵南韶。隆庆六年（1572年），刘稳为广东提刑按察司副使，负责番市贸易，后晋升为广东参政仍兼副使之职，负责广东海疆的防御。

刘稳在考察中得知南头等地离东莞县治一百至二百余里，不便管理，当地百姓也向刘稳恳请建立新县。于是他奏请分县。朝廷于万历元年（1573年）设县，赐名"新安"，县治设在东莞守御千户所城（今南头古城）。

之后刘稳又多次视察新安县，并作《入新安喜而有感》诗："巡行边海上，此地几经过。县治从新建，人民比旧多。风清无鼓角，夜永有弦歌。睹洛如思禹，应知迹不磨。"诗中描绘了分县之后新安县人民歌舞升平的生活情景。万历二年（1574年）秋，刘稳升南京太仆寺少卿。离别之时，当地官民夹道送行达数千人。

万历三年（1575年）十月，刘稳辞世于南京。他的遗著有《易经折衷》、《山房漫稿》、《二南猺训》、《粤东政纪》、《家训》、《仁山集》等。

五、丘体乾

丘体乾(明代)，字时亨，江西临川人。

举人。万历十四年（1586年）任新安县知县。

丘体乾在任内，为民众办了不少事，如创建学田，作县学之资；修整邑城，勤恳课士，清理丁粮，均衡船役等。

万历十五年（1587年），丘体乾编修《新安县志》。

清康熙《新安县志》收录有丘体乾作的《初修新安志序》。

六、吴大训

吴大训（明代），号涧泉，广西马平人。

新安县首任知县。他将东莞守御千户所城修葺成新安县治。在城内新建知县署、学署（教谕衙、训导衙）、永盈仓、学宫、城隍庙等；在城外建汪刘二公祠、风云雷雨山川坛、邑厉坛、名宦祠、社稷坛等政治、经济、文化设施。今日的南头古城尚保留有这些设施的遗迹或建筑。

清康熙《新安县志》载，吴大训有“开邑之良令”之称。明万历四十三年（1615年）入祀新安县名宦祠。

七、陈文豹

陈文豹（？—1647），字御赤，南头南山村人。

明崇祯初年秀才。清军入关后，陈文豹在家乡组织一支3000人的保境安民的义勇军。清顺治四年（1647年）与张家玉合兵抗清，6月战死。

八、靳文谟

靳文谟（清代），号淇园，直隶大名府开州（今河南省濮阳县）人。

清康熙十二年（1673年）进士。二十六年（1687年）任新安县令。

县城门楼、炮台等因飓风倒塌，靳文谟上任初便捐俸修复。

他组织编修《新安县志》，历时一年完成。

靳文谟在任七年，清正廉洁，断案迅速、准确、公正，百姓折服。属“古之良吏”（见清康熙《新安县志》靳文谟传）。

九、舒懋官

舒懋官（清乾隆至道光年间人），字长德，号荑房，江西靖安县石马人。

乾隆五十七年（1792年）中举人。翌年中进士。初任英德县令，因母病故，辞职回乡，曾在当时著名的婺源书院读书四年。自嘉庆十七年（1812年）起任丰顺和潮阳县令。嘉庆二十年（1815年）、嘉庆二十二年（1817年）两次任新安县令。

嘉庆二十四年（1819年），舒懋官主笔编修《新安县志》，历时三个月完成。全书二十四卷十八万余字。分类详细，取材严谨，史料确切，文字优美。清两广总督阮元认为可与唐代《元和郡县志》媲美。

舒懋官为官清廉。《新安县志》完成后，他倦于宦途，决然引退。史书称他“归里宦囊如洗”。著作集有《道泉山房诗文遗稿》。

十、王寿仁

王寿仁（清代）曾任新安县知县。

在任期间，领导抗击英军侵略。1858年8月3日至11日，他指挥新安县5000军民，英勇抗击40余艘船舰和约3000名英军对南头新安县城的进犯。经过激战，打死英军100多人，其余英军乘船逃跑。

第二节　民国—社会主义建设时期名人

一、张金雄

张金雄（1907—1943），南山区白芒村人。1938年日军侵占香港，他组织本村青年到白芒、乌石岩一带，保护从香港回来的难民。

1941年张金雄参加革命，在新建的白芒税站工作。他的任务是在沙河、西丽、白芒、乌石岩一带流动收税。他和税站的同志一起，收税、收集敌伪情报、肃匪肃特、维护社会治安，宣传动员抗日。由于工作出色，不久被任命为白芒税站站长。1943年春节前，他带领税站同志，伏击日军骑兵队，打死打伤日军数名和几匹战马。

1943年由于土匪告密，他和两位同志被国民党顽军围困在上王里村。为掩护同志突围，壮烈牺牲。

二、陈郁

陈郁（1901—1974），原名陈旭贵，南山区南山村人。

12岁在香港一家机器厂当学徒，后因不满老板虐待工人，愤而辞工。16岁到香港英国海轮“皇后号”当海员，负责该轮的“工余乐社”。

1922年，陈郁积极参加香港海员大罢工。1924年任香港海员总工会主席。

1925年省港大罢工爆发，陈郁执行罢工委员会的命令，率一批工人武装从香港油麻地回到广州海员工会。同年，陈郁加入中国共产党。1926年先后担任中华全国海员工会副主席、主席、党团委员和罢工代表，领导罢工运动。

1927年，陈郁担任中共广东省委常委、职工委员会书记。中共“八七会议”后，陈郁与张太雷、叶挺、叶剑英等策划广州起义，组织工人赤卫队，配合教导团战斗。

1928年初，陈郁往汕头，组织发动武装起义。起义失败后，被迫退往香港，任中共香港市委书记兼香港海员工会主席。7月，任中共广东省委常委兼省委组织部长。他为恢复广东各地党和工会组织做了大量的工作。

1929年春，中共中央派罗章龙到广东与陈郁接头。陈郁召集40多位党的负责干部及活动分子，在香港九龙郊区文庙召开“九龙会议”。他总结广州起义失败的教训，制定迅速恢复广东各地党组织和活动、坚持斗争、克服盲动和切合实际的斗争策略，使广东党的工作有了新的转机。

1930年春，陈郁任广东省委常委、省委职工委员会书记、广州市委书记，并继续兼任中华全国海员工会主席。9月，在中共六届三中全会上，陈郁被补选为党中央委员。年底，在中共六届四中全会上又被选为中央政治局委员。

1931年，陈郁和李维汉等人去莫斯科国际列宁学院中国部学习，陈郁当选为中国部党支部书记。1934年王明、康生趁苏联共产党进行清党、开展反托派斗争之机，给陈郁扣上“右倾机会主义分子”、“反四中全会分子”的帽子。随后，陈郁被送往斯大林拖拉机厂“劳改”。1940年陈郁随周恩来等人回国，来到延安，参加了大生产运动。

1945年中共第七次代表大会上，陈郁当选为中央候补委员。9月，陈郁任辽西省省委副书记兼辽西省职工委员会书记，他领导组织“东北工人武装教导团”，收编伪军、国民党顽军、地方保安队，清匪反奸。

1946年4月，陈郁任长春市委副书记，他领导开办“东北工人政治大学”，亲任校长，创办《东北工人报》培训干部。同年，中共东北局调派陈郁率领工作队到哈尔滨建立背靠苏联的北满革命根据地，以确保佳木斯到图门的铁路畅通。同年冬东北工业委员会成立，陈郁任副主任。

1947年春，陈郁亲自为《鹤岗工人报》写文章，号召工人废除把头制度，提出“工人当家”、“民主改革”等口号，鼓励工人起来斗争。

1948年陈郁任东北人民政府工业部部长，为恢复东北工业生产，特别是恢复鸡西、鹤岗等大型煤矿基地的生产进行了大量的、卓有成效的工作，有力支援了解放战争。

1949年陈郁任燃料工业部部长。1950年陈郁主持召开第一次全国电业会议，彻底改革旧规章制度，制定新的管理制度，仅半年的时间，成绩斐然。

1953年，陈郁担任煤炭部部长。他亲自带领干部制定了中国煤炭工业第一部安全法《煤矿保安规程》。

1956年，在中共第八次代表大会上，陈郁当选为中央委员。

1957年，陈郁任广东省委书记、广东省省长。他深入基层，调查研究。根据广东能源紧缺的情况，首抓煤炭工业和石油勘探。仅1958年，全省就有70多个县发现储煤。他从全国各地引进煤矿技术人员和煤矿管理干部近800人，修建了许多大小煤矿。为了与煤矿配套，又建成水路、公路、铁路运输网。为开发南海石油，他组织勘探队前往雷琼、三水地区和南海、北部湾、西沙等地勘探。

1961年，陈郁任中共中央中南局第三书记兼广东省省长。这一时期，他主持完成了扩建黄埔港、整治珠江航道、在韶关建立粤北工业基地等一大批工程，兴建了广东拖拉机厂、广州化工厂、重型机械厂、人造纤维厂、造船厂、柴油机厂、电厂、珠海造纸厂。

1966年“文化大革命”中，陈郁被夺权。后任广东省革命委员会副主任。中共第九次代表大会、第十次代表大会，陈郁均当选为中央委员。

1974年2月，陈郁得重病，到广州从化治疗。周恩来总理亲自派两位医学专家来抢救。3月陈郁病逝。弥留之际仍挂念广东的石油生产。

三、何湘子

何湘子（1910—1976），南山区沙河人。

他自小从艺，声音甜润，行腔如歌，表演潇洒有神，20世纪40年代时已是闻名省港的小生。他曾在粤剧大家薛觉先的“觉先锋”粤剧团当主要演员，深得薛派艺术要旨。

解放初期，他放弃在香港的优越生活，投身家乡建设。在人民政府的支持下，他出资创建了宝安县第一个专业剧团——万方红剧团。剧团创建初期经济非常困难，何湘子变卖自己的家产，供剧团开支。万方红粤剧团在他的带领下克服困难，坚持为广大人民群众送戏传戏，四次荣获广东省“红旗剧团”的称号。何湘子被选为县政协委员，受到政府和人民的尊敬。“文化大革命”期间，何湘子遭迫害，1976年因病去世。

附　录

一、南山区文物保护单位一览表

1. 省级文物保护单位

序号	保护单位名称	类别	时代	地理位置	公布时间
1	南头古城垣	古建筑	明	南山区	2002.7.17

2. 市级文物保护单位

序号	保护单位名称	类别	时代	地理位置	公布时间
1	信国公文氏祠	古建筑	清	南山区南头古城内	1984.9.6
2	育婴堂	近现代重要史迹及代表性建筑	清末	南山区南头古城内	1984.9.6
3	汪刘二公祠	古建筑	清	南山区南头古城内	1988.7.27
4	解放内伶仃纪念碑	近现代重要史迹及代表性建筑	1950年	南山区中山公园内	1984.9.6
5	陈郁故居	近现代重要史迹及代表性建筑	现代	南山区南园社区	1984.9.6
6	东莞会馆	古建筑	清	南山区南头古城内	1984.9.6
7	赤湾天后宫	古建筑	清	南山区赤湾港海湾	1988.7.27
8	赤湾烟墩	古建筑	清	南山区赤湾港海湾	1988.7.27
9	赤湾左炮台	古建筑	清	南山区赤湾港海湾	1983.5.30
10	宋少帝陵	古墓葬	清	南山区赤湾港海湾	1983.5.30

3. 区级文物保护单位

序号	保护单位名称	类别	时代	地理位置	公布时间
1	屋背岭商时期墓葬群遗址	古遗址	商时期	桃园街道福光社区	2002.2.26

2	鹦哥山新石器时代	古遗址	新石器	南山区中山公园西	2002.2.26
3	叠石山青铜时代山冈遗址	古遗址	青铜时代	西丽街道茶光社区	2002.2.26
4	九祥岭青铜时代山冈遗址	古遗址	青铜时代	西丽九祥岭北面	2002.2.26
5	右炮台	古遗址	清	南山区赤湾海湾	2002.2.26
6	席帽岭宋墓	古墓葬	宋	光前席帽岭南坡	2002.2.26
7	关口玄武古庙	古建筑	宋—清	南头关口正街	2002.2.26
8	南园吴氏宗祠文物保护区	古建筑群	清	南山街道南园社区	2002.2.26
9	解元祠	古建筑	明—清	南山街道南园社区	2002.2.26
10	墩头叶氏宗祠	古建筑	清	南山街道向南社区	2002.2.26
11	南山春牛堂	古建筑	清	南山区大南山北坡	2002.2.26
12	大冲大王古庙	古建筑	清	粤海街道大冲社区	2002.2.26
13	后海天后古庙	古建筑	清	粤海街道后海海湾	2002.2.26
14	南头大板桥	古建筑	清	南山街道向南社区	2002.2.26
15	第一届宝安县委、宝安农民自卫军模范训练班旧址	近现代重要史迹	大革命时期	南头街道大新社区	2002.2.26
16	女祠	古建筑	清	桃园街道塘朗社区	2002.2.26
17	悦富郑公祠	古建筑	清	桃园街道塘朗社区	2002.2.26
18	侵华日军碉堡	近现代重要史迹	抗战时期	南头古城西城外三处，鹦哥山西坡一处	2002.2.26

二、南山区未定保护级别不可移动文物一览表

1. 祠堂

序号	名称	地点	时代	备注
1	吴氏宗祠	南园村	清	三进二开间
2	双州吴公祠	南园村	清末民初	二进三开间

3	大厅祠堂	南园村	清末民初	二进三开间
4	耕陇陈公祠	南山村	清末民初	二进三开间
5	陈氏宗祠	南山村	清末民初	三进三开间
6	陈公祠	南山村	清	二进三开间
7	樊氏宗祠	湾厦村	清	二进三开间
8	杨氏宗祠	福光村	清末民初	二进三开间
9	广旸方公祠平山村	清	二进三开间	
10	西侯方公祠	平山村	清末	二进三开间
11	广显方公氏祠	平山村	清末民初	二进三开间
12	郑氏宗祠	光前村	清	二进三开间
13	信国公文氏祠	中山东街26号	清（1807年）	
14	郑氏宗祠	涌下村	民国	二进三开间 宝安县农民自卫军模范队旧址
15	郑氏宗祠	关口村	清	二进三开间 宝安第一届县委，县农会旧址
16	叶氏宗祠	墩头村	清	二进三开间
17	郑氏宗祠	南山村	明	二进三开间 大部份倒塌
18	郑氏宗祠	向南村	明	历代修葺 二进三开间
19	黄氏宗祠	沁头村西街26号	明	清重修 二进三开间
20	悦富郑宗祠	塘朗村	清	二进三开间
21	女祠	塘朗村	清	二进三开间

2. 炮楼

序号	名称	地点	时代	备注
1	炮楼	长源村村西	清	长方形 五层
2	炮楼	长源村村东	清	方形 五层
3	炮楼	平山村	清	长方形 五层
4	炮楼（得安楼）	珠光村	清	长方形 五层
5	炮楼	福光村	清	长方形 五层
6	炮楼	珠光村村东	清	长方形 四层
7	炮楼	光前村	清	长方形 五层
8	炮楼	湾厦村	清	方形 五层
9	炮楼	南园村	清	方形 五层
10	炮楼（德馨楼）	南园村	清	方形 五层
11	炮楼	南山村西巷213, 214号	民国	方形 五层 后改做商铺
12	炮楼	南园村	民国	方形 五层
13	炮楼	南山村正巷249号	清末	方形 五层 后改做当铺
14	炮楼	塘郎村	清	长方形 五层
15	炮楼	塘郎村	清	长方形 五层
16	炮楼	塘郎村	清	长方形 五层
17	炮楼	塘郎村	清	长方形 五层
18	炮楼	塘郎村	清	长方形 五层
19	炮楼	麻堪村	清	正方形 五层
20	炮楼	麻堪村	清	长方形 六层
21	炮楼	麻堪村	民初	正方形 四层

3. 宫观庙宇

序号	名称	地点	时代	备注
1	春牛堂	南山村	清	一进五开间
2	赤湾天后宫	赤湾村	宋代	现代重建
3	天后古庙	湾厦村	清光绪四年	二进三开间

4	龙母庙	新塘村	清	二进三开间
5	关帝庙	南头古城	明万历四十年	二进五开间
6	大王古庙	大涌村铜鼓路东侧	清	
7	华光古庙	仓前村	清	
8	玄武古庙	关口正街	明	
9	汪刘二公祠	南头古城	清	

4. 传统民居

序号	名称	地点	时代	备注
1	中山南街 77 号	南头古城	清末民初	广府民居
2	中山南街 60 号	南头古城	清末民初	广府民居
3	中山南街 56 号	南头古城	清末民初	广府民居
4	光明街 13 号	南头古城	清末民初	广府民居
5	光明街 15 号	南头古城	清末民初	广府民居
6	光明街 16 号	南头古城	清末民初	广府民居
7	光明街 6 号	南头古城	民国	广府民居
8	光明街北 10 号	南头古城	清末民初	广府民居
9	光明街北 18 号	南头古城	清末民初	广府民居
10	光明街南 2 号	南头古城	民国	广府民居
11	春景街 40 号	南头古城	清末民初	广府民居
12	春景街 42 号	南头古城	清末民初	广府民居
13	朝阳南街 5 号	南头古城	清末民初	广府民居
14	朝阳南街 20 号	南头古城	清末民初	广府民居
15	南园东街 143 号	南园村	清末	广府民居
16	南园东街 144 号	南园村	清末	广府民居
17	南园村正五坊 9 号	南园村	清末	广府民居
18	南园村正四坊 51 号	南园村	清末	广府民居
19	南园村正四坊 52 号	南园村	清末	广府民居
20	南园村正四坊 53 号	南园村	清末	广府民居

21	南园村正四坊 54 号	南园村	清末	广府民居
22	南园村正四坊 59 号	南园村	清末	广府民居
23	南园村正四坊 60 号	南园村	清末	广府民居
24	南园东街 139 号	南园村	清末	广府民居
25	南园东街 140 号	南园村	清末	广府民居
26	南园东街 141 号	南园村	清末	广府民居
27	南园东街 116 号	南园村	清末	广府民居
28	南园东街 117 号	南园村	清末	广府民居
29	南园东街 109 号	南园村	清末	广府民居
30	南园东街 110 号	南园村	清末	广府民居
31	南园东街 105 号	南园村	清末	广府民居
32	南园东街 106 号	南园村	清末	广府民居
33	南园东街 103 号	南园村	清末	广府民居
34	南园东街 104 号	南园村	清末	广府民居
35	南园村正四坊 17 号	南园村	清末	广府民居
36	南园村正四坊 20 号	南园村	清末	广府民居
37	南园村正四坊 21 号	南园村	清末	广府民居
38	南园村正四坊 3 号	南园村	清末	广府民居
39	南园村正四坊 40 号	南园村	清末	广府民居
40	南园村正二坊 33 号	南园村	清末	广府民居
41	南园村正二坊 49 号	南园村	清末	广府民居
42	南园村正二坊 69 号	南园村	清末	广府民居
43	南园村正二坊 61 号	南园村	清末民初	广府民居
44	南园村正二坊 52 号	南园村	清末	广府民居
45	南园村正二坊 55 号	南园村	清末	广府民居
46	南园村正二坊 51 号	南园村	清末民初	广府民居
47	南园村正二坊 32 号	南园村	清末民初	广府民居
48	南园村正三坊 79 号	南园村	民国	广府民居
49	南园村正三坊 80 号	南园村	民国	广府民居

50	南园村正三坊77号	南园村	清末	广府民居
51	南园村正三坊1号	南园村	民国	广府民居
52	南园村正三坊12号	南园村	清末	广府民居
53	南园村正三坊13号	南园村	清末	广府民居
54	南园村正三坊58号	南园村	清末	广府民居
55	南园村正三坊64号	南园村	清末	广府民居
56	南园村正三坊65号	南园村	清末	广府民居
57	南园村正三坊54号	南园村	清末	广府民居
58	南园村正三坊55号	南园村	清末	广府民居
59	南园村正三坊56号	南园村	清末	广府民居
60	南园村正三坊47号	南园村	清末	广府民居
61	南园村正三坊48号	南园村	清末	广府民居
62	南园村正三坊33号	南园村	清末	广府民居
63	南园东街71号	南园村	清末	广府民居
64	南园东街72号	南园村	清末	广府民居
65	南园东街89号	南园村	清末	广府民居
66	南园东街164号	南园村	清末民初	广府民居
67	南园东街165号	南园村	清末民初	广府民居
68	南园东街166号	南园村	清末民初	广府民居
69	南园东街153号	南园村	清末	广府民居
70	南园村正五坊18号	南园村	清末民初	广府民居
71	南园村正五坊24号	南园村	清末	广府民居
72	南园村正五坊23号	南园村	清末民初	广府民居
73	南园村正五坊1号	南园村	清末民初	广府民居
74	南园村正五坊11号	南园村	清末民初	广府民居
75	南园村正五坊18号	南园村	清末	广府民居
76	南园村正五坊20号	南园村	清末民初	广府民居
77	南园村正五坊21号	南园村	清末民初	广府民居
78	南园村正街12号	南园村	清末民初	广府民居

79	南园村正街 14 号	南园村	民国	广府民居
80	南园村正街 15 号	南园村	民国	广府民居
81	南园村正街 25 号	南园村	清末民初	广府民居
82	南园村正街 26 号	南园村	民国	广府民居
83	南园村正街 36 号	南园村	民国	广府民居
84	南园村正街 40 号	南园村	清末	广府民居
85	南园村正街 61 号	南园村	民国	广府民居
86	南园村正街 72 号	南园村	清末民初	广府民居
87	南园村正街 73 号	南园村	清末民初	广府民居
88	南园村西四坊 13 号	南园村	清末	广府民居
89	南园村西四坊 14 号	南园村	清末	广府民居
90	南园村西四坊 15 号	南园村	清末	广府民居
91	南园村西四坊 16 号	南园村	清末	广府民居
92	南园村西四坊 17 号	南园村	清末	广府民居
93	南园村西四坊 18 号	南园村	清末	广府民居
94	南园村西四坊 19 号	南园村	清末	广府民居
95	平山村 1 号	平山村	清末	广府民居
96	平山村 3 号	平山村	清末	广府民居
97	平山村 65 号	平山村	清末	广府民居
98	平山村 25 号	平山村	清末	广府民居
99	平山村 26 号	平山村	清末	广府民居
100	平山村 27 号	平山村	清	广府民居
101	平山村 53 号	平山村	清末民初	广府民居
102	南山村西巷 86 号	平山村	清末民初	广府民居
103	南山村西巷 87 号	平山村	清末民初	广府民居
104	南山村西巷 90 号	平山村	清末民初	广府民居
105	南山村西巷 103 号	平山村	清末	广府民居
106	南山村西巷 104 号	平山村	清末	广府民居
107	南山村西巷 105 号	平山村	清末	广府民居

108	南山村西巷 101 号	平山村	清末民初	广府民居
109	南山村西巷 102 号	平山村	清末民初	广府民居
110	南山村西巷 98 号	平山村	清末民初	广府民居
111	南山村西巷 99 号	平山村	清末民初	广府民居
112	南山村正巷 254 号	平山村	清末民初	广府民居
113	南山村正巷 255 号	平山村	清末民初	广府民居
114	南山村正巷 256 号	平山村	清末民初	广府民居
115	南山村正巷 258 号	平山村	清末民初	广府民居
116	南山村 144 号	平山村	清末民初	广府民居
117	南山村 145 号	平山村	清末民初	广府民居
118	南山村 146 号	平山村	清末民初	广府民居
119	南山村 147 号	平山村	清末民初	广府民居
120	南山村 148 号	平山村	清末民初	广府民居
121	塘郎村 1—183 号	塘郎村	清	183 处广府民居现已拆毁 80%
122	麻堪老村 1—94 号	麻堪村	清末民初	94 处客家与广府混合式民居保存基本完好

5. 古城、炮台、烟墩

序号	名称	地点	时代	备注
1	南头古城	南头村	明洪武二十七年	破坏严重
2	左炮台	赤湾村	清	保存较好
3	右炮台	赤湾村	清	现已无存
4	烟墩	赤湾村	清	保存较好

6. 书室（学校）

序号	名称	地点	时代	备注
1	云霖书室	平山村	清末	二进三开间

2	南园小学	南园村西街31号	民国	三层楼
3	逢源书室	向南村一坊24号	民国（1923年）	二层 二进三开间

7. 教堂、会馆、桥梁

序号	名称	地点	时代	备注
1	育婴堂	南头村	民国（1913年）	天主教堂
2	天主教堂	麻堪村	民国	残垣断壁
3	东莞会馆	南头村	清（1868年）	现代重修
4	大板桥	墩头村	清	单孔石拱桥

8. 海关建筑

序号	名称	地点	时代	备注
1	内伶仃岛海关建筑	内伶仃岛	清	四处（办公 礼堂 宿舍 厨房）
2	大铲岛海关建筑	大铲岛	清	办公室

9. 古井

序号	名称	地点	时代	备注
1	华兴街大井	仓前村华兴古庙	清	圆形 砖砌
2	显宁东街井	南头城兴明北街	明	圆形 石砌
3	观音阁井	南头城春景街4号	明	圆形 石砌
4	关帝庙井	南头古城	明	圆形 石砌
5	品芳井	南头古城	明	圆形 石砌
6	斋堂井	南头古城	明	圆形 石砌
7	北门井	南头古城北面	明	圆形 石砌
8	九架梯井	南头古城外北山	明	圆形 石砌
9	古井	南山村西巷101号	清末民初	圆形 砖砌

10. 街门

序号	名称	地点	时代	备注
1	南园正街南门	南园村	清末	青砖砌 保存较好
2	南园正街北门	南园村	清末民初	青砖砌 保存较好
3	南头古城北门	南头村	明代	现已剩基础
4	南头古城南门	南头村	明代	保存较好
5	朝阳北街门	南头村	民初	方形 青砖砌

11. 日军碉堡

序号	名称	地点	时代	备注
1	日军碉堡	后海村	抗日战争时期	
2	日军碉堡	南头古城	抗日战争时期	三处

三、南山区馆藏文物珍品一览表

序号	名称	时代	级别	质地	规格（厘米）	收藏单位	备注
1	大口尊			陶瓷	高 23.5 腹围 18 口径 21 底径 16.5	南头古城博物馆	
2	陶钵			陶瓷	高 12 口径 19.1	南头古城博物馆	
3	带流罐			陶瓷	高 10.5 腹围 14 口径 10.9	南头古城博物馆	
4	带流罐			陶瓷	高 13 腹围 16.2 口径 13.2	南头古城博物馆	
5	石矛			陶瓷	长 13.3 宽 2.4	南头古城博物馆	
6	四孔罐			陶瓷	高 4.31 腹围 7.6 口径 5 底径 6.19	南头古城博物馆	
7	墓碑			陶瓷	长 72.5 宽 51.5 高 9.3	南头古城博物馆	
8	陶盘			陶瓷	口径 13.3 底径 6	南头古城博物馆	

9	陶碗			陶瓷	高 6.2 口径 16.6 底径 6.2	南头古城博物馆	
10	陶罐			陶瓷	高 15.2 腹围 15.5 口径 11.8 底径 6.3	南头古城博物馆	
11	陶罐			陶瓷	高 14.8 腹围 15.1 口径 11.4 底径 5.9	南头古城博物馆	
12	陶罐			陶瓷	高 15 腹围 15 口径 11.4 底径 6	南头古城博物馆	
13	陶罐			陶瓷	高 15 腹围 15 口径 11.1 底径 7	南头古城博物馆	
14	陶罐			陶瓷	高 14.8 腹围 15 口径 11.6 底径 6.3	南头古城博物馆	
15	高足杯			陶瓷	口径 11.9 底径 4.7	南头古城博物馆	
16	高足杯			陶瓷	口径 11.8 底径 4.6	南头古城博物馆	
17	木雕像			木雕	长 22.9 宽 10.2	南头古城博物馆	
18	木雕像			木雕	长 23.4 宽 9.5	南头古城博物馆	
19	提梁壶			陶瓷	高 23 腹围 15.7 口径 8.5 底径 11	南头古城博物馆	
20	陶尊			陶瓷	高 18.8 腹围 16.1 口径 8 底径 9.4	南头古城博物馆	
21	陶罐			陶瓷	高 13.6 腹围 17.5 口径 15.2	南头古城博物馆	
22	陶豆			陶瓷	高 26 腹围 9 口径 23.7 底径 18.6	南头古城博物馆	
23	陶钵			陶瓷	高 7.5 口径 10.2	南头古城博物馆	
24	陶钵			陶瓷	高 7 口径 15	南头古城博物馆	
25	陶罐			陶瓷	高 25 腹围 29.5 口径 20.7	南头古城博物馆	

26	陶罐			陶瓷	高 14.5 腹围 15.5 口径 9.5	南头古城博物馆	
27	双复豆			陶瓷	高 28 腹围 11 口径 25 底径 21.5	南头古城博物馆	
28	陶罐			陶瓷	高 23 腹 围 26 口径 16	南头古城博物馆	
29	陶豆			陶瓷	高 27.58 腹围 10 口径 22.4 底径 18.8	南头古城博物馆	
30	陶罐			陶瓷	高 24 腹围 27.5 口径 22	南头古城博物馆	
31	带把壶			陶瓷	高 16 腹围 15.5 口径 14.6	南头古城博物馆	
32	陶罐			陶瓷	高 21.5 腹围 25.5 口径 21.5	南头古城博物馆	
33	陶豆			陶瓷	高 14.5 腹围 5.6 口径 16.5 底径 9.8	南头古城博物馆	
34	陶罐			陶瓷	高 19.5 腹围 26 口径 21.2	南头古城博物馆	
35	陶碗			陶瓷	高 9 口径 24.2 底径 12	南头古城博物馆	
36	陶豆			陶瓷	高 25.5 腹围 8.7 口径 25.4 底径 17.5	南头古城博物馆	
37	陶豆			陶瓷	高 27.5 腹围 9 口径 22.8 底径 18	南头古城博物馆	
38	陶尊			陶瓷	高 14 腹围 16.2 口径 26.4	南头古城博物馆	

39	陶碗			陶瓷	高 9.5 口径 23.4 底径 14.5	南头古城博物馆	
40	陶碗			陶瓷	高 8 口径 23.5 底径 13.5	南头古城博物馆	
41	陶罐			陶瓷	高 11 腹围 14 口径 11.9	南头古城博物馆	
42	陶罐			陶瓷	高 15.3 腹围 16.5 口径 15.7	南头古城博物馆	
43	陶罐			陶瓷	高 14.3 腹围 16.5 口径 14.2	南头古城博物馆	
44	陶罐			陶瓷	高 10.5 腹围 13 口径 11.1	南头古城博物馆	
45	陶罐			陶瓷	高 11.3 腹围 14 口径 12.6	南头古城博物馆	
46	玉玦			玉器	高 0.8 底径 3.5	南头古城博物馆	
47	玉玦			玉器	高 0.8 底径 4	南头古城博物馆	
48	石锛			石器	长 9.9 宽 4.8 高 2.2	南头古城博物馆	
49	铜斧			青铜器	长 9.2 宽 4 高 2.1	南头古城博物馆	
50	铜矛			青铜器	长 16.7 宽 2.1	南头古城博物馆	
51	石斧			石器	长 5.8 宽 5.2 高 1.3	南头古城博物馆	
52	陶罐			陶瓷	高 11.3 腹围 15.5 口径 7.2 底径 5.3	南头古城博物馆	

四、南山区爱国主义教育基地一览表

序号	名称	地址	备注
1	南头古城博物馆	南山区南头较场 2 号（518052）	深圳市爱国主义教育基地

五、南山区历史文献、地图一览表

序号	名称	时代	编著者或出处	备注
1	《东莞县志》	明代	卢祥	天顺八年（1464年）
2	《新安县志》	清代	靳文谟	康熙二十七年（1688年）
3	《新安县志》	清代	舒懋官	嘉庆二十四年（1819年）

六、南山区历史名人一览表

序号	姓名	籍贯	生卒年	备注
1	文天祥	江西庐陵富田乡（今江西吉安县富田乡）	1236—1283	
2	汪鋐	徽州婺源大畈（今江西婺源县大畈乡）	1466—1536	
3	李茂材	山西太原府阳曲县	？—1567	
4	刘稳	湖广酃县（今湖南省酃县）人	1518—1575	
5	丘体乾	江西临川人	明代	
6	吴大训	广西马平人	明代	
7	张家玉	广东省东莞市万家租	1615—1647	
8	陈文豹	深圳南头南山村	？—1647	
9	靳文谟	直隶大名府开州（今河南省濮阳县）	清代	
10	舒懋官	江西靖安县石马乡	清代	乾隆至道光年间
11	王寿仁	清代	新安县知县	
12	张金雄	深圳市南山区白芒村	1907—1943	
13	陈郁	深圳市南山区南山村	1901—1974	
14	何湘子	深圳市南山区沙河	1910—1976	

七、南山区博物馆、纪念馆一览表

序号	名称	地址、邮政编码	电话、传真	开放时间
1	天后博物馆	南山区赤湾村（518068）	0755—26853219	9:00—17:30
2	陈郁故居	南山区南头陈屋村（518083）	0755—26542410	9:00—17:30
3	南头古城博物馆	南山区南头较场2号（518052）	0755—26504300	9:00—17:30
4	招商局历史博物馆	南山区蛇口	0755—26887003	9:00—17:30

八、南山区文物古迹分布图

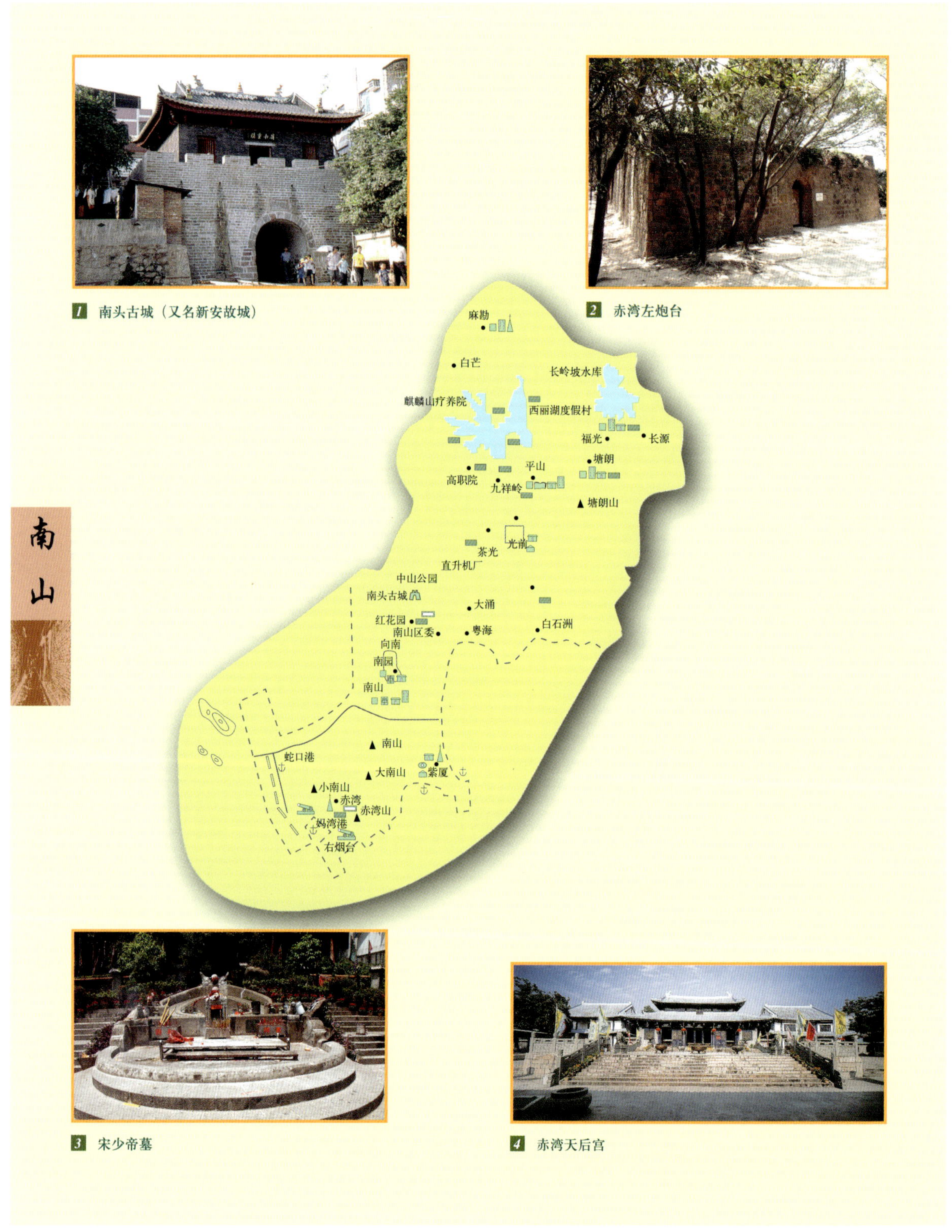

编 后 记

古代南山，作为东晋时期东官郡郡治和宝安县治，以及明清至民国时期新安县（宝安县）县治所在地，曾是深港地区政治、军事、经济、文化的中心，所以保留了较多的文物古迹。由于南山区文物工作开展的比较早，因此文物资料较详细，文物成果也较多。

本部分通过对历年来南山区物质文化和非物质文化遗产普查资料的整理和研究，系统地记述南山区文物资源、非物质文化遗产。

本部分的编写，主要由吴曾德、周军、黄崇岳同志完成。黎乔筑同志提供非物质文化遗产的材料。南山区文化局、文管办给予了大力支持，刘iP同志参加概述的编撰。伍扬、刘iP同志负责馆藏文物的撰稿，并提供文物照片。陈宁、张伟同志绘制南山区文物分布图。陈宁同志负责编写的技术工作。

叁　福田区历史文化资源

综 述

福田区成立于1990年10月，辖园岭、南园、福田、华富、沙头、梅林、香蜜湖、莲花8个街道办事处。

至2004年底，福田区的各级文物保护单位共有15处。其中：省级文物保护单位1处、市级文物保护单位2处、区级文物保护单位12处。

福田区有村级博物馆3座，分别是皇岗博物馆、下沙博物馆和水围奇石博物馆。皇岗博物馆反映了岗村庄姓的由来、迁徙史、解放以来和该村改革开放发展史。下沙博物馆系统追溯黄氏家族八百多年历史和改革开放成就及未来发展趋势。水围奇石博物馆位于水围村文化广场，是开展奇石鉴赏、研究和陶冶情操的好去处。

福田区现存的非物质文化遗产项目，主要有民间文学，民间手工技艺，生产商贸习俗，消费习俗，人生礼俗，民间信仰，游艺、传统体育与竞技和文化空间八类：

民间文学遗产十分丰富，包含民间故事、歌谣和弹词三种。民间故事有《乌鸦传话雪冤》等9篇。内容大多是反映历史上福田地区人民群众的生活状况。如《鸡公拜堂》，就讲述了明清时期一些青壮年被当作猪仔卖到南洋去的悲惨遭遇。民间歌谣主要是《哭嫁歌》和《老人歌》。弹词有《古歌六首》。

民间手工技艺种类繁多，有竹编、草编、丝织、刺绣、食品加工和生产工具的制造等。有代表性的是围裙带、凉帽带的编织技艺。

福田区内原15个村大多以农业生产为主，其中较有特色的生产商贸习俗有下沙、石厦的养蚝生产习俗；沙嘴、沙尾、渔农村的渔业生产习俗和下梅林荔枝栽培生产习俗。

消费习俗主要是大盆菜宴习俗和糕点制作。

礼俗以上沙、福田两村为代表。两村的先民在长期的生活和迁徙中兼收并蓄，形成了从诞生、命名、满月、点灯、婚嫁直至去世的独特而完整的人生礼俗。

游艺、传统体育与竞技类遗产有龙舟赛、抢花炮、打醮等习俗。

第一章　福田区概况

第一节　地理环境

福田区位于深圳经济特区中部，是深圳市的中心城区，东起红岭路与罗湖区相连，西至沙河华侨城与南山区相接，南邻香港，与香港新界的马草龙、落马洲、米埔、元朗仅一水之隔，北靠笔架山与宝安区龙华镇交界，总面积78.8平方公里。主要由24平方公里的中心城区和深南大道两侧带状经济开发区域及部分丘陵、山地、海滩组成。

福田东西两侧群山绵延，东侧山势南高北低，西侧山势北高南低，中部丘陵起伏，山地占总面积的80%，其基本地形概念是“七山一水二分田”。境内海拔最高点四角尖953.4米，最低点桥北头99.5米，平均海拔高度为400米左右。境内主要山脉为莲花山，海拔532米。

主要河流有深圳河、新洲河和福田河。

气候属南亚热带海洋性季风气候。光照充足，雨量丰富，夏长冬暖，温和湿润，植物四季长青。年平均气温22.2℃，1月平均气温1℃，7月平均气温28.2℃。年最高气温38.7℃，最低气温0.2℃。年均日照时数为2134小时。无霜期长355天以上。年均降水量1926毫米，常年盛行东南风。

梅林片区西、北两边均依托植被保护极好的自然山体，是整个福田区域少有的三个拥有突出自然资源的区域(另外两个是香蜜湖和红树林—滨海)，是福田区唯一拥有山体景观资源的区域。红树林自然保护区面积367.64公顷，有70公顷天然红树林，22种红树植物，189种鸟类，其中23种国家保护的珍稀濒危鸟类。保护区目前已有观鸟亭（约2公顷）和小沙河口生态公园（约19顷）。

第二节　历史沿革

“福田”一名的由来有两说：一说源于宋代所题“湖山拥福，田地生辉”一词；另一说源于南宋光宗皇帝赵惇绍熙三年（1192年），史书记载上沙村始祖黄金堂四子黄西为到松子岭南麓村建村，开荒造田，块块成格，故名为“幅田”，后人谐音为“德福于田”。

福田区历史悠久。1984年曾在沙嘴村发现春秋时期的沙丘遗址。明代福田隶属于新安县归城乡云都。清时属新安县官司富司辖地。民国至解放初期，福田地域属宝安县第二区沙头乡。此后，隶属关系及名称多有变化。

深圳特区建立之前，福田地域属宝安县福田公社。特区建立后，历经罗湖区福田办事处、上步办事处、上步管理区的变迁。直到1990年经国务院正式批准，成为深圳市的一个辖区。

第二章　不可移动文物资源

第一节　各级文物保护单位

一、广东省文物保护单位

黄默堂墓葬

黄默堂墓葬

位于福田区莲花山西北坡。

建于南宋淳祐八年（1248年），从未进行过重修，现仍保存始建时原貌。

莲花山海拔94.4米，主脉蜿蜒而至黄默堂墓后。黄默堂墓海拔31.2米，左有青龙山、右有白虎山两个小山岗拱护，墓前原有小溪聚水而形成池塘，当地人称莲花池。

墓上建筑呈半圆弧形。宽3.6、残深2.9、残高2.3米。墓拜堂部分已塌毁，花岗岩石已严重风化。

墓碑嵌于六边形墓塔的正面，墓塔上部已毁，残高45、宽22厘米。墓碑上刻“默堂黄居士塔。公以顿悟，得大坚固，留颂西归，寿六旬五。淳祐戊申，书云晦日，敕岭之阳，卜云其吉。奉塔五子：中行、中锐、中建、中立、中通，迁志。”碑文所署“淳祐戊申”，即南宋理宗淳祐八年（1248年），此年应是墓主下葬的年代。墓祭台为石作须弥座。其墓塔和须弥座形制有唐代遗风，且融民俗文化与佛教文化于一体。墓前及北侧还有其明代裔孙黄菊坡、黄观礼等墓。

1998年8月，被深圳市人民政府公布为市级文物保护单位。

2002年7月，被广东省人民政府公布为省级文物保护单位。

二、深圳市文物保护单位

1. 深圳革命烈士纪念碑

位于福田区北环路婆岭。

原是宝安县革命烈士纪念碑。1983年8月，根据深圳市城市总体规划的要求，经深圳市人民政府批准，将原坐落在蔡屋围人民广场的宝安县革命烈士纪念碑迁建于现址，并更名为深圳市革命烈士纪念碑。

深圳市革命烈士纪念碑是为了褒扬和纪念在深圳牺牲的革命先烈而建造的。纪念碑占地面积4.5万平方米，1987年4月完成首期工程，建有主碑、芳名亭、道路、停车场以及园林绿化等。1997年扩建了陈列室、办公室等设施。

1988年4月，被广东人民政府确定为省级重点烈士纪念建筑物保护单位。

1988年10月，被深圳市人民政府公布为市级文物保护单位。

1995年2月，被深圳市委、市政府公布为市级爱国主义教育基地。1995年10月，经广东省人民政府批准，深圳革命烈士纪念碑改建为深圳革命烈士陵园。

深圳革命烈士纪念碑由深圳革命烈士纪念碑管理所实施管理和保护。

2. 黄思铭公世祠

位于福田区下沙社区。

始建于明代。经历代维修，现存建筑主要为清代风格。1995年重修。

该建筑为三开间三进布局。宽14米，进深43米，建筑面积602平方米。包括前堂、左右廊庑、中堂、后堂等。该建筑还保留了不少木刻、石雕、砖雕、壁画、灰塑等艺术构件。

另有附属建筑陈杨侯庙，也是一座三开间两进带中亭的庙宇式建筑。

1998年7月，被深圳市人民政府公布为市级文物保护单位。

三、福田区文物保护单位

1. 杨侯宫

位于福田区沙头街道石厦社区。

现存建筑风格为清代。

该建筑为三开间两进布局。面阔8.9米，进深14.8米，面积约132平方米。

前殿面阔三间，进深三间。平面呈“凹”字形。出前廊，前檐用方形花岗岩石柱，二檐柱间无石枋相联，覆斗形石础。明间辟门，内有四抹格扇屏风门，盘龙柱，门扉上浅浮雕山水花草和杨家将戏剧故事。而次间则用月梁式石枋联系，枋上置雕花石墩。抬梁式构架，驼墩、梁头、雀替、瓜柱均有雕饰，其内容有戏剧故事、龙首、莲花、云纹、花草等。黄琉璃瓦屋顶。正脊饰二龙戏珠。垂脊饰走兽。尖山式硬山。

后殿情况同前殿。明间后部设神龛，供祭杨六郎像。

2001年10月被公布为区级文物保护单位。

2. 赵氏宗祠

位于福田区沙头街道石厦社区北。

始建于清光绪八年。1996年重修。

方向为北偏西19°。为三开间两进一天井的建筑结构。面阔10.5米，进深18米。

建筑物包括院门、前堂、正堂和两廊。

2001年10月被公布为区级文物保护单位。

3. 石厦碉楼

位于沙头街道石厦社区中心。

建于民国初年。

高16.5米，面阔4.9米，进深4.6米。占地面积22平方米。

坐南朝北。土木结构。四周外墙用三合土版筑而成。楼高五层，每层有木楼梯相通。各层皆在四周外墙设兼有通气和采光作用的射击孔。顶层有凸出墙面的“燕子窝”防卫设施。

该建筑是清末民初时期深圳地区社会面貌的见证，具有一定的历史价值。

2001年10月被公布为区级文物保护单位。

4. 潘氏宗祠

位于福田区沙头街道石厦社区南。

创建于清。

建筑物向南偏东13°。为三开间两进一天井的建筑结构。面阔10.3米，进深19.6米。

建筑物包括院门、前堂、正堂和两廊。前堂大门额书“潘氏宗祠”。门联曰：“派衍荥阳木本水源宗德报功绵祖泽，支分石厦地灵人杰经文纬武振家声。”祠内为抬梁式梁架。正堂名“以德堂”。1990年重修，将墙体易以石，顶盖琉璃瓦。

潘氏宗祠，是石厦立村的历史见证。

2001年10月被公布为区级文物保护单位。

5. 怀德黄公祠

位于福田区沙头街道上沙社区。

怀德黄公祠始建年代待考。该祠历代皆有修葺，现存建筑为清代风格，但祠内保存有明代的柱础和部分条石地面。

祠堂号“昭明堂”，名“怀德黄公祠”，是上沙社区黄氏为纪念南宋二世祖黄昭孙、三世祖黄怀德而创建的。黄怀德生于宋乾道八年（1172），卒于宋淳祐元年（1241）。

该建筑坐北朝南，砖木结构，三间三进两天井布置，面阔12.9米，进深33.8米，占地面积481平方米。

建筑物包括前堂、中堂、前廊、后廊和后堂。大门石匾额书“怀德黄公祠”，上下联为“参山世泽，椰树家声”。解放后，该祠曾为沙头小学、公社饭堂、糖厂、酒厂、辗米厂、粮仓旧址，1991年秋由上沙社区华侨及港澳同胞捐资重修。

2001年10月被公布为区级文物保护单位。

6. 上沙天后宫

位于怀德黄公祠侧旁。

始建于明代，后代多次维修。现存建筑为清代风格。

建筑方向坐北朝南。三开间二进一天井布置。总面阔12.30米，通进深13.7米，面积208平方米。

主体为砖木结构。四周墙体用青砖砌筑。室内为抬梁式木结构梁架。梁枋上有精美的木雕构件。部分构件用花岗石制作。屋面为辘筒灰瓦，博古屋脊。正脊和两侧山墙博风上有灰塑动、植物图案，风格秀丽。

上沙天后宫是我市现存最早的传统建筑之一，小巧玲珑，构图精美，工艺精湛。

2001年10月被公布为区级文物保护单位。

7. 简氏宗祠

位于福田区沙头街道新洲社区。

建于清乾隆年间，现存建筑为清代早期风格。

坐东北朝西南（南偏西20度）。三开间三进两天井布置，天井两侧为畅廊。总面阔12.65米，通进深32.05米，占地面积405.4平方米。

主体为砖木结构。四周墙体用青砖砌筑。室内为抬梁式木结构梁架，部分梁枋上有精美的木雕构件。主要承重柱子和外檐枋用花岗石制作，部分石作构件有石雕。屋面为辘筒灰瓦，檐口用绿琉璃瓦镶边。船形屋脊，正脊上有灰塑动植物图案。

简氏宗祠在建筑平面、空间处理，以及用材制度等营造做法上，有明代遗风。有构筑精美的木雕、石雕和灰塑构件等，具有较高的艺术价值。

2001年10月被公布为区级文物保护单位。

8. 黄公祠

位于福田区梅林街道上梅林祠堂社区。

始建于明代，现代重修。

面阔13米，进深32.8米，占地426平方米。日寇入侵曾驻扎于此。1945年为宝三区联乡办事处。

2001年10月被公布为区级文物保护单位。

9. 龙母宫

位于黄公祠侧。

建于明代。清乾隆年间重修。现存建筑外观为清代风格，内部石作结构和布局仍为明代。

坐东北朝西南，三开间二进带中亭阁。面阔7.42米，进深16米，面积119平方米。

主体为砖木结构。四周墙体用青砖砌筑。室内抬梁式木结构梁架。主要承重柱子和部分额枋用花岗石制作，结构简单。屋面为辘筒灰瓦，博古屋脊，正脊上有灰塑动、植物图案。整体风格朴实，风貌古朴。

龙母崇拜是古越族和南下汉族移民之间民族和文化融合的历史见证。同时，该建筑又是深圳地区目前所发现的唯一一座龙母宫，对于研究深圳地区的民族史、移民史和文化发展史有着重要的价值。

2001年10月被公布为区级文物保护单位。

10. 郑氏宗祠

位于福田区梅林街道下梅林社区。

始建于明代，现存建筑为清代早期风格。

建筑方向坐西朝东。三开间二进中天井布置。天井两侧为卷棚式畅廊。总面阔10.66米，通进深19.20米，占地面积约205平方米。

主体为砖木结构。四周墙体用青砖砌筑。室内为抬梁式木结构梁架，部分梁枋上有精美的木雕构件。主要承重柱子和外檐额枋用花岗石制作，部分石作构件有石雕。屋面原为辘筒灰瓦，近年维修时在其上加琉璃瓦一层。船形屋脊，正脊上有灰塑动植物图案。郑氏宗祠在建筑平面和空间的处理，以及用材制度等营造做法上，有明代遗风。尚存部分明代石作结构和构件。

2001 年 10 月被公布为区级文物保护单位。

11. 潘英吾夫妇墓

位于福田区香蜜湖西侧的圆头岭（今深圳市农科中心院后）山坡上。是宝安潘氏十世祖潘英吾与原配杨氏的夫妇合葬墓。

明嘉靖年间，潘英吾从福永怀德社区迁居石厦，是为福田石厦社区开基始祖，距今已有四百多年历史，其迁徙历史载于《石厦潘氏族谱》。

该墓坐北向南。地上建筑宽 5 米，深 9 米。据族谱和墓碑记载，清光绪十五年（1889 年）曾经重修。根据《石厦潘氏族谱》和清光绪十五年墓碑记载，明潘氏十世祖潘英吾与原配杨氏的夫妇合葬墓是明代晚期原葬墓。是潘氏族人开发福田石厦社区的历史见证，是研究深圳地区的移民生息、人口繁衍、社会历史、民情风俗等重要的文物古迹。

2001 年 10 月被公布为区级文物保护单位。

12. 龙秋井

位于福田区水围龙秋社区中，西面 50 米处有两棵古榕。

龙秋井是明初庄氏四世祖蒙斋、五世祖庄润父子立村时所掘，后经多次修葺，现存建筑为清代遗存。

井口用粗石板砌成六边形，边长 0.65 米。圆形井身，直径 1.5 米。井壁用青砖砌筑，砌法为一丁一横。井深 2.16 米。龙秋井历史悠久，是明初水围、皇岗庄氏先人开发立村的历史见证，也是港澳同胞、海外侨胞回乡寻根问祖的古迹之一，具有一定的历史和文物价值。该井原地处海边，周围是盐碱之地，后发展成村庄，今为城市的一部分，故又是深圳沧海桑田的历史见证。该井自古至今水质清甜，不受污染，而周围水质皆咸苦，这对研究古代水井选址以及该地地质水文和环境变化均有一定的科学参考价值。

2003 年 4 月被公布为区级文物保护单位。

13. 庄琼英夫妇合葬墓

位于福田区莲花山深凹中。

墓葬坐西南朝东北布置，平面呈团椅状。

墓葬地面建筑面阔8米，进深10米，包括墓葬东角的“奉天诰命”神位和北角的“后土龙神”神位，占地面积约100平方米。

地面上的护墓墙及冥堂、拜台、祭台等皆用三合土夯筑。墓碑用青石板凿制，碑框用花岗岩条石雕凿，墓框上雕有“祥云捧日”纹饰。

据墓碑记载：该墓建于清光绪六年（1880年）十一月，由罗浮山华首台方丈吾置地师择地定针。墓地地形为“祥云捧日”。墓主庄琼英曾“例授登仕郎貤赠儒林郎”，是皇岗庄氏十六世祖，其妻张氏是诰命夫人，曾获皇封“赠六品安人”。

庄琼英夫妇合葬墓是清代末年原葬墓，自建成以后未经修缮扰动，保存了原葬墓的真实面貌，有一定的文物价值。墓葬规模较大，形制齐全，墓墙高大（高1.76米），为深圳地区所少见，对于研究晚清时期深圳地区的社会历史、民情风俗和墓葬制度具有一定价值。

2003年4月被公布为区级文物保护单位。

14. 庄桢万墓

位于福田区莲花山半山坡上。

墓主庄桢万卒于清雍正年间，现墓葬为清光绪年间重修。平面布局与外观式样均保持清代原貌。

墓葬由拜堂、拜台、祭台、墓堂和左右后土神位组成，规模较大。墓墙用青砖砌筑，其中墓堂部分砌成席纹状，其余为平砖铺砌。地面和墓墙压顶均为灰沙三合土。墓碑用青石板制作，墓框亦为灰沙三合土，框楣上灰塑书卷纹饰。现碑文字迹已模糊不清，勉强能辩识墓主是庄氏十六世祖以及“清光绪十……重修”等字。

墓堂部分还保留了清代早期做法，融清代早、中、晚期建筑风格于一体。装饰手法较为独特，并保留了完整的墓葬形制。对于研究清代墓葬地面建筑形制的发展演变具有一定的价值。该墓是特区内保存规模较大，且较为完整的清代墓葬之一，自清光绪年间重修后，未经后代扰动，具有一定的历史价值。

2004年5月被公布为区级文物保护单位。

15. 郑韩氏、郑蔡氏墓

位于福田区莲花山西北山坡上。

该墓为梅林社区郑氏家族第十四世祖郑忠妻韩氏与第十六世祖郑侨佐妻蔡氏(即祖母与孙媳)的合葬墓。始葬时间待考。现存墓葬由第十八世孙在清道光二年(1822)重修，整体格局和形制保持了清代原貌。

墓葬坐北朝南，依山而建。平面呈半圆形。墓墙和半圆形护墙均用花麻石砌筑。整体形制比较独特。

原墓碑在20世纪60年代被毁，现大理石墓碑系1988年重修时所立。墓葬北面东西两侧的后土神位也在重修时加上了水泥抹面。

墓葬形制和结构用材等在深圳地区比较少见，反映了深圳地区清代墓葬制度和民情风俗，具有一定的文物价值。郑氏家族是深圳特区内的早期移民，该墓对于研究深圳地区明清移民开发史具有一定的价值。后代重修时对于墓碑和后土神位的修复处理，局部改变了文物原貌。

2004年5月被公布为区级文物保护单位。

16. 何华益墓

位于福田区下梅林水库南山坳上。该墓葬原位于现北环大道上，因修路，于1994年迁至现址，为当代墓葬。

墓主何华益是下梅林郑氏家族第二十三世祖夫人，生于民国时期，于20世纪60年代去世。何华益女士一生支持革命事业，抗战时期，曾将其经营的鸿安旅馆作为叶挺将军的办公地点，以及东江纵队宝安大队的联络点和革命志士接待站，支持抗日游击队的革命斗争，并支持儿子郑福荣加入东江纵队参加抗日工作。解放以后，为支持政府经济建设，又将鸿安旅馆低价卖给政府作为深圳邮电局使用，所得卖房资金2700万元(旧币，折合人民币2700元)全部赠送给梅林村作为农业建设资金。

何华益女士的生平事迹为研究深圳地区的抗日斗争史提供了可贵的资料，是进行爱国主义教育的好教材。何华益女士创建的鸿安旅馆，作为叶挺将军的东江抗日游击队指挥部旧址，于1983年被深圳市人民政府公布为市级文物保护单位。

2004年5月被公布为区级文物保护单位。

第二节　地上文物资源

一、宫观

祠堂村龙母宫

位于福田区梅林街道上梅林祠堂村2号。参见区级文保单位。

二、宗祠

皇岗庄氏宗祠

位于福田区福田街道皇岗社区下围三坊75号。

现存建筑为清乾隆时期。

该建筑为三开间三进布局。朝向东。面阔14米，进深41.6米，面积582.4平方米。

前堂面阔三间，进深三间，平面呈“凹”字形。大门外两侧有塾台。檐柱为方形讹角石柱。明间辟门，门枕石高大，门槛缺失。明间用束腰柱础，中间雕莲花瓣。次间为覆斗形柱础。次间檐柱间用石月梁，雀替施雕人物故事，前梁步架结点处的驼墩亦雕人物故事。上下檩之间各用雕有龙的木枋相连，梁与檩之间用一斗三升重道拱相托。硬山，辘筒灰瓦屋顶，绿琉璃瓦剪边，船形正、垂脊，正脊两端用博古饰。

中堂面阔、进深均为三间。抬梁式构架。脊瓜柱上刻大斗，其余瓜柱雕成花瓶形，梁头饰龙首，前檐步梁上用雕祥云的驼墩支托檩条。

后堂进深、面阔各为三间。明间后部设神龛，原供祭列祖牌位，现已废弃不用。抬梁式构架。梁与檩间用花瓶形瓜柱和一斗三升支托。脊饰、屋顶同前殿。

前天井、后天井两侧有廊庑。

庄氏宗祠现已废弃不用。由于从未修葺，建筑原貌保存较好，价值较高。

第三章 博物馆、纪念馆及馆藏文物

第一节 博物馆

一、皇岗博物馆

位于福田区皇岗社区中心广场附近。是由皇岗股份公司投资2000万元人民币，以皇岗社区具有200余年历史的庄氏宗祠为蓝本建成的大型仿古建筑，占地面积3000平方米，建筑面积1700平方米。

皇岗博物馆

该馆成立于1996年8月26日。由皇岗股份公司管理。

该馆基本陈列为《皇岗的昨天、今天与明天》。着重展示皇岗社区史、改革创业和发展史、皇岗社区的风情以及皇岗的美好前景，表现皇岗人发愤图强、艰苦创业的精神，它充分反映了皇岗社区在改革开放20年中，在走向共同富裕的道路上发生的巨大变化，是深圳农村改革开放成就的一个缩影，是进行爱国主义教育的重要场所。

二、下沙博物馆

位于福田区下沙村内文化广场附近。

2004年11月试开馆迎宾。

该馆占地982.83平方米。馆内设有六个展厅，分别是“序厅”、“骏马堂堂出异方”、“耕山耘海八百年”、“天下共享大盆菜”、“繁荣强盛看今朝”、“富而思进向未来”。利用黄默堂墓、黄思铭公世祠的微缩模型和黄耀庭雕像、农耕作业和海上作业的工具物品等文物、吃“大盆菜”场景模型、旧村沙盘模型、未来沙盘模型等实物资料和各种图文资料，还有设备先进的历史放映中心，展示下沙村自黄默堂立村以来八百多年的

下沙博物馆

悠久历史和灿烂文化，介绍改革开放和农村城市化，特别是股份公司成立后取得的成绩及未来的发展趋势。

下沙博物馆通过介绍黄氏家族和下沙人民对祖国兴盛和进步的历史贡献，宣传和弘扬下沙优秀传统文化，促进精神文明建设，教育激发下沙人坚定不移为建设更美好和谐的下沙作出积极贡献。该馆已成为爱国爱乡的教育基地。

第二节 馆藏文物

一、化石、石器、玉器

1. 室警氏狼鳍鱼化石

中生代晚侏罗—早白垩纪。

灰黄色。长方形扁平。长 26 厘米，宽 21.2 厘米。

石面中嵌有室警氏狼鳍鱼化石四条。中央部分三条狼鳍鱼身作弯曲状，清晰可辨，右下角亦有残狼鳍鱼的躯体。

1991 年发现于辽宁省义县金刚山。1997 年深圳市博物馆购藏。

2. 北票鲟鱼化石

中生代晚侏罗—早白垩纪。

灰黄色。石面近似长方形，长 21 厘米，宽 12.3 厘米。

中间嵌有一长条形北票鲟鱼，体肥壮完整，其头、尾、身躯、鳍等清晰可辨。

1991 年发现于辽宁省义县金刚山。1997 年深圳市博物馆购藏。

3. 矢部龙化石

中生代晚侏罗—早白垩纪。

灰白色。石面近似长方形，扁平体，石块断裂粘合。长 74 厘米，宽 35 厘米。

石面中间嵌有一条矢部龙化石，形态为四肢张开，后腿弯曲。其头部模糊不清，但四肢、躯干骨骼、尾骨清晰可辨。

1991 年发现于辽西北票。2000 年深圳博物馆购藏。

4. 鹦鹉嘴龙化石

中生代晚侏罗—早白垩纪。

灰白色。石面近似长方形，完整。长 26.5 厘米，宽 15 厘米。

石面中间嵌有一条鹦鹉嘴龙，龙的神态生动，身躯弯曲，四肢张开，一侧前后肢弯曲。头、眼、躯干、四肢、爪骨、尾骨清晰可辨。

1991 年发现于辽西北票。2000 年深圳市博物馆购藏。

5. 中华白鲟化石

中生代晚侏罗—早白垩纪。

灰白色。石面不规则，一端平齐，一端尖凸。石块断裂粘合。长 53 厘米，宽 25 厘米。

石面中间嵌有一条中华白鲟，尖嘴，身笔直。鱼头、脊骨、鱼鳍和鱼尾清晰可辨。

1991 年发现于辽西北票。2000 年深圳市博物馆购藏。

6. 石磨盘、磨棒

新石器时代裴李岗文化（距今约 8000 年）。

灰黄色砂岩。磨盘长 56.5 厘米，宽 9.8 厘米，高 6.5 厘米。

为平面呈靴底形，两端圆弧，前宽后窄，盘面平坦，底部有四个矮柱形足。

石磨盘、磨棒

磨棒近圆柱体形。两端加工精细，中间稍粗。长 31.5 厘米，最大径 4.8 厘米。有使用过的痕迹，保存完好。

1978年在河南省新郑裴李岗遗址出土。1996年河南省博物馆调拨给深圳市博物馆收藏。

7. 石镰

新石器时代裴李岗文化。

青褐色砂岩。长 13.5 米，厚 0.5 厘米，高 5.8 厘米。

扁平体，尖首，弧拱背，刃部平直并成锯齿状，后端宽大，上下各有一弯缺口，以便装柄。器体打磨光滑，保存完好，是裴李岗文化代表性的石器。

1979年在河南省新郑县裴李岗遗址出土。1996年河南省博物馆调拨给深圳市博物馆收藏。

8. 有段石锛

新石器时代。

灰色细砂岩。长 6 厘米，宽 3.8 厘米。

梯形，上下端平齐，下部较厚，呈阶梯状，单面刃。制作规整。

1984 年采集于深圳市观澜街道湾下岭遗址。现藏深圳市博物馆。

9. 双兽首玉石雕

新石器时代红山文化（距今约 5000 年）。佩玉。

青色，近底处发白。长 7.2 厘米，宽 3.9 厘米。

对钻穿孔成双目，去地阴刻成嘴巴。以三条凹槽将身体分为头、身和角。底有小部分突出体沿，作尾或足。

内蒙古自治区赤峰市松山区阳河出土。2000 年深圳市博物馆从天津购藏。

10. 玉石猪龙

新石器时代红山文化。佩玉。

深褐色。长 6 厘米，宽 5.2 厘米，厚 1 厘米。

龙呈圆形弯曲状。扁体。以两道去地阴线将龙分为头、身、尾三部分。深刻圆眼。背面装饰两条凹线。正中穿孔对钻而成。

内蒙古自治区赤峰市巴林左旗与翁牛特旗交界处五分地出土。2000年深圳市博物馆从天津购藏。

11. 玉玦

春秋。

青黄色。直径 2 厘米，高 2.3 厘米。

圆柱体。上下两端平整，中有镂空及缺口。上面阴刻重环纹，底光素。柱体饰双线勾云纹。

深圳市公安局五处缉私文物。现藏深圳市博物馆。

12. 夔龙玉璜

春秋。

青色。长 4.4 厘米，宽 1.3 厘米，厚 0.3 厘米。

体扁平，呈三分之一环形。外沿有脊，两端饰张口龙首。中部有一穿孔。正面以变形虺纹和卷云纹作装饰，背面阴刻勾云纹。主纹饰用减地勾撤法及细线阴刻等技法精琢而成。其雕工精湛，反映出春秋时代较高的琢玉水平。

深圳市公安局五处缉私文物。现藏深圳市博物馆。

13. **龙首玉璜**

战国。

青黄色。长 5.8 厘米，宽 1.6 厘米，厚 0.4 厘米。

扁体，形如半环，中心部位穿一小孔，两端饰张口龙首，并有对称牙脊。以绞绳纹为界将璜分为三部分，龙首与龙身均饰蚕纹、卷云纹。背面光素。

深圳市公安局五处缉私文物。现藏深圳市博物馆。

二、陶瓷器

1. **双耳红陶壶**

新石器时代裴李岗文化。

泥质红褐陶。口径 4 厘米,高 16.8 厘米。

小口，口沿微侈，短颈、圆腹、圜底。器表面磨光。肩部装半月形双耳,耳有小穿孔。此器是裴李岗文化的典型器物。

河南省长葛县石固遗址出土。1996 年河南省博物馆调拨给深圳市博物馆收藏。

2. **彩陶盆**

新石器时代仰韶文化（距今约 6000 年）。

橙黄色泥质陶。口径 40 厘米，底径 11.8 厘米，高 17 厘米。

圆形大口，口沿微侈，腹向下收缩，平底。外腹施由涡纹、三角纹、圆点、直线纹组成的黑彩纹带。

陕西省彬县下孟社区出土。1998 年陕西省考古研究所调拨给深圳市博物馆收藏。

3. **弦纹彩陶壶**

新石器时代马家窑文化(距今约 5000 年)。

泥质橙黄陶。口径 8.8 厘米，底径 10.5 厘米，高 29 厘米。

侈口，口沿外折，长颈、丰肩、深腹、平底。腹部有对称竖耳。器身施墨彩。由颈至腹中部绘平行弦纹。肩、腹绘以双竖短线平行粗条纹,肩部并施四对圆点。残破修复。此器是马家窑文化马家窑类型彩陶的典型器物。

青海省海南藏族自治州出土。1998 年青海省文物店调剂给深圳市博物馆收藏。

4. **菱格锯齿纹彩陶壶**

新石器时代马家窑文化半山类型。

泥质橙黄陶。口径16.3厘米，高42厘米。

侈口、短颈、鼓腹、平底、双系。器身施红黑彩，口沿里绘连弧纹，外有对称假耳。颈部绘黑色宽带和二圈锯齿纹。腹部以上绘菱形网格纹，其上下饰红色宽带和黑色锯齿纹。腹部绘连续垂弧纹。整件器物图案繁缛绚丽，富有变化。属黄河上游地区马家窑文化半山类型典型彩陶。

1992年武警边防六支队移交给深圳市博物馆收藏。

5. 鸟纹彩陶壶

新石器时代马家窑文化半山类型。

黄白色夹砂陶。口径8.3厘米，底径9厘米，高12.3厘米。

侈口、直颈、丰肩、敛腹、平底。施紫红彩。口沿饰三折线纹，肩部绘写意鸟纹，其下贴附加堆纹一周。肩以下拍印交错绳纹。此器风格质朴，彩陶纹饰独特。

青海省海南藏族自治州出土。1998年青海省文物店调剂给深圳市博物馆收藏。

6. 夔纹硬陶釜

泥质灰陶。口径39.3厘米，高37厘米。

胎体坚硬。敞口、束颈、垂腹、圜底。口沿外壁与腹下部及底部拍印方格纹。腹中部及颈下拍印夔纹并刻有细弦纹。破损修复。此陶釜烧成温度高，纹饰繁缛，拍印清晰，器形大而规整，反映深圳地区青铜时代已具有较高的制陶工艺水平。

深圳观澜街道湾下岭遗址出土。深圳市博物馆收藏。

灰陶跽坐俑

7. 灰陶跽坐俑

秦代。

泥质灰陶。高68厘米。

头部细发中分，束发挽髻。髻垂于脑后呈圆锥形。五官清晰，神态庄重。头与身分制后，套合成一体。宽肩，直背，双膝着地，臀部于足跟之上，作跽坐姿势。身穿右衽长袍，袍盖双膝。造型生动，神态逼真。

1992陕西省临潼上焦社区秦始皇陵附近出土。1996年陕西考古研究所调拨给深圳市博物馆收藏。

8. 彩绘陶坐俑

西汉早期。

泥质灰陶。高 31.8 厘米。俑席地而坐。

头略前倾，长发中分，垂髻于脑后。眉目清秀，面部表情温顺。身穿交襟右衽长袍。两臂自然下垂，双手笼袖置于膝上。施红、黑彩，彩绘部分剥落。该俑塑造技法纯熟，人物形象把握准确生动。

西安市东郊汉文帝霸陵出土。1996 年陕西考古研究所调拨给深圳市博物馆收藏。

9. 绿釉陶望楼

东汉。

泥质灰陶。底层长 32.3 厘米，宽 31 厘米，通高 87 厘米。

为三层楼阁式，二重檐，庑殿顶，由下至上逐层缩小。每层大门洞开，四周绕以方形回廊。第一、二层各有侍俑三人，均双手拱于胸前，作恭奉状。三层四人，其中室内站立一人，门前端坐一人，左右侍立二人。门楣、围栏刻划菱形纹。围栏四周有长条形镂孔装饰。外施绿釉。

缉私文物。由广东省文物管理委员会拨给深圳市博物馆收藏。

10. 青釉鸡首壶

南朝。

口径 6.5 厘米，底径 6.5 厘米，高 17.8 厘米。

盘口、长颈、圆鼓腹、平底。口沿至肩部置弯曲高执柄，流作鸡头状，肩饰对称桥形系。胎呈米黄色。通体施青釉。

1984 年深圳市西乡铁仔山出土。深圳市博物馆收藏。

11. 青釉四系罐

北周。

口径 8.5 厘米，底径 10 厘米，高 21 厘米。

直口、圆唇、短颈、圆腹，平底假圈足。肩饰弦纹二周，置四个复式系。腹部有较粗的突棱，突棱之上刻划一周覆莲。胎灰白，施釉至腹部。釉面有冰裂纹。口略残。造型庄重，釉色青亮。

1988 年陕西省咸阳国际机场工地北周纪年墓出土。1996 年陕西省考古研究所调拨给深圳市博物馆收藏。

青釉四系罐

12. 彩绘陶女俑

唐代。

高30厘米。胎呈米白色。施以红、绿色彩绘。女俑作站立状。头高髻上卷，眉目清秀，体态丰满。身穿短袖襦衣和曳地长裙。肩披长巾，脚登高履。双手自然垂于腰前。

1996年河南省博物馆调拨给深圳市博物馆收藏。

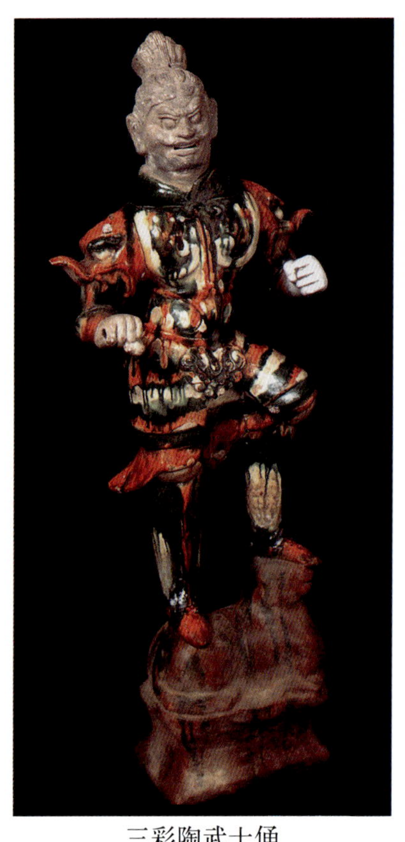
三彩陶武士俑

13. 三彩陶武士俑

唐代。

高85厘米。

头上束发成高髻。竖眉，怒目圆瞪，咧口，留有八字胡须，面目凶猛。身穿甲衣，两肩有兽头覆膊，左、右手前曲握拳，拳心留有持兵器的小孔。胸前凸起护胸和护心。腰束粗带，足穿尖足长靴，踏于卧兽之上。兽下有长方形座台。胎灰白色。通体施黄、绿、白色彩釉。釉色自然浸润，晶莹夺目。

1996年河南省博物馆调拨给深圳市博物馆收藏。

14. 黄釉胡人牵马俑

唐代。

高48厘米。

头带幞头。深目高鼻，面部轮廓分明，身穿翻领开襟长袍，双臂前曲，作牵马状，腰系结带，足穿长靴立于方形底板之上。胎呈橙红色。此俑为胡人形象，是中外文化交流的见证物。

深圳沙头角公安分局缉私文物。1992年移交深圳市博物馆收藏。

15. 褐绿彩花鸟纹执壶

唐代长沙窑产品。

口径8.6厘米，底径9.5厘米，高18.4厘米。

侈口、粗直颈、瓜棱腹、饼形足。足沿饰凹弦纹一周。肩置八角棱形短流，颈腹间装扁带状执柄。流下腹饰褐绿彩绘花鸟纹。刻绘方法是先在坯胎上刻鸟的轮廓，再以绿色填绘，褐色线条描画细羽和双足，并衬以花草。胎色米黄。釉已脱尽。

1987年广东省文物管理委员会拨交给深圳市博物馆收藏。

16. 青釉执壶

五代—北宋越窑产品。

口径5厘米，底径9厘米，高21厘米。

喇叭口、长束颈、瓜棱腹，重心在下部。矮圈足。颈腹两侧分置扁形曲柄和弯曲长流。口沿下、颈部、圈足刻划弦纹，腹部饰双线水波纹，纹饰简洁。胎质灰白致密。釉面有细碎开片，釉色青翠，典雅别致。此壶造型秀巧动人，线条优美流畅，是五代至北宋越窑中的佳品。

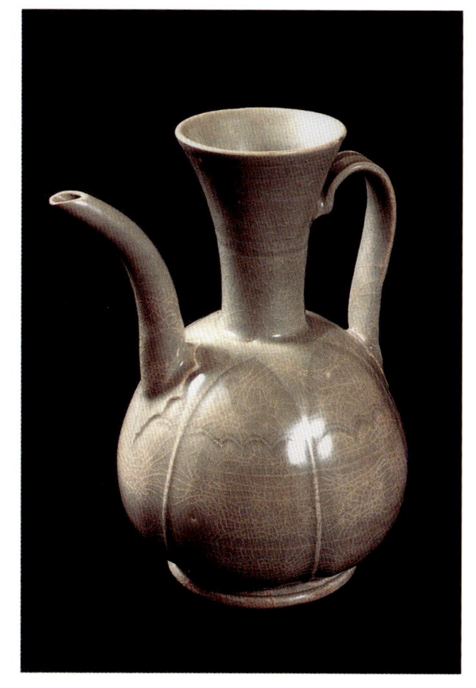

青釉执壶

港英政府1991年缉私归还文物。1993年国家文物局拨交给深圳市博物馆收藏。

17. 绿釉绞胎花枕

北宋早期。

长21厘米，宽12.5厘米，高10.8厘米。

枕为弧边，如意头形，前低后高，背有孔。枕面饰褐白相间的绞胎团花三组，中间一组较大，为五瓣花叶，两边二组较小，形若花蕾。以绿釉为地。团花周围及枕侧戳印花叶及点、圆、小三角组成的小花，戳印内凹的花纹内嵌有褐色瓷土，底施绿釉。此式为“裴家花枕”。

1991年深圳市公安局边防分局交深圳市博物馆收藏。

18. 青釉盘

金代临汝窑产品。

口径15.3厘米，底径4.8厘米，高3.3厘米。

盘口微敛，浅壁，小圈足。胎厚致密，细洁坚硬。通体施青釉，釉面亮泽，釉面布满小片纹。

1996年深圳文物店调剂给深圳市博物馆收藏。

19. 青釉五管瓶

宋代。

口径8.8厘米，底径8.8厘米，通高31厘米。

直口、粗颈、溜肩、椭圆腹、浅圈足。笠帽式盖，盖顶作镂孔圆管形，瓶体为五层塔式。肩部均匀地竖立五个向上的菱形管。胎灰白,通体施青釉,釉面有冰裂纹，釉色均匀亮泽。上腹部刻划细菱格纹，下腹部有莲瓣纹。纹饰生动，制作精巧。五管瓶是专用陪葬器，五代开始出现，流行于北宋中前期。

梅瓶

港英政府1991年缉私归还文物。1993年国家文物局拨交给深圳市博物馆收藏。

20. 梅瓶

元代海康窑产品。一对。

口径6.5厘米，底径14.3厘米，高36.6厘米。

直口、圆唇、短颈、丰肩，斜腹收成台形足。肩附双系，与双系相对应的下方圈足两侧有二对穿孔，便于穿系。胎呈米黄色，除颈和足施酱色釉外。其余均在素胎上绘褐彩。彩绘纹饰分五层，从上到下依次为莲瓣纹、卷草纹、龟锦纹为地的折枝牡丹菱形开光、莲瓣纹、卷草纹及朵花纹菱形开光。此梅瓶造型秀美，纹饰繁密，但主题突出。为广东地方瓷窑有代表性的佳作。

1981年深圳南头后海出土。深圳市博物馆收藏。

连座梅瓶

21. 连座梅瓶

元代龙泉窑产品。

口径3.5厘米，底径4.7厘米，高16.7厘米。

为连座式。小口外侈，短颈、丰肩、弧腹、浅圈足。瓶座圆唇平折，束颈，座身斜收，其上有三个过来壶门式镂孔，座底置四小足。瓶身与瓶座可以活动装卸。通体施表釉，口沿与瓶身以褐釉点

彩作装饰，幽雅古朴。此器从造型、装饰及胎釉上看，不失为龙泉窑中的佳品。

港英政府1991年缉私归还文物。1993年国家文物局拨交给深圳市博物馆收藏。

22. 青花海螺纹碗

明代。

口径13.2厘米，底径5.9厘米，高7厘米。

敞口、小弧腹、圈足。里外饰青花。碗心绘海螺水浪纹。内外壁以勾勒平涂技法绘莲花、鱼藻等纹，底部衬以波浪。口沿外及圈足外绘弦纹二周。此碗青花呈色淡雅，釉色莹润，纹饰布局疏密有致，属景德镇明代中期民窑产品。

1982年深圳南头后海明墓出土。深圳市博物馆收藏。

23. 彩绘陶院落

明代。

面阔91厘米，进深112厘米，通高40厘米。

彩绘陶院落

浅灰胎硬陶。院落平面呈长方形，为三进四合院布局。由院门、前院、前房、后院、正房及前、后院左右厢房组成，四周有围墙。正面为院门，置门扉两扇。门外有敞开护墙。门内有照壁，其正面绘山水图。院门、前房、正房、厢房屋顶均为悬山式。正脊上有鸱吻，垂脊前端有垂兽，房檐下有斗拱。前、正房与前院两厢房中两扇门洞开，房内置桌椅、几案、床榻等。后院两座厢房房门关闭。院内有井台、磨盘。大门外置有轿子，轿旁站立一侍俑。门两侧有备鞍的马。院落分件组装而成。部分以红色彩绘。这座完整的院落是墓主生前居所的真实写照，也为研究中原地区明代建筑提供了形象的实物资料。

河南省杞县高山社区出土。1996年河南省博物馆调拨给深圳市博物馆收藏。

24. 孔雀蓝釉香炉

明代。

口径13厘米，通高14.5厘米。

口微敛，斜腹，平底附三足。覆碗形盖，盖顶塑一蟠螭，螭首昂起，螭口中空与顶盖孔洞连通，盖周边贴塑朵花并有对称圆孔。炉足由三只回首向上的蟠螭塑成，其中两螭向上弯曲成立耳。炉外壁纹饰以三螭身体及朵花贴塑点缀而成。螭头与立耳涂金，身和盖外壁施孔雀蓝釉。

港英政府1991年缉私归还文物。1993年国家文物局拨交给深圳市博物馆收藏。

25. 青花“洪都新府图”海碗

清代。

口径46.4厘米，底径24.8厘米，高21.9厘米。

胎厚致密，釉色青白。里外青花纹饰。大口微侈，深腹、圈足。碗心绘福寿纹。内口沿以蓝地白花装饰技法绘缠枝莲纹一周。外壁绘山水人物图。根据题字，可知画面为清中后期南昌城广润门和章江门及藤王阁一带的自然景观和人文风貌。此碗纹饰构思独特，采用了勾勒渲染、平涂等绘画技法，形象地展示清代南昌城外的景观，为研究南昌历史面貌提供了宝贵的实物资料。

1992年九龙海关移交给深圳市博物馆收藏。

26. 青花折枝花卉纹六方尊

清代。

口径19.8厘米，底径23.8厘米，高66.5厘米。

六方体。尊口沿下与圈足各饰一周青花回纹，在六个面上绘有青花纹饰，颈部与腹部绘折枝花果纹，颈部绘菱形花卉纹，底心有青花篆书“大清乾隆年制”三行六字款。此尊造型大方，釉色莹润，青花色泽鲜艳。

1993年中国文物流通协调中心拨交深圳市博物馆收藏。

三、青铜器

1. “丙”簋

高16厘米。

“丙”簋

敞口、束颈、双兽首耳，耳下有钩状小珥，鼓腹、高圈足。颈部和圈足均饰以云雷纹组成的饕餮纹，颈部间附浮雕兽首一对。

内底铸铭文“丙”字。

陕西岐山凤鸣镇出土。1999年陕西省岐山县博物馆调拨给深圳市博物馆收藏

2. 饕餮纹爵

流长 15.2 厘米，通高 9.8 厘米。

窄长流，短尖尾。口与流相连处有蘑菇形双柱。柱顶饰涡纹。深腹，一侧有兽首，圜底，下置三扁锥足。腹部饰饕餮纹，流、尾、鋬饰三角雷纹。

河南洛阳出土。1996 年河南省博物馆调拨给深圳市博物馆收藏。

3. 饕餮纹觚

口径 15.1 厘米，底径 8.5 厘米，通高 24.8 厘米。

喇叭形口，细颈、圆柱腹、鼓腰、喇叭圈足。腰部及圈足凸起四道棱。腰部饰饕餮纹。

河南洛阳出土。1996 年河南省博物馆调拨给深圳市博物馆收藏。

4. 饕餮纹钺

长 16.6 厘米，宽 11.3 厘米。

扁平体近方形，中有一大圆孔，下端弧刃，两肩各有一条形穿。内穿有一小圆孔，其上部两面各饰半边饕餮纹，合为一完整饕餮纹。

此器原为商承祚教授收藏。1997 年其家属捐给深圳市博物馆收藏。

5. 虺纹附耳鼎

口径 21 厘米，通高 18.5 厘米。

圆形大口，斜沿外敞，双附耳，腹部作半球形，逐渐收敛成圜底。三肥大兽蹄足，里侧内凹。口沿下饰虺纹一周，腹部中间有凸棱一圈。

河南三门峡虢国墓地出土。1996年三门峡虢国墓地博物馆筹建处调拨给深圳市博物馆收藏。

6. 窃曲纹双兽首耳带盖簋

口径 20.2 厘米，通高 25.4 厘米。

弇口、鼓腹、圈足，下置三兽首形小足。兽首耳，耳下有方形小垂珥。口沿下饰窃曲纹一周，腹部饰瓦纹，圈足饰一周垂鳞纹。盖面隆起，盖顶有圈形捉手，盖面也饰瓦纹、窃曲纹。

河南省三门峡虢国墓地出土。1996年三门峡虢国墓地博物馆筹建处调拨给深圳市博物馆收藏。

7. “硕父”鬲

口径 18 厘米，高 13.3 厘米。

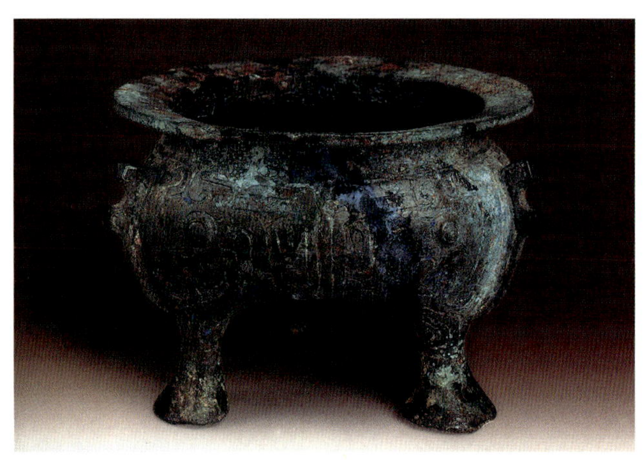
“硕父”鬲

宽平沿、束颈、鼓腹、平裆、三蹄足（内侧有一凹槽）。腹部饰三组由两头变形大象组成的窃曲纹，并以三个扁棱分别对应三足。

口沿内侧环铸铭文24字：“虢仲之司子硕父作季嬴羞鬲其万年子子孙孙永宝用享。”铭文所记的硕父是西周厉王、宣王时期虢国国君“虢仲”之子，任管理与火有关事务的“司”官职，文中记硕父为夫人季嬴作器。此器对研究西周晚期虢国历史具有重要价值。

河南省三门峡虢国墓地出土。1996年三门峡虢国墓地博物馆筹建处调拨给深圳市博物馆收藏。

8. “虢宫父”鬲

口径17.1厘米，高12.2厘米。

宽平沿、束颈、弧腹，实足不分裆，三蹄足，内侧有一凹槽。腹部饰三组由两头相背的兽纹组成的图案，并以三扁棱分别对应三足。

口沿内侧环铸铭文9字：“虢宫父作鬲用从永永。”“虢宫父”鬲为研究西周晚期虢国历史增添了资料。

河南省三门峡虢国墓地出土。1996年三门峡虢国墓地博物馆筹建处调拨给深圳市博物馆收藏。

9. “虢宫父”盘

口径32.8厘米，高12.8厘米。

敞口、窄平沿、浅腹、平底、双附耳、圈足，圈足下附有三短足。盘外腹壁饰窃曲纹一周。圈足饰垂鳞纹。

盘内底铸有铭文两行9字：“虢宫父作盘用从永永。”此铭文与“虢宫父”鬲相似，都属虢宫父自作用器。

河南省三门峡虢国墓地出土。1996年三门峡虢国墓地博物馆筹建处调拨给深圳市博物馆收藏。

10. 窃曲纹分体方甗

口径 29.4 厘米 × 24.6 厘米，通高 39.5 厘米。

全器由甑、鬲上下两部分组成。甑，长方体、侈口、斜收腹、平底，有数个“一”字形箅孔，四壁均饰窃曲纹和兽目交连纹，间有宽带纹；鬲，附耳、弧肩、平底、分裆、四蹄足，口沿部有一周凹槽与甑的榫圈相扣合。

河南省三门峡虢国墓地出土。1996年三门峡虢国墓地博物馆筹建处调拨给深圳市博物馆收藏。

11. 窃曲纹带盖方壶

口径 16.2 厘米 × 12 厘米，通高 47.5 厘米。

扁方形、直口、长颈、垂腹、圈足。盖作长方形，圈顶子口盖。颈部饰兽带纹，两侧各有铺首衔环耳。腹部四面共饰八组两两相对的兽纹组成的图案，并被四个交叉点为方锥状的宽带十字纹相隔。圈足饰斜角云纹。盖顶饰窃曲纹，盖缘饰对角云纹。捉手四侧面饰兽带纹。此器造型沉稳，纹饰繁丽。

窃曲纹带盖方壶

河南省三门峡虢国墓地出土。1996年三门峡虢国墓地博物馆筹建处调拨给深圳市博物馆收藏。

12. 蟠螭纹立耳鼎

口径 53 厘米，通高 55 厘米。

圆形大口，平沿，立耳稍外侈，圆弧腹，浅圜底，兽首蹄形足。腹饰蟠螭纹，中部饰一道凸起的绹索纹。用六条短竖棱脊分隔周腹，其中三条棱脊与蹄足上部的兽面中脊对应垂直。

1923年河南省新郑县城关李锐菜园出土。1996年河南省博物馆调拨给深圳市博物馆收藏。

13. 蟠螭纹甬钟

铣 17.8 厘米 × 14.3 厘米，鼓间 14.3 厘米，通高 29.3 厘米。

圆柱形实甬，甬下部有旋和半圆形干。钟体作合瓦形，凹弧形口，两铣尖锐。钲部两面各有圆柱状枚 18 个。篆间饰三角云雷纹构成的变体蟠螭纹，舞部、鼓部饰蟠螭纹。

1936 年河南省辉县琉璃阁出土。1996 年河南省博物馆调拨给深圳市博物馆收藏。

14. 蟠螭纹镈钟

铣间 20.8 厘米 × 15 厘米，鼓间 16 厘米，通高 30 厘米。

舞上饰一对顾龙纹搭桥镂空钮。腔体深阔，平口，两面钲部各有谷钉形枚 18 个，舞、篆、鼓部均饰蟠螭纹。

河南省淅川县出土。1996 年河南省博物馆调拨给深圳市博物馆收藏。

15. 柳叶形扁茎式剑

长 22 厘米，宽 3.7 厘米。

剑体呈柳叶形，锋一侧略残，双刃略凹弧形。中脊由锋尖至茎孔处起棱线。斜从，下端斜收，无格。短扁平茎，上有一穿，无首。

1993 年深圳大梅沙遗址出土。现藏深圳市博物馆。

16. 凹口骹矛

长 16.2 厘米，宽 4.5 厘米。

短体、阔叶，锋尖稍残。双刃略呈凹弧形，端体成锐角，中脊起突棱，凹弧形骹口，骹粗短，断面呈菱形，一侧有一穿。

1993 年深圳大梅沙遗址出土。现藏深圳市博物馆。

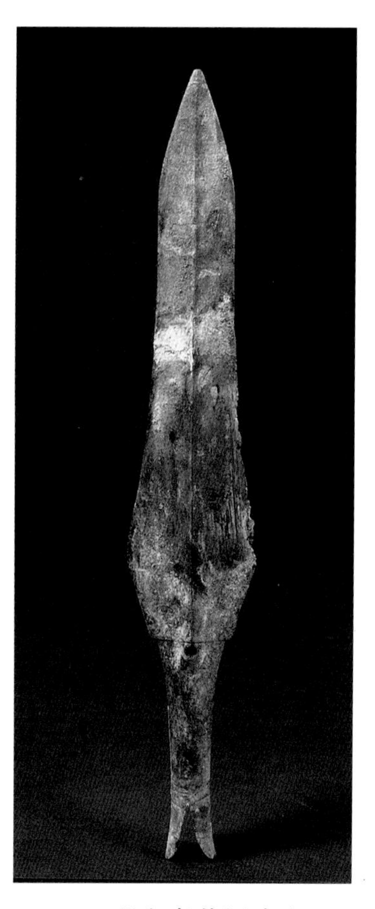

凹口骹粗长体阔叶矛

17. 凹口骹粗长体阔叶矛

长 35 厘米，宽 6 厘米。

长体、阔叶、锐锋，刃部凹弧，靠本部处锐凸，中脊有突棱线。长骹断面呈圆形，骹口分叉内凹呈燕尾状，一面有双穿，骹口燕尾分叉处有 3 厘米宽的缠绑痕迹。

1993 年深圳大梅沙遗址出土。现藏深圳市博物馆。

18. 圆骹平口长体阔叶矛

长 34 厘米，宽 7 厘米。

长体、阔叶、尖锋、双面刃，中脊有凸棱线。长骹圆身、平口，近口处有一穿。

1993 年深圳大梅沙遗址出土。现藏深圳市博物馆。

19. 刮刀

共出土五件。大小有别，最大者长 10.7 厘米，宽 2.6 厘米；最小者长 7.2 厘米，宽 1.7 厘米。其中两件残。

整器作片状矛形器，弓背形，器小且薄，尖锋上翘，中脊起棱线，断面作“人”字形，扁平茎与刃部无明显分界。有的刮刀在茎部两边各做一缺口，以便装把绑绳，有捆绑痕迹。中脊两侧近茎处饰云雷纹。刮刀为华南地区有地方特色的青铜器，它们的发现为研究广东青铜文化提供了宝贵资料。

1993年深圳大梅沙遗址出土。现藏深圳市博物馆。

20. 蟠螭纹立耳鼎

口径54.5厘米，通高46厘米。

圆形大口，斜沿，立耳稍外侈，半球形腹，圜底，三蹄形足。中腹饰蟠螭纹，其外腹中部有上下两道凸起绹索纹，内饰蟠螭纹，下腹外部饰三角形蝉纹。

1936年河南省辉县琉璃阁出土。1996年河南省博物馆调拨给深圳市博物馆收藏。

21. 四兽纹镜

直径18.9厘米，缘厚0.8厘米。

圆形，宽素卷边。有裂纹。镜面黑亮。镜背置三弦钮，圆钮座外围一周凹形环带，以羽纹为地。主纹为四个回首张口咆哮怪兽，怪兽长尾卷曲，一后肢踏在圆钮座之外圈，一前肢和另一后肢踏在镜外缘上，另一前肢握另一兽之长尾，四兽绕钮座排列成圈，形态生动。

原为商承祚教授收藏。1997年其家属捐赠给深圳市博物馆收藏。

22. “郑武库”戈

长24.9厘米，宽11.4厘米。

长援微弧，援体上扬，前锋尖锐，中起脊棱，中胡二穿，上援末有一小穿。内长方体斜上扬，有一条形穿，缘末下缺一小角。

胡一面铸有铭文“郑武库”三字。

1971年河南省新郑县白庙出土。1996年河南省博物馆调拨给深圳市博物馆收藏。

23. “阳成令”戈

长24.5厘米，宽12.7厘米。

援体上扬，长胡有阑，阑线凸起，中胡二穿，上援末一小穿。内体斜上扬，中部有一长条形穿，内端三面刃，似刀。内体上有铭文二行13字“八年阳成令□□工师□□冶鸩”。

河南省新郑白庙出土。1996年河南省博物馆调拨给深圳市博物馆收藏。

错银云纹带钩

24. 错银云纹带钩

西汉。

长 17.1 厘米，钮径 1.4 厘米。

侧视呈“S”形。上端曲首为钩，用细银丝镶嵌出兽首。顶部饰涡纹，钩体饰错银云纹，钩尾饰三角纹。背有圆形扣钮。

1991 年 2 月深圳市公安局边防分局移交给深圳市博物馆收藏。

25. “长宜子孙”内向连弧纹镜

东汉。

直径 20.5 厘米，缘厚 0.8 厘米。

圆形，素宽缘。镜背正中置半球形圆钮，柿蒂纹钮座。四叶间铸“长宜子孙”铭文。其外为一周短线纹和一周凸线纹。再外为内向八连弧纹，连弧间铸有“寿如金石、佳且好兮”。外圈纹饰由两周短线纹夹对角线、涡纹组成。

港英政府 1991 年缉私归还文物。1993 年国家文物局拨交给深圳市博物馆收藏。

26. 神人纹镜

东汉。

直径 17.5 厘米，缘厚 0.4 厘米。

圆形，素缘。扁圆钮。内区纹饰被夹钮的两条平行线分上、中、下三段。上段中部为玄武座，背上竖华盖，其右正面端坐一神像，神像右旁有侧身站立侍者三人，华盖左侧有面向主神躬身站立手持笏的侍者六人；中段两侧主神头朝钮端，夹钮对置；

下段二神身躯后仰作凤舞状，二神中间有“8”字形蔓带间隔。外区 12 个方枚内各有一字：“吾□明镜□山□□湅三商冈”。其外为一周斜线纹和缠枝纹带。

1986 年广东省文物管理委员会拨给深圳市博物馆收藏。

27. “黄武元年”神兽纹镜

三国（吴）。

直径 13.8 厘米，缘厚 0.3 厘米。

圆形，薄身，宽边镜缘高起。扁平状圆钮。钮外有一圈链珠纹。内区为环绕式神兽纹。外圈为突起的半圆块与九方枚相间成一周。

方枚内铸有铭文九字：“三公九卿十二大夫士”。内铸反面文字带一周为：“黄武元年（222 年）太岁在酉帝国太平五月时午□□卯日中周师制作百湅之竟（镜）□□□祈者万年世皇侯王保子孙祥吉”共 45 字。

原为商承祚教授收藏。1997 年其家属捐赠给深圳市博物馆收藏。

四、铁器、金银器

1. 铁斧

战国。

长 8.2 厘米，宽 6.4 厘米。

长方形、薄刃、銎中空。锈蚀严重。

1987 年南山叠石山遗址发掘时在第二层中出土了 4 件铁斧，这是其中之一。现藏深圳市博物馆。

2. 铁炮

清。

长 210 厘米，口径 21 厘米。

为前膛铁炮。炮身作长条圆筒形，其上有箍纹七道及圆柱形短双耳，后端逐步收缩成葫芦形，后顶端作一向后突出的球形体，尾部有一导火线圆洞。

炮身铸有六行铭文，已锈蚀不清，唯可看出“十九年二月□□”字样。从式样和出土地点看，可能为道光十九年（1839 年）即鸦片战争前夕所铸造的海防大炮。

1982 年深圳市博物馆从大鹏古城征集。现置深圳市博物馆南广场。

3. “天启二年”银元宝

明。

长 14.4 厘米，宽 8.3 厘米，高 8 厘米，重 1880 克。

椭圆形，两头翘起，中间凹下，外壁凹下部有微凹槽，底部微凸。内底平坦，刻有文字四行，行字不等，内容为：“江夏县徵完天启二年（1622 年）的漕折银五十两艮匠徐壬。”此银元宝是明代赋税制度和漕运史上较具历史价值的实物资料。

1991 年 12 月深圳市财政局移交给深圳市博物馆收藏。

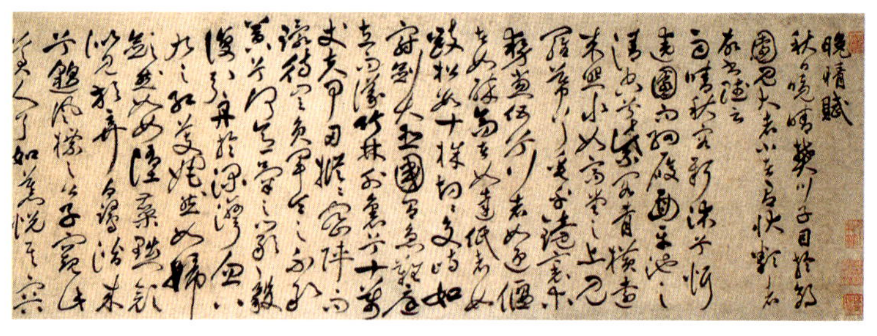

祝允明草书“晚晴赋”、“荔枝赋”卷

五、书法、绘画、印章

1. 祝允明草书“晚晴赋”、“荔枝赋”卷

明。

纵 30 厘米，横 457 厘米。纸本，绫裱。

墨笔草书。题《晚晴赋》，文 33 行，行 3—10 字不等；又题《荔枝赋》，文 77 行，行 5—10 字不等。

落款“枝山允明书于春蛰堂中壬午改元（嘉靖六年，1522 年），三月一日也”。下钤白文“祝允明印”，朱文“希哲父”印。卷首钤白文“太原”印。引首隶书为清人冯志沂所题。长卷上另有姜绍书、徐广缙、商承祚等人收藏鉴赏印 8 方。

四米多长巨帙行笔放而不纵，线条自然流畅，点画变化多，具有强烈的节奏感和运动感。为祝允明晚年作品。

原为商承祚教授收藏。1994 年其家属捐赠给深圳市博物馆收藏。

2. 茅坤草书“游西湖”诗卷

明。

纵 33 厘米，横 370 厘米。纸本，绫裱。

墨笔草书。自录游西湖诗数首。83 行，行 1—11 字不等。

落款“万历辛丑（1601 年）。秋九月望日九十翁茅坤顺甫书于玉芝山房”。钤白文

“茅坤之印”、“鹿门山长”长方印。卷末钤一小收藏印，另附近人叶恭绰题跋五行。

此卷为茅坤九十岁绝笔之作。其书法潇洒流畅，婉转秀润，是明代文人书法的典型风格。

原为商承祚教授收藏。1994 年其家属捐赠给深圳市博物馆收藏。

3. 董其昌行书“颜平原争座位帖”、“送刘太冲序手卷”

明。

纵25厘米，横214厘米。纸本，绫裱。

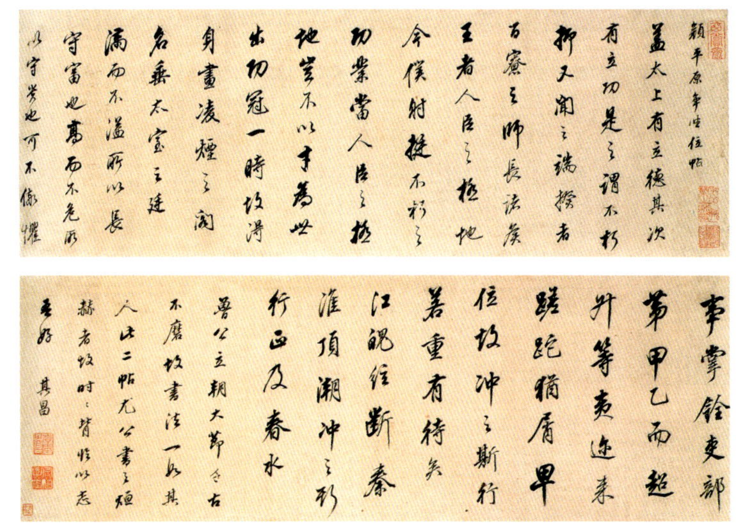

董其昌行书“颜平原争座位帖”、“送刘太冲序手卷”

墨笔行书。《颜平原争座位贴》，文 24 行，行 5—9 字不等；《送刘太冲序》，文11行，行 5—9 字不等。正文后有自书跋语5行：“鲁公立朝大节千古不磨，故书法一如其人，此二帖尤公书之桓赫者，故时时背临以志吾好。”

落款“其昌”，钤朱文印“董其昌”、白文印“宗伯学士”。卷首有朱文“玄赏斋”长方印。手卷上钤有收藏印三方。

此卷行书潇洒秀逸，是董其昌佳作。

原为商承祚教授收藏。1994 年其家属捐赠给深圳市博物馆收藏。

4. 光鹫行书诗轴

清。

纵 135 厘米，横 32 厘米。金花笺纸，绫裱。

墨笔行书。七言诗一首，4 行，行 4—18 字不等。诗后有自书小字跋语二行。

落款“八十四老人鹫草”，钤朱文“光鹫”、“迹删”印。其下另有鉴藏印三方。

此轴为光鹫晚年之作，笔墨酣畅，气势贯通，骨力强健。

1984 年广东省文物管理委员会拨给深圳市博物馆收藏。

5. 王铎行草诗轴

清。

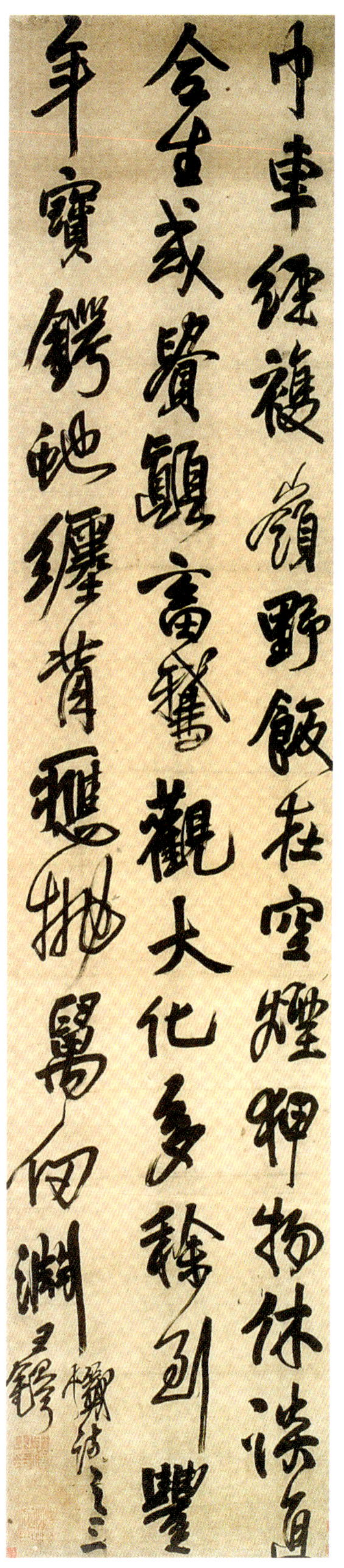
王铎行草诗轴

纵 240 厘米，横 49 厘米。

墨笔草书。五言诗一首，3 行，行 11 — 15 字不等。

落款“忏诗之三 王铎”，下钤白文“王铎之印”、“烟潭渔叟”印。轴下方另有收藏印“朱之赤鉴赏”、“卧庵所藏”各一方。

此轴用笔苍老劲健，沉着含蓄，字形奇险，章法结构稳中有险，是王铎代表作品之一。

原为商承祚教授收藏。1994年其家属捐赠给深圳市博物馆收藏。

6. 黄慎草书七言联

清。

纵 176 厘米，横 22.5 厘米。纸本，绫裱。

墨笔草书。七言对联“水之江汉星之斗，鹤在云霄冰在壶”。

上题“乾隆丁丑（1757 年）秋九月”。下款“瘿瓢子醉书”，钤朱文“黄慎”、白文“瘿瓢”印。上联右下角有二收藏印。

此联草书笔姿放纵，不拘形式。

原为商承祚教授收藏。1994年其家属捐赠给深圳市博物馆收藏。

7. 伊秉绶隶书横额

清。

纵 45.5 厘米，横 193 厘米。纸本，绫裱。

墨笔隶书“毋自欺斋”。

行书落款“果泉先生雅属，伊秉绶书，嘉庆二十年(1815 年)”。钤白文“吾得之忠信”、朱文“默庵”印。引首为朱文“柘湖”椭圆印。左下角另有收藏印一方。

此横额是伊秉绶成熟阶段作品，结体方整，气势雄浑。

原为商承祚教授收藏。1994年其家属捐赠给深圳市博物馆收藏。

8. 何绍基行书七言联

清。

纵125厘米，横30厘米。洒金笺本，绫裱。

墨笔行书七言联“蚍蜉布阵雨将作，蛱蝶成团春已浓”。

落款“子贞何绍基”。钤朱文“何绍基印”、白文“子贞”二印。上联右下角有收藏印二方。

此联布局疏朗，用笔恣肆秀逸，自然而不做作。

原为商承祚教授收藏。1994年其家属捐赠给深圳市博物馆收藏。

9. 吴大澂篆书七言联

清。

纵148厘米，横36厘米。

墨笔篆书七言联“博涉史书讹强识，广求文献亦多能”。

上款隶书“晋卿仁兄同年大人察书”。下款隶书“吴大澂”。钤白文“吴大澂印”、“愙斋”印。

此作融古籀文意态，结构严谨，笔法圆劲，古意盎然。

1932年吴湖帆得此联于沪上，1933年持赠徐俊卿。后为商承祚教授所藏。 1994年其家属捐赠给深圳市博物馆收藏。

10. 翁同龢行书七言联

清。

纵165厘米，横40.5厘米。纸本，绫裱。

墨笔行书七言对联“文学纵横乃如此，剧谈精壮故依然”。

上款“戟门一兄大人属”。下款“叔平翁同龢”。钤白文“翁同龢印”、“叔平”印。

此联用笔骨劲恣肆，结构宽博开张，字体潇洒新奇。原为商承祚教授收藏。1994年其家属捐赠给深圳市博物馆收藏。

11. 康有为行书五言联

民国。

纵169厘米，横45厘米。红色洒金纸。

墨笔行书五言联“金石响高宇，松桂比真风”。

落款“康有为”。下钤白文“康有为印”。“维新百日，出亡十六年。三周大地，游遍四洲，经三十一国，行六十万里”。

此联气势雄伟，结体宽博，纵横奇宕，超然洒脱，不失为康氏书法中的精品。

原为商承祚教授收藏。1994 年其家属捐赠给深圳市博物馆收藏。

12. 梁启超隶书七言联

民国。

纵 140 厘米，横 30.5 厘米。纸本，绫裱。

墨笔隶书七言联“九流分周孔之绪，六艺悬日月不刊”。

落款“梁启超集张迁碑”。下钤白文“新会梁氏”、朱文“启超私印”印。

体势方扁，用笔方圆并见，点画造型凝练、稳沉。

原为商承祚教授收藏。1994 年其家属捐赠给深圳市博物馆收藏。

13. 章炳麟篆书七言联

现代。

纵 130 厘米，横 28.2 厘米。纸本，绫裱。

篆书七言联“对人芳药缁缁出，近日浮云细细开”。

上款行书“书赠乙青”。下款“章炳麟”。钤白文“章炳麟印”、朱文“太炎”印。

此作用笔直率、劲健，风格简朴、秀雅。

原为商承祚教授收藏。1994 年其家属捐赠给深圳市博物馆收藏。

14. 吴昌硕集石鼓文七言联

民国。

纵 132 厘米，横 32 厘米。纸本，绫裱。

墨书石鼓文七言对联“横矢射虎出又中，大网载鱼硕而鲜”。

上款行书“二如先生正，集猎碣字，黄作横，又作有，本阮氏释”。下款“戊午年朝吴昌硕”。下钤朱文“俊卿之印”、白文“仓硕”印。又上联左下方有白文“缶无咎”印。

此联是吴氏七十五岁时所作，用笔凝练遒劲，气度恢弘，仍显其充沛的精力。

原为商承祚教授收藏。1994 年其家属捐赠给深圳市博物馆收藏。

15. 黄宾虹集古籀文七言联

现代。

纵142厘米，横26厘米。纸本，绫裱。

墨笔古籀“鹿洞山灵喜来客，龙潭海若会朝宗”。上联有行书题“释文鹿洞山灵喜来客，龙潭海若会朝宗”。

落款“宾虹集古籀文字并书”。钤白文印“黄宾虹”。

此作结体颀长秀丽，用笔极具金石趣。

原为商承祚教授收藏。1994年其家属捐赠给深圳市博物馆收藏。

16. 陈遵“芦雁图”轴

明。

纵134厘米、横58.5厘米。纸质，设色，绫裱。

以写意手法画荷塘土坡上一只芦雁转颈曲身，勾爪理羽，其旁荷叶擎伞，莲花盛开。

落款“壬子秋日写，陈遵”。钤白文“陈遵之印”、朱文“汝循氏”两方印章。

整幅画用笔简练，造型准确，形态生动。

1982年九龙海关移交给深圳市博物馆收藏。

17. 赵备“万竿烟雨图”卷

明。

纵29厘米、横408厘米。纸质，墨笔，绫裱。

墨绘山水、竹子长卷。巧妙之处在于描绘万竿修篁的同时，还表现了洲渚坡陂，润之于风雨云烟，生动地表现了江南乡野的幽静和湿润。

后有题记：“半岩流涧水潺潺，万玉参差翠黛间，□□清风收不住，又随寒雨过秋山”。落款“四明湘道人赵备写”及白文朱印“赵备私印”一方。旁有收藏章“契斋暂保”、“永安沈氏藏书画印”、“万草山房”朱印。

作者以纤细工致之笔墨所绘的竹林，或远或近，或隐或现，或疏或密，或聚或散，其间杂以怪石、流泉，远近层次分明自然，浓淡变化富有节奏。

商承祚教授收藏。1994年其家属捐赠给深圳市博物馆收藏。

18. 任颐“桃花白鸡图”轴

清。

纵136厘米、横54厘米。绢质。

设色绘繁花怒放的桃花树下有一白鸡缩颈作觅食状。作者用没骨法绘粉红的桃花和嫩绿桃叶，以淡墨烘染粉白晕点的白鸡，活现出蓬松的羽毛质感。

任颐“桃花白鸡图”轴

左上角题“光绪乙酉（1885年）春三月时望山阴任颐伯年画写”。旁有“颐印”朱印一方。左下角有“邓拓欢喜”方印一方。

原为邓拓先生收藏。1984年其夫人丁一岚女士捐赠给深圳市博物馆收藏。

19. 汪琎“竹林清夏图”轴

清。

纵101厘米、横44.3厘米。绢质，设色，绫裱。

绘一山耸立于画面上方，云雾缭绕，瀑布高悬直下，近处茂密的竹林中，掩映着茅舍一座，室内案几上放着书函，门前石台上有烹茶火炉，一旁的修竹下书童在玩耍，主人却不见踪影。左上角题“甲戌（康熙三十三年，1684年）夏日仿赵文敏竹林清夏图，唐罗山汪琎”。

下有朱印二方，一为篆书阴文“汪琎之印”，一为篆书阳文“汝阳”。

整个画面充满了幽雅、安详、静谧的气氛。

1983年深圳市博物馆收购。

20. 郑燮“四面风竹图”轴

清。

纵143厘米、横74厘米。纸质，水墨，绫裱。

水墨绘一巨石兀立，旁出秀竹几枝，苍翠欲滴，天趣自生。此画以淡墨作折带皴画石，嶙峋之态趣生，竹叶皆实按虚起，一抹而成，老嫩分明，浓淡自然。

上有题跋诗一首："咬定青山不放松，主根原在乱崖中，千磨万折还坚劲，任尔癫狂四面风。充轩老父台老先生政，板桥郑燮。"下有白文朱印"郑板桥"、"书而作画"各一方。左下角有收藏印二枚，印文不清。

原为商承祚教授收藏。1994年其家属捐赠给深圳市博物馆收藏。

21. 任薰"海屋添筹图"轴

清。

纵178厘米、横91.5厘米。纸质，设色，绫裱。

内容为"麻姑海屋添筹"，绘二仙女站立云端，微倾身躯，将手中的筹签向下方云隙处露出一角的屋宇抛去，为人间增寿降福。

左上角有"同治庚午（1870年）夏五月阜长任薰写于吴门廙斋"，并有篆书阴文"任薰之印"朱印一方。

原为商承祚教授收藏。1994年其家属捐赠给深圳市博物馆收藏。

22. 任预设色花鸟、常笑山行书诗文成扇

清。

扇面长53厘米，扇骨高32.9厘米。竹骨纸质成扇。

纸质扇面一面是设色绘花鸟图，并题有"偶忆及宋人明月宿鸟图粉本，漫拟一过，乙酉（1835年）冬仲应质卿仁兄大人大雅之属，立凡任预"，下有朱印"任预"、"立凡"各一方。

另一面为常笑山行书诗文28行，行8字，后有题字："质卿仁兄大人正，笑山常"。下有朱印"恭常印"一方。

原为商承祚教授收藏。1997年其家属捐赠给深圳市博物馆收藏。

23. 苏六朋人物图扇册

清。

纵18.5厘米，横54厘米。纸本，淡设色。

计四开：一绘两个头戴笠帽的老人携一书童，骑驴行走在山间路上，左上自题"仿唐解元笔意画，□山南水之桥，枕琴苏六朋作"；

二写一群文人在山林岩石旁书画、弹琴等活动，左上自题"□□二兄大人属正，己酉（1849年）□□□□六朋"；

三据唐人诗意绘一长者坐在路旁山石上，观赏眼前的红叶，旁有书童，路边仆人伫候轮车旁，左上自题唐诗“停车坐赏枫林晚，霜叶红于二月花，写唐人句意，□□二兄大人正，六朋”；

四画山林瀑布下，一长者躺卧在松旁岩石上，会见前来拜访的三位客人，来访者身后有捧物随侍的小童，左上自题“写意，道长大兄属，咸丰五年（1855年）□□二月六朋”。

一、三、四页分别钤白文篆书“枕琴”印，第二页钤“六朋”葫芦形朱文印。

此册各扇页画面简洁，情致优雅，古趣盎然。

1987年深圳市博物馆购藏。

24. 何香凝“虎啸图”轴

1910年留学日本期间所绘。

纵82厘米，横40厘米。绢质，绫裱，设色。

绘一猛虎在山坡上昂首长啸，双目如炬，须毛怒张，毛色斑斓，虎尾如鞭，威武雄健，生动引人。

图右上有其夫兄廖恩焘题记六行，行字不等。其下篆书阳文“忏盦”、“索浮山人”朱印二方。画上诗堂处有商承祚教授题记。

原为商承祚教授收藏。1994年其家属捐赠给深圳市博物馆收藏。

25. 徐悲鸿“柳鹊图”轴

民国。在四川重庆为商衍鎏所画。

纵105.8厘米、横34.3厘米。纸质，绫裱。

何香凝“虎啸图”轴

水墨绘柳枝扶疏，从右至左斜伸而出，柔软细长的枝条随风轻拂，一只喜鹊迎风作振翅飞翔。

左上角题“藻亭先生方家教正，戊寅（1938年）始夏悲鸿”。下有朱印“徐悲鸿”一方。

此画画面疏朗，笔墨简练，线条流畅。

原为商承祚教授收藏。1994年其家属捐献给深圳市博物馆收藏。

26. 溥儒“空山秋雨图”轴

现代。

纵113厘米、横48厘米。纸质，设色，绫裱。

设色绘两山夹峙的空山幽谷中楼阁高耸，溪流潺潺，山头丛翠错落，近处群松虬结，水阁内二人对坐闲话，重楼中有人谈经论道，小桥上一人曳杖前往，小童携琴紧随其后。

右上角题诗“空山秋雨晦，端居日多暇，时有幽人来，邂逅松风下，心畬”及“旧王孙”、“溥儒”朱印二方，“长毋相忘”闲章一方。

此作笔墨秀润，色调明快，淡雅俊逸，实为佳作。

原为商承祚教授收藏。1994年其家属捐赠给深圳市博物馆收藏。

27. “军假司马”铜印

东汉。

方台形。长2.2厘米，宽2.2厘米，高1.9厘米。上有桥形钮。

印面阴刻篆书“军假司马”四字。“军假司马”为两汉时期领兵武官，据《后汉书·百官志》记载，两汉时期，大将军营有五部，各部有校尉一人，军司马一人，校尉所领营部置军司马以佐之。若不置校尉之部，则置军司马为长官，又置军假司马、假候为副职，军假司马秩比千石。

河南省博物馆1985年征集。1996年调拨给深圳市博物馆收藏。

28. “骑部曲将”铜印

东汉。

方台形。长2.2厘米，宽2.2厘米，高2厘米。上有桥形鼻钮。

印面阴刻篆书“骑部曲将”四字。部曲为汉晋时期军队编制，将军领军者下辖有部，部下辖有曲。部以部校领之，曲以军候领之。此印应为统领骑兵部曲将领的印章。

河南省博物馆1985年征集，1996年调拨给深圳市博物馆收藏。

29.“朔方将军章”铜印

汉。

方台形。长2厘米，宽2厘米，高2厘米。龟钮。

印面阴刻隶书“朔方将军章”字，微残。按《后汉书·百官志》载：“将军不常置”，本注曰：“掌征伐背叛。”又载：“前后左右杂号将军众多，皆主征伐，事讫皆罢。”“朔方”为西汉时期朔方刺史部，位于今内蒙古、宁夏、陕北一带，属汉代边陲，推测“朔方将军”属汉代临时设置的驻扎在朔方刺史部的官职。

此印为缉私文物。1995年12月深圳市文物管理委员会办公室移交给深圳市博物馆收藏。

30.“京兆尹印”封泥

汉。

圆形，扁平体。厚0.8厘米，直径3厘米。

正面上端及左旁边棱凸起，中间凹下平整，印有“京兆尹印”阳文篆体。背面留有封发物件时用绳捆缚痕迹凹槽一道，凹槽两边布满席纹。京兆尹为西汉京畿地方行政长官，参与朝政，位列九卿。

原为商承祚教授收藏。其家属于1994年捐赠给深圳市博物馆收藏。

六、砖刻、石雕（刻）、碑刻

1.“熹平四年”砖

东汉。

砖为长方形，呈暗红色。残长20厘米，宽17厘米，厚58厘米。

砖的一侧拍印“熹平四年”，即公元175年，为东汉灵帝刘宏年号。

1986年在深圳市宝安西乡街道铁仔山一砖室墓出土，共发现了三块，此为其中之一。现藏深圳市博物馆。

2.青龙、朱雀画像砖

东汉。

长方形，青灰色。砖两头有半圆形的榫头。长48.5厘米，宽12厘米，厚9厘米。

砖正面画有相向的青龙、朱雀各一只，其外围有边框。砖一侧有绳纹，另一侧与背面为素面。此砖花纹线条流畅，画像清晰。

河南省新郑郑韩故城出土。1996年河南省文物考古研究所调拨给深圳市博物馆收藏。

3. “九九乘法口诀”砖

东汉。

长方形，长37厘米，宽17厘米，厚4厘米。

“九九乘法口诀”砖

砖面拍印菱形网格纹，并有青黄色斑。其中一面菱形网格纹占砖面三分之二，余三分之一面竖向阴刻“九九乘法口诀”，字两行：第一行从中间开始刻“三九二十七，二九十八，四九三十六”；第二行自上而下刻“九九八十一，八九七十二，七九六十三，六九五十四，五九四十五”。字是在砖坯未干时所刻，为隶书体，字迹清晰，但不甚工整。

此砖是目前我国汉墓中出土的唯一一块乘法口诀刻文砖。

1981年在深圳市南头红花园M3东汉墓出土。现藏深圳市博物馆。

4. 教子学书砖雕

金元时期。

长方形，扁平体。长27.4厘米，宽24.2厘米，厚4.7厘米。

砖正面四周雕凹下的壶门，壶门内浮雕内容为：右侧为一童子坐于方桌后，桌前卧一只仰首的小猫，桌上有书、石板，童子右手执笔于石板上，仰脸视母作询问状；其母坐于方桌左侧椅上，左脚置于椅前足踏上，右腿搁于左膝上，右手抬起作解说手势。

此砖雕形象逼真传神，为研究金元时期建筑、雕刻艺术和社会风气提供了实物资料。

1993年国家文物局拨交给深圳市博物馆收藏。

5. 打马球砖雕

金元时期。

长方形，扁平体。长24厘米，宽21.5厘米，厚6厘米。

砖正面四周雕凹下的壸门，壸门内浮雕一打马球骑士，骑士方脸，眉清目秀，头戴弯脚幞头帽，身穿长袍，足蹬马靴，骑于马背上。左手执缰，右手持球杆，作击球状。马备鞍鞯，马尾打花结，四蹄作奔跑状，一蹄腾空。古称打马球为“击鞠”，唐宋时盛行，至金元仍沿袭。

1993年国家文物局拨交给深圳市博物馆收藏。

6. 赤湾天后庙石狮

清。

原位于南山区蛇口赤湾天后庙。

一对。花岗岩雕琢而成。雄狮长165厘米，宽65厘米，高188厘米；雌狮长169厘米，宽64厘米，高189厘米。

两狮均作蹲踞状，张口露齿，并各含珠一枚，双眼圆突，鼻孔上扬，双耳后张，右足微提，左足斜立于长方形底板，双后足作踞坐状，尾向上扬起，后披呈伞盖状，狮的毛发均作卷毛螺旋纹状。雄狮头部向右侧视，右足爪下有一球，底板右侧边上刻“嘉庆丙子年（1816年）仲春”七字；雌狮头部向左侧视，右足爪下有一幼狮，底板左侧边上刻“南海谢天佑敬送”七字。

两狮雕工娴熟，线条精细流畅，虽略有残损，但仍不失威猛气势。

1983年深圳市博物馆工作人员在赤湾天后庙遗址征集。现置于深圳市博物馆南广场。

7. 赖恩爵墓石人石马

清。

原位于龙岗大鹏街道大坑山鸡爬地赖恩爵废弃墓地。包括石人一对，石马一对。均有局部残损。

石人一为文官，高195厘米，宽60厘米，厚35厘米，作站立状，方形面，长髯，双目前视，头戴冠，身穿宽袖长袍，袍上刻有海水云龙纹，右手置于腹前，左手执一笏板，下有方形台座。

另一石人为武官，高195厘米，宽63厘米，厚34厘米，作站立形，方形面，长髯，双目前视，头戴冠，着甲胄，身右边披宽袖长袍，腰系革带，右手作扶革带状，左手握佩剑，袍衣上刻云纹，袍衣下端露出双靴，下有方形底座。

石雕立马均长148厘米，高153厘米，其一宽51厘米，另一宽49厘米。均昂首闭嘴，双目前视，备鞍韀、马镫，四足直立于长方形底座上。

1983 年秋深圳市博物馆发现并征集。现置深圳市博物馆南广场西侧。

8. 圭形造像碑

北朝。

圭形。石质。长 46.5 厘米，宽 27 厘米，厚 12 厘米。

正面浮雕造像分两层：上层为一佛二菩萨，佛为坐姿，手施无畏印，两旁胁侍菩萨站立在俯莲台上，一菩萨双手合十，一菩萨手中拿一长剑形物；下层为相向蹲踞的两狮子。佛头部、手指及狮子稍残。

深圳边防分局缉私文物。1990 年广东省文物管理委员会拨给深圳市博物馆收藏。

9. 南头古城“重建参将府记”碑

原位于南头中学西侧。

明万历癸未年（万历十一年，1583 年）。

青石质。圆首方身。高 139 厘米，宽 75 厘米，厚 15 厘米。

碑额阴刻“重建参将府记”六个篆字。碑身边线刻卷草纹。碑文为楷书，共20行，行 28 字。为新安县儒学教喻周继董撰。文字有漫漶，碑有残伤。碑文为：“将府之设其来久矣，新安襟带莽海，倭酋凭险四出，汛期则藉督舟沛，以捍出境，外暇则奠兹运筹，以坐哨不轨。卷舒呼吸，生灵安危，攸仗甚矣。将府之不能已于设也。旧府位城南，形势逼次陋，迄今二百余载。倾□□秋，风雨大注，圮颓无完宅。东望秦公经国，滇东人也，以本粤都闽荣耀，游击莅任，旁际期无阿，旋度城西善地，俨然门布足观，间杂军营旷土，遂捐俸售合为一址，日内详诸。两营暨巡海存敬朱公东光，海防阳山朱公一柏，相计共事，佥蒙俞允，即小吉构造，前之木石砖瓦，不及腐毁，足堪营善矣。移仍如故，余所缺挨，补缉靡遗，首诿千户沈良节，持己贵以易辩，树财拓基，凿广宇鸠工趋事，筑砌挂盖，连月不休，得建正堂一座，左右寝室及广各一，带头门五间，仪门五间，土地堂三间，皂隶房十间，书舍者三，厨舍者三，而以大楼一座终焉。详稽大工之董多任，曩府故物所不数者，弗吝私囊出偿，止后座未备行，县支银助建，此外无及焉。夫力则取船兵，不骚动民间也。是举也，经始于壬午冬十月十三日，落成于癸未春三月廿八日，不伤财，不害民，苟有利于社稷，殊无惜乎劳瘁，倚与草后之莅斯也，顾宜寻其迹而思其忠，预弭防之位，贻帖席之安，务期帡幪，国家斯善也，故特纪以诏来者。新安县儒学教喻周继董谨慎。万历癸未仲夏吉日立。”

结合新安县志记载，明代沿海地区深受倭寇的骚扰，为防倭患，明王朝在新安设立南头寨。从嘉靖四十四年（1565年）起，南头寨最高职官为参将。原参将府位于南头古城南，因历久失修毁塌。至明万历十一年，由时任游击的秦经国用俸银在城西（今南头中学操场一带）购地重建。碑文详细记述了参将府重建时间、经过、资金出处和府第规模，是研究深圳明代历史和海防史的重要实物资料。

1982年6月发现，深圳市博物馆征集入馆。

10. 大鹏古城“参戎许总爷去思碑”

位于龙岗区大鹏街道大鹏古城西门外墙南侧。

清雍正十年（1732年）。

花岗岩质。高146厘米、宽72厘米。

碑额横楷书“参戎许总爷去思碑记”。碑文阴刻内容如下：“古有不忘，必志铜柱之勒，示丰功。古僻隘，榛潦荒芜，我朝始立营汛，街道宵匪。雍正四年，加升将秩，以重军权，当是任者，才略始石大总爷许讳国腾，以勋华胄子，经纬兼才，夙侍圣祖，宸泽光辉有日，今天子宠命，历任海疆，讳韬钤盛著，调任鹏营，靖共率属，爰以礼义，画为干橹，修明军纪，并播德威，廉介由其天性，赏罚出于至公，凡水务谙悉，才技长者，必行拔擢而于行阵，龙加操演，饷赡给时，体下爱人，同其甘苦，是以士饱气扬，而彼鲸影绝，桑麻扬茂，弦歌相闻，向之僻隘者，今且以舒，凡属有生，无不欢欣鼓舞，即古之伏波太傅，空远益州，何以边焉。顾德懋声隆，犹敢宁谧自安，仍得简练整饬，尽竭刍荛，夙夜匪解，明信当道鉴知，昨岁荐炎入现，天颜俞悦，今夏特授澄海协帅，成例拂许借寇，吾侪闻命，既喜具忧，如失怙恃，虽澄鹏均属粤境，由是建节全省，沾恩有日。然而，爱公厚泽，文母孔迩，倏离孺抱，恋慕之。歇能已之。爰述其概，勒诸贞民，亦之铜柱山之遗，以垂不朽。雍正拾年岁次壬子孟秋谷旦下沐恩阖营牟兵（以下署82人姓名）等同立。”

许国腾为惠州协大鹏水师营第二位参将，福建海澄人，贡生。雍正六年，以带兵有方，深谋大略，升任大鹏水师营参将。在任期间能与兵士同甘共苦，赏罚分明，因此军威大振，士气昂扬。雍正十年夏升任澄海协帅。大鹏水师营全体官兵为怀念他，特立去思碑于大鹏城西门外南侧墙边，以垂不朽。

深圳市博物馆1984年文物普查时发现，现藏于深圳博物馆。

11. 南头古城“重修观音阁”碑

原位于南头古城九街。

清嘉庆己卯年（嘉庆二十四年，1819年）。

青石质。高155厘米，宽74.5厘米，厚8厘米。

碑额刻“重修观音阁”六个楷书大字。碑文为小楷竖刻，共35行，行57字。碑文为：“邑治去都会二百四十里，延袤广狭，环海负山，倨然东南一巨街道也。署后有山，曰后山，因山之势而筑以城郭，山之麓多林木，怪石嵯峨，榕荫茂□。其西数十里，地宇恢廓，山川秀灵，遂因东城外福如庵之香火而迁于斯，乃颜之曰“观音阁”。崇祯间，邑令乌公帅同官葺而新之。我朝鼎兴以来，綦二百载而归然独存，越庚子，前令高公始集父老，葺后殿垣墉榱梅易腐以坚。迄今四十寒暑，而栋宇剥蚀，隤然欲颓。咸相与憨之，顾费伙而荚之，无从出也。岁丁丑，邦伯吴公摄篆兹土。越明年，首捐橐装，为众善倡。既而调东官，弗获就。后嗣是舒侯、孙侯，偕诸大宪，俱出资，踵成其事。前年岁己卯夏六月始揆日，僝工经营，图度分中为观音殿，后为大雄殿，左为文昌楼，楼后为僧舍，又后为维摩室，仍其旧也，右为武帝楼，楼后为财帛星君祠，即其故址。而式廓之神皆塑以金像，法相庄严，殿宇宏厂，阅五月而告竣焉。是举也，共费白金二千五百有奇。其□助男女姓氏，咸称是寺成爰。命工伐石，勒诸□助爵里姓氏于碑阴，以志重建由始。”

根据碑文记载，观音阁前身位于南头城东福如庵，后迁至城西，更名为观音阁。明崇祯年间（1628—1644年），邑令乌文明首次修葺。至清乾隆庚子年（1780年），县令高质敬召集当地父老再次修葺。嘉庆丁丑年（1817年）县令吴延扬倡议捐资重修观音阁，后任县令舒懋官、孙颖昌嗣承，众富绅都出资促成此事。修葺工程于己卯年（1819年）六月动工，历五月竣工。这次重修的观音阁规模宏大，富丽堂皇，碑文有详细记述。

1983年6月，深圳市博物馆考古人员发现并征集为馆藏。

12. 南头古城“重修观音阁碑”

原位于南头古城九街。

清道光年间刻。

青石质。高142厘米，宽72.5厘米，厚4厘米。

碑上部阴刻“重修观音阁碑”六个楷书大字。碑文右侧刻“重修观音阁序”，记载了观音阁的地理形势，壮观气象，修葺沿革，本次修葺原因，倡导捐资人，出力捐资人和上街劝捐人姓名。钟诏琦撰文，吴荣阶书，李葆周镌刻，均为竖文小楷。碑文左侧为捐资者之芳名及捐资数目。碑文许多记载填补了嘉庆《新安县志》的不足，是了解南头古城历史的重要资料。

1983年6月，深圳市博物馆考古人员发现并征集为馆藏。发现时右下角残缺一块。

13. 刘起龙“御祭文”碑

原位于龙岗区大鹏街道大鹏所城东校场刘起龙迁葬墓墓室右侧。花岗岩质。高46厘米、宽47厘米。

清道光十一年（1831年）。

楷书阴文，碑文为：“御祭文 皇帝谕祭病故原任福建水师提督刘启龙之灵曰：鞠躬尽瘁，臣子之芳踪，赐恤报勤，国家之盛典，尔刘起龙，性行绝良，才能称职，方异遐龄，忽闻长逝，朕用悼焉。特颁祭典，以慰幽魂。呜呼，宠锡重垆，庶沐匪躬之报，名垂信史，聿昭不朽之荣，尔如有知，尚克歆享。”

现藏于深圳博物馆。

14. 水贝赖英扬墓志铭

原嵌在龙岗区大鹏街道水贝社区北约1公里处的虎地龙山西坡赖英扬墓室的左侧。

清道光二十年（1840年）。

青石质。长82厘米，宽50厘米，厚5厘米。

均为阴刻隶书体，字26行，行20字。记载了赖英扬的戎马生涯及功绩：“显考云台府君，乃广州府新安县之大鹏所城人也，生于乾隆戊戌年（1778年）十二月初十日戌时。少而肆业读书，长则投笔从戎。历拔大鹏营外委，获盗著劳，升补把总。坐驾楼船，身先士卒，擒获乌石二等洋盗三百八十二名案内，升授水师提督中营千总，署理广海寨守备调署提标右营守备，署理□洲营都司，阳江街道中军游击兼获阳江街道总兵印务。续署海门营参将，题升碣石街道中军游击，历升平海营参将，署理龙门协副将。道光十一年（1831年）五月内，统带官兵剿办崖州黎匪，善后事宜告竣，旋奉奏署琼州街道总兵，续署香山协副将，奏升澄海协副将，署理碣石街道总兵官。道光十八年（1838年）正月初一日，钦奉上谕补授浙江定海街道总兵官，是年五月内到任。十九年（1839年）二月内陈请终养未遂，旋于三月初一日接到讣音，因刘太夫人在籍仙游，随报丁忧回籍守制，经营窀穸，竭尽孝思。不料道光二十年四月内忽患气喘病症，调医罔效，竟于道光二十年（1840年）六月初五日亥时在籍寿终正寝，享寿六十岁。爰为之缮述生平官阶、历任用镌诸石，以垂不朽云尔。”

1984年6月为深圳市博物馆征集，现藏于深圳博物馆。

15. 水贝赖英扬风水铭碑

原嵌于龙岗区大鹏街道水贝社区北约一公里的虎地龙山西坡赖英扬墓室的右侧。

清道光二十年（1840年）。

碑长80厘米，宽50厘米。

为小楷阴文，记述墓之形制及其风水发脉："鹏山之麓名虎地牌者，乃营葬先大人之处也。坟茔中，边石镶横亘数丈，拜堂外竖石狮华表，立石人石兽各二，盖遵熙朝定制焉。其地则寅山申向，坐箕宿二度，向参宿七度，分经之原，溯厥来龙，由蜈蚣岭发脉，大气磅礴，蜿蜒而下，顾其上则层峦叠嶂，耸翠标奇，而其下则岳峙渊亭，钟灵毓秀是亦，一阴阳和合之区也。故登斯穴者辨其形，见其山势超越，严如虎踞，因遂以渴虎饮泉，名之由是，而卜云其吉终焉。允撼以之妥，先灵裕后昆，虽不必龙耳，衿奇湖灯炫异然，于古人崇封之意，盖石惟东西面北之人有所取识，即历诸千秋百世，而下俾后嗣子孙，春秋享祀不成，犹将数典而不忘祖焉，是则区区之心也。旨道光二十岁，在尚章困敦□记述墓之形制及其风水发脉。月中浣六日立。插穴定针辉山宗先生。"

1984年6月由深圳市博物馆征集并收藏。

16. 内伶仃岛"九龙新关地界"石碑

原置于内伶仃岛南湾蚺蛇塘。

清光绪年间刻。

花岗岩质。高153厘米，宽41.5厘米，厚16.5厘米。

上部制作工整，阴刻有"九龙新关地界"六个楷书大字。下部为碑座，未雕琢，故厚薄不均，稍比上部宽大。它是研究深港历史和中国海关史的重要实物资料。

1984年6月，深圳市博物馆考古人员文物普查时发现并征集为馆藏。

17. 大坑上永兴桥碑

原立在龙岗区大鹏街道大坑上社区永兴桥东侧。

民国十七年（1928年）。

花岗岩质。高90厘米，宽56厘米。

碑额上横书"建造永兴桥芳名列左"字样。碑文为："尝闻道途平坦，行人无跋涉之难。大路康庄，往来疾趋之无碍。兹我大坑上围深圳坑处，地当孔道，为洪潦，可资永固。爰集众议，设簿签题，伏愿诸君，乐善好施，解囊相助。虽多多而益善，则小小亦无嫌。倡予和尔集腋，庶可成裘，积少成多，聚丝使用，权堪作茧。从此安澜共济，遐迩同欣，是为引。”以下为高岭、大鹏、大坑、九龙、松山、横光、水头、较场尾、田心、王母圩、花樊尾、布锦、碧洲、东涌、水贝、下沙等地115位捐款者芳名及捐美金、荷兰银及当地银两数量。其后是义务缘总理唐茂、李道、苏亮；劝缘陈士、欧威、刘水保、徐福如、徐玉锟；副理刘德等三十四名。最后为“中华民国十七年季月吉立”。

深圳市博物馆收藏。

七、革命文物

1. 戴卓民同志的铁水桶

大革命时期。

铁质。口径35.5厘米，高38.5厘米。

圆筒形。桶口配装圆形桶盖，中间有桥形提手，桶的口沿下有两个环形提把。

这是戴卓民同志在香港、广州和宝安从事革命活动时使用过的水桶。

戴卓民同志是大鹏人，曾任中华全国总工会执行委员。1925年“五卅”运动后被党派往香港发动工人罢工。

1984年其后人戴平捐献给深圳市博物馆收藏。

2. 广东人民抗日游击队东江纵队胸章

抗日战争时期。

双层白布，手工缝纫。长7.5厘米、宽5.7厘米。

上印有红色“五角星”一个，蓝色的边框和文字。文字为“广东人民抗日游击队东江纵队”，其下有一个较大的“抗”字。

背面亦印有蓝色边框及“工”、“1945”、“79”、“姓名”，下有墨书“彭成麟”三字。

1984年深圳市博物馆征集并收藏。

3. 东江纵队司令部文件柜

抗日战争时期。

竖长方形木柜。面阔123.5厘米，高270厘米，厚53厘米。

四方体短足。原施棕红色油漆，现已剥落。正面开两扇门，右扇门上有铜拉手，柜内分左右立格，横格有五层。

此柜为抗日战争时期广东人民抗日游击队东江纵队司令部的文件柜。

1982年深圳市博物馆从宝安区（今龙岗区）葵涌街道土洋社区原东江纵队司令部旧址征集收藏。

4. 曾生同志的文件箱

抗日战争时期。

铁皮。一对。长方体。其一长47.3厘米，宽36.5厘米，高36.3厘米；另一长47.5厘米，宽36.5厘米，高37厘米。

箱盖一端固定，一端开合，并有搭扣和拉手。箱体外壳涂绿色油漆。因年代久远，箱体变形并略有破损，油漆亦有剥落。

两铁箱是曾生同志在抗日战争时期使用过的文件箱。

1984年曾生同志捐赠给深圳市博物馆收藏。

5. 曾生同志的床单

抗日战争时期。

棉布质。床单仅存一部分。长127厘米，宽128厘米。

黑白线交织，灰色条带纹，另一端有被剪断的痕迹，有破洞和补丁。

此被单为抗日战争时期东江纵队司令员曾生同志随身所用之物。1986年曾生同志夫人捐赠给深圳市博物馆收藏。

6. 王作尧同志的钢笔

抗日战争时期。

长11.3厘米，帽径1.15厘米。

笔杆为黑色，伴有金黄色斑纹。“14K”金笔尖，上刻有“SHEAFFERS”。笔套上有一金属扁体状的笔夹，笔套略有裂纹，顶刻阳文“何小冰”。

何小冰为何瑛同志的别名，何瑛同志是东江纵队老战士，是王作尧同志的夫人。这支钢笔是1941年广东人民抗日游击队第五大队缴获的战利品，交由大队长王作尧使用。

王作尧同志曾任广东人民抗日游击队第五大队大队长、东江纵队副司令员。解放后曾任武汉军区空军副司令员、广东省人大副主任等职务。

1984年王作尧、何瑛同志捐赠给深圳市博物馆收藏。

7. 彭沃同志的铜印

抗日战争时期。

青铜质。长方体。长 0.7 厘米，宽 0.4 厘米，高 1.6 厘米。

顶端正中有一圆孔，内装一圆环，作为印钮用。印面刻有阳文“彭沃”二字，一侧刻阴文楷书“于广东”。

此印是其在抗日战争时期所使用。

1984 年彭沃及其夫人杨素同志捐赠给深圳市博物馆收藏。

8. 赖仲元同志的开国大典纪念章

1949 年。

金属质。长 3.2 厘米，宽 1.8 厘米。

半圆形，扁平体。上部饰五星及红旗纹。边沿有短直线纹。下部作长方形方框，框内铸有“中华人民共和国纪念”字样。背面镶别针一枚。表面油漆有剥落。

这是中国人民解放军第三野战军代表赖仲元同志参加开国大典时佩带的纪念章。

1984 年赖仲元同志捐赠给深圳市博物馆收藏。

9. 邓小平同志使用过的铁锹

现代。

共五把。通长 95.8 厘米，宽 23 厘米。

锹头为方形内凹，圆尖首，呈黑色。锹体中间有向后突起的圆形銎。銎内镶有木杆，木杆顶部镶红色的“丫”形铁皮和木质握手，木把呈黄白色。杆上烙有飞燕商标及中英文“飞燕牌”字样等。

此为邓小平同志 1992 年 1 月 22 日南巡深圳时，与家人在仙湖植物园种植高山榕树时使用过的工具，是小平同志关怀深圳特区建设，推动进一步加快中国改革开放的重要物证。

1997年2月28日，深圳市园林总公司总经理郭荣发同志等送交深圳市博物馆收藏。

八、其他文物

1. 日军绘制的广东东部地区军事地图

1938 年。

纸质。长方形，纵 77.5 厘米，横 108 厘米。

彩色铅印广东省东部地区三十万分之一军事地图。地图标明各县街道的地理位置、河流、山脉、社区村庄、公路、铁路、乡间小道，以及要塞、炮台、港口、水渠、桥梁、自动车道、沿海岛屿等，还注明“要侦察”、“树木急峻”以及“细部不详”等。地图还注明系“昭和十二年（1937年）十一月制版。昭和十三年七月修正，陆地测绘部，昭和十三年（1938年）七月调制，参谋本部”。卷首有“军事秘密”、“部外秘”等字样。有折伤皱裂痕。

此系日本侵华的罪证，为东江纵队战士所缴获。

1984年彭沃及夫人杨素同志捐赠给深圳市博物馆收藏。

2. 康有为致商衍鎏信札折页

民国。

纸质。纵17—18厘米，横10—16厘米。

墨书楷书或草书信札四封，为1919年康有为致商衍鎏的书信。装裱为六开。尊称为藻亭侍讲仁兄，其中一封书札落款为：“己未十月康有为”，并有康氏朱印一方。此信札反映了当时两人的交往情况，具有一定的文献价值。

原为商承祚教授收藏。1994年商承祚教授家属捐赠给深圳市博物馆收藏。

3. 商衍鎏撰并书《画竹一得浅说》线装稿本

现代。

竖方形白宣纸质线装手稿。共48张95页。长32.5厘米、宽20.6厘米。

每页楷书九行，行21字。书签题《画竹一得浅说》，下有注释“自画竹二十幅，附徐宗浩临柯九思竹谱”，并有“商衍鎏暌”、“甲辰探花”朱印各一方。正文有“商衍鎏撰辑手书”。内容目录：画竹入门之基础、画竹应用之工具、画竹参考之谱录、写竿节枝叶法与竹忌、画竹参考画本之资料。

此手稿为其1960年亲撰并手书画竹心得。

1994年商承祚教授家属捐赠给深圳市博物馆收藏。

第四章　非物质历史文化遗产

第一节　民间艺术

上梅林凉帽带、围裙带纺织技艺

上梅林村位于深圳市福田区北部。上梅林凉帽带和围裙带是一种彩色织花丝织品。是以六种颜色的丝线为原料，完全用手工编织而成的。此工艺流传于老宝安（现深圳）大部分客家及粤语地区。

据第三代传承人邓英莲介绍，这种丝织带产生于明朝。最初是用手随意编成的，简单粗糙，无花纹，宽窄、厚薄也不均匀。在明末清初，发明了带翘和带筒两种手工工具，使编织技艺有了质的突破，织成的带子光洁平整，均匀细密，宽窄一致。到清中期以后，又发展到能编织出各种图案，并在编织图案的过程中形成了口诀，使这种编织工艺趋于成熟，最终发展成为一门民间手工技艺。

这种丝织带不需用任何机械，纯粹以手工编成，而且必须按口诀进行，要求技艺程度较高，具有明显的手工特征、技术特征；同时，不同的色彩搭配，不同的图案设计，不同的工艺技术，又包含了不同纺织者的不同性格爱好、文化素养、审美情趣和美学追求，所以富于文化特征。这种丝织带既有实用价值、艺术价值，还有一定的商业价值。

第二节 民间风俗

下沙黄氏宗亲祭典

下沙位于深圳市福田区西南部。南宋时期，江夏黄氏后裔黄峭山的第十四代孙黄默堂，来到下沙开基立村，黄氏宗亲祭祖习俗于此时开始。

祭祖最初只是每天早晚在祖宗牌位前上香、叩首。至南宋淳祐八年，黄默堂去世葬于莲花山，其子孙开始每年春秋两季到墓地祭祖。到九世祖黄思铭时期，下沙黄氏家族进入重要发展时段，后人于明朝末年在村内建“黄思铭公世祠”纪念他，每年春秋两季，墓祭、祠祭的祭典仪式也有了完整、严密的固定程序，且代代延续至今。

改革开放后，旅居海外的黄氏后裔每年派代表回国参加祭祖。2004年秋祭，回国祭祖达1500人，来自美国、英国等13个国家。祭祖要举行大盆菜宴，2002年春祭举办大盆菜宴5319席，参加人数达6万人，来宾遍及海内外，故大盆菜宴被评为“世界基尼斯之最”。

黄氏宗亲祭典传承了800年，仪式规范，保存完好，具有开拓创业的文化特征，也具有一定的历史价值和学术价值；它规模大，影响广，对促进国内外经济文化交流，加强与海外华人、台港澳同胞的紧密联系，增强民族凝聚力，促进祖国统一，也具有一定价值。

第五章　历史名人

一、黄石

黄石（1221—？），号秋崖，东莞县沙头东涌（今福田区沙头下沙村）人。

敕赐迪功郎。南宋淳祐十二年（1252年）以礼记领乡荐（中举人）。开庆元年（1259年）进士，是深圳地区见载的最早的进士。

二、黄耀庭

黄耀庭（1863—1913），原名黄恭喜，绰号“盲公喜”，福田区沙头下沙村人。

广州、惠州一带的洪门首领之一。光绪二十六年（1900年），黄耀庭在新加坡加入兴中会，孙中山给他取名叫“耀庭”。同年春夏间，黄耀庭等与孙中山往来于南洋、日本、香港间，并在香港青山农场设立据点，筹备惠州三洲田起义。后又至三洲田一带（今深圳盐田区）活动，筹备反清武装起义。起义后，黄耀庭被任命为起义军的先锋官，以英勇善战闻名于起义军中。起义失败后，黄耀庭等先退往香港，后又避居新加坡，与黄远香等悬壶行医。

三十一年（1905年），孙中山赴南洋，受到黄耀庭等热烈欢迎。黄耀庭等十二人与孙中山一起，以新加坡晚晴园为会所，开设同盟会分会，领导南洋的反清革命斗争。三十二年（1906年），黄耀庭奉孙中山之命，自新加坡往香港筹划潮州黄冈起义。

辛亥革命成功后，黄耀庭回到家乡定居。孙中山曾请黄耀庭出来做官，黄耀庭婉拒。

1913年不幸去世。

附　　录

一、福田区文物保护单位一览表

1. 省级文物保护单位

序号	保护单位名称	类别	时代	地理位置	公布时间
1	黄默堂墓	古墓葬	宋	福田区莲花山	2002.7.17

2. 市级文物保护单位

序号	保护单位名称	类别	时代	地理位置	公布时间
1	深圳革命烈士纪念碑	近现代重要史迹及代表性建筑	现代	福田区烈士陵园	1988.7.27
2	黄思铭公世祠	古建筑	清	福田区下沙社区	1998.7.15

3. 区级文物保护单位

序号	保护单位名称	类别	时代	地理位置	公布时间
1	怀德黄公祠	古建筑	明—清	福田区上沙社区	2001.10.16
2	下梅林梅庄黄公祠、龙母宫	古建筑	明—清	福田区上梅林社区	2001.10.16
3	下梅林郑氏宗祠	古建筑	清	福田区下梅林社区	2001.10.16
4	新洲简氏宗祠	古建筑	清	福田区新洲社区	2001.10.16
5	石厦杨侯宫	古建筑	清	福田区石厦社区	2001.10.16
6	石厦碉楼及宗祠	古建筑	清	福田区石厦社区	2001.10.16
7	潘英吾夫妇墓	古墓葬	明	福田区石厦社区	2001.10.16
8	龙秋古井	古建筑	明—清	福田区水围社区	2003.4.14
9	庄琼英夫妇墓	古墓葬	清	福田区莲花山公园内	2003.4.14
10	庄万桢墓	古墓葬	清	福田区莲花山公园内	2004.5.28
11	郑韩氏、郑蔡氏合葬墓	古墓葬	清	福田区莲花山公园内	2004.5.28

二、福田区未定保护级别文物一览表

1. 祠堂

序号	名称	地点	时代	备注
1	怀德黄公祠	沙头上沙村	清	现代重修 三进三开间二天井
2	碧州莫公祠	沙尾东村268号	清同治年间	现代重修 二进三开间一天井
3	赵氏宗祠	石厦村	清光绪年间	现代重修 二进三开间一天井
4	潘氏宗祠	石厦西村3号	清光绪年间	现代重修 二进三开间一天井
5	思铭黄公宗祠	沙头下沙村	明	现代重修 三进三开间二天井
6	简氏宗祠	新洲祠堂村	清乾隆年间	现代重修 三进三开间二天井
7	郑氏宗祠	下梅林村	清	现代重修 二进三开间一天井
8	温氏宗祠	沙尾西村	清	现代重建
9	梅庄黄公祠	上梅林祠堂村	清	现代重建
10	庄氏宗祠	黄岗村下围三坊	清	三进三开间二天井
11	同福梁公祠	沙尾东村	清	现代重建
12	欧氏宗祠	沙嘴村	清	已毁，仅存建筑构件及“欧氏宗祠”匾额
13	文蔚阁	岗厦村	清	现代重建

2. 宫观庙宇

序号	名称	地点	时代	备注
1	龙母宫	上梅林祠堂村	明	清重建 现代重修

2	陈杨侯古庙	沙头下沙村	清道光年间	现代重修 二进三开间一天井
3	杨侯宫	石厦东村	清	现代重修 二进三开间一天井
4	天后宫	沙头上沙村	清	现代重修 二进三开间一天井
5	洪圣宫	沙嘴村	清	现代重建

3. 炮楼

序号	名称	地点	时代	备注
1	炮楼	新洲祠堂村	清	高三层 土木结构
2	炮楼	沙尾东村	民国	高三层 土木结构
3	炮楼	石厦村	清	高五层 土木结构

4. 古井

序号	名称	地点	时代	备注
1	古井	新洲祠堂村	民国	方形 青砖石砌制
2	古井	下梅林村	民国	圆形砖券
3	古井	岗厦西村	民国	圆形砖券
4	古井	沙尾东村	民国	圆形砖券
5	古井	沙尾东村	民国	圆形砖券
6	古井	沙尾西村	民国	圆形砖券
7	古井	沙尾西村	民国	圆形砖券

三、福田区馆藏文物一览表

序号	名称	时代	级别	质地	规格（厘米）	收藏单位	备注
1	室警氏狼鳍鱼化石	中生代晚侏罗—早白垩纪		化石	长 26 厘米，宽 21.2 厘米	深圳市博物馆	

2	北票鲟鱼化石	中生代晚侏罗—早白垩纪		化石	长 21 厘米，宽 12.3 厘米	深圳市博物馆	
3	矢部龙化石	中生代晚侏罗—早白垩纪		化石	长 74 厘米，宽 35 厘米	深圳市博物馆	
4	鹦鹉嘴龙化石	中生代晚侏罗—早白垩纪		化石	长 26.5 厘米，宽 15 厘米	深圳市博物馆	
5	中华白鲟化石	中生代晚侏罗—早白垩纪		化石	长 53 厘米，宽 25 厘米	深圳市博物馆	
6	石磨盘	新石器时代裴李岗文化		石器	长 56.5 厘米，宽 9.8 厘米，高 6.5 厘米	深圳市博物馆	
7	磨棒	新石器时代裴李岗文化		石器	长 31.5 厘米，最大径 4.8 厘米	深圳市博物馆	
8	石镰	新石器时代裴李岗文化		石器	长 13.5 米，厚 0.5 厘米，高 5.8 厘米	深圳市博物馆	
9	有段石锛	新石器时代		石器	长 6 厘米，宽 3.8 厘米	深圳市博物馆	
10	双兽首玉石雕	新石器时代红山文化		玉器	长 7.2 厘米，宽 3.9 厘米	深圳市博物馆	
11	玉石猪龙	新石器时代红山文化		玉器	长 6 厘米，宽 5.2 厘米，厚 1 厘米	深圳市博物馆	

12	玉玦	春秋		玉器	直径2厘米，高2.3厘米	深圳市博物馆	
13	夔龙玉璜	春秋		玉器	长4.4厘米，宽1.3厘米，厚0.3厘米	深圳市博物馆	
14	龙首玉璜	战国		玉器	长5.8厘米，宽1.6厘米，厚0.4厘米	深圳市博物馆	
15	双耳红陶壶	新石器时代裴李岗文化		陶瓷器	口径4厘米，高16.8厘米	深圳市博物馆	
16	彩陶盆	新石器时代仰韶文化		陶瓷器	口径40厘米，底径11.8厘米，高17厘米	深圳市博物馆	
17	弦纹彩陶壶	新石器时代马家窑文化		陶瓷器	口径8.8厘米，底径10.5厘米，高29厘米	深圳市博物馆	
18	菱格锯齿纹彩陶壶	新石器时代马家窑文化		陶瓷器	口径16.3厘米，高42厘米	深圳市博物馆	
19	鸟纹彩陶壶	新石器时代马家窑文化		陶瓷器	口径8.3厘米，底径9厘米，高12.3厘米	深圳市博物馆	
20	夔纹硬陶釜	春秋时期		陶瓷器	口径39.3厘米，高37厘米	深圳市博物馆	
21	灰陶跽坐俑	秦代		陶瓷器	高68厘米	深圳市博物馆	
22	彩绘陶坐俑	西汉早期		陶瓷器	高31.8厘米	深圳市博物馆	

23	绿釉陶望楼	东汉		陶瓷器	底层长 32.3 厘米，宽 31 厘米，通高 87 厘米	深圳市博物馆	
24	青釉鸡首壶	南朝		陶瓷器	口径 6.5 厘米，底径 6.5 厘米，高 17.8 厘米	深圳市博物馆	
25	青釉	北周		陶瓷器	口径 8.5 厘米，底径 10 厘米，高 21 厘米	深圳市博物馆	
26	彩绘陶女俑	唐代		陶瓷器	高 30 厘米	深圳市博物馆	
27	三彩陶武士俑	唐代		陶瓷器	高 85 厘米	深圳市博物馆	
28	黄釉胡人牵马俑	唐代		陶瓷器	高 48 厘米	深圳市博物馆	
29	褐绿彩花鸟纹执壶	唐代		陶瓷器	口径 8.6 厘米，底径 9.5 厘米，高 18.4 厘米	深圳市博物馆	
30	青釉执壶	五代—北宋		陶瓷器	口径 5 厘米，底径 9 厘米，高 21 厘米	深圳市博物馆	
31	绿釉绞胎花枕	北宋早期		陶瓷器	长 21 厘米，宽 12.5 厘米，高 10.8 厘米	深圳市博物馆	
32	青釉盘	金代		陶瓷器	口径 15.3 厘米，底径 4.8 厘米，高 3.3 厘米	深圳市博物馆	

33	青釉五管瓶	宋代		陶瓷器	口径8.8厘米，底径8.8厘米，通高31厘米	深圳市博物馆	
34	梅瓶	元代		陶瓷器	口径6.5厘米，底径14.3厘米，高36.6厘米	深圳市博物馆	
35	连座梅瓶	元代		陶瓷器	口径3.5厘米，底径4.7厘米，高16.7厘米	深圳市博物馆	
36	青花海螺纹碗	明代		陶瓷器	口径13.2厘米，底径5.9厘米，高7厘米	深圳市博物馆	
37	彩绘陶院落	明代		陶瓷器	面阔91厘米，进深112厘米，通高40厘米	深圳市博物馆	
38	孔雀蓝釉香炉	明代		陶瓷器	口径13厘米，通高14.5厘米	深圳市博物馆	
39	青花“洪都新府图”海碗	清代		陶瓷器	口径46.4厘米，底径24.8厘米，高21.9厘米	深圳市博物馆	
40	青花折枝花卉纹六方尊	清代		陶瓷器	口径19.8厘米，底径23.8厘米，高66.5厘米	深圳市博物馆	
41	“丙”簋	商代		青铜器	高16厘米	深圳市博物馆	
42	饕餮纹爵	商代		青铜器	流长15.2厘米，通高9.8厘米	深圳市博物馆	

43	饕餮纹觚	商代		青铜器	口径 15.1 厘米，底径 8.5 厘米，通高 24.8 厘米	深圳市博物馆	
44	饕餮纹钺	商代		青铜器	长 16.6 厘米，宽 11.3 厘米	深圳市博物馆	
45	虺纹附耳鼎	西周		青铜器	口径 21 厘米，通高 18.5 厘米	深圳市博物馆	
46	窃曲纹双兽首耳带盖簋	西周		青铜器	口径 20.2 厘米，通高 25.4 厘米	深圳市博物馆	
47	“硕父”鬲	西周		青铜器	口径 18 厘米，高 13.3 厘米	深圳市博物馆	
48	“虢宫父”鬲	西周		青铜器	口径 17.1 厘米，高 12.2 厘米	深圳市博物馆	
49	“虢宫父”盘	西周		青铜器	口径 32.8 厘米，高 12.8 厘米	深圳市博物馆	
50	窃曲纹分体方甗	西周		青铜器	口径 29.4 厘米 × 24.6 厘米，通高 39.5	深圳市博物馆	
51	窃曲纹带盖方壶	西周		青铜器	口径 16.2 厘米 × 12 厘米，通高 47.5 厘米	深圳市博物馆	
52	蟠螭纹立耳鼎	春秋时期		青铜器	口径 53 厘米，通高 55 厘米	深圳市博物馆	
53	蟠螭纹甬钟	春秋时期		青铜器	铣 17.8 厘米 × 14.3 厘米，鼓间 14.3 厘米，通高 29.3 厘米	深圳市博物馆	

54	蟠螭纹鎛钟	春秋时期		青铜器	铣间 20.8 × 15 厘米，鼓间 16 厘米，通高 30 厘米	深圳市博物馆	
55	柳叶形扁茎式剑	春秋时期		青铜器	长 22 厘米，宽 3.7 厘米	深圳市博物馆	
56	凹口骹矛	春秋时期		青铜器	长 16.2 厘米，宽 4.5 厘米	深圳市博物馆	
57	凹口骹粗长体阔叶矛	春秋时期		青铜器	长 35 厘米，宽 6 厘米	深圳市博物馆	
58	圆骹平口长体阔叶矛	春秋时期		青铜器	长 34 厘米，宽 7 厘米	深圳市博物馆	
59	刮刀	春秋时期		青铜器	最大者长 10.7 厘米，宽 2.6 厘米；最小者长 7.2 厘米，宽 1.7 厘米。其中两件残。	深圳市博物馆	共 5 件
60	蟠螭纹立耳鼎	战国		青铜器	口径 54.5 厘米，通高 46 厘米	深圳市博物馆	
61	四兽纹镜	战国		青铜器	直径 18.9 厘米，缘厚 0.8 厘米	深圳市博物馆	
62	“郑武库”戈	战国		青铜器	长 24.9 厘米，宽 11.4 厘米	深圳市博物馆	
63	“阳成令”戈	战国		青铜器	长 24.5 厘米，宽 12.7 厘米	深圳市博物馆	

64	错银云纹带钩	西汉		青铜器	长17.1厘米，钮径1.4厘米	深圳市博物馆	
65	“长宜子孙”内向连弧纹镜	东汉		青铜器	直径20.5厘米，缘厚0.8厘米	深圳市博物馆	
66	神人纹镜	东汉		青铜器	直径17.5厘米，缘厚0.4厘米	深圳市博物馆	
67	“黄武元年”神兽纹镜	三国（吴）		青铜器	直径13.8厘米，缘厚0.3厘米	深圳市博物馆	
68	铁斧	战国		铁器	长8.2厘米，宽6.4厘米	深圳市博物馆	
69	铁炮	清代		铁器	长210厘米，口径21厘米	深圳市博物馆	
70	“天启二年”银元宝	明代		金银器	长14.4厘米，宽8.3厘米，高8厘米，重1880克	深圳市博物馆	
71	祝允明草书“晚晴赋”、“荔枝赋”卷	明代		纸质	纵30厘米，横457厘米	深圳市博物馆	
72	茅坤草书“游西湖”诗卷	明代		纸质	纵33厘米，横370厘米	深圳市博物馆	

73	董其昌行书“颜平原争座位帖”、“送刘太冲序手卷”	明代		纸质	纵 25 厘米，横 214 厘米	深圳市博物馆	
74	光鹫行书诗轴	清代		纸质	纵 135 厘米，横 32 厘米	深圳市博物馆	
75	王铎行草诗轴	清代		纸质	纵 240 厘米，横 49 厘米	深圳市博物馆	
76	黄慎草书七言联	清代		纸质	纵 176 厘米，横 22.5 厘米	深圳市博物馆	
77	伊秉绶隶书横额	清代		纸质	纵 45.5 厘米，横 193 厘米	深圳市博物馆	
78	何绍基行书七言联	清代		纸质	纵 125 厘米，横 30 厘米	深圳市博物馆	
79	吴大澂篆书七言联	清代		纸质	纵 148 厘米，横 36 厘米	深圳市博物馆	
80	翁同龢行书七言联	清代		纸质	纵 165 厘米，横 40.5 厘米	深圳市博物馆	
81	康有为行书五言联	民国		纸质	纵 169 厘米，横 45 厘米	深圳市博物馆	
82	梁启超隶书七言联	民国		纸质	纵 140 厘米，横 30.5 厘米	深圳市博物馆	
83	章炳麟篆书七言联	代		纸质	纵 130 厘米，横 28.2 厘米	深圳市博物馆	
84	吴昌硕集石鼓文七言联	民国		纸质	纵 132 厘米，横 32 厘米	深圳市博物馆	

85	黄宾虹集古籀文七言联	现代		纸质	纵142厘米，横26厘米	深圳市博物馆	
86	陈遵“芦雁图”轴	明代		纸质	纵134厘米、横58.5厘米	深圳市博物馆	
87	赵备“万竿烟雨图”卷	明代		纸质	纵29厘米、横408厘米	深圳市博物馆	
88	任颐“桃花白鸡图”轴	清代			纵136厘米、横54厘米	深圳市博物馆	
89	汪琎“竹林清夏图”轴	清代		纸质	纵101厘米、横44.3厘米	深圳市博物馆	
90	郑燮“四面风竹图”轴	清代		纸质	纵143厘米、横74厘米	深圳市博物馆	
91	任薰“海屋添筹图”轴	清代		纸质	纵178厘米、横91.5厘米	深圳市博物馆	
92	任预设色花鸟、常笑山行书诗文成扇	清代		纸质	扇面长53厘米，扇骨高32.9厘米	深圳市博物馆	
93	苏六朋人物图扇册	清代		纸质	纵18.5厘米，横54厘米	深圳市博物馆	
94	何香凝“虎啸图”轴	清代		纸质	纵82厘米，横40厘米	深圳市博物馆	1910年留学日本期间所绘

95	徐悲鸿“柳鹊图”轴	民国		纸质	纵105.8厘米、横34.3厘米	深圳市博物馆	
96	溥儒“空山秋雨图”轴	现代		纸质	纵113厘米、横48厘米	深圳市博物馆	
97	“军假司马”铜印	东汉		铜质	长2.2厘米，宽2.2厘米，高1.9厘米	深圳市博物馆	
98	“骑部曲将”铜印	东汉		铜质	长2.2厘米，宽2.2厘米，高2厘米	深圳市博物馆	
99	“朔方将军章”	汉		铜质	长2厘米，宽2厘米，高2厘米	深圳市博物馆	
100	“京兆尹印”封泥	汉		泥质	厚0.8厘米，直径3厘米	深圳市博物馆	
101	“熹平四年”砖	东汉		砖刻	残长20厘米，宽17厘米，厚58厘米	深圳市博物馆	
102	青龙、朱雀画像砖	东汉		砖刻	长48.5厘米，宽12厘米，厚9厘米	深圳市博物馆	
103	“九九乘法口诀”砖	东汉		砖刻	长37厘米，宽17厘米，厚4厘米	深圳市博物馆	
104	教子学书砖雕	金元时期		砖刻	长27.4厘米，宽24.2厘米，厚4.7厘米	深圳市博物馆	

105	打马球砖雕	金元时期		砖刻	长24厘米，宽21.5厘米，厚6厘米	深圳市博物馆	
106	赤湾天后庙石狮	清代		石雕	雄狮长165厘米，宽65厘米，高188厘米；雌狮长169厘米，宽64厘米，高189厘米	深圳市博物馆	一对
107	赖恩爵墓石人	清代		石雕	石人一为文官，高195厘米，宽60厘米，厚35厘米。另一石人为武官，高195厘米，宽63厘米，厚34厘米	深圳市博物馆	
108	赖恩爵墓石马	清代		石雕	石雕立马均长148厘米，高153厘米，其一宽51厘米，另一宽49厘米	深圳市博物馆	
109	圭形造像碑	北朝		石碑	长46.5厘米，宽27厘米，厚12厘米	深圳市博物馆	
110	南头古城“重建参将府记”碑	明代		石碑	高139厘米，宽75厘米，厚15厘米	深圳市博物馆	万历癸未年（万历十一年，1583年）

111	大鹏古城“参戎许总爷去思碑”	清代		石碑	高146厘米，宽72厘米	深圳市博物馆	雍正十年（1732年）
112	南头古城“重修观音阁”碑	清代		石碑	高155厘米，宽74.5厘米，厚8厘米	深圳市博物馆	嘉庆己卯年（1819年）
113	南头古城“重修观音阁碑”	清代		石碑	高142厘米，宽72.5厘米，厚4厘米	深圳市博物馆	道光年间
114	刘起龙“御祭文”碑	清代		石碑	高46厘米，宽47厘米	深圳市博物馆	道光十一年（1831年）
115	水贝赖英扬墓志铭	清代		石碑	长82厘米，宽50厘米，厚5厘米	深圳市博物馆	道光二十年（1840年）
116	水贝赖英扬风水铭碑	清代		石碑	碑长80厘米，宽50厘米	深圳市博物馆	道光二十年（1840年）
117	内伶仃岛“九龙新关地界”石碑	清代		石碑	高153厘米，宽41.5厘米，厚16.5厘米	深圳市博物馆	光绪年间刻
118	大坑上永兴桥碑	民国		石碑	高90厘米，宽56厘米	深圳市博物馆	民国十七年（1928年）
119	戴卓民同志的铁水桶	大革命时期		铁质	口径35.5厘米，高38.5厘米	深圳市博物馆	

120	广东人民抗日游击队东江纵队胸章	抗日战争时期		布质	长 7.5 厘米，宽 5.7 厘米	深圳市博物馆	
121	东江纵队司令部文件柜	抗日战争时期		木质	面阔 123.5 厘米，高 270 厘米，厚 53 厘米	深圳市博物馆	
122	曾生同志的文件箱	抗日战争时期		铁质	其一长 47.3 厘米，宽 36.5 厘米，高 36.3 厘米；另一长 47.5 厘米，宽 36.5 厘米，高 37 厘米。	深圳市博物馆	一对
123	曾生同志的床单	抗日战争时期		棉布质	床单仅存一部分，长 127 厘米，宽 128 厘米	深圳市博物馆	
124	王作尧同志的钢笔	抗日战争时期		金属质	长 11.3 厘米，帽径 1.15 厘米	深圳市博物馆	
125	彭沃同志的铜印	抗日战争时期		青铜	长 0.7 厘米，宽 0.4 厘米，高 1.6 厘米	深圳市博物馆	
126	赖仲元同志的开国大典纪念章	1949 年		金属质	长 3.2 厘米，宽 1.8 厘米	深圳市博物馆	
127	邓小平同志使用过的铁锹	现代		金属质	通长 95.8 厘米，宽 23 厘米	深圳市博物馆	共五把

128	日军绘制的广东东部地区军事地图	1938 年		纸质	长方形，纵 77.5 厘米，横 108 厘米	深圳市博物馆	
129	康有为致商衍鎏信札折页	民国		纸质	纵 17—18 厘米，横 10—16 厘米	深圳市博物馆	
130	商衍鎏撰并书《画竹一得浅说》线装稿本	现代形质		竖方白宣纸线装手稿	长 32.5 厘米，宽 20.6 厘米	深圳市博物馆	共 48 张 95 页

四、福田区历史名人一览表

序号	姓名	籍贯	生卒年月	备注
1	黄石	深圳市福田	1221—?	
2	黄耀庭	深圳市福田	1863—1913	

五、博物馆、纪念馆一览表

名称	地址、邮政编码	电话、传真	开放时间
深圳市博物馆	福田区深南中路 1008 号（518031）	0755—82101036	9:00—16:30（周一闭馆节假日除外）
皇岗博物馆	福田区皇岗村（518026）		9:00—17:30

六、爱国主义教育基地一览表（博物馆、纪念馆部分）

名称	电话	地址	备注
深圳市博物馆	82101036	深南中路同心路口	深圳市级爱国主义教育基地

七、福田区文物古迹分布图

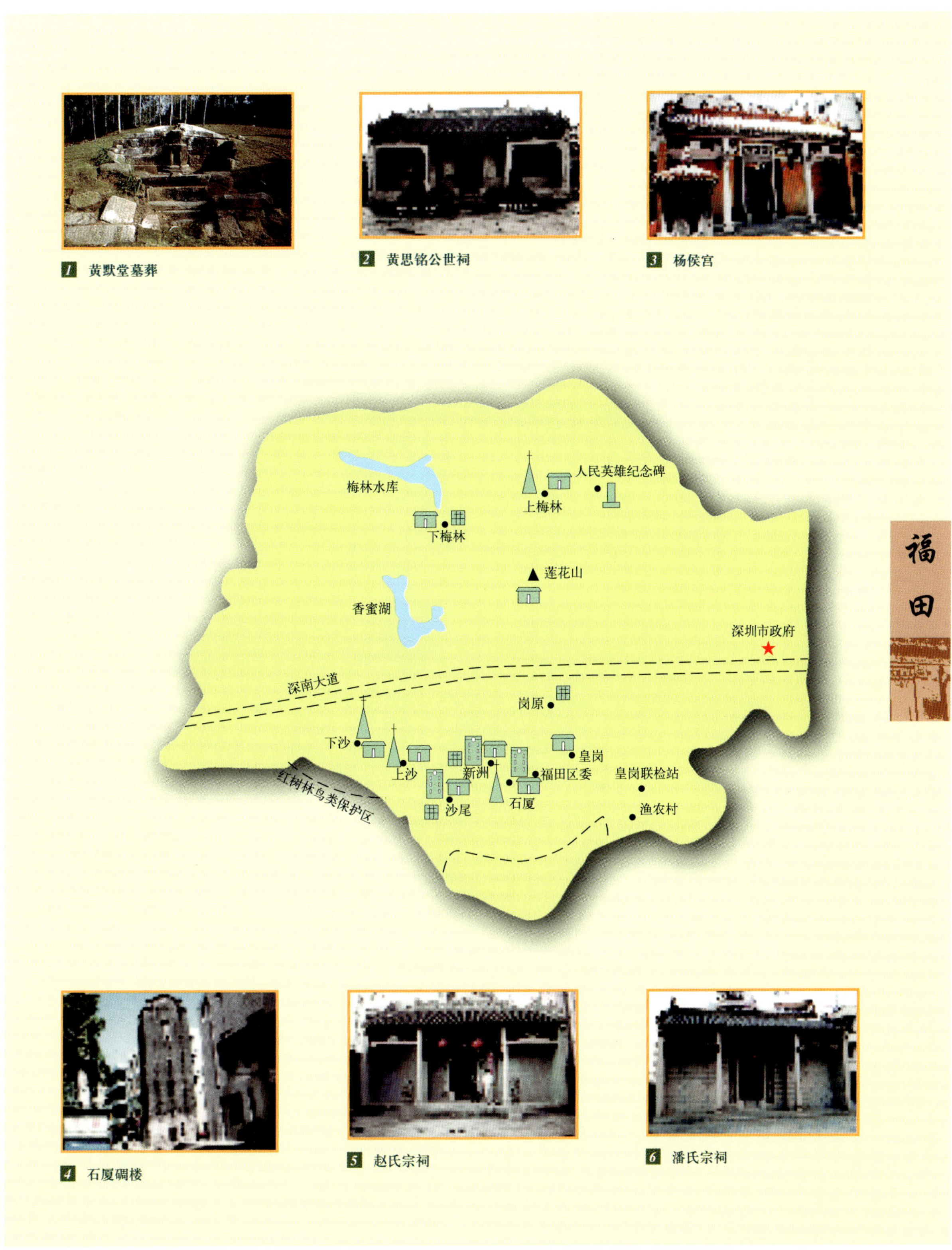

编 后 记

福田区是深圳开发较早的区域之一。然而，许多古村落或古遗址因大规模基本建设或旧村改造而荡然无存，因此福田区内的物质文化遗存较少。

本部分通过对历年来福田区物质文化和非物质文化遗产普查资料的整理和研究，系统地记述福田区文物资源、非物质文化遗产。

本部分的编写，主要由吴曾德、周军、黄崇岳同志完成。黎乔筑同志提供非物质文化遗产的材料。福田区文化局给予了大力支持，余茂奎同志参加概述的编撰。陈宁、张伟同志绘制福田区文物分布图。陈宁同志负责编写的技术工作。

肆　罗湖区历史文化资源

综　述

罗湖区位于深圳经济特区中部，成立于1979年10月。区人民政府位于文锦中路。现辖桂园、黄贝、东门、翠竹、东晓、南湖、笋岗、东湖、莲塘、清水河10个街道。

目前拥有省级文物保护单位1处，市级文物保护单位2处。各类不可移动文物148处。其中传统民居133处、宗祠7处、书室（学校）4处、炮楼2处、巷门2处。现有博物馆3座，馆藏文物近9000件。

第一章　概　况

第一节　地理环境

罗湖区东连盐田区，西至红岭路与福田区相连，南临深圳河与香港毗邻，北靠龙岗区和宝安区。至2005年底止，辖区面积达78.36平方公里，全区总人口76.66万人。

辖区地势北高南低。梧桐山将辖区分为东西两部分：东部地势较高，以梧桐山梅沙尖低山、丘陵地形为主；西部地势较低，以深圳河下游平原、台地为主。

辖区属亚热带海洋性季风气候。日照充足，降水丰富，气候温和湿润，植物四季长青。年平均气温22.4℃，最低气温1.4℃，最高气温36.6℃。平均降水量1948.4毫米，每年的农历五月至九月为降水集中期，东部降雨量多于西部。常年盛行东南风和东北风。受台风影响，七月九月大风最多。

水资源丰富，有山塘水库16座，总库容近6000万立方米。其中深圳水库库容量为4077万立方米，为深圳市第二大水库。著名的深圳水库坐落在辖区的梧桐山下，将东江水源源不断地输送到香港和深圳市区。有深圳河、沙湾河、布吉河、盐田河、大梅沙河等10多条河流。21.47公里长的海岸线堪称“黄金海岸”。

罗湖区地理位置特殊，与香港新界一河之隔，一桥相通。辖区内的罗湖口岸和文锦渡口岸是国内外宾客和车辆出入境的主要通道。广九铁路横贯辖区腹部。深圳地铁一期工程从罗湖火车站开始向西延伸。

第二节　历史沿革

明代时，罗湖一带相继出现了赤勘村（今蔡屋围）、罗湖村、隔塘村（今水贝村）、湖贝村、向西村、黄贝岭村和南塘村。几个村的族人在村落之间建起了集市——深圳墟。深圳墟最早由上大街、鸭仔街、养生街等几条街市构成，初具一个小镇的规模。1913年，广九铁路建成通车，罗湖车站启用，深圳成为内地与香港的交通门户，买卖农产品的谷行街（今解放路）、卖小吃和杂货的维新路（今人民北路）、永新街、南庆街等处的商业街迅速发展起来，形成了今天的罗湖旧城。

1979年3月宝安县改为深圳市，罗湖区于同年10月正式组建，辖福田、附城两公社和深圳镇。

1982年1月，设立罗湖行政区，辖整个深圳经济特区。

1983年9月，深圳市把经济特区划分为4个管理区，罗湖管理区辖附城公社，人民路和和平路两个街道办事处。

1990年，经国务院批准，罗湖区成立第一届人民政府，辖沙头角镇和东门、南湖、桂园、翠竹、笋岗、黄贝、梅沙、盐田等8个街道办事处。

1997年，沙头角镇和梅沙、盐田两个街道办事处从罗湖区划出，成立盐田区。至此罗湖区管辖的范围是东门、南湖、黄贝、桂园、笋岗、翠竹、东湖、莲塘、东晓、清水河等10个街道办事处。

第二章　不可移动文物资源

第一节　各级文物保护单位

一、广东省文物保护单位

元勋旧址

元勋旧址

位于罗湖区笋岗社区。

建于明代早期。又称笋岗老围，岭南名贤何真在元末避难于此，筑寨安居，后以笋岗为大本营，收复广东乃至整个岭南。其四世孙在维修此寨时，刻石于寨门曰“元勋旧址”。

村寨平面呈长方形，东西长68米，南北宽63.5米，占地面积4000多平方米。

寨墙高5米，厚1.2米。有压顶，墙檐有灰塑装饰。前有门楼，后有龙母宫，四角有碉楼，外围有护寨河。寨内有三条纵巷、六条横巷、三口水井、140余间民居。

单元建筑为一天井一正房。门开在南面，有门罩。

天井屋为一面坡顶。

正房为二层，板瓦屋面。山墙博风处灰塑黑带、花草。

该建筑群是深圳市区保存较完整的一座寨堡式古村围，虽内部改建较大，对于民俗研究仍然具有重要意义。

1988年7月，被深圳市人民政府公布为市级文物保护单位。

2002年7月，被广东省人民政府公布为省级文物保护单位。

二、深圳市文物保护单位

1. 省港罢工委员会接待站旧址

位于罗湖区东门老街南庆街22号。

建于清代。原为水贝社区等张氏的“思月书院”。

该建筑为三开间二进布局。面阔13.6米，进深16.2米，面积210平方米。土木结构。尖山式硬山，博古正脊，垂脊下端亦为博古饰。

1925年省港大罢工期间辟为接待站，接待往返广州、香港的罢工工人，是一处重要的革命旧址。

1988年7月，被深圳市人民政府公布为市级文物保护单位。

1996年因东门老街改造的需要而被拆除。1999年重建于东门老街广场。

2. 叶挺东江抗日游击指挥部旧址

位于罗湖区东门老街南庆街。原为兴建于民国时期的“鸿兴酒家”，1949年后为邮电工会。

该建筑坐西朝东。由一座面阔8.5米、进深10.29米的砖混结构的三层主楼及其西侧的面阔4.42米、进深12.05米的二层砖木结构副楼组成，占地面积约240平方米。

1938年叶挺任东江游击总指挥，设指挥部于此。是一处纪念叶挺当年在深圳领导抗日活动的重要旧址。

1983年5月，被深圳市人民政府公布为市级文物保护单位。

1996年因东门老街改造需要而被拆除，并已重建。

第二节　地上文物资源

一、宗　　祠

湖贝怀月张公祠

位于罗湖区湖贝社区南坊529号。

建于清嘉庆九年（1804年）。

三开间两进布局。坐北朝南。面阔11.70米，进深26.80米，占地面积313.5平方米。

前堂平面呈“凹”字形。面阔三间，进深二间。大门正上方有“怀月张公祠”、“嘉庆九年甲子岁吉日立”石匾一方。两次间前廊建有须弥座塾台。前檐柱间以石月梁式额枋相连，上置石雕驼墩以承檐檩，下有雀替，驼墩、雀替上均石雕人物故事、卷云等。前檐柱方形讹角，覆斗形柱础，抬梁式梁架，梁与檩之间用一斗三升重拱相托，讹角斗，梁和斗拱均为花岗岩质。后檐卷棚顶。前后檐均有木雕封檐板，内容有二龙戏珠等。尖山式硬山，博风处有灰塑黑底卷草，大部已破坏。辘筒灰瓦面，绿琉璃瓦剪边。正脊两端和垂脊下端均为博古式。墙裙石砌，其上为清水砖墙，天井两侧有廊庑，且前后进相通。天井中部建一牌坊，船形脊，正面书“金鉴流芳”，背面书“曲江风度”。

后堂为三开间。明间后部设神龛。

天井廊庑和后堂梁架均已被改造为水泥板。

1925年2月，广州革命军第一次东征讨伐陈炯明时，黄埔军校师生驻扎于此。1925年6月省港大罢工时这里为工人接待站，后为省港大罢工工人纠察队深圳支队队部。

二、住 宅

1. 湖贝民居

位于罗湖区湖贝社区南坊236号。

清末建筑。

以巷门为中轴线左右对称分布，共8排。

单元建筑为二进一天井布局。

门顶砌出门罩，有灰塑装饰。

天井一侧廊庑为单面坡顶。

正房为上、下二层。下层室内用木板隔出外厅、内房。屋顶覆辘筒灰瓦，尖山式硬山，船形正脊。砖砌墙体。围墙上有压顶。

2. 横排岭民居

位于罗湖区横排岭社区 67 号。

建于清末民国初。

为一排五套布局。每套一廊庑一正房。

门为凹式前檐门，檐下有壁画装饰。门和廊庑为两面坡顶，与正房檐相连。

正房有三开间一进深或二开间一进深，都为上、下两层，下层明间以木板分隔外厅、内房，明间左右二侧开门，通二次间。搁檩式。屋顶覆板瓦，船形垂脊，尖山式硬山。夯筑墙体，抹灰。

天井围墙有压顶，外侧有排水瓦槽。

保存尚可。

第三章　博物馆及馆藏文物

第一节　博物馆

一、玺宝楼青瓷博物馆

位于罗湖区宝安南路 2095 号。建筑面积 2000 多平方米，其中展厅面积 560 平方米，标本鉴赏厅 560 平方米。

1997 年 12 月 1 日经深圳市文化局批准成立。1998 年 11 月正式对外开放。该馆由馆主吴克顺创办和管理，并聘用员工 20 人。

该馆为国内外唯一的系统收藏、陈列、研究中国古代青瓷的专题性博物馆。基本陈列为《历代青瓷展》，整个展览按照时代顺序从商周至元明清并结合青瓷的发展演变阶段，将陈列分为“初创期”、“发展期”、“鼎盛期”和“衰落期”四个部分，全面展示中国古代青瓷的风采及其发展脉络。

馆内系统收藏了商周至元明清 3000 多年来中国历代青瓷典型器物 2000 余件、名窑瓷片 2000 多片，其中不乏珍品，如东晋“吾有心”铭文鸡首壶、南宋修内司官窑六棱瓶等。曾有多位国内著名的青瓷研究和鉴定专家鉴评，认为这些藏品具有较高的历史和艺术价值。

该馆还设有茶座、化石观赏厅、陶艺制作、书画斋、南北曲艺厅、彩打扫描、仿膳食苑等19个配套服务设施和项目。开馆以来，共接待海内外观众5万多人次。

二、华夏英杰博物馆

位于罗湖区北斗路文锦综合楼。展厅面积800多平方米。

该馆于2002年1月28日试开放。同年6月18日正式批准成立。由馆长陈慧群创建、管理，并聘用员工12人。

馆内收藏和展示了党和国家领导人、老将军、科学家、艺术家等社会各界知名人士的书画作品2000多幅，其中包括珍贵的将军书画真迹作品213幅，有部分作品已是老将军们的绝笔。另外还收藏了与之相关的实物、资料等。它们不仅具有较高的历史价值和艺术价值，同时拥有丰富的精神内涵，是进行爱国主义和革命传统教育的宝贵教材。

第二节　馆藏文物

一、化石

1. 贵州凤岗黔羽枝

古生代志留纪。

化石有暗红色羽枝状条纹，植物体没有根、茎、叶的分化。

黔羽枝是世界上已知的最早的陆地植物，对人类认识陆地植物的起源、演化以及早期陆地生态系统的形成具有十分重要的科学意义。

2001年深圳古生物博物馆藏。

2. 河南西峡恐龙蛋化石

中生代早白垩纪。

蛋体为长椭圆形。长径约5.5厘米，短径约2厘米，蛋壳厚度小于1毫米。

一窝有14枚，成簇状排列。蛋壳光滑，颜色为浅灰色。

蛋体顶部有不同程度的缺失。初步鉴定为特小长形蛋。也有学者估计为龟鳖类蛋化石。

市公安局缉私文物。2001年移交深圳古生物博物馆入藏。

四川井研马门溪龙

3. 四川井研马门溪龙

中生代侏罗纪。

长约20米，高4米，重达3吨。这具恐龙骨架60%为真品。

2001年深圳古生物博物馆藏。

三叶虫

4. 三叶虫

生存在5.4亿年前至2.5亿年前。

属节肢动物门，因横竖都分为三叶而得名。

深圳古生物博物馆收藏着许多不同时期的三叶虫化石，其中最为珍贵的是在一块长1.4米、宽1米的灰黑色岩石上，分布着大大小小42只三叶虫，最大的长25厘米、宽20厘米，最小的长2.5厘米、宽1.8厘米。

孔子鸟

5. 孔子鸟

孔子鸟是目前所发现的最古老的具有喙的古鸟化石，生存在距今1.4亿年前的侏罗纪晚期。现藏于深圳古生物博物馆

李氏蜀龙

6. 李氏蜀龙

李氏蜀龙产于四川省自贡郊区，距今1.7亿年，长8米，为马门溪龙的祖先。现藏于深圳古生物博物馆。

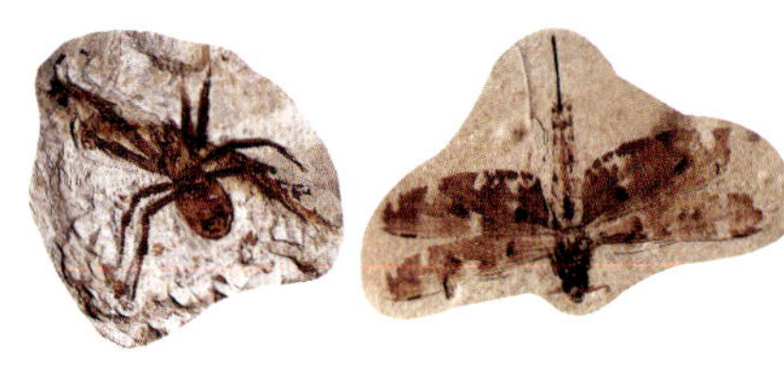
昆虫化石

7. 昆虫化石

产于我国辽西地区的昆虫化石，生活在距今1.4亿年前的侏罗纪晚期。现藏于深圳古生物博物馆。

狼鳍鱼

8. 狼鳍鱼

生存在1.4亿年前的侏罗纪晚期，是当时北方陆地湖泊中的常见鱼，长度大都在10厘米以下。现藏于深圳古生物博物馆。

中华龙鸟

9. 中华龙鸟

中华龙鸟身上披有浓密的原始羽毛，是一种小型肉食性恐龙，发现于我国辽西地区，为距今1.4亿年前的侏罗纪晚期。现藏于深圳古生物博物馆。

10. 张和兽

张和兽是中生代哺乳动物的第一枚完整的化石，发现于我国辽宁省朝阳市以东3.2公里处尖山沟村。它是卵生哺乳动物到胎生哺乳动物之间的过渡类型。现藏于深圳古生物博物馆。

张和兽

11. 水龙兽

水龙兽是一种两栖生活的似哺乳爬行动物，它的化石是大陆漂移学说的有力证据。现藏于深圳古生物博物馆。

二、陶瓷器

1. 原始青瓷尊

商，高33.8 cm。

器侈口，圆唇，颈、肩、腹转折清晰，内凹底。青黄釉，釉层不匀，口内壁有弦纹数道，肩、腹部拍印细绳纹及席纹。无论造型或纹饰，均模仿当时的青铜器，是我国最早的青瓷典型器物。现藏于玺宝楼青瓷博物馆。

原始青瓷尊

2. **大口尊**

西周，口径 18.7cm。

尊作喇叭形口，粗颈、鼓腹，高足外撇。尊身施青黄釉。此时釉已成为瓷器的必要组成部分，不仅起隔水、利于清洁的作用，而且有装饰器物使之美观的作用。釉是一种玻璃体，由于其所含金属离子的作用，施于瓷器上，会产生各种颜色。原始青瓷上的釉都呈青色，这是由于釉中含有一定量的氧化亚铁。现藏于玺宝楼青瓷博物馆。

大口尊

3. **原始瓷提梁盉**

战国，高 20.6cm，

盉直口，圆腹，下承以三兽形足，流为兽头状，壶体另一侧饰一卷曲短尾。提梁为弓形，顶部两端饰有锯齿形棱脊，肩、腹部饰以四道连续的水波纹。器物造型古朴端庄，釉色青中泛黄，施釉均匀，纹饰简洁明快，富有动感。

此盉造型规整，釉色均匀，是原始瓷中的佼佼者。现藏于玺宝楼青瓷博物馆。

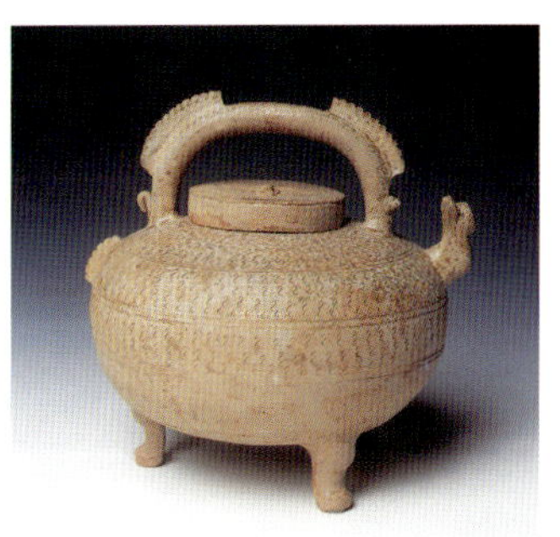

原始瓷提梁盉

4. **蒜头壶**

秦代，高 31.8cm，

蒜头壶始见于秦汉时期的一种壶式，有陶质和原始青瓷两种。特征为蒜头形小口长颈，圆腹。东汉时期蒜头壶腹部比西汉时期丰满，蒜头呈扁圆形。有的蒜头壶颈、肩部堆塑有人物、龙、虎等纹。蒜头壶是秦人的传统器物之一，因其壶口形状像蒜头，故名“蒜头壶”。现藏于玺宝楼青瓷博物馆。

蒜头壶

5. **青瓷划花双系盖壶**

西汉，高 49cm。

壶敛口，长颈，溜肩，肩部相对两侧各有一系，鼓腹，圈足。通体施釉，釉呈黄绿色。肩部饰划花纹饰，颈、肩及腹部饰弦纹 5 道。

青瓷划花双系盖壶

西汉原始青瓷的胎色呈灰色或深灰色，其釉层普遍较厚，色调偏深，多呈青绿或黄褐等色。装饰纹样则有弦纹、水波纹、云气纹及划刻花纹等，壶、罐等多饰双系或堆贴铺首。此壶器型敦厚古朴，纹饰洗练，釉厚而色深，是典型的西汉原始青瓷向东汉青瓷烧成的过渡性器物。现藏于玺宝楼青瓷博物馆。

青釉双系锺

6. 青釉双系锺

东汉，高 36.5cm。

钟撇口，长颈溜肩，肩部相对两侧各有一系，鼓腹，高圈足。通体施釉，釉呈青绿色。

经过西汉的复兴，东汉终于研烧成功了成熟的青瓷器，距今有一千八百余年的历史，这是我国人民对世界物质文明的一大杰出贡献。东汉青瓷器均已达到成熟青瓷器的标准。装饰纹样则有弦纹、水波纹、云气纹及划刻花纹等，壶、罐等多饰双系或堆贴铺首。现藏于玺宝楼青瓷博物馆。

青瓷簋

7. 青瓷簋

三国，口径 21 厘米。

簋圆唇，圆弧腹，喇叭形圈足，腹外壁上饰一周凸棱纹，下饰凹弦纹一周，圈足处有一周凸棱纹，施青釉，圈足内部露胎。商周盛行青铜簋，西周时出现原始青瓷簋。簋古代陶或瓷质盛器，功能相当于大碗釉色素雅，造型古朴。三国时期，越窑、婺州窑均有烧制，以越窑制品为最佳。现藏于玺宝楼青瓷博物馆。

狮形烛台

8. 狮形烛台

西晋，高 9.8 厘米。

烛台最早出现在三国时期，东吴时有卧羊形烛台，背有烛扦管。至西晋时，越窑瓷器造型的时尚是把许多器物做成动物的样子，如羊形、狮形烛台、熊灯、鸟杯和蛙盂等。狮形烛台产于西晋越窑已被许多古瓷专家所认定，西晋越窑狮形烛台优美的造型和厚润匀净的釉色，卧伏状背上负单管烛插的青釉狮形烛台流行于两晋。现藏于玺宝楼青瓷博物馆。

9. 点彩吾有心铭文鸡首壶

东晋，高20.2cm。

壶盘口，鸡首状短流，鼓腹，平底，俗称“鸡首壶”。肩部两侧有桥形系，并有一弧形柄连接口沿。通体施青釉，壶口与鸡首处点缀褐彩，有画龙点睛之妙。

鸡首壶始见于西晋，与羊首壶同类。早期壶的流口多为实心，不能出水。至东晋时期，流口疏通，成为这一时期南方的主要日用瓷器之一。现藏于玺宝楼青瓷博物馆。

点彩吾有心铭文鸡首壶

10. 龙柄鸡首壶

南朝，高48.8cm。

壶盘口，长颈，丰肩，直腹下敛，平底，底有支烧痕。肩部一侧雕塑鸡首流，相对一侧为一弧柄，另外两侧各饰一对桥形系。器通体施青釉，外壁施釉不到底，有垂釉现象，釉色青黄，有细小的开片。

南朝时期的鸡头壶与两晋时期相比造型变得高大，肩部由溜肩演变成为丰肩，直腹。南北朝时期北方制瓷业的兴起受到了南方制瓷业一定的影响，以鸡头作流的壶在北方也开始出现。现藏于玺宝楼青瓷博物馆。

龙柄鸡首壶

11. 四系盘口瓶

隋，高44.5cm。

瓶盘口，长颈，丰肩，肩部置四个由双股泥条制成的竖系，鼓腹，腹以下渐敛，近底处外撇。通体施青绿色釉，釉仅及腹下部，釉下施有洁白的化妆土，釉面开有片纹。釉下纹饰为划花和印花，颈、肩部均戳印圆圈纹，肩部有两道划花纹饰，腹部三道划花纹饰。现藏于玺宝楼青瓷博物馆。

四系盘口瓶

第四章　非物质历史文化遗产

第一节　民间艺术

一、罗湖黎围村麒麟舞

黎围村（现为水库新村）坐落在深圳梧桐山下沙湾河与梧桐河交汇处，是罗湖、福田去龙岗、惠阳必经之地。该村麒麟舞已有100多年历史。

麒麟为古代传说的一种吉祥动物，麒麟舞是岭南移民从中原辗转迁徙而带来的民间舞蹈。早在清光绪三十二年（1906年），黎围村青年崇尚武艺，其中郑虎臣、郑耀臣兄弟俩去江西、福建武夷山拜师习艺，得到麒麟舞真传，跟师傅行走江湖几年，后回到黎围村就分别传授给下围郑宠传和上围郑裕彬。当时村里七八岁以上男孩子有30多人跟他俩学，两伙麒麟相互比赛好不热闹。郑宠传外号叫“生公”，意指麒麟舞得生猛，功夫也很出名，用手指当锤可把5寸钉打入墙，“长棍杀转头”是他的绝活。郑虎臣兄弟俩下传了四代。

凡春节年初一至月底，麒麟舞要舞到深圳墟、横岗、布吉、南头、沙头角，甚至到香港新界等地拜年表演。此外，族人嫁娶迎亲、新宅落成等，都邀请麒麟舞来庆贺。他们在村口或晒谷场上，伴着锣鼓钗的强烈节奏，以及唢呐乐声和一阵阵鞭炮声，时而腾空跃起，时而匍匐前行，舞出麒麟的喜、怒、哀、乐、惊、疑、醉、睡等动、静神态，表现旧时村民驱邪趋吉、祈求平安、丰收、欢乐和吉祥的愿望。全套舞下来共10节，分为出洞、挠头、舔脚、耍尾、寻青、采青、醉青、铲脚、拜脚和“聊花园”等，其中“摆水”为最高技巧，师傅只用牙咬住麒麟“下巴梁”，整个麒麟头由牙齿固定，单腿企立，昂首生威。这时主人家将“打赏钱”装在红包里，与一扎生菜一起吊在丈把高的竹竿顶上，麒麟头师傅在锣鼓和呐喊声中，单立在“麒麟尾仔”人腿上，腾空“咬住”红包和生菜，夺得赏钱，引起喝彩。

麒麟舞浓厚喜庆的民俗特征，演出前的祭祖及崇尚礼义的优秀文化传统，为北方移民代代传承，这对研究当地民风民俗具有历史价值及民间艺术价值；麒麟舞有广泛的群众基础，港澳台、海外侨胞也十分欣赏，对拓展旅游事业及发展经济具有一定的作用。

黎围村麒麟舞自文化大革命以来中断了20多年。1999年初第五代又续上至今，发展队员30人。2001年参加深圳市龙、狮、麒麟舞比赛，获得全市麒麟舞第一名。但是，由于黎围村麒麟舞老师傅相继离世，麒麟舞的高难动作已失传。麒麟头制作工艺复杂，材料缺乏，本村已没有人会扎制麒麟头。

二、深圳平乐郭氏正骨医术

平乐郭氏正骨医术源于河南省洛阳市平乐村，深圳平乐正骨是这个传统流派的重要分支。深圳平乐骨伤科医院坐落在深圳市罗湖区。

自郭祥泰于清嘉靖元年（1796年）创立郭氏正骨医术以来，其后的几代传人都秉承祖训，致力于中医骨伤医学的发展、创新，使得源远流长的平乐正骨，由治病救人的朴素医技上升为造福人类的中华骨伤科学。

1985年，第五代传人、郑州市骨科医院前院长郭春园率弟子来到我国改革开放的前沿——深圳，创办了深圳平乐骨伤科医院。郭春园于1959年、2001年分别撰写的《平乐郭氏正骨法》和《世医正骨从新》，是郭氏第五、六代传人中最具理论水平和指导价值的骨伤科医学专著。郭春园不仅大力发展、传播平乐正骨医术，而且医德高尚，被人尊称为“大医”。

20多年来，郭春园及其弟子在深圳救治了无数骨伤科病人，他们所在的医疗机构已成为深圳及珠三角和港澳地区约3000万人的骨伤病诊疗中心。

深圳平乐正骨医术以特色鲜明、内涵丰富、理论系统、技术领先、疗效独特的优势，已成为国内业界公认的骨伤科治疗方面的重要流派，得到了海内外医学界同行的广泛关注，具有很高的医学学术价值、传统文化价值和经济价值。该流派的发展历史，在一定程度上契合着中医重要的发展脉络，这是值得我们认真研究、倾力保护的非物质文化遗产。

第五章　历史名人

一、何真

何真（1321—1388），字邦左，号罗山，广东省东莞县茶山乡（今东莞市茶山镇）员头山村人。

元至正初年（1341年）为河源县务副使，后转为淡水盐场管勾。元末岭海骚乱，何真弃官归家，聚众保乡里，后居泥岗（今罗湖区笋岗村）。其居住的围村“元勋旧址”目前保存尚好，属广东省文物保护单位。

不久，何真率部进据惠州。元朝任他为惠州路同知、广州都元帅，守惠州。

至正二十三年（1363年），何真为广东分省参知政事，进江西等处行省中书左丞，阶资善大夫，分省治广州。

明洪武元年（1368年）二月，何真降明。明朝封何真中奉大夫，江西行中书省参知政事。后历任山东行省参政、四川布政使、山西右布政使、浙江布政使、湖广布政使。洪武二十年（1387年）八月，明朝封何真东莞伯，禄一千五百石，予世铁券，内言“兹与尔誓，若谋逆不宥，其余死罪，免尔二死，子免一死，以报推诚之心”，并赐第京师。

洪武二十一年（1388年）三月，何真逝世，终年67岁。何真至死无一语及家事，朱元璋叹曰：“真男子！”亲自撰文祭悼，并令在朝百官素服三日，以礼厚葬京师城南八里岗。

二、梁金生

梁金生（1906—1946），越南归侨，祖籍罗湖区布吉镇草埔村。

梁金生出生于越南安南东川省南圻。6岁开始读书，9岁回到原籍，在新民小学读书。13岁考取南京暨南学校师范科。1924年在上海暨南大学参加中国共产主义青年团。同年毕业回到家乡，参加由广东地下党发动的反对军阀陈炯明部借“义捐”向人民勒索的斗争，因遭受迫害暂避香港，并在香港预科书院学习。

1925年梁金生回家乡创办培峰小学，并建立了草埔乡田心村农民协会。1927年加入中国共产党，从事党的地下工作。大革命失败后，梁金生移居越南安南，在南圻开了一间中药店行医，并加入越南共产党。

1933年梁金生回国，在广西南宁市省立第一初级中学担任会计。1934年任果德师范讲习所所长。同年广西省中共党组织恢复了他的党籍和组织关系。1936年广西党组织派梁金生到国民党省党部宣传科工作，他以此作掩护，担任秘密联络员，收集敌人情报。不久，梁金生因目标暴露，返回广东，在从化县私立温泉时远中学任教。后在布吉开办草埔小学。

1937年梁金生回到家乡，变卖祖田，筹款2000元，在布吉兰花庙创办民族中学，坚持以抗日救亡为宗旨，以“教、学、做”合一为教学方针，经常为学生上课讲国事，组织学生文艺团体，自己编写民歌、民谣、剧本和文艺节目，然后到深圳、南头、乌石岩、龙华、布吉、沙头角、盐田等集镇和乡村进行演出，宣传抗日。他组织草埔农民自卫队和学生联合会，利用“九一八”六周年纪念日，到县城南头和龙华镇游行，进行抗日宣传活动。

1938年梁金生到宝安中学任校长。他与广州的党组织积极配合，使得广九铁路沿线的广州、天堂围、布吉、深圳、香港的抗日活动联成一线。同年梁金生主办《宝安抗战周刊》、《宝安青年》报，宣传抗日救亡运动。他的活动引起广东国民党当局的注意。上级党组织为保护他的安全，要他撤离广东。

1938年梁金生等经长途跋涉到达延安，他被分配在瓦窑堡抗日大学四期一大队学习。

1939年抗大毕业后被分配到中央职工运动委员会筹办职工学校。梁金生提出开办一间中药合作社的计划经中央财政部批准，成立光华制药厂，梁金生担任厂长。在他的领导下，该厂研制成30多种中成药。光华制药厂开设门诊部，梁金生经常给军民看病。

1941年在延安召开中医研究会第二次代表大会，梁金生在会上公开祖传秘方，并被选为中医研究会常委。同年被选为陕甘宁边区第二届参议会参议员。1942年梁金生参加了延安文艺座谈会，在发言中提出“不能忽视中医，中西医应该结合”的观点，得到了毛泽东主席的赞许。

1942年梁金生任陕甘宁边区安塞第一保育院小学校长兼党委书记。同年，梁金生出席陕甘宁边区文化协会第一次代表大会，被选为陕甘宁边区第一届文艺协会执行委员。

1945年中共中央应越南劳动党主席胡志明的要求，派员支援越南革命，梁金生是其中之一。出征前在延安中央党校学习。毛泽东、朱德、周恩来曾接见他们，并亲切谈话。同年梁金生到越南，被分配做统战工作。

1946年越南共产党中央指派梁金生同志参加越南共产党同国民党的谈判，因国民党特务在宴席下毒而牺牲。1983年中华人民共和国民政部批准梁金生为革命烈士。

附　录

一、罗湖区文物保护单位一览表

1. 省级文物保护单位

保护单位名称	类别	时代	地理位置	公布时间
元勋旧址	古建筑	明—清	罗湖笋岗街道	2002.7.17

2. 市级文物保护单位

保护单位名称	类别	时代	地理位置	公布时间
省港大罢工委员会接待站旧址	近现代重要史迹及代表性建筑	1927 年	罗湖区老东门	1988.7.27
东江游击队指挥部旧址	近现代重要史迹及代表性建筑	抗日战争时期	罗湖区老东门	1983.5.30

二、罗湖区未定保护级别不可移动文物一览表

1. 传统民居

序号	名称	地点	时代	备注
1	宁安世居	草埔村	清末	广府民居
2	吓屋村 119 号	草埔村	清末民初	五处 广府民居
3	新屋吓 30-33 号	草埔村	清末	广府民居
4	长岭村 26 号	长岭村	清末	广府民居
5	长岭村 48 号	长岭村	民国晚期	广府民居
6	罗芳村 210 号	罗芳村	清末民初	广府民居
7	罗芳村 211 号	罗芳村	清末民初	广府民居
8	罗芳村 224 号	罗芳村	清末民初	广府民居
9	湖贝村南坊 236 号	湖贝村	清末	广府民居
10	湖贝村南坊 250—260 号	湖贝村	清末	十处 广府民居
11	湖贝村南坊 279 号	湖贝村	清末民初	广府民居
12	湖贝村南坊 652 号	湖贝村	清末民初	三进三开间 广府民居

13	湖贝村南坊482—484号	湖贝村	清末民初	三十一处 广府民居
14	湖贝村南坊185号	湖贝村	民初	广府民居
15	湖贝村南坊186号	湖贝村	民初	广府民居
16	湖贝村南坊398号	湖贝村	清末民初	广府民居
17	黄贝下村439号	黄贝下村	民初	广府民居
18	黄贝下村258号	黄贝下村	民初	广府民居
19	黄贝下村537号	黄贝下村	民初	广府民居
20	黄贝下村538号	黄贝下村	民初	四处 广府民居
21	黄贝下村539号	黄贝下村	民初	四处广府民居
22	黄贝下村540号	黄贝下村	民初	四处 广府民居
23	黄贝下村541号	黄贝下村	民初	四处 广府民居
24	黄贝下村542号	黄贝下村	民初	四处 广府民居
25	黄贝中村496号	黄贝下村	民国	广府民居
26	黄贝中村89号	黄贝下村	民国	广府民居
27	元勋旧址	笋岗村	明	清末重修 广府民居
28	茂仔村14—8号	茂仔村	清末	七处 广府民居
29	茂仔村23号	茂仔村	民国	广府民居
30	茂仔村102号	茂仔村	民初	广府民居
31	茂仔村92—96号	茂仔村	民初	九处 广府民居
32	坑背村16号	坑背村	民国	广府民居
33	坑背村14—15号	坑背村	民国	广府民居
34	坑背村123—125号	坑背村	民初	广府民居
35	坑背村127—128号	坑背村	民初	广府民居
36	坑背村131号	坑背村	民初	广府民居
37	坑背村134号	坑背村	清末民初	广府民居
38	坑背村140—141号	坑背村	民国	四处 广府民居
39	虎竹吓村5号	虎竹吓村	清末民初	广府民居
40	虎竹吓村38号	虎竹吓村	民初	广府民居
41	塘坑仔村20—24号	塘坑仔村	民初	六处 广府民居

42	塘坑仔村 27 号	塘坑仔村	民初	广府民居
43	塘坑仔村 11 号	塘坑仔村	民初	广府民居
44	横排岭村 67 号	横排岭村	清末民初	广府民居
45	横排岭村 12 号	横排岭村	清末民初	广府民居
46	横排岭村 32 号	横排岭村	清末民初	五处 广府民居
47	横排岭村 24—28 号	横排岭村	清末民初	十三处 广府民居
48	横排岭村 51—53 号	横排岭村	清末民初	二处 广府民居
49	新田仔 149 号	大望村	清末民初	广府民居
50	上围 165 号	大望村	清末民初	广府民居
51	上围 174 号	大望村	清末民初	广府民居
52	上围 175 号	大望村	清末民初	广府民居
53	上围 176 号	大望村	清末民初	广府民居
54	上围 177 号	大望村	清末民初	广府民居
55	上围 180 号	大望村	清末民初	广府民居
56	上围 181 号	大望村	清末民初	广府民居
57	新平村 107 号	新平村	清末民初	广府民居
58	新平村 113 号	新平村	清末民初	广府民居
59	新平村 110 号	新平村	清末民初	广府民居
60	西岭吓村 87 号	西岭吓村	民国	广府民居 单进一开间
61	西岭吓村 83—86 号	西岭吓村	民国	四处 广府民居

2. 祠堂

序号	名称	地点	时代	备注
62	何氏宗祠	笋岗村	清	二进三开间
63	祠堂	赤水洞村	清末民初	一进三开间
64	怀月张公祠	湖贝村南坊 529 号	清	二进三开间
65	祠堂	罗芳村 365 号	清末	二进一天井一开间
66	陈氏宗祠	罗芳村	清	三进一开间
67	邱氏宗祠	虎竹吓村	清	改建严重

68	祠堂	西岭吓村 82 号	民国	一进一开间

3. 书室（私塾、学校）

序号	名称	地点	时代	备注
69	书室	湖贝村南坊 196 号	民国	二进三开间二层高
70	华裕小学	黄贝中村	民国	二层高
71	书室	草埔村	清末民初	三开间二层
72	培峰书室	草埔村新屋吓 10 号	清末	二进三开间
73	书室	长岭村 89 号	民国	三开间

4. 巷门

序号	名称	地点	时代	备注
74	围门	大望村 68 号东侧	清	清道光年间重修
75	巷门	湖贝村南坊	清末	方形

5. 炮楼

序号	名称	地点	时代	备注
76	炮楼	罗芳村 232 号	民国	正方形 三层高
77	炮楼	大望村 149 号	清末民初	正方形 三层高

三、罗湖区历史名人一览表

序号	姓名	籍贯	生卒年	备注
1	何真	广东省东莞县茶山乡	1321—1388	
2	梁金生	深圳市罗湖布吉	1906—1946	越南归侨

四、罗湖区馆藏文物一览表

序号	名称	时代	级别	质地	规格（厘米）	收藏单位	备注
1	贵州凤岗黔羽枝	古生代志留纪		化石		深圳市古生物博物馆	

2	河南西峡恐龙蛋化石	中生代早白垩纪		化石	长径约5.5厘米，短径约2厘米，蛋壳厚度小于1毫米	深圳市古生物博物馆	共14枚
3	四川井研马门溪龙	中生代侏罗纪		化石	长约20米，高4米，重达3吨	深圳市古生物博物馆	
4	三叶虫	距今5.4亿年前至2.5亿年前		化石	最大的长25厘米、宽20厘米，最小的长2.5厘米、宽1.8厘米	深圳市古生物博物馆	在一块长1.4米、宽1米的岩石上，分布着42只
5	孔子鸟	侏罗纪晚期		化石		深圳市古生物博物馆	
6	李氏蜀龙	距今1.7亿年		化石	长8米	深圳市古生物博物馆	
7	昆虫化石	侏罗纪晚期		化石		深圳市古生物博物馆	
8	狼鳍鱼	侏罗纪晚期		化石	长度在10厘米以下	深圳市古生物博物馆	
9	中华龙鸟	侏罗纪晚期		化石		深圳市古生物博物馆	
10	张和兽			化石		深圳市古生物博物馆	
11	水龙兽			化石		深圳市古生物博物馆	
12	原始青瓷尊	商		瓷器	高33.8 cm	玺宝楼青瓷博物馆	

13	大口尊	西周		瓷器	口径 18.7cm	玺宝楼青瓷博物馆	
14	原始瓷提梁盉	战国		瓷器	高 20.6cm	玺宝楼青瓷博物馆	
15	蒜头壶	秦代		瓷器	高 31.8cm	玺宝楼青瓷博物馆	
16	青瓷划花双系盖壶	西汉		瓷器	高 49cm	玺宝楼青瓷博物馆	
17	青釉双系锺	东汉		瓷器	高 36.5cm	玺宝楼青瓷博物馆	
18	青瓷篡	三国		瓷器	口径 21 厘米	玺宝楼青瓷博物馆	
19	狮形烛台	西晋		瓷器	高 9.8 厘米	玺宝楼青瓷博物馆	
20	点彩吾有心铭文鸡首壶	东晋		瓷器	高 20.2cm	玺宝楼青瓷博物馆	
21	龙柄鸡首壶	南朝		瓷器	高 48.8cm	玺宝楼青瓷博物馆	
22	四系盘口瓶	隋		瓷器	高 44.5cm	玺宝楼青瓷博物馆	

五、罗湖区博物馆、纪念馆一览表

名称	地址、邮政编码	电话、传真	开放时间
深圳古生物博物馆	深圳市仙湖植物园内（518004）	0755—25702716	9:00—17:30
玺宝楼青瓷博物馆	罗湖区宝安南路 2095 号（518001）	0755—25563935	9:00—17:30

华夏英杰墨宝园博物馆	罗湖区北斗路文津市场二楼（518002）	0755—25125698	9:00—17:30

六、罗湖区爱国主义教育基地一览表（博物馆部分）

名称	电话	地址	备注
深圳古生物博物馆	25702716	罗湖区仙湖植物园内	全国古生物学科普教育基地

七、罗湖区文物古迹分布图

编 后 记

罗湖区是深圳最早成立的区。因城市化的快速推进，域内文物古迹多已无存。

本部分通过对历年来罗湖区物质文化和非物质文化遗产普查资料的整理和研究，系统地记述罗湖区文物资源、非物质文化遗产和区域内历史名人。

本部分的编写，由吴曾德、周军、黄崇岳同志完成。黎乔筑同志提供非物质文化遗产的材料。罗湖区文化局给予了大力支持。陈宁、张伟同志绘制罗湖区文物分布图。陈宁同志负责编写的技术工作。

伍　盐田区历史文化资源

综　述

1997年10月，国务院批准深圳市设立盐田区，它是深圳市最年轻的一个行政区。1998年3月30日盐田区正式挂牌成立。下辖沙头角、海山、盐田、梅沙4个街道办事处和东和、海涛、永安、滨海等17个社区。

共有各级文物保护单位8处。其中省级文物保护单位1处、市级文物保护单位4处、区级文物保护单位3处。

现有博物馆一处，即中英街历史博物馆。馆藏文物980件，其中二级文物4件、三级文物3件、一般文物973件。

重要的历史文化资源有：中英街9、10、11号中英界碑、陈范妙秀清代墓、盐田旧村（二、三、四村）清代晚期及民国早期建筑、沙头角镇内的中英街及界碑、1900年孙中山先生在三洲田村领导和发动的三洲田武装起义旧址、沙头角沙栏吓村的渔灯舞等。

第一章　概　况

第一节　地理环境

盐田区地处深圳经济特区东部，东起大鹏湾背仔角，南与香港新界山水相连，西连罗湖区，北邻龙岗区。地理坐标东经114°13′，北纬22°32′。

总面积72.36平方公里，约占深圳经济特区的1/5。人口14.58万人，其中户籍人口3.02万人。 区内有我国重点发展的四大国际深水中转港之一——盐田港，还有沙头角、盐田港两个保税区和一街两制的中英街。

盐田属低山丘陵海滨地区，北高南低，面海靠山，海岸线长19.5公里。梧桐山主峰为盐田境内最高点，海拔高度943.9米。大鹏湾内平均潮差1.03米，大部分水深15—20米，且无河流淤积，是天然深水良港。盐田属亚热带海洋季风气候，全年平均气温22℃，年降水量2000毫米，常年主导风向为东南风，气候温和，光照充足，雨量充沛。

盐田区凭山傍海，拥有得天独厚的自然旅游资源。辖区内山、海、湖一应俱全。梧桐山植被保存完好，植物种类繁多，景色怡人。海岸线蜿蜒曲折，沙滩、岛屿、礁石以及海蚀崖、洞、桥、柱等海积海蚀地貌发育完全，著名的大、小梅沙海滨旅游区白沙碧水，三洲田山地资源丰富，有众多错落有致的山间水库。

盐田盛产鲜活海产品及其他农副产品，其中荔枝、龙眼、芒果、茶叶等尤为出名。盐田海鲜街的四季海鲜在深圳享有盛名。

第二节 历史沿革

六千多年前新石器时代中期，海滨一带已有先民聚居。夏、商、周三代，今日的盐田区为百越地。秦代属南海郡番禺县。汉代改属博罗县。东晋属宝安县。唐改属东莞县。北宋并入增城县，次年复属东莞县。明朝属新安县归城乡七都辖地。清康熙五年（1666年）并入东莞县。康熙八年（1669年）属新安县富司管辖。民国年间属宝安县五区（后改为三区）东和乡。建国后分属宝安县盐田公社和沙头角公社（后改为沙头角镇）。1980年盐田公社和沙头角镇被划归深圳特区罗湖区。1997年，经国务院批准在罗湖区原盐田公社和沙头角镇区域内组成盐田区。

“盐田”的名字来源于盐田村和盐田墟，与居民们在海边造田晒盐有关。有关“盐田”的记载最早出现于清康熙年间的《新安县志》。清初，清政府设立盐田汛（“汛”即基层军事机构），派兵25人驻扎在那里，后在现今盐田港区东北角的海滩上出现了一个交易墟市，赶墟的人也在墟市边搭棚居住，从而逐渐形成了盐田村。

第二章 不可移动文物资源

第一节 各级文物保护单位

一、广东省文物保护单位

中英街界碑

位于盐田区沙头角街道内。

清光绪二十四年（1898年）立。

共8块。花岗岩质，上小下大，横截面为方形，纵剖面呈梯形。上边长30厘米，底边长40厘米，高70厘米。

1899年3月中英双方根据《香港新租借合同》，划定大鹏湾至沙头角的边界线为东起大鹏湾北岸东端（东经114°30′）“潮涨能到处”，向西沿北岸水线一直到沙头角，且以沙头角西侧的干涸小河为界河，界河中线上树立8块界碑（整个边界上共竖20块）。界河后被逐渐填平，形成中英街，因此8块界碑也就成了中英街的中心线。

中英街界碑

碑文以第二号界碑为例：面对沙头角街道一侧刻“光绪二十四年/中英地界/第四号”；面对新界一侧刻“ANGLO CHINESE BOUNDARY 1898 NO.4”。

1941年香港沦陷后，日军以妨碍交通为名，将中英街第三号到第七号界碑拆除。1948年中英双方重新将5块界碑竖立于原处，并分别在其上刻“中华民国三十七年四月十五日重竖”。

1984年9月，被深圳市人民政府公布为市级文物保护单位。

1989年6月，被广东省人民政府公布为省级文物保护单位。

二、深圳市文物保护单位

1. 沙栏吓天后宫

位于盐田区沙头角街道沙栏吓内。

始建年代不详。现存为清代晚期建筑风格。2002年修缮恢复原貌。

该建筑为三开间二进布局。坐北向南。面阔7.45米，进深13.75米，面积约103平方米。

前殿正中辟一门。梁架结构为抬梁式与穿斗式相结合。尖山式硬山，两面坡，博古式正脊，辘筒瓦面，绿琉璃镶檐口。脊身两侧、山墙博风处、檐口都有精美的灰塑图案。

后殿除船形正脊外，余与前殿情况相同。其后正中供奉妈祖像。

前殿与后殿间的两侧以廊庑相连，镬耳式山墙。中间设一间正方形拜亭，船形正脊，歇山式顶。

建筑四周有围墙。

1988年7月，被深圳市人民政府公布为市级文物保护单位。

2. 大梅沙遗址

位于盐田区大梅沙海边沙堤上。东南临大鹏湾，余皆环山。北面有一条山涧溪水流经沙滩入海。1982年深圳市第一次文物普查时发现。

大梅沙遗址分为1区和2区。1区属新石器时代中期遗存，2区属（春秋时期）青铜时代遗存。

1区 1992年深圳博物馆对1区进行了发掘。地层堆积分二层：

第一层，表土层，灰黄色沙土，厚20—35厘米。含有少量的绳纹和方格纹陶片。

第二层为文化层，灰褐色沙土，厚30—80厘米。出土遗物甚少，仅有陶片380片和石器11件。陶片均属灰陶系，夹砂陶占绝大多数，泥质陶仅两片。纹饰以绳纹为主，占64.7%，其次为素面，占17%，还有划纹、叶脉纹、水波纹等，个别器物着红色陶衣。复原陶器有小釜和器座各一件。石器以磨制为主，石料是石英岩和沙岩，器类有锛、斧、刀、拍、砺石等。除了文化遗物外，还发现一座红烧土灶和2处红烧土堆。灶呈正方形圆角，内凹为马蹄状，灶体大小为90厘米×90厘米，高20厘米，灶壁宽25厘米×30厘米，灶口宽15厘米，内填土为棕红色，土质松软。

1区遗存^{14}C测定标本年代为距今6895±85年（经树轮较正）

2区 深圳博物馆于1993年进行了考古发掘，发掘面积共2405平方米。并发现10座春秋时期墓葬，出土了11件青铜器。地层堆积有二层：

第一层，表土层，灰黑色沙土，厚35—55厘米。无遗物。

第二层为文化层，厚约50厘米。此层根据土色又分二小层：上层白色沙土，下层灰褐色沙土。二层下为棕红色含浮石沙土层。

1983年5月，被深圳市人民政府公布为市级文物保护单位。

三、区级文物保护单位

1. 三洲田遗址

位于盐田区盐田街道梅尖山。

建于民国初。

三洲田村原由上围、下围、南坑和阮屋等七个村庄组成，为客家人聚集之地，1958年因建水库而淹没在水中。

1999年春天因水库干涸，三洲田村落遗址露出水面。经现场初步测算，暴露出水面的部分遗址面积约有1.5万平方米，主要建筑遗迹有住房、打谷坪、道路和学校，散落于遗址中的石制建筑构件有门楣、门墩、石柱、柱础，生产加工工具有石臼、石磨盘等，以及一些生活用的瓷器碎片。住房的结构为三合土墙、青石门框，房顶结构不详。

1900年10月6日至10月22日，民主革命的先驱孙中山先生领导的“庚子首义”在三洲田爆发。三洲田村是计划内的起义出发地，起义前的准备工作主要在这里进行。如为掩人耳目，郑士良等在此开了一家小店铺以作联络点，又设立了拳馆，训练起义骨干。司令部最初也设在该社区的廖氏祖屋，后因廖氏耆老起而反对，才迁往马峦村罗氏大屋。但10月6日的起义祭旗宣誓仪式仍在三洲田举行。起义队伍发展到两万人，震动清廷。起义失败后，清兵放火烧了三洲田村，义军及家属、村民惨遭报复。历经16天的三洲田起义虽然失败了，但在国内激起了很大的反响，唤醒了民众，革命风潮自此萌芽。辛亥革命成功后，孙中山先生拨巨款慰问起义将士、烈士家属和村民，重建三洲田村并在村边建了一所学校，后来其子孙科亲题匾额“庚子首义中山纪念学校”。

2005年8月被公布为区级文物保护单位。

2. 叶屋古井

位于盐田区深盐路与沙盐路交汇处。

清代。

据调查，叶屋水井是清朝迁来沙头角垦荒的人留下的。当地老人介绍，此井水质清澈甘甜，是当地群众的饮用水源。

该水井井口为方形，用青条麻石筑成，边长130厘米，井口下呈不规则圆形，直径130厘米，井壁用鹅卵石砌筑而成。

该水井是盐田区迄今所见历史最悠久的古井之一，养育了十几代沙头角人，当地居民对它怀有深厚的感情，它对研究沙头角地区的历史具有一定的价值。

2005年8月被公布为区级文物保护单位。

3. 打鼓岭石墙

位于盐田区三洲田打鼓岭山顶上。

清代。

掩体石墙因山势作环形。据传，该石墙是清朝早期当地群众为抗击海盗而建。至1900年孙中山先生领导的三洲田起义时，曾借作望哨和练兵场，再后又用作抗击清兵掩体。

石墙局部倒塌，现存石墙周长为300米，宽1米左右，高1—3米。

2005年8月被公布为区级文物保护单位。

第二节　地上文物资源

一、盐田四伯公树建筑群

位于盐田区小径墩东面山脚，新围以南。

建于咸丰八年（1858年）。民国二十一年（1932年）重修。此建筑群的建筑年代是根据其中的一处书室确定的。书室的门檐下右有“咸丰八年戊午岁建”，左有“民国廿一年（即民国二十一年，公元1932年）壬申仲冬月重修”。这是盐田区内已知唯一一座有明确纪年的建筑。

以民居为主，现存20座。分为南、北两部分：北区为横4排，纵5排；南区为横3排，纵4排。三口水井南北向等距离分布。月池则位于中部。而祠堂、书塾、角楼杂列其间。该群体配套建筑和设施较为齐备且布局合理。

民居数量经调查统计的有145套。为黄土砂石版筑厚墙体，局部用砖、卵石、麻石等垒砌，墙角下部包麻条石。墙体用白灰浆抹面。门、窗框、门槛、门楣、天井等也都用麻条石以加固和承压。三合土夯筑地面。杉木檩密集架设，木椽亦精工结实。尖山式硬山，两面坡屋面，高脊两侧装饰抽象兽形脊饰。屋面铺盖三层板瓦，下二层均为仰瓦，呈土红色，瓦片较大。第一层对缝平铺，第二层则压头插尾铺盖于第一层上，最上层为覆瓦，青色，较下二层瓦片小。辘筒灰瓦头，少数为扇形。屋面四周及顶脊均用石灰包裹严实。

单座建筑平面均为中轴线两侧对称分布。一般为二至三进。正房面阔至少三间（一个单元），由一明间和两次间组成。多单元的则两中门共用一个侧间，也有一中门多侧间相连的情况，但都是对称结构。第一进，中门凹进，其后为天井，两廊庑凸出；二进为正房（一明两暗）；第三进格局不一，有正房也有偏房或者后院。大多数房屋保存较好。现举几例：

例一，盐社1，通宽26.65米，深10.7米。平房。七开间二进，共三个单元。并列三天井及左右廊庑，中间两廊庑共用。中为主门，门上瓦脊装饰繁密堂皇。船形脊，脊两端下方各有一蟾蜍张口上望。门厅为平顶，正房为两面坡瓦顶。

例二，盐伯2，面阔11.4米，进深10.8米。一天井两廊庑一正房。门厅后是天井及左右廊，再后是三开间正房（一明两暗）。天井四周有石作栏杆，瓶形栏柱。天井两侧边缘向外有排水孔，排水孔出口做成花瓣状。

例三，盐西1，宽13.3米，深18.5米。结构基本同盐伯2。天井四周也设栏杆，细瓶形栏柱。天井前沿两侧有排水孔，出口做成鲤鱼状。正房明间为二层，两次间为三层，明间后部又隔出一小间而分为前后间。

二、沙井头“爱得我所”碉楼

位于盐田区沙头角街道沙井头。

民国建筑。

碉楼外部不设门，而是在碉楼底层南面有门与面阔三间两层高的住宅（其顶部栏杆正中书“爱得我所”四字）底层的北门相通。

碉楼高五层（19米）。底层东、北、西三方各开垂直排列两窗。第二层东、北、西三面各开一窗。三、四层的东、南、西、北四方各开一窗。顶层四周中间有一向外突出的封闭的方框形“燕子窝”，方框两侧各有一射击孔。

楼顶设女儿墙。

楼顶北面开有排水孔，出口做成鱼形。

三、盐田四伯公树书塾

位于盐田区盐田四社区伯公树。

始建于清咸丰八年（1858年）。民国二十一年（1932年）重修。

该建筑从前至后依次为门厅、天井、正房、后院。中轴线上房屋保存较好，左右房屋大部分已拆除，三进右侧坍塌。

门厅檐下有壁画及年款，右有“咸丰八年（1858年）戊午岁建”，左有“民国念一年（二十一年即1932年）壬申仲冬月重修”字样。

这是盐田区内已知唯一一座有明确纪年的建筑，也是时代较早的教育建筑之一。

民国二十一年的所谓“重修”实际应是维修，该建筑的主体依旧是清代中晚期的风格。

第三节 地下文物资源

一、遗 址

1. 小梅沙遗址

新石器时代。位于盐田区小梅沙度假村东北面，北靠梧桐山，与九龙半岛隔海相望。文化遗物分布在长约350米、宽约200米的沙丘上，沙丘高出海平面8米。1980年广东省博物馆调查发现并试掘。发掘面积60平方米。

地层堆积共三层：

第一层，沙土层，厚1米。人工堆积。

第二层，耕土层，灰黄色细沙土，厚1—1.4米。未见文化遗物。

第三层为文化层，黄褐色细沙土，厚40厘米。出土少量文化遗物，如夹砂粗陶片、彩陶和打制刮削器等。陶片以夹砂黑陶居多，表面抹白色陶衣，手制，火候低。纹饰以绳纹为主，其余为划纹、贝印纹、栉齿纹等。

在修复的陶器中，最重要的一件是圈足彩陶盘，通高8.6厘米，口径23.6厘米，盘深5.4厘米，足径20厘米。直口、深腹、圜底、圈足。圈足上镂孔，外涂陶衣，赭色彩绘，纹饰有条纹、波浪纹、双勾纹。

因当地基本建设，遗址现已不存。

2. 大梅沙社区遗址

商周时期。位于盐田区大梅沙社区北，坐落于梅沙小学西侧的山前台地。因区别于1980年在海边发现的大梅沙遗址而称“大梅沙社区遗址”。两遗址相距500米左右，前者在南，后者在北，均为沙丘遗址。

遗址东西长约180米，南北宽约60米，总面积约10000平方米。2000年9月深圳市第二次文物普查时发现。2001年春，为配合人工湖的建设，对该遗址进行了抢救性发掘。

该遗址地层情况如下：

第一层，表土层，为深灰色沙土。

第二层，清代文化层，浅灰色，土质松软，含少量青花瓷片。

第三层，宋代文化层，灰褐土，土质较硬，含三彩瓷片。

第四层，商周时期文化层，黄褐土，土质较松，含少量商周时期夹砂陶片。

出土遗物为陶器和石器。陶片有泥质、夹砂两种，以夹砂陶为主，胎质粗糙酥脆。陶色有褐胎红陶、红衣陶，灰陶、黑皮灰陶及黑褐陶等。纹饰以绳纹为主，其他有素面、划纹、叶脉纹、弦纹，回纹等。器形可见釜、盖，还有少量器物圈足、口沿、器底残片等。

发现和发掘商时期和春秋时期的墓葬18座。

该遗址为商周时期。

二、墓葬

1. 大梅沙村遗址内墓葬

位于盐田区梅沙街道大梅沙村东北部台地上。2001年3—5月，为配合人工湖的建设，市文管办、市博物馆、盐田区文管办联合进行了抢救性发掘。

共发现和发掘18座商周时期的墓葬。均为长方形土坑竖穴墓，长0.85—2.7米、宽0.50—0.70米。葬具和人骨架均无存。

其中商时期墓葬有5座。有3座各出1件陶器，其中2件为夹沙灰陶绳纹罐，1件为泥质灰陶素面罐。另一座墓出泥质灰陶折腹罐和玉璧各1件，玉璧外径14.5、内径6.4、厚1.6厘米，圆孔边缘有一圈凸棱，其形状与安阳等地商墓出土的玉璧一样。还有一墓出土罐1件、玉玦4件（外径6.1、内径3.15、厚0.12厘米）、绿松石4枚。

春秋时期墓葬13座。有2座墓出陶豆、陶罐各1座。有10座墓各出土陶罐或陶瓮1件。还有1墓出铜钺1件。

2. 大梅沙海滩遗址内墓葬

位于大梅沙海边的沙滩上。1993年深圳博物馆发掘。

共发现墓葬10座，均为竖穴土坑墓。墓内填土为黑白色混杂的五花沙土。墓坑长2.3—4.15米，宽0.8—1.71米，方向均为北偏东。人骨架无存，头向和葬具不明。有的墓底近中间的一侧有一个直径和深度约20厘米的小坑，内无遗物。除M10打破M6一角外，余皆无打破关系。

10座墓中有两座无随葬品，余8座墓共出土各类随葬品34件，其中青铜器11件，器类有短剑、矛、钺、矛形器等。陶器21件，以泥质灰陶为主，纹饰以夔纹、方格纹和重菱纹居多，器类有瓮、罐、盘、钵、杯、豆、器座、纺轮等，罐最多。石器7件，有斧、锛、砺石等。

在随葬品的排列组合中，有6座墓随葬3件呈品字形排列的陶豆，同时有的与青铜器、陶纺轮相组合。在8座墓中有6座随葬1—4件不等的青铜器。出土随葬品最多的墓葬是M6，共有4件青铜器，3件陶器和2件石器。还出现了随葬武器的不随葬陶纺轮，随葬陶纺轮的不随葬武器的现象。

墓葬时代为春秋时期。

第三章 博物馆及馆藏文物

第一节 博物馆

中英街历史博物馆

位于盐田区沙头角街道内中英街一号界碑的东侧。

博物馆展楼总建筑面积1688平方米，共分为5层：1层为迎宾大厅，2、3层为中英街历史陈列厅，4层为临时展厅，顶层观景台，可鸟瞰大鹏湾和香港新界自然风光。

中英街历史博物馆

1995年1月，经沙头角街道人民政府批准成立中英街历史纪念馆（中英街历史博物馆的前身），归沙头角街道文化站管理。当时的馆址设在街道文化站二楼。无事业编制，聘请管理人员1人。展室面积30平方米，展览内容为《中英街的故事》。

新馆落成后，1998年12月28日，经盐田区人民政府批准成立中英街历史博物馆。是一座专题性地志博物馆。1999年5月1日正式开馆。该馆为全额事业单位，归区委宣传部（文体局）管理，人员编制6名，实有人员5人，其中本科1人，大专2人。业务人员中有副研究馆员1人、馆员1人、助理馆员1人、实习馆员2人。馆长孙霄。

该馆负责中英街文物的保护、收藏和研究工作，积极开展爱国主义和革命传统教育，受区文物管理委员会委托，负责全区文物保护、开发和利用工作。

该馆的基本陈列为《中英街历史》，再现了中英街古代史、英帝国主义者侵略和霸占香港的罪恶史以及沙头角人民迎接解放、进行社会主义建设和改革开放、促进社会主义精神文明建设、欢庆香港回归祖国等重大历史事件。

为纪念深圳特区成立20周年和孙中山领导的三洲田起义100周年，该馆还专门推出了《孙中山与三洲田首义》展。它通过大量生动的照片和实物，反映了三洲田起义的壮举，歌颂了以孙中山为代表的革命党人不怕牺牲的奉献精神。除了基本陈列外，该馆还引进了《深港人民一家亲》大型图片展。

从1995年以来，中英街历史博物馆共接待观众10万人，国家领导人杨尚昆、李鹏、万里等都曾亲临该馆视察。

馆内现收藏有907件近现代历史文物、民俗文物以及千余幅珍贵的照片资料。其中，近现代文物的收藏最具特色。

该馆还参与了中英街历史文化景点策划、设计工作，参与了深圳市第二次文物普查盐田区的文物普查工作。

此外，馆外陈设了警示钟，提醒人们牢记中英街屈辱的历史，并与中英街界碑相互映衬，成为中英街新的一景。自2002年起，每年3月18日举办“中英街3.18警示日”鸣钟仪式，2005年获中央文明委“未成年人教育创新奖”；自2004年以来还同时举办“深圳（盐田）全国博物馆馆长论坛”，交流和研究博物馆如何搞好爱国主义教育等问题。中英街历史博物馆在丰富深圳市的旅游文化、加强精神文明建设方面发挥着越来越重要的作用。

1995年5月，“中英街”被深圳市委、市政府命名为市级爱国主义教育基地。2000年4月，该馆被广东省委宣传部和省文明办命名为省级爱国主义教育基地。

第二节　馆藏文物

1. 商代玉璧

商时期。

外径6厘米，内径2.5厘米，缺口宽0.1厘米，已破碎为2片。

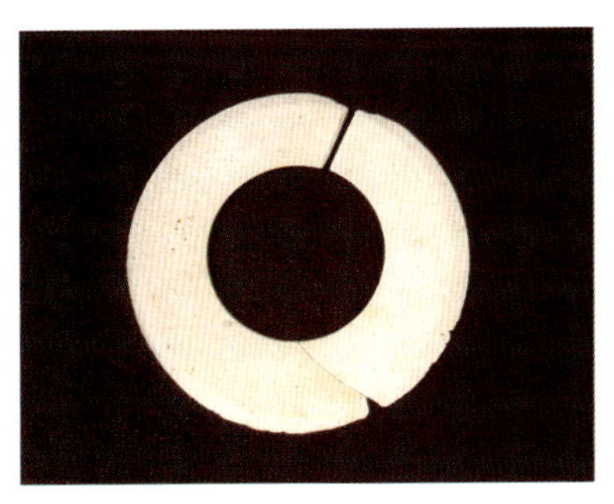

商代玉璧

商代玉玦

2. 商代玉玦

外径14.5厘米，内径6厘米，灰白色，呈圆形，内圆边缘凸起。

商绿松石饰品

3. 商绿松石饰品

从大到小共4枚，

直径依次为2.5厘米，2厘米，1.8厘米，1.5厘米。C形绿松石，色泽鲜绿，绿白纹理自然清晰。

春秋石网坠

4. 春秋石网坠

清铸铁熨斗

5. 清铸铁熨斗

清鸦片烟膏盒

6. 清鸦片烟膏盒

直径2厘米，高2.5厘米。

白色瓷土质地，上带盖，盛装鸦片烟膏用。

7. 清绿釉瓷丝瓜挂

长34厘米。

绿釉白瓷丝瓜形挂饰。

清绿釉瓷丝瓜挂

8. 清景泰蓝笔洗

直径26厘米，口径18.5厘米，深8厘米。

景泰蓝笔洗饰“喜上眉梢”图案。

清景泰蓝笔洗

9. 清火药枪

清火药枪

10. 清东和墟中药店牌匾

长176厘米，宽55.6厘米，厚2.5厘米。

“复我春晖”牌匾上题：“大过年刘光温先生雅鉴，光绪丁未季秋愚弟李华春拜题。”

清东和墟中药店牌匾

11. 清代陶铃

清代陶铃

12. 清代火炮

长74厘米，外径14厘米，内径6厘米。

直身，壶口，双耳火炮。

清代火炮

13. 19 世纪英国皮卷尺

直径 11 厘米，长 150 厘米。

牛皮封套，铜质摇把，封套上有英文字样。

19 世纪英国皮卷尺

14. 19 世纪英国酒桶商标牌

19 世纪英国酒桶商标牌

15. 19 世纪英国舰用表

外径 16 厘米，内径 14.5 厘米，厚 9 厘米。

铜质外壳，表面可开启。

19 世纪英国舰用表

16. 19 世纪香港产温酒壶

19 世纪香港产温酒壶

17. 东纵港九大队党务书包

东纵港九大队党务书包

18. 40 年代铁锹

总长 53 厘米，铁铣头长 17 厘米，宽 16.5 厘米。

木柄铁质锹头。

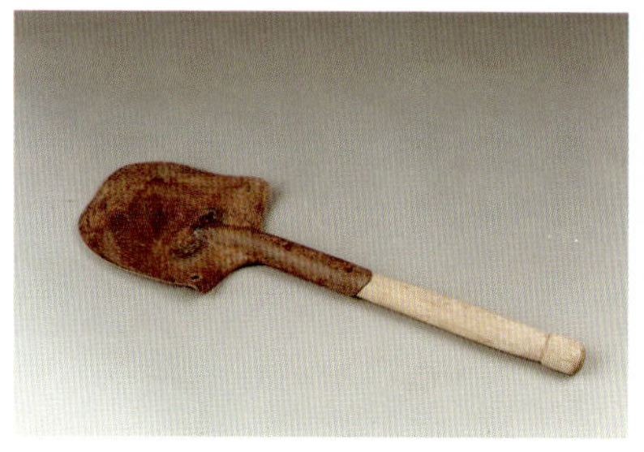

40 年代铁锹

19. 草编保温茶篮

高 23.5 厘米，直径 28 厘米。

草编茶蓝，内附毛线编织保温层，带盖，上宽下窄，内置双喜白瓷茶壶。

草编保温茶篮

第四章　非物质历史文化遗产

第一节　民间艺术

一、沙头角鱼灯舞

沙头角鱼灯舞起源于明末清初，是沙头角沙栏吓村一种独特的民间舞蹈，流行于沙头角、盐田及香港新界的担水坑、岗下新村等地，成为逢年过节、拜神祭祖、喜庆丰收的必备节目。经过三百多年沿袭流传至今。现在沙头角中英街历史博物馆里，还保存有民国时期表演鱼灯舞伴奏用的一个小鼓和两对大钹。

沙头角鱼灯舞是广场男子群舞。专在晚上由二十几个男子手举鱼灯表演。场上有四根龙柱和绕场蓝色水布，以仿海底世界。表演时不用灯光，观众利用龙柱和鱼灯里的蜡烛光芒，看到“海底”各种鱼类在舞蹈。表演时，舞者手举鱼灯以低马步俯身曲背运行穿插，使鱼灯呈现出丰富的舞蹈情节。

鱼灯舞的道具制作精巧。鱼灯都是先用竹篾扎成鱼的形状，糊上纱纸后，用元粉、牛皮胶掺入颜料画鱼，再涂上桐油，在鱼腹之下装一条20厘米长小棍，表演者持棍举鱼灯起舞。

鱼灯舞依靠锣、鼓、钹、高音锁呐、低音锁呐和螺号来伴奏，其中的鼓最特别，是长身小鼓，牛皮鼓面呈头盔状，40厘米高，直径只有20多厘米。

新造鱼灯使用之前，须到“吴氏宗祖祠堂”里“开光”，每逢正月十五，就要到天后宫前献演。

沙头角鱼灯舞是不同于我国其他鱼灯舞的一种颇具岭南特色的广场舞蹈艺术，起源久远，对研究岭南文化、海洋文化、民俗、信仰崇拜等都有较高的价值。19世纪英国殖民主义者的侵略使沙头角割裂为中、英两方，沙头角鱼灯舞作为传统的中华民间艺术，多年来联系着深、港同胞的情怀。

二、盐田山歌

盐田山歌是指在盐田区域内广泛流传的客家山歌、九龙山歌、渔歌、哭嫁歌等民歌，已有三百多年的历史。盐田山歌别具特色，不仅曲调各异，而且分别使用客家话、粤语、福佬话演唱，丰富多彩。

新中国成立初年至20世纪60年代，民歌在当地还相当流行，各村男女老少都爱唱，还产生了一批知名民歌手。1958年，盐田村民薛观带改编客家山歌剧《刘三姐》，并主演男主角，参加广东民间艺术汇演，获优秀节目奖。全剧需村民演员数十人。民歌流传的广泛性可见一斑。60年代薛观带和另外一名村民移民香港，后成为香港的“山歌王”。

“文化大革命”时期，盐田山歌资料大量流失，许多村民爱唱也不敢唱。改革开放以后，民歌才又重新流传。

1991年出版的《深圳民间歌谣》共收进民歌二百多首，其中有一百多首在盐田采集。

盐田山歌具有一定的艺术价值和社会价值，而且对海洋文化及客家、广府、福佬民系的民俗文化均有一定的研究价值。

第二节　民间风俗

一、盐田疍家人婚俗

盐田疍家人（渔民）婚俗源自盐田沙头角盐寮吓渔民村，至今已有160年历史。盐田渔民自古以来生活在海上，形成与陆地人不同的婚俗习惯，定亲、迎亲、入洞房等仪式均在船上举行。由于渔民逐步移居岸上，婚俗有所改变，至今已形成既保留船上传统，又有陆地婚礼内容的多元婚俗，并形成了一种渔民迎亲习俗舞蹈，即迎亲队伍模仿海上行船，在陆上作划浆舞蹈行进。这样的习俗在盐田区与龙岗区海边一带均盛行。

盐田疍家人婚俗是农业文化与海洋文化融合的婚俗文化，有一定的历史价值和文化价值。

二、天后宫天后宝诞祭典

天后宫天后宝诞是沙头角镇内沙栏吓村自清朝传承至今的民俗活动。沙栏吓村与香港新界的6个村的先民，是清代康熙初年分别从粤、赣、闽迁徙而来的客家人，均信奉妈祖（天后），并于乾隆、嘉庆年间，联合建起沙栏吓天后宫，从此香火不断，尤其是每年二月二十三的天后诞最盛，当时俗称“天后宝诞祭典”。1898年，英殖民主义者强租新界，把沙头角分割为两半，但两边村民祭祀天后的活动照常进行。

抗日战争和解放战争时期，社会动荡，天后宝诞祭祀活动中断、新中国成立后恢复，但“文化大革命”时期破“四旧”，两边村民不得不把天后像运至港方存放。

1988年沙头角天后宫被列为文物保护单位。2001年七村村民自动捐款重建，市民政管理部门拨款支持，天后宝诞祭典才得以恢复。

数百年来，沙栏吓天后宫天后宝诞使来自不同地方、不同姓氏的村民汇集一起，和谐相处，信仰妈祖即崇尚真、善、美，所以具有一定的文化价值和社会价值。

附　　录

一、盐田区文物保护单位一览表

1. 省级文物保护单位

保护单位名称	类　别	时代	地理位置	公布时间
中英街界碑	近现代重要史迹	清	盐田区沙头角街道中英街内	1989.6.29

2. 市级文物保护单位

序号	保护单位名称	类　别	时代	地理位置	公布时间
1	沙栏吓天后宫	古建筑	清	沙头角街道中英街	1988.7.27
2	沙拦吓吴氏宗祠	古建筑	清	沙头角街道中英街	1988.7.27
3	大梅沙古遗址	古遗址	史前	盐田区大梅沙海湾	1983.5.30
4	沙头角中英街	近现代重要史迹	清	盐田区沙头角街道中英街内	1984.9.6

3. 区级文物保护单位

序号	保护单位名称	类　别	时代	地理位置	公布时间
1	三洲田村落遗址	近现代重要史迹	民国初	盐田街道	2005.8.10
2	叶屋村古井	古建筑	清	深盐路与沙盐路交汇处	2005.8.10
3	打鼓岭石墙	近现代重要史迹	清	三洲田打鼓岭	2005.8.10

二、盐田区未定保护级别不可移动文物一览表

1. 传统民居

序号	名称	地点	时代	备注
1	社排村民居	社排村	清末民初	31 处广府客家混合式
2	伯公树民居	伯公树村	清末民初	20 处广府客家混合式
3	盐田四村西禾树民居	盐田四村	清末民初	29 处广府客家混合式
4	盐田三村老围	盐田三村	清末民初	31 处广府客家混合式
5	盐田三村新围	盐田三村	清末民初	24 处广府客家混合式
6	沙井头民居	沙井头角村	清末民初	10 处广府客家混合式

2. 祠堂

序号	名称	地点	时代	备注
1	刘氏宗祠	沙头角镇沙井头角村	清	三开间二进
2	吴氏宗祠	沙头角镇	清末民初	三开间二进
3	尚礼祖祠	盐田三村老围	清	三开间二进
4	海公祠	伯公树村	清末民初	三开间二进

3. 宫观庙宇

序号	名称	地点	时代	备注
1	天后宫	沙头角镇中英街	清	三开间三进

4. 炮楼

序号	名称	地点	时代	备注
1	“爱得我所”楼	沙头角镇中英街	清末民初	方形 五层
2	“仁福堂”楼	盐田四村伯公树村	民初	方形 四层
3	炮楼	盐田三村老围	民国	方形 五层

5. 书塾

序号	名称	地点	时代	备注
1	伯公村书塾	盐田四村伯公树村	清咸丰八年	民国二十一年重修

6. 水井

序号	名称	地点	时代	备注
1	水井	沙头角镇中英街	清	圆形
2	水井	盐田四村伯公树村	清末	方形
3	水井	盐田四村伯公树村	清末	方形
4	水井	盐田四村伯公树村	清末	方形

三、盐田区馆藏文物一览表

序号	名称	时代	级别	质地	规格（厘米）	收藏单位	备注
1	玉璧	商		玉器	外径6厘米，内径2.5厘米，缺口宽0.1厘米，已破碎为2片	中英街历史博物馆	
2	玉玦	商		玉器	外径14.5厘米，内径6厘米，灰白色，呈圆形，内圆边缘凸起	中英街历史博物馆	
3	绿松石饰品	商			直径依次为：2.5厘米，2厘米，1.8厘米，1.5厘米。C形绿松石，色泽鲜绿，绿白纹理清晰	中英街历史博物馆	共4枚
4	石网坠	春秋		石器		中英街历史博物馆	

5	铁熨斗	清		铁器		中英街历史博物馆	
6	鸦片烟膏盒	清		瓷器	直径 2 厘米，高 2.5 厘米	中英街历史博物馆	
7	绿釉瓷丝瓜挂	清		瓷器	长 34 厘米	中英街历史博物馆	
8	景泰蓝笔洗	清		瓷器	直径 26 厘米，口径 18.5 厘米，深 8 厘米	中英街历史博物馆	
9	火药枪	清		铁		中英街历史博物馆	
10	东和墟中药店牌匾	清		木	长 176 厘米，宽 55.6 厘米，厚 2.5 厘米	中英街历史博物馆	
11	陶铃	清		陶		中英街历史博物馆	
12	火炮	清		铁	长 74 厘米，外径 14 厘米，内径 6 厘米	中英街历史博物馆	
13	英国皮卷尺	19 世纪		木	直径 11 厘米，长 150 厘米	中英街历史博物馆	
14	英国酒桶商标牌	19 世纪		铜		中英街历史物馆	
15	英国舰用表	19 世纪		铜	外径 16 厘米，内径 14.5 厘米，厚 9 厘米	中英街历史博物馆	
16	香港产温酒壶	19 世纪		铜		中英街历史博物馆	

17	东纵港九大队党务书包	抗日战争		布		中英街历史博物馆	
18	铁锨	40年代		铁	总长53厘米，铁锨头长17厘米，宽16.5厘米	中英街历史博物馆	
19	草编保温茶篮			草绳	高23.5厘米，直径28厘米	中英街历史博物馆	

四、深圳市博物馆、纪念馆一览表

名称	地址、邮政编码	电话、传真	开放时间
中英街历史博物馆	盐田区沙头角镇（518083）	0755—25251104	9:00—16:30

五、深圳市爱国主义教育基地一览表（博物馆、纪念馆部分）

名称	电话	地址	备注
中英街历史博物馆	25251104	盐田区沙头角镇内环城路	广东省爱国主义教育基地

六、盐田区文物古迹分布图

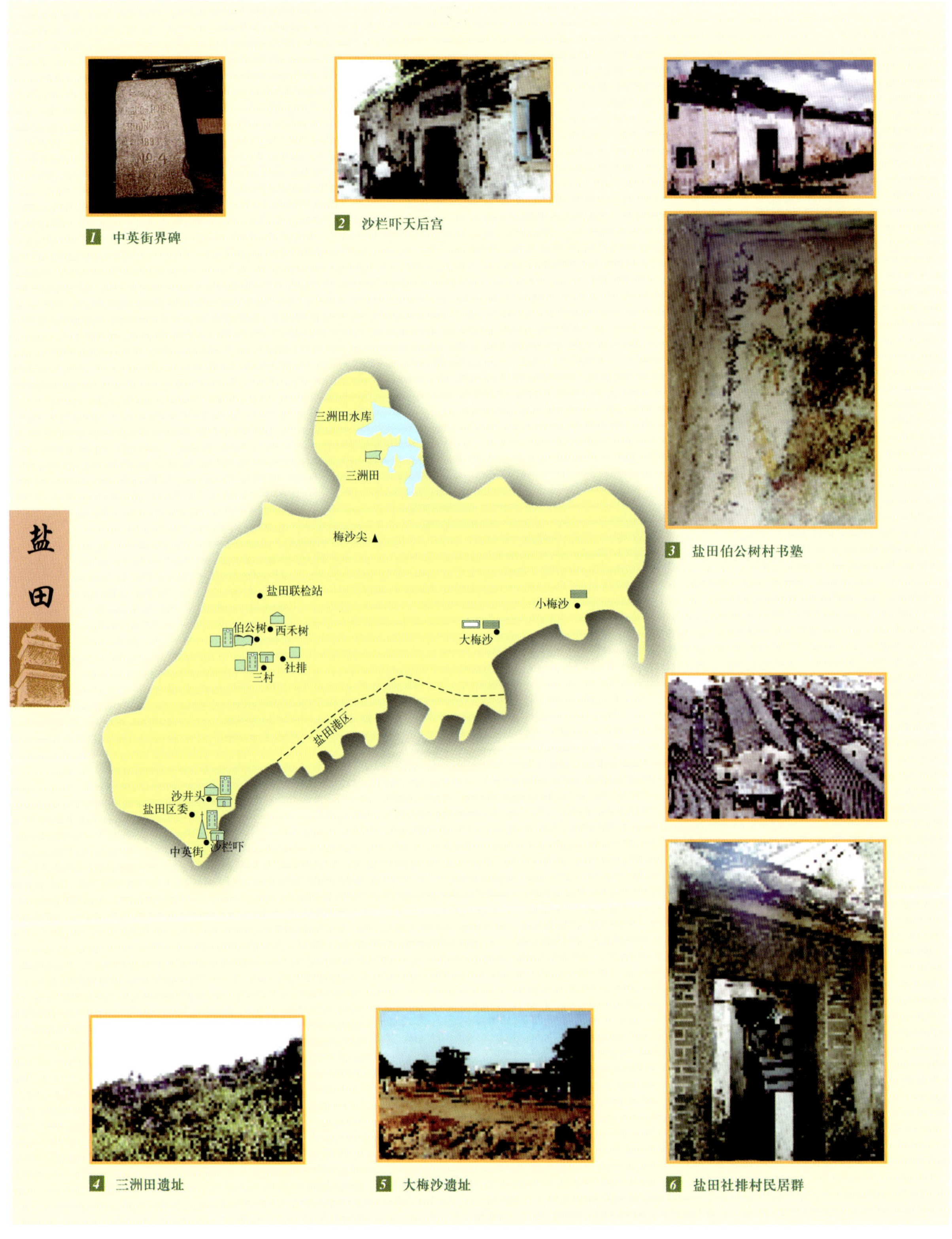

1 中英街界碑

2 沙栏吓天后宫

3 盐田伯公树村书塾

4 三洲田遗址

5 大梅沙遗址

6 盐田社排村民居群

编 后 记

盐田区是深圳市成立最晚、面积最小的一个区。由于深圳自古就是移民地区，而本地区移民路线（或移民的逐渐扩展路线）是自北向南、自西向东，因此历史上落户到该区域的移民也较少。所以，除沿海有少量的新石器时代、青铜时代沙丘遗址外，区域内文物古迹较少，且主要集中在沙头角一带。

本部分通过对历年来盐田区物质文化和非物质文化遗产普查资料的整理和研究，系统地记述盐田区文物资源、非物质文化遗产。

本部分的编写，主要由吴曾德、周军、黄崇岳同志完成。黎乔筑同志提供非物质文化遗产的材料。盐田区宣传部给予了大力支持，孙宵同志参加概述的编撰，负责馆藏文物的撰稿，并提供文物照片。陈宁、张伟同志绘制盐田区文物分布图。陈宁同志负责编写的技术工作。

陆　龙岗区历史文化资源

综　述

龙岗区成立于1993年1月1日。总面积844.07平方公里，为深圳市面积最大的市辖区。总人口133万人，其中常住人口27.2万人。下辖平湖、布吉、坂田、南湾、横岗、龙岗、龙城、坪山、坪地、坑梓、葵涌、大鹏、南澳共13个街道办事处。区政府所在地是龙岗街道办。

目前全区共有各级文物保护单位31处，其中国家级文物保护单位1处、省级文物保护单位5处、市级文物保护单位9处、区级文物保护单位16处。各类博物馆纪念馆6个。馆藏文物近1800件，其中二级文物8件（套）、三级文物17件、一般文物1700余件。

龙岗境内已发现的文物古迹多达400余处。其中大约有50余处新石器时代至清代晚期的遗址和墓葬，地下遗存以咸头岭遗址为代表。地上文物更是十分丰富，有古城、古寨、民居、碉楼、寺庙、桥梁、古井、石碑、牌坊、古塔以及反映近代中国革命历史的纪念性建筑物等。

建于明洪武二十七年（公元1394年）的海防要塞——大鹏所城，见证了中国古代史向近代史的转折。1839年9月爆发的九龙海战，以赖恩爵将军为首的大鹏营水师官兵打响了反击殖民者入侵的第一枪，揭开了中国近代史的序幕。

大鹏所城规模宏大，是目前我国沿海地区保存最为完好的明代所城之一。2001年6月25日，大鹏所城被国务院公布为第五批全国重点文物保护单位，这是深圳目前唯一的国家重点文物保护单位。2003年11月，大鹏所城所在的鹏城村又被建设部和国家文物局联合公布为“中国历史文化名村”。

龙岗也是客家人集中聚居的地方。客家是汉民族中最具特征的重要民系，也是汉民族在世界上分布范围最广、影响最深远的民系之一。清初以来，随着客家人的大量迁入，龙岗地区逐渐积淀出具有浓郁地方特点的客家文化。目前龙岗已发现的各种客家围屋多达一百余处。其中坑梓街道办的洪围建筑年代最早，始建于清康熙三十年（1691年）。规模最大的是龙岗街道办的鹤湖新居和坪山街道办的大万世居。鹤湖新居已被开辟成“客家民俗博物馆”，专门收集、整理、陈列和研究客家文化，成为龙岗区乃至深圳市弘扬客家文化、开展爱国主义教育的重要基地。

龙岗又是一片培育英雄的热土。上世纪30年代，日本侵略者登陆广东，在这生死存亡的关头，坪山客家人曾生在龙岗组建起抗日游击武装——东江纵队，点燃了华南抗日斗争的烽火。东江纵队孤悬敌后，顽强抗日，用鲜血和生命谱写了一曲保家卫国的辉煌乐章。在营救香港文化名人和爱国人士的行动中，他们完成了“抗战以来，简直可以说是有史以来，最伟大的‘抢救’工作”。东江纵队是广东人民解放斗争的一面旗帜，为华南和中国抗日战争的胜利作出了重要贡献。

第一章　概　况

第一节　环境与现状

龙岗区自然环境优越。地形东北高、西南低，地势属低山丘陵滨海区。区内最高的山峰是位于大鹏半岛的七娘山，海拔867米。

气候特点属亚热带海洋性季风气候。年平均气温22.3℃，最高气温37℃，最低气温1.4℃。年平均相对湿度80%。年平均降雨量1933毫米，年平均降雨日140天。无霜期为335天。常年主导风向为东南风。气候温和，春秋相连。

龙岗区屏山傍海，海岸线长达130多公里。沙滩、岛屿、礁石和海蚀崖、洞、桥、柱等海积海蚀地貌发育齐全，是广东乃至全国海岸风光最优美的地段之一，素有“深圳明珠”与“东方小夏威夷”之称。

第二节　历史沿革

龙岗历史文化悠久、渊远流长。考古发掘已证明，早在六千五百多年前的新石器时代，就有先民在这块美丽的土地上繁衍、生息。

以大鹏咸头岭遗址为代表的咸头岭文化是环珠江三角洲地区史前人类活动圈的重要组成部分，是远古时期人类生活的最好见证。

夏、商、周时期，南越族已聚居活动在这一带山水之间。

秦汉时期，今龙岗地区分属南海郡的番禺县和博罗县管辖。

东晋时期龙岗地区则属东官郡的宝安县和博罗县管辖。

南朝开始，龙岗地区则分属东莞郡宝安县（后改称新安县）和梁化郡欣乐县（后改称归善县）管辖。

唐以后龙岗地区一部分属东莞县管辖，一部分属归善县管辖。

在明、清时期分别属于归善县（今惠阳县）和新安县（后宝安县）管辖。

归善县属部分：据清康熙十四年（1657年）和乾隆四十八年（1783年）的《归善县志》记载，今龙岗部分地区属归善县上下淮都，有4个“图”，分别为一、三、四、五图，主要村庄有何村、黄洞、丹竹洋、椽洞、沙澳等。而椽洞靠近今坪地，清后期属龙岗约堡管辖。清同治九年（1870年），龙岗才有明确的建制——龙岗约堡（归善县城南110里）。这是龙岗历史沿革中最早的纪录。当时归善县的乡村分别属县丞、典史和巡检司管理，其中龙岗约堡属碧甲司巡检（驻淡水）管理。龙岗约堡下辖8个村。

新安县属部分：据清康熙二十七年（1688年）《新安县志》称，明末，新安县分3乡7都57图509村，其中归城乡七都辖深圳、莆隔（今布吉）、平湖、葵涌、大鹏一带。清嘉庆二十四年（1819年）《新安县志》载，新安县的乡村分别由县丞、典史和巡检司管理。其中葵涌、王母峒、大鹏、南澳和龙岐等属县丞管理，且已形成了王母峒圩和葵涌圩作为地方经济中心；莆隔、草莆仔、南岭仔（今南岭村）和平湖等属官富司巡检（驻今福田区赤尾村）。

民国以后，归善县改为惠阳县，新安县改为宝安县（因与河南省新安县地名重复）。今龙岗区所辖地域，原应分属于惠阳县和宝安县。

1949年，惠阳县与惠东县合并，恢复惠阳县，分9区、1镇，其中除原属于它的龙岗区即二区（下辖龙岗、坪地、坪山、坑梓、南强、约场、新圩7乡）外，又正式接管宝安县的第三区（下辖东平、南平、王母、大鹏、葵沙5乡）。

1950年4月，宝安全县编为4个区、19个乡、1个区级镇（深圳）。其中今龙岗区的布吉乡和平湖乡当时归宝安县第三区管辖。

1951年宝安县撤大乡划小乡，全县分4个区、69个乡、1个镇。其中布吉乡和平湖乡仍属第三区。

1952年10月，全县又划分为7个区、71个乡、1个区级镇。其中布吉乡属第二区，平湖乡属第三区，沙湾乡属第六区。

1953年7月，宝安县增划一个区，即第八区（驻布吉），由8个乡组成，其中有布吉乡、平湖乡和沙湾乡。这样，邻近的3个乡，由原3个区分别管辖，统一归第八区管辖。

1955年第八区更名为布吉区。布吉区下辖3个乡，即布吉乡、沙湾乡和平湖乡。

1957年12月，惠阳县划分为50个乡镇。其中的龙岗、横岗、坪山、大鹏、葵沙、南平等6乡属今龙岗区范围。

1958年3月，宝安县撤区并乡，全县分为14个大乡、2个渔民小乡、1个镇。

1958年11月，惠阳县划出坪山、大鹏和龙岗3个公社（20个生产管理区）归宝安县管辖。至此，历史上原属宝安县（新安县）的今葵涌、大鹏、南澳一带被惠阳县接管8年后，又回归到宝安县。同时，还将历史上一直属于归善县（惠阳县）的今龙岗、横岗、坪地、坑梓、坪山一带划归宝安县。再加上一直属宝安县的布吉、平湖一带，就奠定了今龙岗区13个街道办的区划建制的基础。这是龙岗区历史沿革中的一次重大变化。

1959年，全县分为13个人民公社。其中布吉、龙岗、坪山和大鹏4个人民公社属今龙岗区范围。

1960年龙岗人民公社分出横岗公社，大鹏公社分出葵涌公社。

1961年7月，全县划分为南头、松岗、布吉（布吉、平湖、龙华、观澜4个公社）、横岗（横岗、龙岗、坪地、沙头角4个公社及龙岗农场）、葵涌（坪山、葵涌、大鹏3个公社及国营坑梓农场）5个大区及22个公社、7个农（林）场。

1963年1月，撤区并社，全县缩编为17个公社。其中有布吉、龙岗、横岗、坪山、坪地、葵涌、大鹏7个公社在今龙岗区的范围。

1978年4月至1979年3月，全县分21个公社、2个镇、207个生产大队。其中布吉、平湖、横岗、龙岗、坪地、坪山、葵涌和大鹏8个公社属今龙岗区范围。

1979年3月，宝安县改为深圳市，开始了改革开放的历史性变革。

1980年8月26日，将深圳、沙头角2个镇和附城、盐田、南头、蛇口4个公社划为深圳经济特区。

1981年10月，恢复宝安县建置，归深圳市领导，管辖深圳经济特区外的原宝安县地区。全县划为16个公社、1个畜牧场。其中布吉、平湖、横岗、龙岗、坪山、坪地、葵涌和大鹏8个公社属今龙岗区的范围。

1983年7月，为适应改革开放和以经济建设为中心的新形势，遵照党中央的决定，宝安县撤销了“政社合一”的人民公社的建制，改人民公社为区，大队为乡，设区公所和乡人民政府。

1984年2月，全县划分为16个区、136个乡、6个乡级镇（龙岗、西乡、松岗、沙井、公明、南澳）和一个畜牧场。其中：

布吉区8个乡：布吉、坂田、岗头、李朗、水径、沙西、沙湾、草埔乡。

平湖区7个乡：白泥坑、新木、鹅公岭、平湖、新南、山厦、辅成坳乡。

横岗区9个乡：横岗、黄阁坑、荷坳、保安、大康、安良、西坑、四联、六约乡。

龙岗区10个乡：龙岗、同乐、龙东、南约、南联、爱联、龙西、新生、回盛、五联乡。

坪地区5个乡：坪地、坪西、坪东、中心、年丰乡。

坪山区16个乡：坪山、金龟、六联、马峦、石井、田头、金沙、老坑、江岭、沙坣、碧岭、汤坑、竹坑、田心、秀新、龙田乡。

葵涌5个乡：葵涌、土洋、坝岗、三溪、高源乡。

大鹏区10乡1镇：鹏城、东涌、西涌、东山、新大、岭澳、王母、布新、水头、下沙乡和南澳镇。

1986年10月，宝安县改区乡建制为镇、村建制，成立镇人民政府和村民委员会（下辖村民小组）。南澳镇从大鹏分出，坑梓镇从坪山分出。

1987年至1991年全县18个区级镇不变，下辖的行政村从165个村发展为191个村。

1993年1月1日，宝安撤县建立由深圳市直辖的两个区——宝安区、龙岗区：

宝安区辖西乡、龙华等8个镇。

龙岗区辖10个镇：平湖、布吉、横岗、龙岗、坪山、坪地、坑梓、葵涌、大鹏、南澳镇。2002年辖10个镇（龙岗、坑梓、坪山、横岗、布吉、葵涌、大鹏、南澳、平湖、坪地）、90个村委会、23个居委会。

2006年，深圳市改镇为街道。龙岗区下辖13个街道。

第二章　不可移动文物资源

第一节　各级文物保护单位

一、全国重点文物保护单位

大鹏古城

位于今龙岗区大鹏街道鹏城社区。

大鹏古城

明洪武十四年（1381年），明王朝决定设立大鹏和东莞两守御千户所。洪武二十七年，大鹏所城开筑。起初选址在大鹏半岛最南端的西涌（位于今南澳街道西涌新屋社区西100米处），那里现尚存二段城墙：一段残高2米，长80米，底宽5米多；另一段长60米，其中还尚存一处20米×12米的平台，为拟建敌楼之处。同年，广州左卫千户张斌相度形势，在大鹏半岛险要处筑立所城即今大鹏所城。

据清康熙《新安县志》记载，大鹏所城“内外砌以砖石，沿海所城，大鹏为最，周围三百二十五丈六尺，高一丈八尺，面广六尺，址广一丈四尺，门楼四，敌楼如之，警铺一十六，雉堞六百五十四，东西南三面环水，濠回三百九十八丈，阔一丈五尺，深一丈”。

城内有三条主要街道，分别为东门街、南门街、正街（西门至南门街相交），以及其他一些小巷。

明清时代城内建筑有：左营署、县丞署、参将府、守备署、军装局、火药局、关帝庙、赵公祠、华光庙、天后宫、晏公庙等。现县丞署、关帝庙、赵公祠、晏公庙等基址尚存（或残存断垣残墙）。还有建于清嘉庆、道光年间的“振威将军第”，即广东水师提督赖恩爵府第、福建水师提督刘起龙“将军第”，建筑规模宏伟，保存完整。

东、西、南三城门仍保留有明代的建筑，北门清末已废塌。

大鹏所城的建立，是为防御海盗、倭寇侵扰之计。其时，城内的官员有正千户一员、司吏一员、副千户一员、武官三员、驻军223名，成为一个备倭镇抚的地方性防卫组织。

清初改“大鹏守御千户所城”为“大鹏所防守营”，官兵500名。康熙四十年（1704年）改“大鹏所防守营”为“大鹏水师营”，兵员增931名。这时候的大鹏水师营，已是一个管辖珠江外洋东部海路的海防军事机构，并设立九营汛：东涌口、水陆塘、大屿山、红香炉、盐田、关湖塘、老大鹏、上沙塘、下沙塘，与南头的新安营遥相呼应。此后又新建炮台四座：沱泞炮台、佛堂门炮台、南头炮台、大屿山炮台。

道光十九年（1939年）七月二十七日，英军在九龙洋面袭击清军，挑起了“九龙海战”。大鹏营参将赖恩爵率水军果断反击，英勇作战，取得了对英军的首战胜利，从而拉开了鸦片战争的序幕。林则徐在“九龙海战”后，与提督关天培研究了在香港区域的军事部署情况，将大鹏改营为协。大鹏协在鸦片战争中发挥了重要的作用。

1983年5月和1984年9月，深圳市人民政府将大鹏城东、南两城门及赖恩爵“振威将军第”、刘起龙“将军第”先后公布为市级文物保护单位。

1988年7月，大鹏古城被深圳市人民政府公布为市级文物保护单位。

1989年6月，大鹏古城被广东省人民政府公布为省级文物保护单位。

2002年7月，大鹏古城被国务院公布为全国重点文物保护单位。

二、广东省文物保护单位

东江纵队司令部旧址

1. 东江纵队司令部旧址

位于葵涌街道办土洋社区的原天主教堂内。

原建筑建于民国年间，为中西合璧风格的天主教堂，由主楼、礼拜堂和附属用房等三部分组成。

主楼居中，原为教堂神职人员居住之所。面阔三间，长10.25米，宽10.95米，高10.85米。当心间高三层，余为二层的中西合璧式建筑。砖木结构，底层为大门，门外设砖拱门廊。一、二层布置木作楼梯，楼梯间两侧各有单开间房屋一间。上下两层同此布置。第三层为楼梯间顶部的小平台，屋顶四周设女儿墙。尖山式硬山，辘筒灰瓦顶。

大万世居

主楼东侧为单层礼拜堂，为教堂神职人员布道和信徒礼拜的地方。长14.87米，宽6.60米，高7米。入口处有意大利风格的砖拱门廊。砖砌外墙，木作屋架，尖山式硬山，辘筒灰瓦顶。

附属用房在主楼西侧，原为马厩。长9.15米，宽3.55米，高3.35米。是一座两开间的小平房，砖木结构，小青瓦屋面。

1944年前后，东江纵队将司令部设于此地，具有重大战略意义的“土洋会议”也在这里召开。抗战时东纵司令员曾生等领导人曾在主楼工作和居住，礼拜堂则作为会议室和作战室，马厩改为工作人员的工作用房。

1984年8月，被深圳市人民政府公布为市级文物保护单位。

2002年7月，被广东省人民政府公布为省级文物保护单位。

2. 大万世居

位于龙岗区坪山街道大万社区。

建于乾隆五十六年（1791年）。

世居平面呈方形。朝向西偏南100°。边长127米，占地面积达16129平方米。由内外两围组成。外围前10.4米有半径80米的月池。

正面辟三门。中门与两侧门距离35.1米。进入中门后为宽9米的前天街。

外围正面中部建三间四柱牌楼式券门，船脊飞翘，做工甚细。

天街后是内围，其中心为三进两天井式祠堂。祠堂周围建围屋，四角建角楼。

前、中、后三堂每排房屋11间。前堂进深6米。中部9间稍高，两侧各一间稍低，作为跨巷门楼。前堂与中堂之间的天井院深6.4米。中堂进深8米。后堂后部中间建神台，置祖宗牌位。三堂之间联以廊庑，通以巷道。巷道宽一般在3米多。堂内木构梁架为抬梁式，但具体构造方法又兼容了穿斗式梁架做法，堂内驼峰、梁头多有雕刻，表现出南北文化共存的特色。堂内悬挂有清乾隆五十六年“赞政宏才”匾和清嘉庆“州司马”匾。

内围之后建前、后两排房屋用于居住。前、后排之间有宽2.2米的小巷。

内外围之间左右各建横屋两排。横屋间巷道宽2.6米。

1984年9月，被深圳市人民政府公布为市级文物保护单位。

2002年7月，被广东省人民政府公布为省级文物保护单位。

3. 鹤湖新居

鹤湖新居

位于龙岗区龙岗街道罗瑞合社区北街1号。

始建于清乾隆四十五年（1780年），建成于清嘉庆二十二年（1817年）。鹤湖新居创始人罗瑞凤为造福子孙，“聚族于斯”，斥巨资买下龙岗墟旁鹤湖山，大兴土木，建造围屋，取名鹤湖新居。

该建筑坐西南面东北。整体建筑由内外两围相套而成。外围平面呈梯形，前宽后窄；内围平面呈方形。外围前宽165.9米，后宽111.6米，建筑占地面积约14432平方米，总占地面积（包括半月池、禾坪）约2.5万平方米。

共有179套、300多间居室。每套居室由天井、客厅和卧室组成。其中客厅和卧室带木板楼阁，为客家围楼内的广府式单元房。

围墙高6米，厚约1米，由石块、三合土夯筑而成。四面开有数排瞭望窗与枪眼。围墙上还有宽约0.5米的跑马廊。

内、外围墙四角及后墙正中设有高三层的歇山顶式楼阁10个，现仅存7个，其中完好者2个。

鹤湖新居下天街

外围正面有宽阔的禾坪及月池。月池两侧各有一棵枝繁叶茂状如伞盖的古榕树及清咸丰年间的旗杆石。

外围正面开大门三个，两侧开小门各一。正中大门有双层门楼，拱形门洞，额匾楷书“鹤湖新居”，右侧落款“嘉庆二十二年岁次丁丑仲秋月吉旦”。

大门后，一座牌楼迎面而立并与高墙相连。正面额书“亲仁犹在”，背面额书“聚族于斯”，各面均塑有人物故事与吉祥图案。

内围内的建筑即为标准的客家“三堂二横”式。三开间二天井布局的罗氏宗祠，是罗氏族人重要聚会中心。其前、中两堂屋内外檐口有精美的人物、花卉、鸟兽等木雕。

祠堂左右各有横屋二排，每排九间，三合土夯筑而成。后由于人口增多，不仅增建了外围，又在内、外围之间增建了排屋。内、外围之间有四条巷道相通。

整座围屋有完整合理的排水系统，出口汇集于月池。

总之，围屋的院落相接，巷道相连，隔而不断，守望相应，楼、堂、房、院、街，布局错落有致，有“九天十八井，十阁走马楼”之称。

1998 年 7 月，被深圳市人民政府公布为市级文物保护单位。

2002 年 7 月，被广东省人民政府公布为省级文物保护单位。

龙田世居

4. 龙田世居

位于龙岗区龙岗街道南约社区大浪村。

建于清光绪年间。

该建筑为三堂两横四角楼带走马廊围楼。北偏西400°。面阔57.2米，进深34.2米，占地面积约1956平方米。建筑用三合土夯筑而成。

围前月池大部分被填。禾坪为长方形。

围正面开三门。大门用石抱框，木制趟栊门保存完整。侧门木制趟栊门亦完整无缺。大门额匾书“龙田世居”四字。

张氏宗祠位于整座建筑的中轴线上，三开间三进。

进正门后即为前堂。前后出廊。前廊两次间额枋为高浮雕花卉，穿枋间驼墩雕戏剧人物，抱头梁上出两跳异形雕花拱承托金檩，穿插枋下骑马雀替透雕人物、花卉保存十分完整，非常少见。前檐板高浮雕戏剧人物、瑞禽、花卉、诗词等，艺术价值很高。

中堂前后出廊。

后堂前出廊。檐板雕刻保存完整。现存木对联一块，楷书“室筑龙田青钱万选”。另存光绪八年（1882年）的“岁岁平安”木匾额一块（慈禧御笔，现保存于龙岗街道客家民俗博物馆）。

横屋建筑完整。

围屋西南侧保存较好，东北侧围屋坍塌，仅剩围墙。

东角楼坍塌，其他角楼保存完整。角楼平面呈长方形，高三层。歇山顶，船形脊，屋檐叠涩下做灰塑。各层开瞭望窗及枪眼。各角楼三层开有小门。纵向两角楼间有走马廊相通。

龙田世居建筑结构独特，除东北侧围屋坍塌外，保存非常完整，而且内部没有一丝改建，保持客家围屋原汁原味，特别是祠堂木雕刻，其内容丰富，形象生动，雕刻手法细腻，具有较高的艺术价值。

2002 年 7 月，被广东省人民政府公布为省级文物保护单位。

5. 茂盛世居

位于龙岗区横岗街道四联社区茂盛村。

建于清咸丰年间。

该建筑为一座三堂二横加外围楼和角楼的客家民居。朝向西偏北340°。通面阔86米，进深 73.8 米，占地面积约 6278 平方米。

世居前有宽 34.8 米的月池，其后是宽 16.6 米的禾坪。

世居正面辟一门。前天街宽 7.5 米，天街两侧有门楼通往围外。前天街左侧有砖券古井一口，井口用圆形石雕井圈。

中轴建三开间三进二天井祠堂。祠堂两侧各有三间居室。

前堂门额书“万福来崇”四字，左右对联为“第峙梧峰凤舞碧梧朝晓门”、“门瞻海岭龙腾沧海奋春雷”。抬梁式与穿斗式相结合梁架，柱头承檩，梁头穿过柱身雕作龙首，方形石柱，莲花柱础。

中堂三开间。内有木构屏风门，门额写有红底金色“茂盛”二字。脊枋下刻有“百子千孙”四字。主跨用砖拱结构代替木作梁架。前后仅用四根檐柱，前檐木作梁架结点用斗拱及雕花驼峰，梁架外饰红绿彩画。金柱圆形，檐柱为石质方形讹角，双层花瓶柱础。1992年重修时变为水泥地面。

后堂名“崇善堂”。明间后墙置放神龛，敬奉何氏祖宗牌位，左右对联为“骏业肇齐昌永葆祖宗光烈”、“鸿图贻熏乐惟敦昭穆源流”。

三堂两侧为横屋（有天井相隔）。之后为后天街和后围楼。

四角建角楼。角楼平面方形，边长 8.35 米，凸出围楼墙体 0.97 米，高三层。墙体系三合土夯筑而成，砌有方窗和枪眼。楼顶为硬山，瓦屋面、船形脊。

2001 年 6 月，被龙岗区人民政府公布为区级文物保护单位。

2002 年 7 月，被广东省人民政府公布为省级文物保护单位。

三、深圳市市级文物保护单位

1. 赖恩爵将军第

位于龙岗区大鹏街道大鹏古城内。

建于清道光年间。

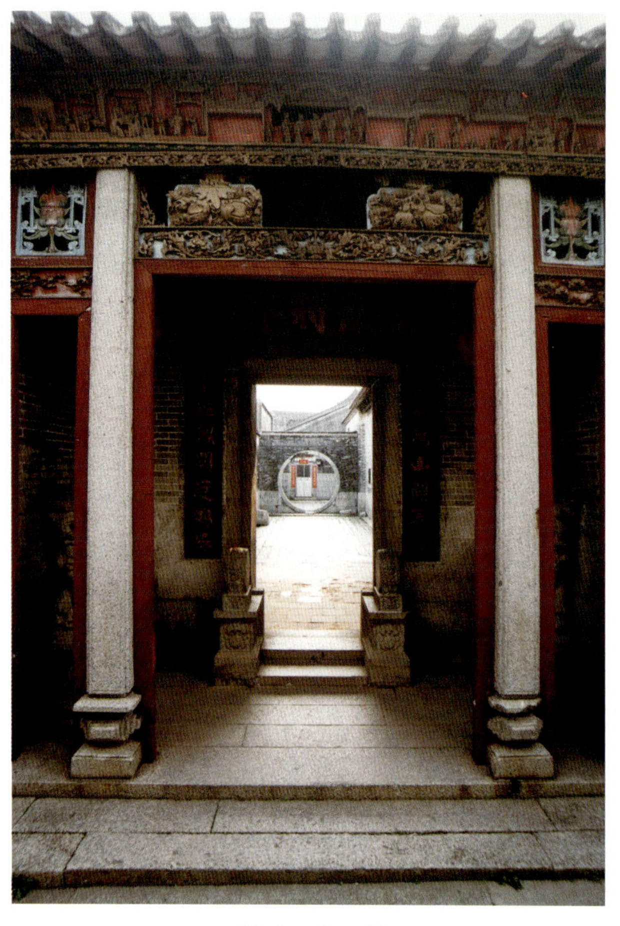

赖恩爵将军第

坐北向南。通宽50米，进深45米，占地面积2500平方米。由东、西两列平行的南北向建筑组成，其间以一小巷道相隔。

大门设在建筑群的东南角，朝东开。门额匾为清道光皇帝书“振威将军第”。门前有一对抱鼓石和一对石狮。檐板、梁枋等饰金木雕刻，上绘人物故事、花鸟草木及墨书诗词等。

门内是一条东西向的巷道，其南为围墙，而围墙的东、西两侧又各开一小门，分别通向东南角的倒厢和西南角的前院。巷道北即为建筑群中的东侧一组建筑。

东侧一组为七开间三进布局。中轴线上的门厅为三开间，两侧次间为厢房。而前天井、中厅、后天井、后厅（祖堂）为一开间。

中轴线建筑的东西两侧还各有一个三进跨院，包括前厅、前天井、中厅、后天井、后厅。各厅的两次间加天井的两厢房，各有十间房。而东跨院前厅的西厢房、西跨院前厅的东厢房各开两门，分别与中轴线上的前厅和两跨院的前厅相通，也就是说，此两厢房即是中轴线上门厅的两次间。

西侧一组为三开间四进布局。包括门厅、前天井、前厅、中天井、中厅、后天井、后厅。各厅的次间加天井两侧厢房（前天井两侧无厢房）共有十二间房。这一组建筑的西侧还有后院、后花园等。

前、后院均有水井。室内地面铺以方砖。天井铺石条。青砖墙体。硬山、青瓦小式屋顶。

1984年9月，被深圳市人民政府公布为市级文物保护单位。

2. 刘起龙将军第

刘起龙将军第

位于大鹏古城南门街中段。

建于清嘉庆、道光年间。

坐北朝南。西墙长29米，东墙长18米，面阔30米，面积约700平方米。

平面布局可分为南、北两部分。北部分由并列的左、中、右三座建筑组成。每座为三开间两进一天井两厢房。右座后堂为祖堂。

南部分,进入开在东墙南侧的大门(门额石匾题“将军第”)后为院子,院子中部建望楼，其下为过道。西南角有一座与北侧左座相对应的平面亦为三开间两进一天井两厢房的建筑,只是在其南部多一小花园,因而整个建筑突出于南围墙外。

整个建筑的地面铺以砖、石。建筑都为石础青水墙，尖山式硬山，灰塑博古正脊，辘筒瓦面，绿色琉璃瓦檐口。檐板雕刻花鸟草木、人物故事等。檐壁绘有花、草、动物壁画。

将军第保存完好。

1984年被深圳市人民政府公布为市级文物保护单位。

3. 抗日军政大学旧址

位于龙岗区大鹏街道大鹏古城以东的东山寺。

旧址已被改建，原貌不存。

1944年7月东江纵队创建的东江抗日军政干部学校设于此。由王作尧任校长，李东明任政治委员，林鳄任教育长。干校共举办过两期，第一期仅设军事部，学员二百人。同年底，该校第二期扩大招生，增设排级干部训练班，并招收一部分中学生，学员达四百多人。

东山寺建于清咸丰四年（1854年)。据清康熙二十七年《新安县志·杂志》条载，

抗日军政大学旧址

东山寺在大鹏所东门外山上，中为观音堂，左上帝殿，右文昌阁，前三宝殿。据调查，原东山寺的建筑面积约为1400平方米左右，有山门、华表、关帝庙、大雄宝殿、观音庙、钟鼓楼等建筑。

1949年后被拆毁。现代重建。原建筑现仅存寺前的石牌坊。正面刻有“鹫峰胜境”，背面刻有“鹏岛灵山”。由惠州人大鹏协副将张玉堂于清咸丰四年（1854年）书。

1984年9月，石牌坊被深圳市人民政府公布为市级文物保护单位。

4. 赖恩爵将军墓

位于龙岗区大鹏街道王母圩村黄岐塘。

振威将军广东水师提督赖恩爵原葬于龙岗区大鹏街道大坑山爬鸡地，其后人于光绪三年（1878年）将其迁葬于王母圩村黄岐塘，当地群众称之为石地。墓葬形制不清。1983年深圳博物馆将原墓遗弃的石人、石马征集收藏。

迁葬墓占地面积1432平方米。地面建筑全用打制精巧的花岗岩石筑成。平面呈“8”字形，为石砌。墓顶浮雕双龙戏珠，其下有“岘山遗爱”石匾。拜堂成半圆形，其前列抱鼓石，神道两侧列石望柱、石狮，石狮间距为29米。石狮前11米，竖立高

10、直径0.3米的两石望柱。

墓碑嵌在中部方形龛内，龛上盖浮雕云拱太阳图案，龛体雕刻双龙戏珠及珠连弧纹。碑石为黑色板岩，碑文为："光绪三年（1878年）岁次丁丑孟春月下浣吉旦迁葬。皇清诰授振威将军提督广东全省水师军务，显考讳恩爵，谥武昭德卿敕公府之墓。奉祀男绍贤、林、杰，孙毓煜、鉴光、葆贻、鉴湖、毓均、毓成，曾孙孟樵、崇、乔、献、盈等同立石。"墓碑前为祭台，上置石烛台。

赖恩爵，字简廷，大鹏城人。少时随父赖英扬入伍。1839年升补海门营参将。在1839年中英九龙之战中作战英勇，道光皇帝赏戴花翎，授"巴图鲁"名号，并提升为副将。"官涌之战"后提升为南澳街道总兵。之后在平定海盗中累立战功二十次，于道光二十三年（1843年）擢升为广东水师提督。任职五年后病卒。

1984年9月，被深圳市人民政府公布为市级文物保护单位。

5. 赖太母刘老夫人墓

位于龙岗区大鹏街道沙井坑石地。

墓地面建筑分墓道、墓堂、享堂和墓冢四个部分，全墓用花岗岩雕凿结砌，方向正南，坐北朝南，北为小岗峦，南临开阔地。

墓全长9米，墓堂宽6米，享堂宽3.6米。此墓保存完好。墓上雕刻有壶形龛。碑高1.52、宽0.9、厚0.4米。

碑文为楷书阴刻："皇清诰封正二品夫人敕太母刘老夫人墓，道光十九年岁次己亥嘉平月吉旦安葬。祀男浙江定海街道总兵英扬、大鹏营外委升扬、香山营千总信扬，暨孙龙门协副将恩爵、恩光、恩晋、恩华、恩禄、恩伦、恩隆，曾孙绍平、绍魁、绍贤、绍元、绍裘等同立。"墓堂左右有护鼓石、石鼓、石柱、石坐狮一对，墓道两侧有小石狮和石华表各一对。石华表上刻对联"阆苑归真千载龙蟠垂福荫，鹏山毓秀重凤诏鸾叠荣封"。

1984年9月，被深圳市人民政府公布为市级文物保护单位。

6. 大湾墩

位于龙岗区大鹏街道大坑南滨海的山岗上，当地人称烟墩山。现墩台东、北均属大亚湾核电站范围。墩台筑于高约100米的山岗上，南临大亚湾龙歧澳。

"大湾墩"也叫"大坑烽堠"，明洪武年间置。

为圆台形砖土结构。墩台底径10米，顶径3.6米。上部有一径约2.2米、深1.2米的圆坑，并有一宽0.9米的缺口作为风门，门开向西北，墩台上部周围砌砖。

现墩台尚存，保存较好，也是离大鹏古城最近的一个墩台（相距约1.5公里）。

1984年9月，被深圳市人民政府公布为市级文物保护单位。

7. 文武帝宫

位于龙岗区坪山街道坪山墟文化街。

清代中期建筑。

该建筑为三开间三进布局。坐西朝东，偏南250°。由前殿、中殿、后殿三部分组成。前殿进深5米，天井深3.9米，中殿深6.1米，后殿深9米，通进深24米，占地面积254平方米。

前殿面阔三间。门宽1.24米，门额上方刻“文武帝宫”四字，周边刻花草。明间宽4.45米,次间宽2.95米，通面阔10.6米。有檐廊，廊深1.75米，用方形讹角石柱。檐下枋和檐板均雕有花鸟，三架梁底部、正脊枋下部、驼峰、梁头也都雕刻图案，驼峰所雕人物甚精。

前殿与中殿间有天井。

中殿宽三间。方形石柱，梁架结构系抬梁与穿斗相结合，结点用瓜柱驼峰，檐下用斗拱承托。

中殿与后殿间为勾连搭结构，中间有券门相通。

后殿为二层楼，面阔三间，进深三间，前后9米，在体量上明显大于前殿与中殿。梁架为抬梁与穿斗式相结合。梁架结点用雕花驼峰、斗拱，梁头穿过瓜柱。殿内石雕莲花柱础，高0.42米。檩下枋和护檐板均有精美的雕刻。殿内地面已被改造为现代水泥地面。

后殿下层原立关公（武帝）塑像，其前原有关平、周仓塑像。上层设文昌帝君（文帝）神龛及塑像。因而有文武帝宫之称。

文武帝宫一侧为“归善县碧甲司坪山约馆”旧址，前面是广场，正对戏台，戏台后墙两侧连以围墙并与文武帝宫相接。1943年12月2日，在这里召开了东江纵队成立大会。东江纵队及其前身广东人民抗日游击总队常在此活动。

文武帝宫整体保存完整，梁架构件未经更换，斗拱、檐板、驼峰雕刻艺术水平甚高。

1998年7月，被深圳市人民政府公布为市级文物保护单位 。

8. 刘起龙将军墓

位于龙岗区大鹏街道鹏城社区东南的大坑山爬鸡地。1982年9月发现。1984年9月，为配合广东省核电站基建工程，市博物馆对此墓进行了发掘，并将其迁移到鹏城东门外东校场，按原貌修复。

墓坐北向南。地面建筑规模宏大，全墓长9.5米，用雕凿过的花岗岩石砌筑。分神道、拜堂、祭台、墓堂和墓冢五个部分。拜堂略成半圆形，宽6.5米，其前各有一抱鼓石和一柱础。墓堂宽5米。墓顶雕凿日光云纹，上阴刻楷书“钦赐祭葬”四个大字。墓前有大理石祭台，左边镶一块道光皇帝的“御祭文碑”，文云“鞠躬尽瘁，巨子之芳踪，赐恤报勤国家之盛典”，“朕用悼焉，特颁祭典，以慰幽魂”。墓右侧镶有一块“古之遗爱”碑，由太子少保兵部尚书总督闽浙部堂孙尔进、文署福建水师提督军务陈化成等8位官员同禄。神道左右两侧有对称的石狮、华表各一对。

墓碑高2.02、宽1.16、厚0.3米，下为二龙戏珠云纹，碑身左右为阴刻蔓草花纹，碑文为阴刻楷书：“皇清诰授振威将军讳起龙刘府之墓。道光十一年（1831年）岁次辛卯仲春谷旦重修。祀男亮量、盛桂，把总祖荫、全、祺、俊同立”。

墓室为长方形窿洞土穴墓，棺木已朽，仅遗铁棺钉，随葬品有眼镜、烟斗、铜镜、白玉鼻壶等。

刘起龙，字振升，新安县大鹏城人，生年不详。行伍出身，曾任福建水师提督，封“振威将军”，一生战功卓著。道光十年（1830年）2月巡洋时卒于海上。

1983年5月，被深圳市人民政府公布为市级文物保护单位。

四、龙岗区区级文物保护单位

1. 黄氏洪围

位于龙岗区坑梓街道西坑村。

始建于清康熙三十年（1691年）。由坑梓黄氏二世祖黄居中创建，因其后有洪围山而得名。道光十年（1830年）重修。1996年再次重修。

该建筑平面布局为三堂两横带后围龙屋。朝向正东北。通面阔30.8米，进深51米，占地1500多平方米。

其前有禾坪和月池。月池宽30米，与围屋间垂直距离为12米。大门石额上刻“黄氏宗祠”，旁有落款小字“道光拾年季春月吉旦重修，三大房同立”。

外墙与角楼均用三合土筑成。围内厅、堂、屋用砖砌。天井、水沟铺以花岗岩条石。屋、门均较低矮。

该围因部分崩毁，道光十年（1830）重修时，将一角楼式样改建。

该围仍保留了清康熙年代的形制与风格，是深圳目前发现的最早的客家宗祠与住宅合一的围龙屋。

2002年6月被公布为区级文物保护单位。

2. 黄氏新乔世居

位于龙岗区坑梓街道秀新社区。

建于乾隆十八年（1753年）。由坑梓黄氏三世祖昂燕创立。

该建筑为三堂四横一围龙四角楼一望楼建筑。朝向南偏东40°。面阔95米，进深87米，占地面积8262平方米。

整个建筑群用三合土夯筑而成，间用石料，且从前到后依次升高。

围前有禾坪、照壁和一半圆形的月池。月池宽86.2米，最大垂直距离42米，距围屋15.5米。有涵洞与门边河相通，河上有一单孔石拱桥，桥两头均有古榕树。门边河与石拱桥均为建村时之配套工程。

前围开三门。正门上有一石匾书"新乔世居，乾隆拾捌年仲冬月吉旦昂燕创立"。

大门内有四柱三间式牌楼。牌坊正中开拱券门，门上正面额书"霄峰拱会"，背面书"戬谷罄宜"，歇山顶，船形脊。

中轴线上的三堂，为三开间三进布局。中堂有牌匾四块。

前围现存两角楼，后围存一角楼。角楼平面呈长方形，高三层。顶层均开了望窗及枪眼。尖山式硬山。

围内排水系统十分健全，或明或暗的排水沟纵横相连，由后向前将水排出围屋。

除围屋西部拆除改建成洋房外，其余三面保存较完整。

2002年6月被公布为区级文物保护单位。

3. 观祥古寺

位于龙岗区布吉街道厦村社区丹沙公路（丹竹头至沙湾）旁。

始建年代不详。清咸丰丙辰年（1856年）重修。

该建筑为五开间二进二跨院布局。坐东面西。面阔21.6米，进深18米，占地面积388.8平方米。

前殿面阔五间。设一正门和二边门（通二边跨院）。正门和二边门中留夹间。明间宽5.3米，二边门（院）宽4.7米，夹间宽3.4米。正门石门框内镶嵌木门框，门上石匾额已被白灰涂盖，但阴刻“观祥古寺”四字还可辨。匾内左前竖排小字“咸丰丙辰□季秋月重修□”，石匾上部壁画及题字已被白灰涂盖不清。辘筒灰瓦面，绿琉璃瓦剪边，博古正脊，尖山式硬山。

后殿面阔五间，进深二间。前檐用二根八边形石柱，柱础砌于墙内。前檐下四扇木门已无存，仅存门上冰裂纹式木窗。明间的梁架伸进了砖砌的实山墙内。驼墩、梁头雕有花兽形图案，瓜柱承檩。二次间皆硬山无梁架。右次间仅存门上寿字形木窗及门二侧二扇小窗。内山面皆绘有彩色山水画，部分褪色不清。辘筒灰瓦，绿琉璃瓦剪边，正脊已残。尖山式硬山。

二侧夹间前后相连，内已被占用，内部结构不详。

在前殿内右侧墙上，嵌有清同治四年（1865年）石碑一块，记录了张君亮等施舍田粮为观世音案前“油灯钱”，立碑人为观祥寺住持僧复如。此碑是研究观祥古寺重要的资料之一。

观祥古寺是是布吉街道唯一一处古代佛寺，也是深圳市仅有的几处古代佛教建筑之一，保存较为完整。

2001年6月被公布为区级文物保护单位。

4. 念妇贤医院

位于龙岗区平湖街道墟内述昌街。

由平湖籍香港人士刘铸伯独资捐建于民国四年（1915年）。

为面阔、进深各三间的二层建筑。朝向东南方。面阔17.35米，进深11.2米。

墙体用三合土夯筑而成。大门门额镶匾两块：“丙辰仲春，念妇贤医院，铸伯氏立”、“大总统（黎元洪）题褒，乐善好施，绅士刘铸伯，中华民国四年十月”。

该建筑为为传统民居形式，但门窗则是欧式风格。

2002年6月被公布为区级文物保护单位。

5. 纪勋劳学校

位于龙岗区平湖街道平湖老街。

由平湖籍香港人士刘铸伯独资捐建于民国四年（1915年）。据“广东督军署布告碑”记载，刘绅铸伯因家乡平湖“村居僻壤，风气固塞，学务不兴，地复瘠贫，人多失学。处此生活程度日高之时代，以智识不开之贫民，夫将何以自立。仆情关故里，言念之下，用是矜怜，爰解私囊，倡办小学堂一所，名曰纪劬劳学校。一则藉以教育贫民，俾资自立；一则念家慈抚养教育之劳，底仆于成，乃有今日。爰命是名，以留纪念，永志不谖。”

该建筑为小青瓦硬山式建筑，高二层。正门上有“纪劬劳学校”匾额。

2001年6月被公布为区级文物保护单位。

6. 乐育神学院

位于龙岗区布吉下李朗社区，附近有水官高速公路通过。

1807年，马礼逊到中国传教，成为基督教在中国的第一位传教士。巴色传道会创始于1815年瑞士巴色城，基督教于1852年由瑞士的巴色传道会韩山明牧师传入龙岗。1855年巴色会在布吉李朗兴建福音堂，李朗福音堂建成后，又创办了乐育小学、乐育中学，并建立了乐育神学院和福音医院等，对中西方文化的交流与发展发挥了一定作用。

2001年6月7日被公布为区级文物保护单位。

7. 曾生故居

位于龙岗区坪山石灰陂社区。

建于清朝雍正年间（1723—1736年）。1910年10月，曾生将军在这里出生。东江纵队司令部也曾在这里办公。

2001年6月被公布为区级文物保护单位。

8. 钟氏宅

位于龙岗区大鹏街道王桐山社区。王桐山社区是钟氏家族聚居村落，钟氏大宗祠位于社区南边的中轴线上，而“钟氏宅第”紧靠大宗祠东侧。

其建造的确切年代尚待考。从其建筑风格和营造特征分析，当为清代中晚期。是一座祠宅合一的民居建筑。

该建筑为五开间三进两天井带前院落的布局。坐北朝南。通面阔20.65米，通进深30.10米，占地面积663平方米。砖木结构。

长方形前院落的前墙（南院墙）起照壁作用。宅第大门开设在前院落的东、西两侧院墙上。

门内各设二层望楼一个，今木作望楼和院门已不存，砖砌半圆形门洞还保存完好，门洞上有灰塑图案。

宅第第一进当心间为门厅，次间和梢间为倒座房。

第二进为前后带花格门窗扇的中厅三间，两梢间为侧房。

第三进后厅当心间为祖堂，两侧各有正房二间。祖堂上设有图案复杂而又精美异常的镂空花雕木作神龛，龛内还有木作祖先牌位。

平面布置与岭南传统民居建筑迥异，带有浓厚的湘赣系民居建筑布局。

该建筑主体结构较为简单，小青瓦屋面，清水砖外墙，外观风格非常简朴。内装饰则极为讲究，建筑艺术也较高，木雕、砖雕和彩画、灰塑皆有，与室外建筑风格形成较大的反差。前厅外檐下有砖雕构件点缀，内壁檐口和博风等处绘有苏式彩画，两侧厢房门洞上均有灰塑图案。三进厅堂的木作梁架上有雕饰精美的驼峰隔架，前、后厅堂的门额上装有镂空花雕的挂落飞罩。中、后厅堂各有八开雕花屏风门。这些飞罩、挂落、屏风、神龛等木雕构件，不但造型美观，构图巧妙，而且做工精细，线条流畅，显示了较高的工艺技术和艺术水平。

此宅第一直由钟氏家族居住。20 世纪 90 年代后，宅第主人新建了楼房，此宅一直空闲。因年久失修，已呈破旧状态。

2001 年 6 月被公布为区级文物保护单位。

第二节　地上文物资源

一、宫观、寺庙、教堂

1. 文武帝宫

见第二章第一节深圳市文物保护单位文武帝宫条。

2. 观祥古寺

见第二章第一节龙岗区文物保护单位观祥古寺条。

3. 老墟基督教布吉堂

位于龙岗区布吉街道老墟社区 54 号。

清末民国初建筑。

坐北朝南。面阔 22 米，进深 11 米，占地面积 220 平方米。

现存主体建筑为前、后二排二层建筑。后排面阔五间，进深三间。

尖山式硬山。木构梁架。

前排是在原中式传统建筑（后排）的前边，又添加的面阔五间、进深一间的建筑。

平顶。下层明间开圆拱式大门，无门扇。明间和二次间连为一体，有较大空间，中间立有柱子。二尾间有上下楼梯。二楼已被装修，以板隔为办公场地。上、下二层有六个大窗。上层窗檐为尖拱式，下层窗檐为半圆形。

二、塔阁、牌坊

1. 西坑风水塔

位于龙岗区横岗街道西坑村西北角一土丘上。其西侧有一山环绕，山形如狮状，嘴朝西坑村。依风水之说，西坑村将受此山之害，为此，村民在村西北角建一塔镇之，意在狮子嘴里填一塔，使其无力危害西坑村。

清末建筑。1980年重修塔刹。该塔为六边形四层。青砖砌筑。角用倚柱。青砖叠檐。各层砌有券门。第一层塔身高1.56米。该塔自下而上逐层收杀。顶部呈盔状，上置石宝珠。

2. 鹏城东山寺佛塔

位于龙岗区大鹏街道鹏城社区东山寺西侧。建筑时代不详。最下层有一碑石，上书“东山寺老和尚墓”，右侧小字及年代已模糊不清。

该塔为六边形砖塔。灰沙抹面。径1米，高2.45米。

该塔又称“镇妖塔”。传说庙中主持鹏海大师，德高望重，时年九旬，言东山寺东北磨刀坑有蜘蛛石，年久成精，为害乡民。为解救乡民，老和尚舍命将其打入地下，因此也气绝身亡。于是其弟子在老和尚镇妖之地，建此一塔，将老和尚葬于其中。

3. “鹭峰胜境”石牌坊

位于龙岗区大鹏街道东山寺前。

建于清咸丰四年（1854年）。

为四柱三间 （柱出头式）三间，用花岗岩雕砌而成。明间宽2.07米，次间宽0.97米，高4.9米。明间石柱为方形，前后均有抱鼓石，断面0.27米×14米。次间柱外侧用夹石。整个牌坊稳定性较好。明间楼顶雕出14垄筒瓦和勾头、滴水，正脊雕宝珠。

明间正面横额阳刻行书“鹭峰胜境”，落款为清“咸丰四年福建籍大鹏营守备张玉堂手书”。背面刻“鹏岛灵山”，两侧题记因风化剥落不清。左右两次间仅在横额上雕菊花图案。

石牌坊今仍保存完好。

1984年9月，深圳市人民政府公布为市级文物保护单位。

4. 水贝石牌坊

位于龙岗区大鹏街道水贝社区北雄鸡拍翅山的山岗上。

建于清嘉庆五年（1800年）。

该牌坊为四柱（柱出头式）三间，用花岗岩石雕砌而成。通宽4.5米，通高3.78米。明间宽1.97米，次间宽1.13米。明间柱方形，边长0.36米。次间柱方形，边长0.3米。柱前后有抱鼓石，抱鼓石宽0.36、厚0.14、高0.77米。

明间额板高0.36米，上刻“清标通管”四字，左侧额板雕“百世”，右侧雕“流芳”二字。正楼最高处额匾书“奉旨旌表”，背面书“圣旨”。柱头雕宝珠。

此牌楼是为表彰水贝欧阳学文忠娉妻李氏而建。李氏年十八，得知欧阳学文忠身亡，守贞终身不嫁。当地人称之为“贞节牌坊”。

三、住宅

1. 客家式住宅

（1）向前李氏正埔岭围

位于龙岗区龙岗街道向前社区。

建于清嘉庆八年（1803年）。

该建筑为三堂四横一围六角楼建筑。坐北朝南。通面阔87米，进深62米，占地面积5394平方米。

先后多次扩建而成。最初先建三堂二横后带花头的围龙屋，横屋和围龙屋为通廊式单间结构，保留兴梅地区客家围龙屋传统。后建的围楼则成了广府式单元住房。

前有宽63米的月池，月池右前方有古井一眼。禾坪宽13.5米。

正面开三门，正门与祠堂相对，两侧门与左、右天街相对。倒座进深7.1米。

三堂面阔三间。前堂进深5.2米。前檐用丁头拱承托。

中堂进深7.5米。内建仪门，门额刻“万福朝堂”四字。内有楹联为“系本兴宁应卜关宁居世宇”、“基开归善惟期积善大其闾”。梁下用雀替，瓜柱承檩，梁头串过柱头并雕龙首，素面驼峰。

后堂名“达贻堂”。进深6.8米。檩下枋刻“长命富贵”、“百子千孙”、“奕世荣昌”

吉祥语。神台供正埔岭李氏十四世李瑞、李琎和开基祖朝铉牌位，内有对联两幅：一为“肯堂肯构昭先德”、“俾寿俾昌启后人”；另一为“达道谨循代由簪缨光族系”、“贻谋恪守世承堂构扩规模”。

三堂两侧的横屋用于居住。

四角建有角楼，现尚存三座。前围东南角角楼为民国时期所增建。

（2）**龙东陈氏大田世居**

位于龙岗区龙岗街道龙东社区。

建于道光五年（1825年）。陈氏源于福建宁化石壁村，后迁龙溪，宋元之际入粤，后经南雄、潮州到兴宁，清代乾隆年间由兴宁迁龙岗。

该围坐南朝北。通面阔84米，进深50米，占地面积4200平方米。包括三堂、二横、一围龙（围龙未建成）、四角楼。

围前有月池、禾坪、矮护墙、左右转斗门。

有正门和两侧门。正门额石刻“大田世居”。

正门内建牌坊。牌坊上有人物和花草灰塑，正面枋额石刻“义笃江州”，背面石刻“晖承颍水”。

围楼均为二层。四周筑女儿墙。后围龙未建成，只有通廊式单间房的半截墙基。

（3）**田祖上刘氏田丰世居**

位于龙岗区龙岗街道田祖上社区。

清代中期建筑。由兴宁县迁居龙岗的刘姓客家人所创建。

朝向南偏东45°。世居面阔126米，进深83米，占地面积10458平方米。世居内建共有房间78间，皆为单元式平房。

围前有宽39.2米的月池和宽12.6米的禾坪。

正门额上镌刻“田丰世居”四个楷书大字。其后是宽6.9米的前天街，天街两端有券门通向世居外。

隔前天街与世居正门相对是三开间三进二天井祠堂。三堂均面阔三间。

前堂门横额刻“兰桂胜芳”四字。前檐梁架用一斗三升，驼峰呈圆鼓状，梁头雕作龙首状。内建屏风门。硬山，灰瓦。

中堂进深7.45米。梁架为抬梁式与穿斗式相结合。八角、鼓形柱础。驼峰雕成莲花状。后檐柱间有“彭城世居”匾额。

后堂供刘氏祖宗牌位。两侧有对联为“祖宗功德乾坤大”、“田丰世泽日月长”，横批“天禄流芳”。檩枋下刻有“富贵双全，百子千孙”八字。

祠堂之后建进深8.85米排屋三排。前、后排屋之间有横向巷道。

祠堂左右有宽1.7米的巷道各一条。排屋两侧与左右围屋之间是宽3.6米的左、右天街。

四角各建二层角楼。

此世居属围村建筑，有别于其他客家城堡式围楼。

（4）**杨梅岗赖氏梅岗世居**

位于龙岗区龙岗街道杨梅岗社区。

清末建筑。

该建筑为三堂两横加外围布局。朝向北偏西15°。先建中部祠堂及横屋，后由于财力不足，围楼未完工。墙体均用三合土夯筑而成。世居面阔67.5米，进深63.2米，占地面积4266平方米。

围前有月池与禾坪。月池宽67.5米，最大垂直距离26米，与建筑之间距离为11米。

围前开一正门、两侧门，现两侧门被堵。正门为石拱券门，门额石匾书“梅岗世居”四字。

中部三堂为五开间。

前堂后出廊。廊穿枋间驼墩刻瑞禽及吉祥花卉等，木雕刻十分精美。

中堂前后出廊。梁架结构为穿斗式与抬梁式相结合。两次间木格扇保存完整。

后堂前出廊。檐板雕刻花卉、瑞禽、鸟兽等。堂中对联为“光前俊德传家远”、“裕后鸿图寿久长”。

该围除两个角楼未完工外，其余五个角楼均保存完整。平面呈长方形，高三层。歇山顶，船形脊。各层有枪眼。第三层开两门。各角楼间有走马廊相连，因只有前围完工，可与之相通，两侧围屋也因财力问题未及建成，因而无法相通。

（5）**六联萧氏吉坑世居**

位于龙岗区坪地街道六联社区。

建于清道光甲申年（1824年）。

该建筑南偏西45°。通面阔67米，进深72米，总占地面积7370平方米。

世居前有月池、禾坪。

正面开一门，门额阳刻“吉坑世居”，门楼船形脊，上雕饰精细。值得注意的是围楼两侧门隐蔽在正面两角楼之后。

三堂面阔均为三间。前堂进深6.4米。

中堂进深8.6米。后设屏风门，门额匾题“庸和堂，武监生萧润邦祥监生煌昭建立，道光甲申年造”。船形脊，硬山，穿斗式梁架。

后堂进深7.6米。脊檩下枋木有浮雕，并题吉祥语“富贵长命”，神龛对联为“由揭阳迁归邑百世流芳思祖德”、“居泮浪建吉坑四坤胎裔念宗功”。神位题“萧氏堂上始高曾祖考妣神位”。说明萧氏的祖先是揭阳的福佬人，迁坪地后逐渐演化为客家人。船形脊。

四角有角楼，高三层，上部开竖向长方形枪孔，下部开葫芦形枪孔。后围外侧墙有葫芦形枪孔。

龙厅高两层，有封火墙。

围西北角有古井一口。小砖圈砌井壁，前些年仍在使用，现废弃。

（6）**大水湾黄氏龙湾世居**

位于龙岗区坑梓街道龙田社区大水湾村。

建于清乾隆辛丑年（1781年）。

该建筑为三堂两横四角楼一望楼一围龙（后围是半圆形的围龙屋）对称式围屋。朝向南偏东400°。通面阔70.5米，通进深84.57米，面积约5966平方米。均用三合土夯筑而成。整体建筑地面由前至后步步抬高，既取其步步升高吉祥之意，又利于排水。

围前现存半月池宽60余米，最大垂直距离为35米。前围两角楼有骑屋与半月池相接，两边骑屋有门楼可进入禾坪。长方形禾坪宽12.5米。

该围正面开三门，均为石门框上加半圆拱券。正门额匾书“乾隆辛丑仲冬时□旦，龙湾世居，寿柏建立”。

大门内是四柱三间三楼式牌坊。用三合土夯筑而成。中间开圆拱门，额书“峰峦拱护”，背面书“瑞色祥光”。灰瓦顶，船形脊。

正对大门位于世居中心的黄氏宗祠，为三开间三进布局。灰板瓦屋顶，琉璃勾头，滴水剪边，船形脊。

前堂前后出廊。板门外有九道门闩，现存两条。木柱，石础。柱穿枋上浮雕花卉，间书“奎壁联辉”。

中堂前后出廊。木构架为穿斗式与抬梁式相结合。脊檩下穿枋、前金檩下穿枋分别书“燕翼诒谋”、“金玉满堂”。檐板木刻连续花纹，驼墩雕成莲花形状，雀替雕瑞禽、花卉。

后堂前出廊（新近重修过）。神龛木对联为“祖德源流千载盛”、“宗枝奕叶万年兴”，横批为“光前裕后”。另存一对联为“尊祖敬宗翠百代翰常如在”、“光前裕后远万年昭穆无疆”。神龛上敬黄氏祖先，神龛下敬地藏天下宝、五方五土龙神。

祠堂左右与横屋相连。祠堂建筑较横屋和围屋高大华丽。

围屋与围龙屋则围绕在三堂两横四周，均为两层，实为围楼。外墙开枪眼。现存角楼三座，望楼一座，均为三层。歇山顶。墙上开有瞭望窗及枪眼。

四周围楼与横屋被分割成一个个独立的小天井院，每户一天井院，其中卧、厨、卫等一应俱全。

围内排水沟纵横相连，十分合理。

（7）金沙黄氏长隆世居

位于龙岗区坑梓街道金沙社区。

建于乾隆五十九年（1794 年）。为坑梓黄氏五世祖黄廷元创。

该建筑为三堂四横四角楼布局。坐东北朝西南。全用三合土夯筑而成。通面阔 83 米，进深 75 米，占地面积 6225 平方米。建筑整体依地势前低后高。

围前月池宽 83 米，最大垂直距离 38 米。

围正面开三门。正门额匾书“乾隆五十九年岁次甲寅中秋谷旦，长隆世居，梅峰建立”。

正门内设牌坊，牌坊下辟两侧门入前天街。大门与牌坊为船形脊，脊上有简单的灰塑卷草纹等。

三堂屋顶均采用板椽明瓦，悬山，一字清水脊。

前堂面阔进深各三间。前后出廊，前檐用方石柱，后檐用木柱。

中堂面阔进深各三间。前后出廊，木构架为穿斗与抬梁式相结合。两檩下穿枋雕刻花卉，间刻“兰桂腾芳”、“奕世其昌”，另外穿枋下透雕雀替，十分精美。

后堂出前廊。两檩下穿枋雕刻花卉，并分别间刻“长命富贵”、“百子千孙”。堂中对联为“直谏著芳徽永肇颍川家学”、“敦伦遗懿德克承江夏宗潢”，横批“江夏堂”。

四角楼现仅存其一。平面呈方形，高三层。平顶砌女儿墙，两山砌风火墙。角楼、围楼均开瞭望窗和枪眼。

明暗排水沟纵横交错，设计合理、实用。

围楼保存较完整，横屋多坍塌。祠堂建筑气势宏大，装饰华丽。其余建筑以朴素无华相衬托。

（8）**金沙黄氏青排世居**

位于龙岗区坑梓街道金沙社区。因其后有青排岭而得名。

建于嘉庆末或道光初年。坑梓黄氏六世祖黄奇义创。黄奇义为长隆世居的创建者黄廷元之次子，该世居南距长隆世居约100米。

该围建筑为双三堂布局，十分独特。南偏西10°。通面阔121米，进深约66米，占地面积7986平方米。三合土加石块夯筑而成。整体建筑依地势前低后高。

正面无正门，而在其左、右各开一门。

两门之间紧贴围屋开半月池，池宽60余米，最大垂直距离为26米。

围内东、西两侧各有三堂式祠堂一座。其间有三排屋相连。

西边黄氏祠堂正对西门。其前堂后出廊，檩下穿枋雕刻花卉，间刻“五福临门”。中堂前后出廊，原穿斗式木构架被锯或被拆，改用砖墙。

东边黄氏祠堂与东门相错开（稍偏东）。前堂后出廊，两檩下穿枋高浮雕花卉，间刻“克昌厥俊”、“长发其祥”。中堂前后出廊，檩下穿枋高浮雕花卉，间刻“元吉其旋”、“吉庆盈门”。

四周均为两层式围楼。

现前存四个角楼，后存两个角楼。各角楼均辟瞭望孔和枪眼。

祠堂建筑较横屋和围屋规格高，装饰华丽，其余建筑朴实无华。排水系统纵横交错，很有特色。

（9）**老坑黄氏磐龙世居**

位于龙岗区坑梓街道老坑社区。

建于清同治三年（1864年）。由坑梓黄氏八世祖世福公在其祖母张老安人的筹划下建成。

建筑朝向南偏东100°。包括三堂、二横、四角楼（现存三角楼）。通面阔57.3米，进深34米，占地面积1948平方米。

前有半月池，宽 57.3 米，最大垂直距离 31 米，池与建筑间距为 10.5 米。

围正面开三门。正门为石拱券木质门，门内趟栊门原有九道横闩，现存两道，门楣石匾书“同治甲子孟冬谷旦立，磐龙世居”。

进入大门后即为三堂，堂屋两侧为横屋（有天井相隔）。三堂屋皆为灰板瓦屋面，博古脊，檐口用鸡胸椽，有雕花檐板。

前堂后出廊。

中堂前后出廊。檩下穿枋分别书“兰桂飘香”、“奕世其昌”。檐板、挂落雕刻极为繁杂，保存完整。

后堂前出廊。檩下穿枋刻“三多四必”、“百子千孙”。

角楼平面呈方形，高三层。歇山顶，博古脊。每层辟瞭望孔及枪眼。

横屋及围屋未有改动，保存尚好，特别是木雕刻为晚清时期构件，雕刻精细，内容不厌其繁，对研究深圳地区清代民居装修较有价值。

此世居无天街，进大门后即为三堂两横建筑，有别于其他带天街或后围龙的客家围楼或围屋，是龙岗地区另一类型带四角楼的客家围。

（10）**李中李屋**

位于龙岗区坑梓街道沙田社区李中村（俗称李屋）。

建于清末。

朝向东偏南 200°。通面阔 38.7 米，进深 34.8 米，占地面积约 1347 平方米。用三合土夯筑而成。建筑均为尖山式硬山，清水脊，屋面覆灰板瓦。

该围造型独特，围前无半月塘、禾坪。并且只有四周的双层围屋，中间为长方形空地，无建筑。这在深圳仅此一处。

正面开一门，在石抱框上出拱券，木板门，外无门闩。两侧围屋各开一偏门。

围屋均向院中出廊，四周檐廊相通。房屋面阔、进深很大。

后围正中原为李氏祠堂，上世纪六十年代改作它用，现用来养牲畜。

（11）**沙绩廖氏嘉绩世居**

位于龙岗区坪山街道碧岭社区沙绩村。

始建于清道光年间。1987 年廖氏族人予以重修。

整体建筑为一围四碉搂三堂二横式。朝向东偏北 400°。通面阔 81 米，进深 72 米，占地面积 5832 平方米。

世居前有月池、禾坪。

围楼正面辟三门。倒座深8.7米。其后是宽6.3米的前天街。其后是三进二天井的祠堂。

前堂三开间。凹式门。抬梁与穿斗结合式梁架，鼓形石柱础。

中堂宽三间，进深二间。堂联为“嘉猷崇德先公得以光家创业”、“绩伟丰功后世自当继承发扬”。

后堂宽九间。供奉神龛的上堂仅为一间，两侧八间用于居住。祠堂内梁架仍保留清道光年间彩画。

祠堂之后有宽14.8米的后天街。其后依次是深4.4米的房屋一排和后围楼。后围楼已塌毁，仅存基址。

祠堂两侧各有横屋一排，外围楼一排，保存完整。

横屋与围楼之间有宽5.9米的巷道。内、外围之间，围、横之间均有道路相连。

围四角建角楼。用三合土夯筑而成。墙体有窗洞及枪眼。灰瓦，歇山顶。

整个建筑虽经重修，但未改变原结构式样。

(12) **碧岭黄氏丰田世居**

位于龙岗区坪山街道碧岭社区。

始建于清嘉庆四年（1799年）。为坪山黄氏六世祖黄维珍创建

朝向南偏东10°。通面阔64米，进深46米，占地面积2944平方米。包括大门、角楼、围楼、前后天街、前中后三进祠堂。

前有月池、禾坪。月池宽64米，禾坪宽12米。

前围辟一正门、二侧门。正门为三间牌楼式，门额上方有清嘉庆四年立的“丰田世居”匾额。

门楼后有四柱三间式牌坊。坊额正面书“南山毓秀”，背面书“淑气盈背”。其后为前天街，天街后为三进祠堂。

前堂宽三间。有屏风。

中堂宽五间。后金柱间有屏风门，额书“敬止必恭”四字。抬梁与穿斗式相结合的梁架。

后堂明间为供奉黄氏列祖的牌位和神龛。神龛两侧对联为“绍江夏于无疆昭事先灵期妥侑”、“溯程溪宇有本虔将俎豆荐馨香”，横批“光前裕后”。

后围原有望楼，望楼后又加建一围墙，防范严密，在龙岗客家围中罕见。民国年间黄氏家族人口增多，遂在世居两侧增建横屋及角楼。各穿枋出头雕夔龙首，檩下穿枋及檐板雕刻均彩画贴金，繁冗华丽。

后堂前出廊。神龛今已不存。

天井两侧为卷棚顶廊庑。各开一门与两边横屋相连。

两横屋及围屋保存完整。

原有四角楼一望楼，现仅存一前角楼。平面呈方形，高三层。平顶出女儿墙，两山砌风火墙，有灰塑。每层辟瞭望窗及枪眼。

2. 广府、客家混合式住宅

（1）平湖刘氏平湖大围

位于龙岗区平湖街道平湖社区。

建于清代中晚期。

建筑面向东。通面阔146米，进深135米，面积19710平方米。

围外原有月池，现已被填平。

围内现存建筑为横向三排，纵向十一排。有东西方向巷道四条、南北方向巷道十二条。

围正面辟三门。刘氏宗祠位于大围的东南方向，三堂二天井布局。墙体用三合土夯筑而成，灰板瓦屋面，琉璃剪边，船形脊上有灰塑。檐板雕刻复杂，为该围内最早的建筑构件。现被工厂所占用。

祠堂前有一口水井，井壁用青砖砌券，井口用石条砌成，八边形，口径1.70米。祠堂后亦有一口水井，现仍在饮用。

大围37号为三开间二进一天井布局。门厅檐板雕刻人物、花卉。木构件为清中晚期的，而墙体的青砖应为民国时期改建。门头山水彩画，墀头上灰塑山水。正堂木构架为穿斗式与抬梁式相结合，抱头梁与穿插枋间用驼墩，上置一斗三升，驼墩正面为高浮雕人物，反面为云纹，异形拱，穿枋饰夔龙首，雕刻手法细腻。

现大围35、36号建筑形式及木结构与37号相同，雕刻亦十分精美，特别是大围35号屋架雀替上雕一手持鱼，一手拿钱的人物，表情生动，是难得的木雕艺术品。

平湖大围规模很大。大围35、36、37号三处建筑的内存木雕，为清中晚期的构件，有很高的艺术价值。

（2）碧岭廖氏鹿岭世居

位于龙岗区坪山街道碧岭社区。

大溪地华侨建于民国二十一年（1932年）。

朝向北偏东270°。面阔57米，进深38.7米，占地面积2206平方米。

前有直径30米的月池和宽12.3米的禾坪。

正面辟一券门。平面作“凹”字形。外口宽4.12米。拱券之上有楷书白底墨字“鹿岭世居”，两侧有民国二十一年（1932年）温达彬墨书，左侧为“群贤毕至，少长咸集，此地有崇山峻岭，茂林修竹，又有清流激湍，映带左右，引以为流觞曲水，列坐其次”；右侧为“南昌故郡，洪都新府，星镶翼轸，地接衡庐，襟三江而带五湖，控蛮荆而引瓯越，物华天宝，龙光射牛斗之虚”。门楼两侧连以围墙，在距地表1.4米高度砌有方形石窗，估计原有围屋，今已不存。

门楼后面建有房屋前后两排。面阔七间。硬山，瓦顶。

世居西南角建角楼一座。平面为方形，边长9.2米，高五层。歇山瓦顶，青砖叠涩出檐。三合土夯筑墙体，转角处条石护角。其北面和西面逐层砌有方形窗洞和扁形枪眼。

（3）王母围村王母围

位于龙岗区大鹏街道王母围社区。

始建年代不详。民国四年（1915年）重修围门。1989年重修月池。

朝向东偏南200°。通面阔82.5米，进深90米，占地7380平方米。

月池宽63米。禾坪宽11.2米。

围内前后由九排、横向八列房屋组成，房屋进深6米多。

围正面辟一券门。内墙镶民国四年重修碑一通，其内容是整修围门捐银者芳名录。天街宽7米。天街后又有一券门，檩下枋有民国四年重修木刻题记和“长命富贵、百子千孙”刻字。两门均为硬山灰瓦，灰抹勾头，船形脊。

围内有古井及石板小巷。

据访，围内居住者系从南澳迁于此，姓氏较杂，主要有李、林、蔡、陈、王、张、秦、郑、胡、熊、曾、叶、欧阳、廖、郭等。

3. 中西合璧式住宅

新屋场萧氏八群堂

位于龙岗区坪地街道新屋场社区。

为斯里兰卡华侨萧毓阑建于1932年前后。他育有八子二女，取名“八群堂”的含义是希望八子都能成才和出人头地。

八群堂为三堂两横加外围布局。坐北朝南。前、中两堂均为面阔七开间的单层建筑，两侧山墙博风有卷草彩画。后堂面阔21.5米，进深14.6米，为五开间带柱廊的二层砖混结构建筑。三堂皆用大跨度的圆弧砖拱取代传统的木作梁架，承重墙体用三合土夯筑，门、窗、椽、檩均用木制作，柱、梁、板用钢筋混凝土浇注。

外围东西两端有五层角楼各一个。其中东角楼顶层外观为哥特式风格，西角楼顶层外观为巴洛克式风格。

八群堂平面为客家围屋式的布局，外观是中西合璧式的，内部又有广府式民居的空间布置。1942年八群堂曾遭到日军飞机轰炸，炸毁围屋的门楼和倒座部分。

萧毓阑的子女除仍有一女在香港外，余者在1945年以前已离开中国，其后裔约有二百多人，分布在香港、新加坡、美国等地。

现八群堂用作手工业加工厂房。

4. 碉楼

（1）**坂田就昌楼**

位于龙岗区布吉街道坂田社区下围。碉楼西侧紧靠面阔三间二层民居。

清末民国初年建筑。

朝向南偏东300°。底边呈长方形，长9米，宽4.7米。

高五层。土木结构。南面各层都开有一窗，东面除第一层开门外，以上各层均开有二个窗，西面最上二层也各开有二个窗。

平顶略有出檐。东西二向靠顶部涂有红色带以示装饰。碉楼南面上部有“就昌楼”三字。楼号四边有黄色边框带。

（2）**南岭南路碉楼**

位于龙岗区布吉街道南岭南路33号。碉楼连接面阔四间的双层民居。

建于1929年。土木结构。

坐西面东。底平面略近方形，长5.4米，宽5米。

高四层。每层四面都开有窗。楼体内部各层楼板和楼梯保存较好。

顶部有“女儿墙”，四面各有一向外伸出的封闭的方框形瞭望设施。在其左、右、中和下部均设有长方形枪眼。其上部涂红色，中间分别用灰塑做成八卦、寿字形图案等。东西二山正中向上突出一块，似封火墙。南北二山面亦向上突出一块，其上有船形脊。

民居上层屋檐下绘有壁画及题记，已被白灰涂盖，其中一处落款可辨“时在己巳年夏日”等字，由此和建筑结构判断，此碉楼建筑年代可能为1929年。

（3）**石场碉楼**

位于龙岗区葵涌街道石场社区外侧的西山脚下。

民国建筑。

朝向南偏西250°。底平面呈长方形，长9.74米，宽8.53米。

高四层。土木结构。板筑夯土墙体。灰瓦顶。方形枪孔。

东西两侧的墙上有封火墙，前后有女儿墙。山墙上部窗口有灰塑蝙蝠纹饰。

四、革命纪念建筑及历史名人建筑

1. 革命纪念建筑

（1）**东江纵队司令部旧址**

见第二章第一节广东省文物保护单位东江纵队司令部旧址条。

（2）**抗日军政大学旧址**

见第二章第一节深圳市文物保护单位抗日军政大学旧址条。

2. 历史名人故居

（1）**大鹏古城赖恩爵将军第**

见第二章第一节深圳市文物保护单位赖恩爵将军第。

（2）**大鹏古城刘起龙将军第**

见第二章第一节深圳市文物保护单位刘起龙将军第。

（3）**大鹏古城赖英扬“振威将军第”**

位于大鹏古城正街。

建于清道光年间。

坐北朝南。二开间二进一天井布局。面阔7.8米，进深12.4米，面积约100平方米。

第一进，大门开在西间，门额匾书“振威将军第”。门首雕花檐板上刻人物故事。

门厅西墙设土地神位。大门内设六屏仪门。东间上面有阁楼。

天井与 一进西间对应，其地面为条石。天井右侧与一进东间对应的是厢房（用作厨房）。

二进西间为祖堂，靠后墙处隔为上、下两部分，上部神龛供奉祖先，下部供桌后有一小间，为老人睡房。东间上面也有阁楼。

整体建筑的梁架结构为木梁架，石柱础。石础青水墙。尖山式硬山。博古正脊，脊身有灰塑，小青瓦屋面。

赖英扬（1778—1840），新安县大鹏城人，官至浙江定海总兵，封振威将军。

（4）曾生故居

见第二章第一节龙岗区文物保护单位曾生故居条。

五、学校、医院 、桥梁

1. 布吉街启贤家塾

位于龙岗区布吉街社区西门。

建于光绪二十五年（1897年）。

该建筑为三开间二进布局。坐北面南。面阔14.5米，进深23.2米，占地面积336.4平方米。

前厅出前檐。前檐下用四根方形石柱，双束腰方形柱础。大门为石门框内嵌木门框及木门，无雕饰。门额石匾题“启贤家塾”。其上方有两个砖砌亮窗。次间檐柱用月梁式石枋相连，枋上置石狮子承檐檩。门内用楼板隔为上下两层。硬山，灰瓦顶，绿琉璃剪边，船形脊。

天井院二侧二廊庑亦为三间。抬梁式砖木结构。隔为上下两层。方形梁，用材较小。驼墩梁头有花鸟雕饰并施色。灰瓦顶，博古正脊，绿琉璃剪边。

后厅前出檐。为抬梁式梁架结构。瓜柱下大上小成瓶状承檩，脊柱雕成大斗承脊檩。驼礅、梁头皆有浮雕花鸟图案，并涂色施金粉。明间后部两侧用砖砌实墙，梁架伸进墙内。二根石中柱为八边形，双束腰八边形柱础。灰瓦顶，绿琉璃剪边，船形脊。

启贤家塾又叫“六兴堂”，俗称“西门庭”，是布吉曾氏的私家学堂。保存较完整，内部梁架皆为原物。

2. 大围兰桂书室

位于龙岗区横岗街道荷坳大围社区。

建于清末民国初。

该建筑面阔三间。坐东朝西。宽14.7米，总深25.7米，占地面积404平方米。由前后两座单体建筑组成，前为书室，后为住宅，书室与住宅之间有1.9米宽的横巷。

书室明间呈“凹”字形。门前有石阶，两侧有抱鼓石。墙体下部为夯土筑成，用角石加固，上部用青石砌造。硬山，灰瓦覆面，船形正脊。檐口用鸡胸椽。明间檐板浅浮雕鸟、梅花等。次间前檐用雕有人物故事的砖封檐，充满书香气息。

后部居室宽三间。硬山，灰瓦，灰塑博古脊。

3. 坑梓街道光祖学堂

位于龙岗区坑梓街道光祖中学。

建于1905年。南洋华侨黄学光、黄学文等人，响应孙中山先生的号召，参照南洋公学（今上海育才学校）的结构和规模，捐资兴建了光祖学堂（今光祖中学的前身）。

学堂呈“井”字布局，分两层。砖木结构。主楼围合花园一座，植草种花，通渠引水为池。学堂配套设施一应俱全，操场前陈，膳堂左置，宿舍右卫。

4. 纪劬劳学校

见第二章第一节龙岗区文物保护单位纪劬劳学校条。

5. 念妇贤医院

见第二章第一节龙岗区文物保护单位念妇贤医院条。

6. 大鹏官坑桥

位于龙岗区大鹏街道大鹏城北九顿山南麓山脚的小溪之上。小溪因冬季常常无水，当地人又称之为“旱坑”，亦称“官坑”。

建于清乾隆三十六年（1771年）。据清嘉庆《新安县志·建置略·津梁条》载：“官坑桥，在大鹏城北，能广惠冲衢，乾隆三十六年邑庠李福建。”李福是大鹏城私塾先生。

单孔石板桥。小溪两侧各置桥墩一个，高1米。桥面由四条丈许的花岗岩石条架成。

7. 大鹏古城东荣荫桥

位于龙岗区大鹏街道大鹏所城东之三角潭畔。

清嘉庆十年（1805年）建。据传为赖鹰杨所倡建。清嘉庆《新安县志·建置略·津梁条》载：“荣荫桥，在大鹏城东，嘉庆十年建。”

三孔平架石板桥。全长18米，桥面宽约1.5米。桥两端皆有两个高约3米的橄榄形桥墩。

此桥是大鹏街道通往西较场的要道。是大鹏古城附近保存最完好的一座古桥。

8. 大鹏古城西北福隆桥

位于龙岗区大鹏街道大鹏所城西北面。石桥建于大环河上。

清嘉庆十年（1805年）建。清嘉庆《新安县志·建置略·津梁条》载："福隆桥，在大鹏城西北土名黄泥潭，嘉庆十年监生王广勋建。"

全长11.5米，宽约1.6米，高约2.9米。有三个桥墩，每孔上架四条石板。在桥东北25米处有建桥时所立之石碑。

9. 大鹏古城西北福隆桥

位于龙岗区大鹏街道大鹏所城西门外大环河上。

清嘉庆二十二年（1817年）建。清嘉庆《新安县志·山水略》载："登云桥，在大鹏城西，嘉庆三十二年县丞余鸣九、守备张清亮倡建。"

桥长10.43米，高2.4米。三桥墩均用花岗岩石砌成。每孔上架三条花岗岩石板，每条宽1.6米。在桥西路侧原立一石碑。今碑遗失，碑座犹存。

六、古城（寨）烟墩

1. 大鹏所城

见第二章第一节广东省文物保护单位大鹏所城条。

2. 大鹏水贝石寨遗址

位于龙岗区大鹏街道水贝社区周围。

始筑于宋代，为大鹏大姓欧阳氏所筑。欧阳氏自宋代迁徙至大鹏水贝村居住，至明代，水贝村欧阳氏已有二千多人，里面设有墟市，还招有外地壮丁为护乡武装。其规模仅次于大鹏所城。

清初废弃。仅存村后西北部寨墙。水贝石寨属地方民间的防御设施。

3. 大鹏叠福墩遗址

位于龙岗区大鹏街道咸头岭社区东北求水岭的山坡上。山上有深葵公路经过。

"叠福墩"亦名"叠福烽堠"，明洪武年间置。

墩台呈方斗形，东西长6.5米，南北宽5.5米，高2.6米。用石头垒砌，附近发现有瓦片及遗物。

该烟墩隶属于大鹏所城管辖。筑在高约250米的山头上，可观察沙头角至南澳一带的大鹏湾洋面，王母、葵涌等地也在其俯瞰之下。

4. 大鹏野牛墩遗址

在今大鹏核电站东面的山头上。

“野牛墩”也名“野牛角烽堠”，明洪武年间置。

其形状、规模大小及建筑材料和构筑方式同叠福烟墩。

5. 南澳水头墩遗址

位于龙岗区南澳街道水头沙社区北边海拔约180米的英管岭山嘴上。

“水头墩”也名“小头烽堠”，建于明洪武年间。

墩台为圆形。用黏土与小石块筑成，十分坚固。台高6米，底径约10米，顶径4.5米，东面一宽0.8米的缺口为风门。

其东北面1.5米处另有三个小圆形墩台，小墩台径约2米，残高0.8米。

第三节　地下文物资源

一、遗　　址

1. 新石器时代遗址

（1）大黄沙遗址

位于龙岗区葵涌街道。西北距该街道600米，南临大海，东侧有葵涌河自北向南蜿蜒入海。发掘者因此处黄沙堆积较厚，故名大黄沙。

遗址面积1万平方米。1981年深圳博物馆在葵涌进行考古调查时发现该遗址。1988年5—6月和1989年6—7月，深圳市博物馆与中山大学人类学系对该遗址进行了两次试掘，发掘面积182平方米。

该遗址地层共有五层:

第一层，表土层，厚18—30厘米。

第二层，扰土层，厚约20—60厘米。

第三层，黄色沙层,厚30—60厘米。含少量新石器时代文化遗物。

第四层,灰色沙层，厚26—70厘米。发现新石器时代文化遗迹与遗物。

第五层，黄色沙层。厚48—152厘米。发现少量新石器时代文化遗物。文化遗迹仅有红烧土面和经火烧的灰沙层。遗物分陶器和石器两类。陶器多碎片，完整器和可复原器仅10件。陶质分夹砂和泥质两类，以夹砂为主，约占总数的82%。泥质陶又可分红陶和白陶两类。器类有釜、罐、盘、圈足盘、盆、钵、碗、器座等。石器93件，有斧、锛、拍、砺石、敲砸器等。

大黄沙遗址第五层碳14测定标本年代为距今5600±200年（树轮较正6225±260年）。

（2）**咸头岭遗址**

位于龙岗区大鹏街道咸头岭社区的海边沙堤上。西南至东北长120米，东南至西北长110米，遗址面积约1.3万平方米。1981年深圳博物馆在考古调查中发现。1985年、1989年及1997年分别进行过三次发掘。发掘面积共1241.5平方米。

遗址堆积分两层：

第一层，属近现代扰乱层。松软的黄褐色沙质土，厚25—40厘米。出土绳纹陶片和现代瓷片、铁器等遗物。此层下南部有一条东西走向的扰乱沟，北部有一扰乱坑，均打破二层。

二层为文化层。灰褐色沙为主，含极少量土质，松散。距地表25—75、厚10—40厘米。出土大量陶器和石器。陶器属灰陶系，夹砂陶占96%以上。泥质陶很少，分白陶和灰陶两种，制作均非常精细。纹饰以绳纹为主，还有划纹、水波纹、编织纹、几何形压印纹等。泥质陶通常饰以精美的几何形压印组合纹饰。个别器物着赭色陶衣。器类有釜、罐、盘、圈足盘、盆、钵、碗、筒形器、器座等。釜、罐的口沿全部为侈口，表现出较原始的特征。石器共188件，其中磨制石器74件，打制石器16件，天然工具98件。石料为石英岩、砂岩和板岩。磨制石器的种类有锛、斧、刀、凿、拍、铲、圆饼等。打制石器主要是砍砸器。天然石料工具有敲砸器、砧、砺石、杵等。

咸头岭遗址是珠江三角洲地区新石器时代中期沙丘遗址中最重要的一处。咸头岭遗址的年代距今约7000年。

（3）**沙湖夹圳岭遗址**

位于龙岗区坪山街道沙湖社区南部山地上，东、西、南三面为低山丘，山地南部是一条古河道，北部山脚下临同富公路，北距坪山河约700米。海拔90.35米，相对高度约70米。

遗址东西长约400米，南北宽300米，面积1.2万平方米。2000年深圳市第二次文物普查时发现。

遗址主要位于山地的北坡和西坡，北坡现已修整为梯田式并种满荔枝树，文化层遭到不同程度的破坏。在荔枝园内采集有大量的碎陶片及石斧、石凿、石锛、砺石等。陶片以夹砂黑陶为主，泥质灰陶较少，有少量泥质黑陶。在这些陶片中夹砂素面陶最多，泥质陶纹饰有绳纹、方格纹、米字纹、云雷纹、夔纹、叶脉纹、弦纹等。器形有罐、器座、豆等。

西坡地层保存较好，山坡上植被茂密，杂草丛生。经钻探和试掘，堆积共二层：

第一层，表土层，土色黄灰，土质松软，内含大量石块，少量炭灰。厚15—28厘米。

第二层，黄褐色土层，质地较松，内含少量炭粒、红烧土粒、石、沙粒等。厚约20—40厘米。二层下为红褐生土，含较多粗沙粒。

在西坡试掘的七条探沟内，除两条探沟没有文化遗物外，其余五条探沟都在二层内出土有夹砂黑陶片和小石凿、石环、陶纺轮等遗物。完整的遗物有：石锛1件，平面形状呈梯形，平顶，双面平刃，刃部锋利，体长6.8、宽3.5—5.2厘米。石凿2件，一件平面呈梯形，一面微鼓，刃部内凹，体长6、宽3.5—4.8厘米；另一件形体较小，制作精细，磨制光滑，平面呈梯形，平顶，单面平刃，体长2.8、宽1.5—2.4厘米。砺石1件，平面呈不规则形，四面均有竖向加工所留下的凹槽，凹槽深浅不等，大小不一。石环1件已残，横断面近似三角形，磨制较细，光滑。陶纺轮1件，夹砂灰陶，形体较小，平面呈塔形，中间细圆孔，直径2.6、厚1.5厘米。

二、古窑址与窖藏

1. 甘坑水库北岸窑址

位于龙岗区平湖街道甘坑水库北岸一半岛状山丘的南端，紧靠水边，南距甘坑水库大坝约500米。海拔约70米。山丘上植被茂密，灌木丛生。2000年深圳市第二次文物普查时发现。

因窑址所在地大部分已被水库蓄水所淹没，故其周围情况不详，未发现文化层堆积，仅发现一残陶窑，在窑的周围（包括水下）散布着米字纹和方格纹泥质灰陶片。

该窑残存部分平面形状为圆形，直径110厘米，厚约5厘米，高出地表5厘米。窑顶已塌毁，残存的部分应为火膛。为了解陶窑的结构、时代，对残存陶窑的东半部进行了清理。该窑为圜底，周壁经高温烧成黑褐色，质地坚硬。火膛内填土分两层：上层黄土为窑废弃后的堆积；下层黑灰土，质地松软，内含有大量草木灰、炭粒。这两层均未见陶片。火门位于火膛的东部。

窑址周围出土有陶罐，为泥质灰陶，尖圆唇，卷沿，颈以下残，颈部饰米字纹，残高3.8厘米。另外还有刻划符号的陶片一片，泥质灰陶，器外表饰方格纹，方格纹内有符号。

窑址的时代应为战国时期。

2. 松子岭铜钱窖藏

位于龙岗区坑梓街道松子岭土坡的西南部。1985年9月8日，坑梓街道许氏兄弟在距地表40厘米处，一个长60厘米、宽40厘米的土坑中发现铜钱窖藏。

铜钱串叠分层放置，每层放八串或九串。出土铜钱大多锈蚀，粘连在一起。经除锈处理，钱纹十分清晰。有宋元通宝、太平通宝、淳化元宝、至道元宝、咸平元宝、景德元宝、祥符通宝、天圣元宝、庆历通宝、治平元宝、熙宁重宝、元丰通宝、绍圣元宝、元符通宝、崇宁重宝、大观通宝、政和通宝、宣和通宝、建炎通宝、绍兴通宝、乾道元宝、淳熙元宝、庆元通宝、开禧通宝、嘉定通宝、宝庆元宝、绍定通宝等。此外，还有少量汉代五铢、唐代的开元通宝和南唐的唐国通宝等。

该窖藏时代应为南宋。

3. 松仔岭铜钱窖藏

位于龙岗区坪山田心松仔岭。1985年10月当地村民在挖地搭棚时发现。

铜钱共90多公斤，埋于距地表40厘米的长方形土坑内。铜钱成串整齐排列，钱文清晰，保存完好。有汉代五铢，唐开元通宝，五代十国的唐国通宝，大部分是两宋时代的年号钱。

该窖藏时代应为南宋。

4. 土洋铜钱窖藏

位于龙岗区葵涌街道土洋社区海边沙丘。1982年12月，该社区渔民发现。

共有74.5公斤铜钱，藏于一密封的黄酱釉四耳罐（敞口卷唇、短颈、鼓腹渐收、小平凹底）内。其中有汉五铢，唐开元通宝，五代十国的唐通宝、周元通宝、正隆通宝，宋代太平天宝、淳化元宝、崇宁重宝等四十多个年号的钱币，其中以宋钱为最多。

该窖藏时代应为南宋。

三、墓葬

1. 古墓葬

（1）咸头岭墓葬

位于龙岗区大鹏街道咸头岭遗址内。1985年深圳博物馆在该遗址发掘时发现。

（2）新石器时代晚期墓

编号为鹏咸M4。墓葬为长方形竖穴土坑墓，残长1.65米、宽1.26米，墓底距地面0.85米。人骨架及葬具无存。出土5件陶器，有提梁壶、钵、釜、罐和纺轮。夹砂陶钵呈橙黄色，敞口、弧腹、平底。泥质陶罐为灰色，束颈、敞口、扁腹、圜底。泥质陶提梁壶为灰色，壶首有口和流，口与流之间以提梁相连，壶身呈椭圆形。夹砂釜为灰色，束颈、圆唇、敞口、扁腹。泥质陶纺轮为橙黄色。陶器纹饰有叶脉纹、方格纹和绳纹。

（3）东汉墓

该墓为长方形竖穴土坑墓。长2.4米，宽0.84米，墓底距地表0.55米。墓室填黄褐色沙土，墓向为北偏西40°。出土随葬品有六耳大陶罐、两耳小陶罐各1件，放置于墓的东南端。

（4）王母围明武略将军刘钟与夫人杜氏合葬墓

位于大鹏街道王母围新修之坪西公路边。2001年11月发现。

地面建筑分墓堂和拜堂两部分，青砖结砌。砖规格为31厘米×14厘米×35.3厘米。

2. 历史人物墓

（1）下村松树岭徐勋墓

位于鹏城社区大坑下村松树岭东麓。墓向正南北。1984年8月深圳博物馆发掘，9月迁葬于大鹏所城附近熟峰山下。

原墓地面建筑用青砖砌筑。分墓堂和拜堂两部分，墓堂宽6米，拜堂宽约3.6米。全长8.3米。墓冢在墓堂后。墓室为长方形券顶砖室结构，以双层竖砖起券，顶上再铺一层平砖。墓室壁以双层砖砌成，地面以一层砖平铺。墓室长3.3、宽1.12、高1米。墓室内未见葬具痕迹，人骨架大部分已朽，在头部位置放有四块瓦。随葬品有金戒指2枚、铜钱6枚（其中有“景德元定”和“太平通宝”）、大陶罐7件、青花瓷碗2件。

墓碑高1.6、宽0.8米，由红砂岩雕凿而成，碑首雕刻阳纹，内嵌青石碑，碑文为楷书阴刻，内容为：“大明武略将军徐公墓。将军讳勋，生于成化丙申（1476年）十二月十三日戌时，殁于正德丁卯（1507年）四月二十八日，得年三十一。于正德四年（1519年）正月初三日未时葬于地名大坑，子正午丁向之原。大明正德四年正月初三日，孝男徐正、徐鉴立石。大清同治二年（1863年）岁次季冬月上浣吉日重修。三大房同立。”

现存地面建筑为清代风格。

（2）卧龙山赖英扬将军墓

原墓位于大鹏街道水贝社区北卧龙山，后迁葬于南澳街道大岭吓，50年代修公路时被清除。

墓用花岗石块砌筑而成，方向正西。墓分神道、拜堂、祭台、墓堂和墓冢五个部分，全长24.47米。拜堂宽5.7、祭台宽3.7、墓堂宽2米。墓顶有阳刻“维岳钟灵”四字，下为墓碑，已毁。拜堂两侧立墓志铭和风水铭。神道两侧有石雕文官、武官、石狮、石兽、墓表各一对。原墓始建于道光二十年（1840年）。地面建筑颇具规模，神道延伸至三里之远的王母圩东的林布山西路。路旁立有一块高2.16、宽1米的墓道碑，墓道碑用花岗岩石制成，边刻双龙戏珠和花卉图案，碑文阴刻“皇清诰授武显将军晋封振威将军浙江定海镇总兵号云台赖府之墓道。”

（3）下沙赖信扬“建威将军”墓

位于龙岗区大鹏街道下沙社区观音山背。2001年11月22日，赖氏后人赖兆带领大鹏古城博物馆工作人员找到赖信扬墓地。27日至28日，大鹏古城博物馆进行了清理。

赖信扬墓依山而建，规模宏大，整座墓的相对高度5.6米。地面建筑由砂、石筑成。墓顶嵌一花岗岩石，上刻如意。拜堂呈圆弧形，直径长达21米，拜堂前方两端各竖一根顶端有一石狮的高5米的望柱，两望柱相距24米。拜堂护墙前端上也有两个小石狮。墓碑已磨损，字迹模糊，只能辨认部分碑文：“皇清诰授建威将军显考讳信扬号……赖大人之墓。祀男……等仝立，光绪十七年（1891年）辛卯……中浣吉旦重修。”从碑文看，墓主人为建威将军赖信扬。

赖信扬为大鹏古城赖氏“三代五将”之一。道光十九年（公元1839年）任香山营千总，道光二十年（1840年）任香山协左营千总，道光二十七年（1847年）受拜安鹭将军，任福建厦门水师提督，封建威将军，正一品。其父赖世超官至广东琼州道台，封武功将军，从二品。其兄赖英扬官至浙江定海镇总兵，封振威将军，从一品。赖信扬有妻四子六，其三夫人育一子名恩锡，官至福建晋江镇总兵，封武功将军，从二品。

该墓于1891年重修。原葬地点不详。该墓曾被盗，盗洞位于墓室中部。

（4）硬柏树义冢

位于龙岗区大鹏街道硬柏树社区部队石场堆石之处。

义冢为清代虎门水师中牺牲了的大鹏籍弁兵以及在九龙海战中牺牲的一百多名弁兵遗骸的葬地。原葬九龙将军澳。光绪年间，割让九龙新界时，在香港的大鹏同乡会为保护义冢，将同乡会公产“延龄公所”出卖后所得款项，迁义冢于大鹏大坑下村。1984年因大坑兴建核电站又将义冢迁至硬柏树。

该义冢为现代重修。

第三章　博物馆、纪念馆及馆藏文物

第一节　博物馆、纪念馆

一、区级博物馆

1. 东江纵队纪念馆

位于龙岗区坪山街道东纵路石灰陂社区。

东江纵队纪念馆

该馆由深圳市东江纵队老战士联谊会倡议并筹建，中共坪山镇委、坪山镇人民政府全力配合，并得到了深圳及省内外东江纵队、粤赣湘边纵队联谊会老战士、深圳革命老区广大人民群众、深圳市工商界、港澳爱国人士、海外侨胞鼎力赞助和大力支持。

馆舍于2000年5月建成。占地面积5000平方米，建筑面积1500平方米。同年12月2日正式开馆。负责人黄伟。现归口龙岗区文管办管理。编制5名。馆长魏星。

基本陈列为《东江纵队史迹展》。由658幅（件）珍贵历史照片和历史文献、70件革命文物、15幅革命历史题材的油画、14幅动态光电作战示意图和一座刻有6700多位烈士的英名碑等组成。整个展览分为“抗日救亡”、“武装准备”、“组队抗敌”、“突围东移”等13部分，展示了南粤儿女在抗日战争、解放战争和社会主义建设时期奉献牺牲的革命精神。

2001年12月2日，被命名为市级爱国主义教育基地。

2. 大鹏古城博物馆

位于龙岗区大鹏街道大鹏古城（全国重点文物保护单位）。

1996年9月18日，经深圳市文物管理委员会办公室批准成立大鹏古城文物保护管理所，负责大鹏古城的管理和维修。为进一步加强大鹏古城的管理，发挥它的爱国主义教育功能，1996年5月，经大鹏街道人民政府批准成立大鹏古城博物馆。2005年3月改为区直属事业单位，目前该馆（所）为两块牌子，一套人马。编制5人。其中本科3人，大专1人；中级职称2人。馆长翁松龄（副处级）。

1999年，该馆（所）在市文物管理部门的帮助下，修复了大鹏古城的南城门楼和东城门楼，再现了明代初年军事所城的风貌。2000年，又修复了赖府书房。

该馆以大鹏古城的结构布局、城门城楼、府邸民居、街道巷坊、木雕石刻、名人墓葬为主要展示内容，并利用修复的赖府书房、赖恩爵将军府第等举办陈列展览。如《大鹏民俗展》和全面系统地介绍了大鹏古城600年和大鹏街道6000年历史的《鹏城春秋展》（分“源远流长”、“海防重街道”、“抵御外侮”、“鹏城人物”四个部分），还有介绍刘起龙将军生平的《刘起龙将军史迹展》。这些年来，该馆每年接待的观众达4万余人次，取得了良好的社会效益。

该馆共征集和收藏各类文物200多件，其中不乏文物精品。如省港大罢工会员证、刘起龙将军的功名碑、赖恩爵将军家族墓中出土文物等。

为更好的使观众了解大鹏古城的历史，该馆的研究人员还编印出版了图文并茂的

《大鹏所城》一书。

1995年5月，被市委、市政府公布为市级爱国主义教育基地，并被列为“深圳一日游”的景点之一。

二、街道级博物馆

1. 东江纵队司令部旧址纪念馆

位于龙岗区葵涌街道土洋社区东江纵队司令部旧址（省级文物保护单位）内。旧址为建于1912年的意大利式天主教堂，建筑总面积400平方米，分为主体建筑和附属建筑两部分，中间有走廊相通。

1998年5月4日正式对外开放。归葵涌街道文化站管理，无编制，负责人王进。

1944年1月至1945年5月，东江纵队司令部设于此，东纵历史上著名的“土洋会议”就在这里召开。

基本陈列分为“东江纵队史迹展”和复原陈列两部分。史迹部分通过119件东纵战士战斗、生活、日用品等实物以及大量的照片、文献资料，展示了东江纵队“南域先锋”、“海外蜚声”、“艰苦风范”的革命精神和战斗历程。复原陈列通过曾生司令员当时工作和生活用过的部分实物，再现曾生同志在艰苦的条件下，率东纵英勇抗日而成为“为民先锋”的史实。

1995年5月，被市委、市政府命名为市级爱国主义教育基地。

2. 客家民俗博物馆

位于龙岗区龙岗街道罗瑞合社区的鹤湖新居（省级文物保护单位）内。

该馆成立于1996年。1997年9月5日正式对外开放。归属龙岗街道管理。编制5人，加上临时聘用人员，现有工作人员14人。内设机构有办公室、展览部。馆长先后为田玉龙、罗煌生。

以客家围屋为依托建立的博物馆，意味着客家民居的布局、结构和建筑风格等也是博物馆的重要展示内容。馆内收藏各类客家文物328件，种类有家具、劳动工具、生活用品、字画及族谱等。陈列有《客家生活起居室陈列》、《客家劳动工具展》、《客家民俗风情展》等。

3. 大鹏华侨纪念馆

位于龙岗区大鹏街道迎宾南路，是全国唯一的街道级华侨纪念馆。总建筑面积

2500平方米，高3层，颇具欧式风格。

1998年开始筹建。2000年7月竣工并正式对外开放。全额拨款事业单位，编制3人，馆长先后为曾锦荣、翁松龄。

大鹏街道是深圳著名的侨乡，有香港同胞、海外侨胞1.4万多人，社团组织5个。半个世纪以来，他们支持和帮助家乡的建设事业，向大鹏街道捐款达6000多万元。为全面反映大鹏街道香港同胞、海外侨胞关心和帮助家乡建设所作的巨大贡献，街道政府建立了该馆。

馆内分5个展厅。通过《大鹏华侨史展》、《大鹏革命斗争史展》、《建设成就展》、《各行政社区社区史展》以及《国土规划展》等，充分反映了香港同胞、海外侨胞血浓于水的家乡情。

大鹏华侨纪念馆从开放以来，累计接待国家、省、市各级领导及港澳同胞、海外侨胞、社会知名人士、师生学者、游客等达数万人次，取得了良好的社会效益。

如今，大鹏华侨纪念馆已成为街道委、街道政府对外宣传的阵地，对青少年进行爱国主义教育的基地。

2002年8月，该馆划归大鹏古城博物馆管理。

三、社区级博物馆

南岭致富思源展览馆

位于龙岗区布吉街道南岭社区。1991年在旧社区改造中，把一些原村民搬迁新居后扔掉的旧家具、旧农具等“破烂”收集陈列于此，同时展出南岭社区发展史及其新貌等图片，启迪社区居民不忘过去艰苦生活和创业的艰难，引导社区居民保持和发扬艰苦奋斗的传统。2000年在旧陈列的基础上建成三层建筑面积共1500平方米的展览馆。

2000年2月22日，江泽民同志视察南岭社区时题字：“致富思源，富而思进。”

第二节　馆藏文物

一、古代文物

1.“大夫第”匾

“大夫第”匾

清代。木质。长201厘米，宽75.5厘米，厚3厘米。鹤湖新居旧藏。2级。

2. 灭火铜枪

清代。铜质。长137厘米，口径2.7厘米，底径5厘米。鹤湖新居旧藏。

灭火铜枪

二、民俗文物

1. 榨糖机

民国。石质。高54厘米，腹围72厘米。深圳清林水库采集，现藏客家民俗博物馆（鹤湖新居）。

榨糖机

2. 雕花床

民国。木质。长209厘米，宽160厘米，高220厘米。广东兴宁采集，现藏客家民俗博物馆（鹤湖新居）。

3. 大襟衫（1）

民国。丝绸。长73厘米，腹围100厘米。鹤湖新居旧藏。

4. 大襟衫（2）

民国。棉麻。长62厘米，腹围48厘米。鹤湖新居旧藏。

雕花床

三、碑刻

1. 山厦社区罗山石碑

位于龙岗区平湖街道山厦社区外罗山半山腰。

清康熙年间（1662—1722年）。

青石质。高74厘米，宽48厘米。

内容为合资买山地的时间、范围、以及对所购山地的规划等。碑文内容为："启者我乡严、叶、邬、罗、冼各姓先祖，于清康熙年间合资买受山厦宅场一所，并连此地螺岭山冈一座，面南背北，上至岭后脊，东、西、南三面俱至田边为界。当日通乡即安茔，汝南蓝氏夫人于此山中部历年，准期中秋日宰猪屠牛，通乡举行秋祭之典，纪念遗爱，永志不忘。其馀之地则留为后日各姓孙支繁衍时，开辟新基超造围场之用。经将本此山完全测量，就地绘则，规定一切：拟何地建门楼，何地造公益之所，何地为公众游乐之场，划为一定。馀则由各姓起造屋宇图式，注明在册。各宜依式而行，毋得更改。以昭划一，特将原日决案勒石以垂世守焉。山厦乡东林社严、叶、邬、罗、冼各姓□。"

2. 大鹏古城"重修大鹏所城碑记"

2001年大鹏古城博物馆根据社区居民提供的线索，于龙岗区大鹏街道大鹏古城内东北华光庙旧址发现清光绪七年（1892年）碑。时该碑作为灶台，切成四块，经拼合仍不完整。

“重修大鹏所城碑记”八字为篆书，碑文内容为隶书，书法端正秀美。碑文记载大鹏古城于光绪七年进行最后一次重修，重修时的规模与大鹏古城始建时的规模一致等。对研究大鹏古城历史有重要的参考价值。

现藏大鹏古城博物馆。

3. 平湖老街“广东督军署布告碑”

该民国五年（1916年）碑砌于龙岗区平湖街道平湖老街11号墙上。

青石质。高110厘米，宽58厘米。

正文楷书，十二行，行33字。碑文为：“广东督军署布告 第二十六号 为布告事，现据刘绅铸伯函称，窃以敝乡平湖社区居僻壤，风气固塞，学务不兴，地后脊贫，人多失学。处此生活程度日高之时代，以智识不开之贫民，夫将何以自立。仆情关故里，言念之下，用是矜怜，爰解私囊，倡办小学堂一所，名曰纪劬劳学校。一则藉以教育贫民，俾资自立；一则念家慈抚养教育之劳，底仆于成，乃有今日。爰命是名，以留纪念，永志不谖。复以敝乡社区人贫苦，若遇疾病，苦无良医为之调理，并妇人生产，亦无练习接生，以致夭折甚多，殊乖天道。故复独自捐赀，建设医院一所，名曰念妇贤医院。一则拯乡人之疾苦，一则念故室内助之贤，亦以示不忘之意。刻下，小学堂及医院两处，兴工构筑以来，数月于兹，工程均将告竣，开幕在即。用特肃函，敬请钧座，以予宪示，俾资保护，而兴观感。异时学风丕振，寿域宏开，无一非凭福曜所赐也等情。前来查核，绅独立捐资，在平湖乡倡设学校、医院各一所，具见热心公益，殊堪敬佩。所请出示保护，自可照准，合行布告，仰该乡各界人等知悉。尔等须知，设立学校、医院，系为嘉惠贫民，拯救疾苦起见，务各劝勉维持，以成善举，毋得藉端阻挠为要。特此布告。中华民国五年十一月十七日 督军 陆荣廷。”

4. 平湖老街“广东省长公署布告碑”

该民国五年（1916年）碑砌于龙岗区平湖街道平湖老街11号墙上。

青石质。高102厘米，宽57厘米。

正文楷书，六行，行24字。碑文为：“广东省长公署布告 第七三号 为布告事，照得：刘绅铸伯，独自捐资于宝安县平湖乡，创立纪劬劳学校，原为不忘母氏劬劳，启迪后人智慧而设。刘绅之孝恩不匮，即乡人之受益无穷。凡属乡人，自应体念刘绅之热诚，保兹学校于勿替。合行布告，军民人等一体知悉。须知此校原为教育乡人而设，务宜合力保护，俾垂久远，倘敢肆行骚扰，定当重惩不贷。其各凛遵勿违。特此布告。中华民国五年十二月二十四日 省长朱庆澜。”

5. 平湖老街宝安县知事周德馨碑

该民国五年（1916年）碑砌于龙岗区平湖街道平湖老街11号墙上。

石灰岩质。高63厘米，宽57厘米。

正文楷书，九行，行13字。碑文为：“五等金质单鹤章，一等银色嘉祥章，署宝安县知事兼警察事务所所长周，为出示保护事，照得：教善分财，古风未泯；训劳诫逸，母范堪钦。贤俊扬名，常秉荻书之训；教思锡类，永推鞠育之恩。平湖纪劬劳学校，为邑绅刘君鹤龄所经营，表其母伍太夫人之慈惠，念童年之树立，由母道之裁成，以四民失学之勘忧，仿两等分班而设教，有蒿目时艰之慨，知教育之当兴，诵棘心圣善之诗，怅劬劳之未报，集苞杞而思。将母歌朴而慕作，人学修期蛾术之勤。校舍筑房之密，礼隆释菜，书读燃藜。凡时雨之滋培，悉春晖之煦育。溯母仪于藻胥，成芹藻之香；兴才俊于菁莪，无废蓼莪之什。缅善则称亲之举。当推孝子之师，识食而不教为偏，绝胜众人之母。从此树萱堂舍，定知爱护而无忧；愿教蔽梓乡闾，共切瞻依而永保。本知事特为示谕，尔民人其各凛遵。切切此示。知事周德馨 中华民国五年十二月二十九日。”

四、革命文物

1. 曾生将军的海军呢大衣（二级文物）

全国解放后，曾生告别了南北征战的戎马生活，1953年9月进入新中国第一所军事学院——南京军事学院学习，成为海军系第一批学员。学习期间，他被授予少将军衔。1956年毕业后任海军南海舰队第一副司令员。这件海军呢大衣是他在海军工作期间穿用的。2000年，曾生的后代将它捐献给刚建成的东江纵队纪念馆。

曾生将军的海军呢大衣

2. 照相机（三级文物）

这是一部日本制造的照相机。

1942年的一天，日军到坪山抢粮，游击队在铜锣径打伏击战。一位身负重伤的游击队员把缴获的日军照相机交给了19岁的战友黄靖。2000年，黄靖老人将它捐献给东江纵队纪念馆。

照相机

3. 望远镜（三级文物）

解放战争期间，粤赣湘边纵队东江第一支队司令员蓝造曾使用过该望远镜。1948年，边纵成立独立营时，蓝造将它送给独立营营长郭际。该望远镜随部队征战多年。2000年底，郭际老人将它捐献给纪念馆。

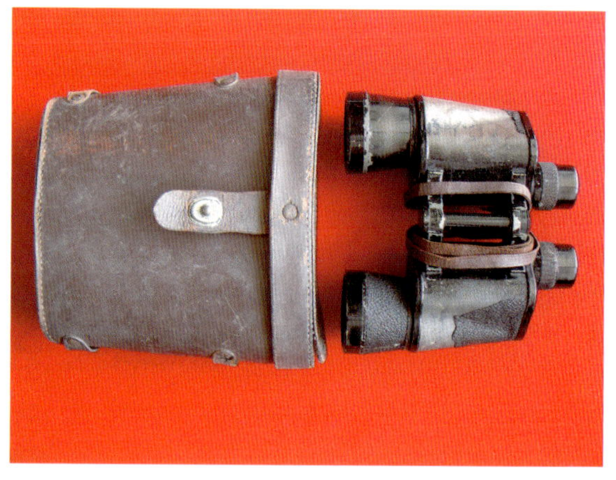

望远镜

4. 临时党员证（三级文物）

东江纵队北撤山东后扩建为两广纵队。1949年7月，两广纵队政治部发给全军共产党员临时党员证。这件文物的捐献者何德同志当年负伤住院治疗期间，凭借临时党员证参加党的组织生活。党员证上印有党员十项守则。

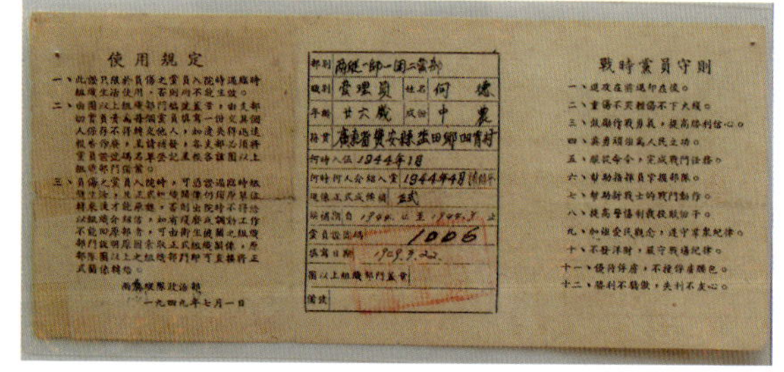

使用規定

兩廣縱隊政治部
一九四九年七月一日

部別	兩縱一師一團二營部		
職別	管理員	姓名	何　德
年齡	廿六歲	成份	中　農
籍貫	廣東省寶安縣塩田鄉四青村		
何時入伍	1944年1日		
何時何人介紹入黨	1944年4月		
候補正式或候補	正式		
黨員證號碼	1006		
發給日期	1949.7.22.		
團以上組織部門蓋章			
備考			

戰時黨員守則

5. 省港罢工工人凭证

1926年印发。纸质。长12.5厘米、宽16厘米。

证面：在长方框内有“省港罢工工人凭证”字样。

证内右面，有从右至左竖写的“中华全国总工会省港罢工委员会／发出　　字第　　号凭证给与／海员工会／工友　曹安 执照／民国十五年 四 月 十九 日　发给”。

证内左面，中间上方的方框内有“相位”字样，其下有竖写的“ 字第　号”，这两者

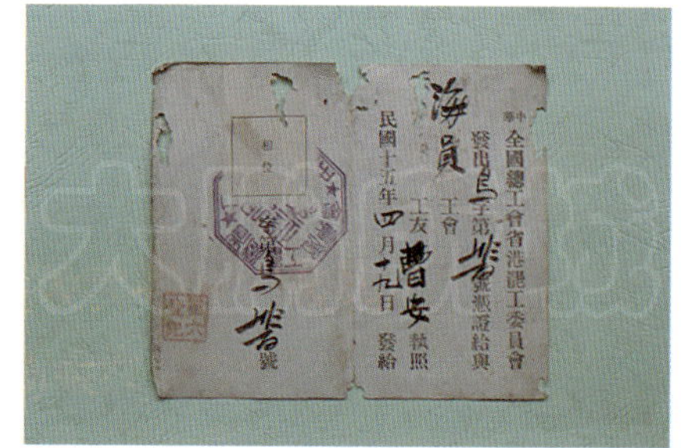

中華全國總工會省港罷工委員會
發出　字第　號憑證給與
海員　工會
工友　曹安　執照
民國十五年四月十九日　發給
相位
字第　號

省港罢工工人凭证

间有八边形的省港罢工委员会蓝色印章。这一面的左下角还有“第六登记”的方形红色印章。

1998年大鹏古城博物馆在古城内的曹安故居征集并收藏。

第四章　非物质历史文化遗产

第一节　民间艺术

一、甘坑凉帽

客家人戴凉帽的习俗，从北宋年间在苏东坡的“苏公笠”就有记载，至今近1000年。甘坑凉帽的制作从清朝嘉庆年开始也有200年历史。早年，甘坑凉帽村始祖张锦超，师从福建长汀府张太婆，并将编制凉帽的手艺传给子子孙孙以为生计。

甘坑是个小山村，位于深圳市龙岗区布吉街道往北10公里的山区。村中有座凉帽山，此山种有几百亩“单竹”，该竹的竹头竹尾一样粗大，节间长1米多，易开蔑。甘坑村祖传绝活是用牙“撕蔑”，而且竹蔑需多薄就能“牙咬”出多薄，织出的“凉帽”不仅竹蔑均匀、轻巧，而且竹的原色好，花纹图案又多变，深受人们喜爱，深圳、香港、东莞、惠州一带客家妇女，甚至东南亚、欧美唐人街中的深圳藉妇女都喜欢它，即使不戴，也买一、二顶挂在墙上装饰，聊解乡愁。

甘坑凉帽从张锦超传至今天已是第6代，鼎盛时期是在1949年后，家家都成凉帽作坊。该村是中国工艺品进出口公司广东省分公司唯一的凉帽出口生产基地。甘坑村也以此改名为“凉帽村”。

甘坑凉帽非常有地方特色，对研究客家妇女摒弃“女人不抛头露面”的古中原遗风，具有一定的参考价值；甘坑凉帽的图案花纹编织、师徒传承的口诀、以及凉帽“穗带”（佩带）的识别等，都具有一定的文化价值，特别是凉帽戴在女性头上，体现女性美感和韵味，也富有审美价值。

二、大鹏山歌

大鹏山歌主要流传在大鹏、南澳等地，是用当地的“大鹏话”（当地人称“大鹏军语”）口头传唱的民歌。明清时期，“大鹏千户所城”的军士来自全国各地，但都通用

“大鹏军语”，而大鹏山歌就是起源于这个时期。

大鹏山歌包括山歌、嫁歌、丧歌、仙歌四种。山歌的旋律跌宕起伏，少有大跳，多用级进音程，节奏比较平稳，有时也有切分音，每个乐句都带有拖腔，尾节都是下滑音。嫁歌主要是姑娘出嫁时所唱的歌。丧歌主要是为死去的老人所唱的歌，旋律悠长，凄凄切切。仙歌，即叙事歌，叙述古今、当代的名人、名事。

按内容划分，主要有地名歌、问答歌和情歌三种。地名歌主要唱大鹏的地名，诙谐而有情趣，往往一首歌能唱出大鹏十几个地名来。问答歌唱词诙谐滑稽，唱调却十分优美婉转，主要用于生产、生活中的自娱自乐，放牛、田间劳作、山上劳动时都能演唱。情歌唱词没有固定格式，也没有一定的曲谱，多是清唱，很少有乐器伴奏，题材可以唱物、唱情景和对字等。

大鹏山歌有独特的艺术效果。它的表演形式灵活，能即兴编词，即兴演唱，看到什么就能唱什么，想到什么就能唱什么。而且歌词内容通俗易懂，语言简练质朴，朗朗上口，老少皆宜。大鹏山歌能充分展示了大鹏地区深厚的历史、民俗、文化内涵，是一种很好的娱乐方式，对丰富广大群众的社会文化生活以及构建和谐社会起到积极有益的作用。所以，它不仅具有艺术价值，而且还有一定的社会价值。

三、龙岗皆歌

龙岗皆歌起源于清代末期，在民国时期开始流传，20世纪四五十年代最为盛行。龙岗皆歌曲调简单，通俗易懂，特别是别具一格的衬词，易于在群众中传唱，因此当地人人都会唱，人人都喜欢唱。因其主要在龙岗地区流传，所以称为“龙岗皆歌”。至今，凡上了年纪的龙岗本地人，都会哼唱几句龙岗皆歌。

龙岗皆歌是用客家方言演唱的民间歌曲，它的曲调简朴，易学易懂，易于传唱。它演唱的形式多种多样，可以清唱，也可以用乐器伴唱，可以独唱，也可以齐唱，还可以分开对唱，众人伴唱。

龙岗皆歌的歌词，也象客家山歌一样信手拈来，随意发挥，可雅可俗。从人们的日常生活习俗，天上地下，到男女情感等，包罗万象。

龙岗皆歌最大的特点是：第一句歌词后，接着有一句衬词 “金牡丹哪”；第二句歌词后，同样有一句衬词“牡丹花，一对鸳鸯赛红花罗咧”。如“阿哥有心妹有意——金牡丹哪，唔怕山高水又深——牡丹花，一对鸳鸯赛红花罗咧”。第三、四句“山高妹会来开路，水深哥造船载人”，同样使用以上的衬词。这两句衬词一直尾随两句歌词后面，永不分离。由于这两句衬词是固定不变的，跟随它的曲调也是不变的，所以人们唱起来很容易学会和记住，再加上原汁原味和贴近生活的歌词，加之悠扬委婉和柔情动听的曲调，一听就感到非常熟悉和亲切，很容易引起人们的共鸣。这就是它得以流传的原因。

皆歌是快板式词语，欢快的曲调，是人们在社会交往中产生和流传的，很容易吸引群众参与和互动，往往台上唱台下群众又可接唱。因此，龙岗皆歌不仅具有浓厚的喜庆特征，而且还具有群体特征。它具有一定的历史价值、文化价值和社会价值。

四、龙岗舞龙

自从客家人迁徙龙岗几百年来，爱龙敬龙，舞龙便源远流长流传至今。它融武术、舞蹈、鼓乐于一体。表演仪式、形式、套路和技艺丰富多彩。不仅具有群体特征，而且还蕴涵着客家民间文化的丰富内容，集观赏性和民俗性于一体，为群众所喜闻乐见。

龙岗的舞龙，舞的是布龙，以竹木制骨架，用布料做龙身、龙面。龙头由嘴部、前额、后脑、角、手柄（龙把）等部分组成，体积较大，造型复杂，颜色鲜艳，头角峥嵘，显出龙的威风。

舞龙正式开始前，要先点睛，谓之“画龙点睛”。

龙岗舞龙队由 12 人组成。可表演一连串的动作和造型，以狮鼓、大钹、锣作打击乐。

执龙珠的人是全龙阵的指挥和灵魂，龙珠走什么路，龙身和龙尾随形似影地跟着走。在喧闹的锣鼓声中，龙珠前引，舞龙队员各就各位，右手执龙把中央，左手执龙把下端，随着锣鼓的节奏，龙珠反复转动，龙头随珠晃动，绕扬一周回到原位。然后，布龙随着锣鼓声的轻重快慢、节奏变化舞动起来。舞龙的动作和套路有多种多样，主要有：“祥龙献瑞”、“游龙戏水”、“蛟龙闹海”等招式。

舞龙是龙岗劳动人民在长期劳动和生活中产生并传承下来的，是传统的民间文体活动，是颇有特色的本土文化之一，同时也是客家文化的一个重要组成部分，又有较强的观赏性，具有一定的民间艺术价值和社会价值。

五、南澳舞草龙

“舞草龙”又称“舞火龙”，是南澳渔民长期在海上生活、劳作中形成的传统民间文化活动。以舞草龙拜祭为载体，娱神、娱人，含有历史、民俗、艺术等诸多文化内容。

南澳舞草龙活动其实在清朝时已经很盛行了，并且一直流传至今，如今每年年初二都要举行舞草龙活动。舞草龙主要分为“扎龙”、“舞龙”和“送龙”三个部分。

草龙是用山上剑草捆扎而成。年初二上午把剑草割回来晒干，下午用绳子把草扎成一条八九十米的长龙。然后用百余条1.2米长木棍牢牢撑住龙身。整条草龙由龙头、龙珠、龙身和龙尾所组成。龙头需用大箩筐做底衬，两支手电筒作眼睛，龙头额前挂上一个五寸直径的圆镜子。配上红红绿绿的一堆饰物。此外，还要扎圆的龙珠和三叉形的龙尾。最后，在龙头、龙身插满香。

晚上，把扎好的草龙搬到天后庙门前小广场上，开始舞龙。经精选后的百余位渔民汉子，将草龙身上的香点燃，草龙便变成了火龙。伴随着锣鼓队，先拜天后庙，后向南方拜三拜。紧接着舞龙开始，一条长长的火龙向着渔民村进发。由擎龙头人掌握引导，舞龙者按步行进，龙珠动，龙头跟着动。龙头向右，龙尾就摆向左，火龙逶迤曲折地前进。火龙所到之处，家家点燃红烛，奉上生果、水酒，燃放爆竹和纸宝。此时，整个渔村一片欢腾，一派节日喜庆景象。

最后，舞草龙队伍来到海边，举行“化龙”仪式。先举龙向西北方拜三拜，然后把龙头放上，龙尾放下而堆在一起。接着烧纸宝蜡烛及龙衣，最后点燃草龙，并燃放爆竹。全村男女老少都来送龙，围观群众站在海提上，也把手中各色彩珠投向大海。一时间，鞭炮、锣鼓齐鸣，火光冲天，场面蔚为壮观。

“舞草龙”具有广泛的群众性和民间传承性，是南澳渔民独有的民间狂欢节。而且是当天上山割草，当天扎龙、当天舞龙、当天化龙，所有程序都是在一天之内全部完成的，这是区别于任何一个地方的舞龙民间舞蹈。

“舞草龙”是古老的南澳渔民的文化精髓之一，承载着南澳渔民的历史文化信息和原始记忆，它还是南澳渔民凝聚民心、对外交流和民俗传承的重要舞台，这对研究南澳渔民的生产、生活历史有一定的参考价值，具有一定的文化艺术价值和社会价值。

六、龙城舞麒麟

龙城位于深圳市龙岗区中心地带。龙城舞麒麟是流传于龙岗一带的重要民俗活动。

麒麟一直以来是客家人所崇奉、喜爱的祥瑞神兽，寓意平安、祥和，能够给人们带来吉祥和好运。

龙城舞麒麟活动出现在20世纪40年代末。每逢新春佳节及其他喜庆的日子，人们都喜欢舞麒麟以示庆贺，祈求国泰民安，大吉大利。

舞麒麟前要做好三项准备工作：采青、点睛和拜祖，进行隆重的开张仪式，仪式过后才可以开始舞麒麟活动。每年年初二（当地客家人俗称开年）至正月十五日（元宵节），是舞麒麟活动的高潮，各村及各家各户都会请麒麟队来拜年。人们在村里祠堂和各家各户门前摆放“三牲”（即猪、鸡、鱼）、水酒等祭品，燃放鞭炮，迎接麒麟的到来，寓意“迎春接福”，当地人亦谓之“拜家门”。拜完“家门”后，再燃放鞭炮，同时给麒麟一个“红包”，以示“利利是是”。此时锣鼓喧天，鞭炮齐鸣，热闹非凡。

麒麟拜完祠堂和“家门”后，来到早已选择好的禾堂（晒谷场）或空地，进行舞麒麟和武术表演，又谓之“打麒麟”。

龙城“打麒麟”分为两部分：

第一部分以舞麒麟表演为主，有头套和尾套，统称为麒麟套。其中头套包括拜四方、转圈、舔脚、舔尾、打瞌睡；尾套包括拜四方、滚翻、舔脚、采青、引青、探青、吃青、转圈、拜四方。

第二部分是武术表演，武术队一般由20人左右男性组成，队员身着传统武术比赛服，腰系红绸带，脚打绑腿。武术表演包括拳术、棍术、矛盾搏斗等。

舞麒麟融舞蹈、音乐、武术于一体，观赏性强，场面壮观。不仅具有独特的艺术表演特征，而且还具有强身健体的特征。这种传统的民间习俗和文化娱乐活动，一代一代传承至今，具有一定的文化艺术价值和社会价值。

第二节　民间风俗

一、坪山打醮

客家人聚居的龙岗区坪山街道，1949年前有打醮的习俗。

打醮前由四乡八邻的乡绅抽签产生醮主。建醮前由醮主筹集资金，如出不起钱则捐米、黄豆之类的实物。

打醮地点设在关帝庙前。开醮之日，将谭公等神像安置在关帝庙右侧。社区民众则聚集在关帝庙前的广场上，附近小贩云集，一片喧腾。

打醮开始，由醮主主持祭奠仪式。祭桌上摆满精美的果脯酒馔。醮主“揽榜”，即在一张表上写着祈求神灵庇佑风调雨顺、国泰民安之类的言词和参醮户主的名单，在关帝前念毕，将表焚化，乡民跟着伏地叩拜。礼毕，挑选精壮青年敲锣打鼓，抬着神轿（谭公）游社区，并有“飘色”（扮故事）跟随，热闹非凡。随后回到醮场，开始连续嬉戏七天八夜，其间请戏班（多为木偶戏）演出，尽情吃喝赌闹，通宵达旦，一片喧嚣。醮会结束之日，敲锣打鼓将谭公送回谭公庙，还宰肥猪，架起大锅煮大块肉，分给醮民带回家中。醮主分到猪腿或猪头，未分完的肉与米饭相拌，到晚间分洒社区头屋尾和大路旁边，名曰“送小鬼”。

二、南澳渔民娶亲婚俗

自古以来，南澳渔民成亲有其独特礼仪。

首先是订婚。渔民男青年到了结婚年龄，经人介绍对象后，便向女方送订金，拿到女方生辰八字后放在船上的神台上，烧三柱香，三天之内如没有打烂过碗碟，订婚就算成功。

接着是筹办婚礼。先向女家过大礼，一般有猪、鸡、水果、饼等十盘，以男方船和女方船对接完成过礼手续。男家要在船舱布置新房，包括布置新床，挂结婚帐，“说四句”，唱“挂帐歌”，小孩上新床抢果子等。婚前三天，女方在家待嫁，父母、女儿都唱“嫁歌”。男方准备结婚物品，还要唱“尚花歌”，还有“尚红”习惯。

迎亲是礼俗的高潮。是日，新郎戴毡帽，穿长衫，腰挂两条红带，两鬓插银珠花，胸前一朵大红花；新娘身穿红袍，鬓插红花，脚穿花、鞋。新郎船上有锣鼓乐队，择吉时划船与女方船对接。接新娘上船后，新郎、新娘焚香点烛拜大海，跪拜父母，新娘唱离家歌，陪嫁船上的姐妹唱送嫁歌。最后在男家船上设宴两天。

现南澳渔民娶亲虽然改在陆上进行，但以往礼俗却沿用至今。

南澳渔民娶亲婚俗是因长期海上生活所形成的独特风俗，有一定历史价值，对研究海洋文化也有一定价值。

三、大鹏清醮

大鹏清醮的起缘与六百多年前建筑大鹏古城有关。

大鹏所城地处我国东南海疆，为抵抗海盗、倭寇，于明洪武二十七年（1394年）

建成。相传，当时建有东、南、西、北四个城门，北门建好使用前，城门附近几个居民忽然无疾而亡，牲畜发生瘟疫，引起百姓恐慌。建城的头领马上派人请来风水大师，认为北门是白虎门，开不得，除了堵上北门外，还请来道士“打醮”做法事。

古时新安县（含香港）“打醮”有两种：

一种为解除瘟疫的“瘟醮”或“傩”；

第二种为感谢神明庇佑、祈求平安的“报恩醮”或“太平清醮”。

大鹏所城历为军事要塞，战事频发，所以相当一段时期是以超渡阵亡无名将士和海上罹难孤魂、解除瘟疫的“瘟醮”为主。

以后太平盛世就做“太平清醮”。大鹏清醮每5年正月做一次，每次7天，已举行过100多次。

20世纪50年代初至1986年，停止了40多年。1986年民间集资重建天后宫，大鹏清醮又开始举办。至2006年2月已举办了五届，参加群众每次数千人，影响及至周边的市、县、镇、街道。

大鹏所城由于世袭军士制，军士又来自全国各地，语言、风俗、习惯各不相同，宗教信仰也百花齐放。佛、道、儒均有人崇拜，天后妈祖、城隍、关帝也有人信仰。几百年来大鹏所城人通过太平清醮，从制作“山大佬”、纸扎马、龙、鹤、凤等祭品，到整个拜祭、巡游、放生、吃斋过程，以及举办独特的“将军宴”等盛大仪式，传承道家的“和”（和谐）、佛家的“善”（施予）、儒家的“忠和孝”、天后的“同舟共济、救死扶伤”传统。

大鹏清醮是典型的民间民俗活动，参加者众多，社会基础深厚，对研究地方风俗文化有一定的价值。

第五章 历史名人

第一节 清—民国时期名人

一、刘起龙

刘起龙（？—1801），字振升，小名“刘阿十”，龙岗区大鹏街道鹏城人。

大鹏营参军。嘉庆八年（1803年）授平海营右哨把总，旋累功升香山协右营千总。

十五年（1810年），参加围攻洋盗郭石二的战斗，战功卓著。十七年（1812年）被提升为水师提标左营（新安营）守备，继迁东山营守备。二十年（1815年）迁硇州营守备，又迁虎门水师右营中军守备，升任前山营都司。二十四年（1819年）升任崖州营参将。

道光三年（1823年）任南澳镇总兵。刘起龙每逢回家，从不扰民，总在三更半夜进城，当地百姓称“摸夜将军”。六年（1826年）升任福建水师提督。九年冬，刘起龙入见道光皇帝，备受荷恩之宠。

十年（1830年）刘起龙带领船队出外洋巡逻，不幸逝世。道光皇帝钦赐祭葬并特为他颁写《御祭文》，立于墓前。生前好友陈化成等为他立《古之遗爱》碑。

二、赖云台

赖云台（1778—1840），字虎臣，又名鹰扬，龙岗区大鹏街道鹏城人。

赖云台初为大鹏营外委，由于捕获海盗有功，升补把总。嘉庆十五年（1810年），参与围剿海盗郭石二，升授水师提标中营千总，署理广海寨守备。二十三年（1818年），为虎门水师提标右营中军守备，筹划防夷设施，督造珠江口要塞的镇远、大虎二炮台，后被提升为阳江镇左营守备。

道光元年（1821年）起，历任香山协右营守备、理硇洲营都司、阳江镇右营都司、海口协中军都司、阳江镇中军游击兼阳江镇总兵印务、海门营参将、碣石镇中军游击。七年（1827年）又升平海营参将，署理龙门协副将。十一年（1831年），统领官兵剿办崖州悍匪，安抚崖州黎民，善后事宜告竣。不久奉奏署琼州镇总兵，续署香山协副将，奏升澄海协副将，署理碣石镇总兵。十八年（1838年），钦奉上谕补授浙江定海镇总兵。

翌年因母亲刘太夫人去世，回乡守孝。同年病逝。诰授武显将军，死后晋封振威将军，葬于大鹏水贝村北虎地牌西坡。

三、赖恩爵

赖恩爵（1795—1848），字简廷，龙岗区大鹏街道鹏城人，父赖鹰扬。

嘉庆十四年（1814年）补阳江行伍。从军后，历任把总、千总、守备、都司、游击等职。

道光十八年（1838年），赖恩爵补海门营参将，翌年调大鹏营参将。他奉林则徐之命，率战船三只驻守九龙山，防护炮台。七月英军船队突袭我军船队和炮台，赖恩爵立刻命令各船只及炮台向敌船开火，战斗持续10小时之久，英军败逃。此战中方阵亡两人，轻伤四人；英军捞尸首就地掩埋者有十七具，渔民又屡见敌尸随潮漂荡，受伤者不计其数。战后道光皇帝赐赖恩爵“呼尔察图巴图鲁”（满族语“勇士”之意）名号及赏戴花翎，升龙门协副将。十月初六，赖恩爵又和其他将军一起分五路进攻占据我官涌之地的英军，经过激战，英军被逐出尖沙咀。之后，赖恩爵率军与英军大小战斗六次，时间长达十日，均获胜利。

道光二十年（1840年），赖恩爵奉命督拖船四十艘往剿廉、琼等地盗贼。二十一年（1841年）被提为南澳镇总兵。二十三年（1843年），升任广东水师提督。

道光二十八年（1848年）赖恩爵病逝。谥封振威将军，葬于鹏城东的大坑上村。光绪三年（1877年）迁葬于大鹏王母圩旁之黄岐塘。

四、刘铸伯

刘铸伯（1870—1919），又名刘金祥，刘鹤龄，龙岗区平湖街道元屋围人。

先后就读于基督教教会学校、圣保罗书院、中央书院。毕业后，在香港天文台担任翻译工作。光绪十六年（1890年），到牛津大学读书。毕业后，在烟台大学任教授之职。由于香港水灾严重，刘铸伯带头在烟台发起募捐，将10万元救灾款寄回香港慈善会。香港不少大公司纷纷以高薪聘请他担任要职。刘铸伯先出任屈臣氏总长，接着又任大成公司总理和澳门数家公司的负责人。

光绪二十六年（1900年），刘铸伯协助嘉道理创办育才书社，担任司理，具体管理事务，在港、穗、申创办义学。

刘铸伯三次被选为香港中华总商会主席之职。三十二年（1906）年，首次被选为香港华商公局主席。他还是香港清净局局员、香港定例局局员（现称立法局议员）。

刘铸伯热心公益事业。宣统元年（1909年）创办“铸伯义学”。二年（1910年）回到平湖乡，捐资筹建了平湖墟、大新织布厂、纪勋劳学校、念妇贤医院、周马氏留医所、平湖火车站等。在平湖青奇坑还创建私家花园“守真园”。

刘铸伯著有《自治须知》、《西礼须知》、《社会主义评议》等书。

1919年刘铸伯在上海谒见了孙中山先生，表示愿意在香港筹饷襄助革命。同年刘铸伯病逝。

第二节 抗日战争—社会主义革命时期名人

一、梁鸿钧

梁鸿钧（1905—1945），湖南省湘潭县人。

1921年在邓本殷部当兵。1926年参加北伐战争。1927年参加南昌起义。之后，参加了会昌战役、三河坝战役。1928年到达井冈山，编入红军第四军，任排长，副连长，同年加入中国共产党。1929年起任连长，副营长、营长、团副政委，并参加长征。1937年到延安抗大学习。1938年受中共中央指派到广东工作。1939年任中共东江军事委员会书记，领导新编大队和第二大队开展抗日斗争。

他指挥新编大队收复日军占领的沙鱼涌、葵涌，缴获大批战利品；在横岗伏击日军，毙伤敌30余人。指挥第二大队摧毁南头附近的大涌桥，截断日军电话线，奇袭日军军车，并一度收复南头城。年底梁鸿钧等在坪山召开东江军事委员会会议，决定部队东移海丰。

1940年梁鸿钧召开上下坪会议，组建广东人民抗日游击队，由他负责军事指挥。1941年参与领导中国文化名人大营救活动。1942年任广东军政委员会委员，广东人民抗日游击总队总队长，统一领导华南抗日游击战争。同年在梁鸿钧等的部署下，粉碎了国民党顽固派军队五千余人对东江抗日根据地及白石龙村的进攻，恢复建立了大岭山抗日根据地。1943年梁鸿钧指挥部队粉碎日、伪军对广九铁路沿线和东莞等抗日革命根据地的进攻。1944年梁鸿钧到粤中地区开辟新战场，领导游击战争，任广东人民抗日解放军司令员。

1945年2月梁鸿钧率部队到达新兴县蕉山村时，遭国民党顽军突袭，不幸中弹牺牲。

二、曾生

曾生（1910—1995），原名曾振生，曾用名曾子屏、黄彬，龙岗区坪山镇石灰陂村人。

童年在家乡和香港读书。1923年随父亲到澳大利亚悉尼市。1928年回国，进中山大学附中读书。1930年组织读书会，出版《铁轮》杂志，刊登反帝反封建的文章。1933

年入中山大学文学院教育系学习。1934年任中山大学平民夜校校长，团结进步青年，开展抗日救亡运动。年底，参加中国共产党的一个外围组织广州中国青年同盟。1935年“一二·九运动”爆发，曾生被选为中山大学抗日救国会主席。其后，又任中山大学员生工友抗日救国会主席。1936年被推选为广州市学生抗日联合会主席。后被广东国民党当局通缉，中山大学停止曾生学籍。1936年曾生辗转到了香港，先在香港海员“余闲乐社”协办刊物，后到海员子弟学校——养正学校当校长，又到美国的“日本皇后”号客轮当海员。7月广东国民党当局解除对曾生的通缉令，9月曾生回到中山大学复学。10月参加中国共产党。12月曾生任中共香港海员工作委员会（简称“海委”）组织部长。1937年曾生在中山大学文学院教育系毕业。8月，任香港海员工会组织部长。1938年任中共香港海员工作委员会书记。

1938年10月曾生率领一批党员积极分子回到坪山开展敌后抗日游击战争，并任中共惠（阳）宝（安）工作委员会书记。12月任惠宝人民抗日游击总队总队长。部队在艰苦的抗日战争中发展壮大，到1939年底，部队从开始的100人发展到500余人。1940年初曾生的部队遭到顽军2000多人的围追堵截，部队剩下100余人，处境十分困难，曾生率部坚持斗争。9月曾生为广东人民抗日游击队第三大队大队长，建立东莞县大岭山区抗日根据地，在与日、伪、顽的激烈斗争中发动群众，组织民兵，建立乡村抗日民主政权。1941年秋，部队发展至1500余人，武装民兵1000余人。1941年参与领导中国文化名人大营救活动。1942年任广东人民抗日游击总队队长，领导部队在惠宝边和惠阳沿海地区建立起抗日游击根据地。1943年任广东人民抗日游击队东江纵队司令员。1944年经中共中央同意，东江纵队与盟军合作，设立电报站和电台，向盟军提供有关日军的情报。盟军美国第14航空队队长陈纳德少将、驻华美军司令部和情报站的美方欧戴义博士，一再致电曾生，感谢东江纵队给予盟军对日作战的配合和支持。

1946年曾生率领东江纵队北撤部队撤离东江解放区抵达山东解放区烟台，任中共华东军区委员、华东军政大学副校长。

1947年被任命为两广纵队司令员，兼任中共渤海军区副书记兼副司令员。其后，曾生率部先后参加了睢杞战役、济南战役和淮海战役。1949年曾生率两广纵队渡江南下，参加解放两广。同年两广纵队和粤赣湘纵队、粤中纵队组成南路军，由曾生等统一指挥，先后解放广东和平、连平、河源、龙川、惠阳、博罗、东莞、中山、广州。

1949年10月曾生任中共中央华南分局委员、两广纵队司令员和珠江三角洲作战指挥部司令员兼前委书记，奉命率部进驻珠江三角洲。11月广东军区成立，曾生任副司令员（仍兼两广纵队司令员）。1950年撤消珠江三角洲作战指挥部，成立珠江军分区，曾生兼任珠江军分区司令员和政治委员，并任中共珠江地委书记。1951年成立华南军区，曾生任第一副参谋长。1952年参加抗美援朝战争，任中国人民志愿军第二十军副军长。年底回国，到中国人民解放军南京军事学院海军系学习。1955年被授予少将军衔，荣获三级八一勋章、二级独立自由勋章和一级解放勋章。1956年任中国人民解放军海军党委委员、南海舰队第一副司令员，负责作战、训练、舰船修造以及水面舰艇部队的建设。1960年起先后担任中共广东省委常委、广东省副省长、中共广州市委书记处书记、第三书记，广州市市长兼广州军分区、广州警备区第一政委等职。

曾生担任广东省副省长期间，主管国防、外事和统战工作，兼任广东省外事办公室主任、广东省体育委员会主任。

“文化大革命”期间，曾生遭受迫害，在监狱被关押七年。1974年平反。1975年任交通部副部长，为整顿、恢复和发展中国的交通运输事业做了大量工作。1978年，任交通部部长。1981年任中华人民共和国国务院顾问。1982年当选为中共中央顾问委员会委员。第一、二、三、四、五届全国人大代表，第四、五届全国人大常务委员。

1995年在广州逝世。

三、黄闻

黄闻（1916—1945），原名黄文华，龙岗区葵涌街道坝岗洞梓村人。1931年，黄闻考上了淡水崇雅中学。1934年初黄闻初中毕业后，到王母圩下沙小学教书。1935年冬，黄闻与陈培、陈永、蓝造、黄业、黄岸魁等聚首坝岗，组织“海岸读书会”，广泛地宣传抗日救亡。

1937年暑期，黄闻首倡组建“海岸流动话剧团”，并任团长。他们冲破国民党反动派的种种阻挠，带着简单的行李和道具，到大亚湾和大鹏湾的许多山村渔寨，为广大群众进行抗日救亡的宣传演出。

1938年夏，黄闻回乡组建了坝岗抗日自卫队，亲自负责政治工作。他们数度主动出击日伪军，大大地鼓舞了坝岗群众保家卫国的信心和斗志。

1938年10月，黄闻加入中国共产党并任坝岗的党支部书记。随着斗争的深入和发展，黄闻培养和介绍蓝造、黄业加入中国共产党，动员了一批青年参加曾生领导的惠宝人民抗日游击队。

1939年黄闻任中共惠阳县白花区委书记。1941年任中共陆丰县委书记。在陆丰县工作时，他以失业青年的身份，广泛接触和联系人民群众，为中共陆丰县组织的发展做出了很大贡献。

1942年广东各地中共组织相继遭受破坏。黄闻先后在稔山、淡水，以教书作掩护，负责党的单线联系工作。

1944年黄闻任东江纵队惠阳大队政训室主任。1945年任东江纵队第七支队政治处负责人兼中共惠东县委副书记，同年兼任惠东县行政督导处民运部长。

1945年黄闻在淡水新屋仔村主持召开区委书记会议时，遭日军袭击不幸牺牲。

四、蓝造

蓝造（1917—1990），龙岗区葵涌镇坝岗村人。

青少年时期积极参加抗日救亡运动，在家乡组织人民抗日自卫队。1942年任惠州区委书记，参与中国文化名人大营救活动。

1946年任粤赣湘边纵队江南支队司令员，指挥部队在沙鱼涌、山子下、红花岭等地作战，歼敌1500余人，扭转江南地区对敌斗争的局势，粉碎了宋子文的第二期“清剿”计划，受到了中共中央香港分局的通报表扬。1949年任东江第二支队司令员，率领部队攻克淡水，解放粤东重镇惠州市。

建国后，蓝造在负责军队院校工作期间，为部队培养了大批人才，为院校建设兢兢业业，呕心沥血。“文化大革命”期间遭受迫害。1980年离休。1988年中央军委授予他中国人民解放军独立功勋荣章。

1990年在广州病逝。

五、刘黑仔

刘黑仔（1919—1946），原名刘锦进，龙岗区大鹏街道鹏城人。

1939年春加入中国共产党。12月参加曾生领导的惠宝人民抗日游击队。

1941年初，刘黑仔铲除伪维持会会长袁德等多名汉奸。12月，刘黑仔奉命任广九大队短枪队队长，主要任务是肃清当地为害人民的土匪。在半年多时间里，共肃清大小土匪十余股，计250余人。

1944年刘黑仔指挥营救中美联合空军飞行指挥兼教官克尔。克尔在空袭香港日军占领的启德机场时，飞机中弹起火，跳伞降落在香港观音山。日军出动千余兵力搜捕克尔。刘黑仔率短枪队，冒着生命危险，找到克尔并安全藏匿。然后率部潜入启德机场，炸毁了停机房和油库，日军被迫把搜捕克尔的兵力撤回。之后，刘黑仔带领短枪队员，将克尔安全转移到东江纵队司令部所在地。同年底，刘黑仔被抽调参加北江支队，后又调到西江支队。1945年东江纵队粤北指挥部成立，刘黑仔短枪队直属指挥部领导。

1946年刘黑仔短枪队在南雄始兴一带，掩护部队北进。同年5月，驻南雄县的国民党军队，在该县的界址圩设下埋伏，袭击短枪队，刘黑仔不幸牺牲。

六、黄友

黄友（1927—1944），东莞市凤岗镇凤德岭村人。

1940年冬，年仅13岁的黄友参加游击队，当通讯员，后到小鬼班当战士。1942年4月，黄友参加攻打龙华国民党顽军的战斗，非常勇敢，被提升为副班长。10月，黄友和两位战友配合部队在宝安凤凰岭抵挡国民党顽军进攻，血战一昼夜。

1944年1月，驻扎平湖的日寇一个小队和伪军一个连队，突然包围虾公潭村，残害百姓。黄勇和小鬼班在中队长何通的带领下，赶来解围。打死打伤日伪军十多人，缴枪数支。黄友被提升为小鬼班班长。2月黄勇所在的何通独立中队攻打平湖凤凰山上敌碉堡，黄友带领的小鬼班为突击班。他身先士卒，击毙敌机枪手，消灭了敌人。战后，他光荣加入了中国共产党。

不久，何通独立中队又攻打平湖附近的伪军据点。黄友带领小鬼班又担负突击任务。黄友带领队员冲锋在前，首先把日本顾问打死，迅速占领据点，俘敌80多人。日军藤本大队400余人的增援部队与我军遭遇。黄友率小鬼班六位战士奉命掩护部队撤退转移。他们沉着应战，狙敌达11个小时。最后仅剩身负重伤的黄友一人。他打完最后一颗子弹后，砸毁枪支，埋藏文件。撑起身躯，直至被敌人刺死。黄友视死如归的精神，连日军军官也为之动容，把队伍带到黄友烈士面前，要他的士兵向黄友学习。

东江纵队司令部号召全纵队指战员向他们学习，并决定将黄友领导的班命名为“黄友班”。党中央也作出决定：“追认黄友同志为广东人民游击战争战斗英雄，中国共产党的模范党员”。

七、潘冠良

潘冠良（1934—1989），龙岗区葵涌镇人。

1956年惠州师范学校毕业后分配到惠阳县三门岛小学任教，并任该校负责人。1969年调回家乡葵涌镇，先后任三溪小学教导主任、校长、镇教办主任等职。

1987年，他带头办起了全县第一所家长学校，晚上给家长上课，与家长一起探讨教育子女所遇到的新情况新问题，深受家长欢迎。翌年患肺结核，仍坚持带病上课，直至确诊为晚期肺癌才住院治疗。6月被国家教委授予“全国小学德育先进工作者”，广东省授予“优秀园丁”荣誉称号。1989年任宝城小学校长，并承教思想品德课，致力于思想品德教育的探讨和研究，先后写出了《思想品德教学原则与规律初探》、《开展思想品德课教研活动的做法》、《师德与教学》等十多篇学术论文，其中多篇被选登在全国《德育杂志》等刊物上。他自编自讲的《为了明天的事业》这一课，获得深圳市优秀课例一等奖。他的“传道明理，激发情感，指导行为”的十二字法，闯出了小学思想品德教学的新路子，得到省教育厅的肯定。1989年被评为“宝安县共产党员十先锋”之一。

1989年病逝。

附　　录

一、龙岗区文物保护单位一览表

1. 全国重点文物保护单位

保护单位名称	类别	时代	地理位置	公布时间
大鹏所城	古建筑	明	龙岗区大鹏镇	2001.6.25

2. 省级文物保护单位

序号	保护单位名称	类别	时代	地理位置	公布时间
1	鹤湖新居	古建筑	清	龙岗街道罗瑞合社区	2002.7.17
2	大万世居	古建筑	清	坪山街道大万社区	2002.7.17

3	龙田世居	古建筑	清	坑梓街道田段心社区	2002.7.17
4	茂盛世居	古建筑	清	横岗街道茂盛社区	2002.7.17
5	东纵司令部旧址	近现代重要史迹	抗战时期	葵涌街道土洋社区	2002.7.17

3. 市级文物保护单位

序号	保护单位名称	类别	时代	地理位置	公布时间
1	东山寺牌坊	近现代重要史迹	清	大鹏街道鹏城社区	1984.9.6
2	刘起龙墓	古墓葬	清	大鹏街道鹏城社区	1983.5.30
3	振威将军赖恩爵墓	古墓葬	清	大鹏街道鹏城社区	1984.9.6
4	赖太母墓	古墓葬	清	大鹏街道鹏城社区	1984.9.6
5	大坑烟墩	构筑物	清	大鹏街道大亚湾	1984.9.6
6	东江纵队《前进报社》旧址	近现代重要史迹及代表性建筑	抗日战争时期	坪山街道石灰陂社区	1984.9.6
7	文武帝宫	古建筑	清	坪山街道坪山墟	1998.7.15

4. 区级文物保护单位

序号	保护单位名称	类别	时代	地理位置	公布时间
1	钟氏宅第	古建筑	清	大鹏街道王桐山社区	2002.6.18
2	观祥古寺	古建筑	清	布吉街道沙湾社区	2002.6.18
3	念妇贤医院	近现代重要史迹	民国	平湖街道平湖墟内	2002.6.18
4	纪劬劳学校	近现代重要史迹	民国	平湖街道平湖墟内	2002.6.18
5	乐育神学院旧址	古建筑	清	布吉街道李朗社区	2002.6.18

6	曾生故居	近现代重要史迹	当代	坪山街道石灰陂社区	2002.6.18
7	兰著学校	近现代重要史迹	民国	龙岗街道回龙埔社区	2002.6.18
8	清标彤管牌坊	古建筑	清	大鹏街道水贝社区	2002.6.18
9	洪围	古建筑	清	坑梓街道西坑社区	2002.6.18
10	新乔世居	古建筑	清	坑梓街道新乔社区	2002.6.18

二、龙岗区未定保护级别不可移动文物一览表

1. 客家围

序号	名称	地点	时代	备注
1	林氏旧居	布吉镇上李朗村	清末	单体建筑广府化
2	西村旧居	布吉镇上李朗村老村	清末	三横屋
3	南上旧居	布吉镇南上村四巷	清末	单体建筑广府化
4	桂馥兰馨	布吉镇雪向村委象角塘村	清末	面阔三间单排
5	南岭旧居	布吉镇南岭老村	清初	三堂三排
6	玉田世居	龙岗镇盛坪村委	清末	三堂二横
7	松子岭围村	龙岗镇盛坪村委松子岭村	清末	三堂二横
8	官新合围	龙岗镇盛坪村委官舍村	清末	内外二围
9	田丰世居	龙岗镇新生村委田祖上村	清中期	三堂二横四角楼
10	璇庆新居	龙岗镇龙东村委沙背沥村	清末	三堂二横
11	龙湖新居	龙岗镇龙东村委吓埔村	清末	三堂二横
12	大田世居	龙岗镇龙东村委龙源盛村	清道光五年	三堂二横一围六角楼
13	新塘世居	龙岗镇龙东村	清末	三堂二横
14	正埔岭围	龙岗镇南联村委向前村	清嘉庆八年	三堂四横一围六角楼
15	龙和世居	龙岗镇南联村委晋安村	清光绪七年	三堂四角楼

16	龙塘世居	龙岗镇南联村	清末	三堂二横
17	莲湖世居	龙岗镇南联村	清末	三堂二横
18	黎氏世居	龙岗镇南联村	清末	三堂二横
19	刘氏世居	龙岗镇南联村	清末	三堂二横
20	简湖世居	龙岗镇南联村	清末	三堂二横
21	嶂背世居	龙岗镇爱联村	清末	三堂二横
22	季氏世居	龙岗镇爱联村	清末	三堂二横
23	李氏世居	龙岗镇爱联村	清末	三堂二横
24	李氏世居	龙岗镇爱联村	清末	三堂二横
25	曾氏世居	龙岗镇爱联村	清末	三堂二横
26	龙西世居	龙岗镇爱联村	清末	三堂二横
27	蒲芦围	龙岗镇爱联村委蒲排村	清末	三堂二横
28	新屯世居	龙岗镇爱联村委新屯村	清末	三堂二横
29	西埔新居	龙岗镇爱联村委新西村	民国	三堂二横
30	张氏世居	龙岗镇龙岗村石湖老围村	清末	三堂二横
31	石湖老围	龙岗镇龙岗村委上圩街村	清末	三堂二横
32	天湖世居	龙岗镇龙岗村委格水村	清末	三堂二横
33	梅湖世居	龙岗镇龙岗村委杨梅岗村	清末	单体建筑广府化
34	梅岗世居	龙岗镇龙岗村委杨梅岗村	清末	三堂二横加外围
35	格水老围	龙岗镇龙岗村委杨梅岗村	清末	三堂二横
36	安贞世居	龙岗镇龙岗村委杨梅岗村	清末	三堂二横
37	钟氏民居	龙岗镇龙岗村委杨梅岗村	清末	三堂二横
38	钟氏围屋	龙岗镇龙岗村委杨梅岗村	清末	三堂二横
39	钟氏围屋	龙岗镇龙岗村委杨梅岗村	清末	三堂二横
40	龙塘世居	龙岗镇龙岗村委福和村	清末	三堂二横
41	新祥世居	龙岗镇同乐村委犁园	清末	三堂二横
42	龙跃世居	龙岗镇同乐村委池尾村	清末	三堂二横
43	凤岗世居	龙岗镇同乐村委丰顺村	清末	三堂二横

44	阳和世居	龙岗镇同乐村委阳和浪村	清末	三堂二横四角楼一望楼带走马楼
45	千锦堂	龙岗镇同乐村委吓岗村	清末	三堂二横
46	龙田世居	龙岗镇南约村委大浪村	清末	三堂二横四角楼
47	陈氏老围	龙岗镇南约村委坑尾村	清末	三堂二横
48	马桥世居	龙岗镇南约村委马桥村	清末	三堂二横
49	积谷世居	龙岗镇南约村委积谷田村	清末	三堂二横
50	七星世居	龙岗镇五联村委竹头背村	清末	三堂二横
51	朱古石围村	龙岗镇五联村委朱古石村	清末	三堂二横
52	宏业世居	龙岗镇五联村委岭背坑村	清末	三堂二横
53	嘉绩世居	坪山镇碧岭村	清道光年间	三堂二横一围四角楼
54	鹿岭世居	坪山镇碧岭村	民国二十一年	单体建筑广府化
55	永盈世居	坪山镇碧岭村	清末	三堂二横
56	大万世居	坪山镇坪环村委大万村	清乾隆五十六年	三堂二围
57	林氏世居	坪山镇沙坑村委楼角村	清	三堂横
58	沙坑世居	坪山镇沙坑村	清末	三堂四横
59	廖氏世居	坪山镇沙坑	清	三堂二横
60	石楼世居	坪山镇沙坑村	清末	三堂二横
61	丰田世居	坪山镇六联村委丰田村	清嘉庆四年	三堂二横四角楼一望楼
62	新屋世居	坪山镇六联村	清末	三堂二横
63	竹坑世居	坪山镇竹坑村	清末	三堂二横
64	岭南世居	坪山镇马峦村	清末	三堂二横
65	高阳世居	坪山镇田心村	清末	三堂二横
66	黄氏世居	坪山镇石井村	清末	三堂二横
67	果园世居	坪山镇江岭村	清末	三堂二横

68	心田世居	坪山镇金龟村	清末	三堂二横
69	仓谷世居	坪山镇沙村	清末	三堂二横
70	王母围	大鹏镇王母围村	清末	单体建筑广府化
71	龙田世居	坑梓镇龙田村委段心村	清道光十七年	三堂二横四角楼
72	新乔世居	坑梓镇龙田村委新乔村	清末	三堂二横
73	龙湾世居	坑梓镇龙田村委大水湾村	清末	三堂二横一围龙四角楼一望楼
74	黄氏老屋	坑梓镇龙田村委大水湾村	清末	三堂二横
75	龙敦世居	坑梓镇龙田村委吓田村	清末	三堂二横
76	李屋围	坑梓镇龙田村委李中村	清末	双层围屋
77	玉田世居	坑梓镇龙田村委田脚村	清末	三堂二横
78	颐田世居	坑梓镇龙田村委田脚村	清末	三堂二横
79	高氏围屋	坑梓镇龙田村委吓坡村	清末	三堂二横
80	赖氏围屋	坑梓镇龙田村委围角村	清末	三堂二横
81	青排世居	坑梓镇金沙村委青排村	清嘉庆、道光年间	双三堂
82	长隆世居	坑梓镇金沙村委长隆村	清乾隆五十九年	三堂四横四角楼
83	回龙世居	坑梓镇金沙村委新横村	清道光二十八年	三堂二横四角楼
84	荣田世居	坑梓镇金沙村委荣田村	清光绪三十四年	三开间三进
85	卢氏围	坑梓镇金沙村委卢屋村	清末	三堂二横

86	黄氏洪围	坑梓镇老坑村委西坑村	清康熙三十年	三堂二横带后围龙屋
87	盘龙世居	坑梓镇老坑村委盘古石村	清同治十七年	三堂二横四角楼
88	黄氏围	坑梓镇老坑村委松子坑村	清末	三堂二横
89	新乔世居	坑梓镇秀新村	清乾隆十八年	三堂四横一围龙
90	长田世居	坑梓镇秀新村	清末	三堂二横
91	黄氏围	坑梓镇秀新村委东二村	清末	三堂二横
92	秀岭世居	坑梓镇秀新村委草堆岭村	清末	三堂二横
93	龙围世居	坑梓镇秀新村委沙黎园村	清末	三堂二横
94	黄氏围城	坑梓镇秀新村	清末	三堂二横
95	温氏围	坑梓镇沙田村委围角村	清末	三堂二横
96	廖氏围	坑梓镇沙田村委下廖村	清末	三堂二横
97	廖氏围	坑梓镇沙田村委上廖村	清末	三堂二横
98	白泥坑围	平湖镇白泥坑村	清末	单体建筑广府化
99	松柏围	平湖镇平湖村	清末	单体建筑广府化
100	平湖大围	平湖镇平湖村	清中晚期	单体建筑广府化
101	良安田水围	平湖镇良安田村委	清末	单体建筑广府化
102	大松园围村	平湖镇良安田村委大松园围村	清末	单体建筑广府化
103	上木古围村	平湖镇上木古村	清末	单体建筑广府化
104	山厦围村	平湖镇山厦村	清末	单体建筑广府化
105	二队旧村	平湖镇辅城坳村	民国	单体建筑广府化
106	岐岭旧村	平湖镇辅城坳村	清末	单体建筑广府化
107	金岭世居	坪地镇中心村寺利村	清末	三堂二横
108	三兴堂	坪地镇中心村上峰村	清末	三堂二横
109	龙塘世居	坪地镇中心村白石塘村	清末	三堂二横

110	坪东围村	坪地镇坪东村	清末	三堂二横
111	西湖塘村	坪地镇坪东村委西湖塘村	清末	三堂二横
112	吉坑世居	坪地镇六联村	清道光甲申年	三堂二横四角楼
113	田心世居	坪地镇六联村委新香村	清末	三堂二横
114	罗屋	坪地镇六联村委	清末	三堂二横
115	梓世居	坪地镇六联村委	清末	三堂二横
116	彭城堂	坪地镇六联村委	清末	三堂二横
117	麟阁世居	坪地镇坪西村委	清末	三堂二横
118	香园世居	坪地镇坪西村委	民国	三堂二横
119	泮浪世居	坪地镇坪西村委	清道光年间	三堂内外二围
120	新桥世居	坪地镇坪西村委	清末	三堂四横
121	兴刘世居	坪地镇坪西村委下高桥村	清末	三堂二横
122	八群堂	坪地镇坪西村委白石塘	民国	中西合璧式建筑
123	无名世居	坪地镇坪西村委花园自然村	民国	三堂二横
124	露蘘堂	坪地镇四方铺村	清末	三堂二横
125	碧峰世居	坪地镇碧峰村	清末	三堂二横
126	发岗新居	坪地镇碧峰村	近代	三堂二横
127	世采新居	坪地镇上围村	清道光间	三堂三进
128	世彩安居	坪地镇上围村	清末	三堂二横
129	香元世居	坪地镇香园村	清末	三堂二横
130	福田世居	葵涌镇三溪村	清末	三堂二横
131	长安世居	葵涌镇三溪村	民国四年	单体建筑广府化
132	兰桂胜芳	葵涌镇三溪村	清末	三堂二横
133	三层民居	葵涌镇三溪村	清末	三堂二横
134	黄屋	葵涌镇黄屋村	清末	三堂二横

135	葵涌民居	葵涌镇葵涌村	清末	三堂二横
136	石碑民居	葵涌镇石碑村	清末	三堂二横
137	茂盛世居	横岗镇四联村委茂盛村	清咸丰年间	三堂二横加外围楼和角楼
138	高围世居	横岗镇四联村委贤合村	清道光年间	三堂四角楼
139	田坑世居	横岗镇四联村	清末	三堂二横
140	福田世居	横岗镇大康村	清末	三堂二横
141	莘塘世居	横岗镇大康村	清末	三堂四横四角楼
142	吉合世居	横岗镇大康村	清末	三堂二横
143	廖氏世居	横岗镇大康村	清末	三堂二横
144	何氏世居	横岗镇西坑村	清末	三堂二横
145	西坑世居	横岗镇西坑村	清末	三堂二横
146	冯氏世居	横岗镇西坑村	清末	三堂二横
147	南朝世居	横岗镇荷坳村	清末	三堂二横
148	塘坑世居	横岗镇六约村	清末	三堂二横

2. 宗祠

序号	名称	地点	时代	备注
1	李氏宗祠	坪山镇沙坑村	清末	三堂二天井
2	林氏宗祠	坪山镇沙坑村	清末	三堂二天井
3	罗氏宗祠	坪山镇马峦村	清末	三堂二天井
4	陈氏宗祠	坪山镇马峦村	清末	三堂二天井
5	邱氏宗祠	坪山镇碧岭村	清中期	三堂二天井
6	赖氏宗祠	坪山镇马峦村	清末	三堂二天井
7	廖氏宗祠	坪山镇坪环村	清末	三堂二天井
8	袁氏宗祠	坪山镇坪环村	清末	三堂二天井
9	袁氏宗祠	坪山镇坪环村	清末	三堂二天井
10	俊公宗祠	坪山镇坪环村	清末	三堂二天井

11	林氏宗祠	坪山镇坪环村	清末	三堂二天井
12	张氏宗祠	坪山镇竹坑村	清末	三堂二天井
13	朱氏宗祠	坪山镇竹坑村	清末	三堂二天井
14	李氏宗祠	坪山镇沙坑村	清末	三堂二天井
15	林氏宗祠	坪山镇沙坑村	清末	三堂二天井
16	钟氏宗祠	坪山镇沙湖村	清末	三堂二天井
17	林氏宗祠	坪山镇沙湖村	清末	三堂二天井
18	邱氏宗祠	坪山镇沙湖村	清末	三堂二天井
19	曾氏宗祠	坪山镇六联村	清末	三堂二天井
20	钟氏宗祠	坪山镇六联村	清末	三堂二天井
21	张氏宗祠	坪山镇六联村	清末	三堂二天井
22	俞氏宗祠	坪山镇六联村	清末	三堂二天井
23	骆氏宗祠	坪山镇竹坑村	清末	三堂二天井
24	叶氏宗祠	坪山镇石井村	清末	三堂二天井
25	许氏宗祠	坪山镇石井村	清末	三堂二天井
26	风升许祠	坪山镇田心村	清末	三堂二天井
27	彭氏宗祠	坪山镇石井村	清末	三堂二天井
28	刘氏宗祠	坪山镇石井村	清末	三堂二天井
29	黄氏宗祠	坪山镇石井村	清末	三堂二天井
30	赖氏宗祠	坪山镇南布村	清末	三堂二天井
31	张氏宗祠	坪山镇南布村	清末	三堂二天井
32	黄氏宗祠	坪山镇江岭村	清末	三堂二天井
33	张氏宗祠	坪山镇江岭村	清末	三堂二天井
34	冯氏宗祠	坪山镇金龟村	清末	三堂二天井
35	陈氏宗祠	坪山镇沙堂村	清末	三堂二天井
36	刘氏宗祠	龙岗镇新生村	民国	三堂二天井
37	陈氏宗祠	龙岗镇新生村	清同治年间	三堂二天井
38	陈氏宗祠	龙岗镇新生村	清末	二堂

39	陈氏宗祠	龙岗镇龙东村新大坑村	清末	三堂二天井
40	孙氏宗祠	龙岗镇龙东村	清末	二堂
41	李氏宗祠	龙岗镇龙东村赤石岗村	清末	三堂二天井
42	钟氏宗祠	龙岗镇龙东村	清末	三堂二天井
43	孙氏宗祠	龙岗镇龙东村	清末	三堂二天井
44	李氏宗祠	龙岗镇龙东村	清末	三堂二天井
45	邱氏宗祠	龙岗镇南联村	清末	三堂二天井
46	黄氏宗祠	龙岗镇龙东村	清末	三堂二天井
47	李氏宗祠	龙岗镇南联村	清末	三堂二天井
48	薛氏宗祠	龙岗镇南联村	清末	三堂二天井
49	严氏宗祠	龙岗镇南联村	清末	三堂二天井
50	刘氏宗祠	龙岗镇南联村	清末	三堂二天井
51	曾氏宗祠	龙岗镇爱联村	清末	三堂二天井
52	杨氏宗祠	龙岗镇龙西村	清末	三堂二天井
53	巫氏宗祠	龙岗镇龙西村	清咸丰年间	三堂二天井
54	曾氏宗祠	龙岗镇龙西村	清末	三堂二天井
55	张氏宗祠	龙岗镇龙西村	清末	三堂二天井
56	罗氏宗祠	龙岗镇龙西村	清末	三堂二天井
57	曾氏宗祠	龙岗镇龙西村	清末	三堂二天井
58	邱氏宗祠	龙岗镇龙西村	清乾隆十三年	三堂二天井
59	萧氏宗祠	龙岗镇龙西村	清末	三堂二天井
60	余氏宗祠	龙岗镇龙西村	清康熙五十八年	三堂二天井
61	邱氏宗祠	龙岗镇龙东村	清末	三堂二天井
62	刘氏宗祠	龙岗镇龙东村	清末	三堂二天井
63	赵氏宗祠	龙岗镇龙东村	清末	三堂二天井

64	邱氏宗祠	龙岗镇龙东村	清末	三堂二天井
65	梁氏宗祠	龙岗镇龙岗村	清末	三堂二天井
66	刘氏宗祠	龙岗镇龙岗村	清末	三堂二天井
67	曾氏宗祠	龙岗镇龙岗村	清末	三堂二天井
68	李氏宗祠	龙岗镇龙岗村后尾村	清末	三堂二天井
69	李氏宗祠	龙岗镇龙岗村罗卜坝村	清末	三堂二天井
70	曾氏宗祠	龙岗镇龙岗村罗卜坝村	民初	三堂二天井
71	陈氏宗祠	龙岗镇同禾村老大坑村	清末	三堂二天井
72	黄氏宗祠	龙岗镇同乐村吓坑村	清末	三堂二天井
73	黄氏宗祠	龙岗镇同乐村炳坑村	清末	三堂二天井
74	黄氏宗祠	龙岗镇南约村和村	清末	三堂二天井
75	朱氏宗祠	龙岗镇南约村水二村	清末	三堂二天井
76	余氏宗祠	龙岗镇南约村水二村	清末	三堂二天井
77	萧氏宗祠	龙岗镇爱联村西埔村	民初	三堂二天井
78	袁氏宗祠	龙岗镇五联村背坑村	清末	三堂二天井
79	杨氏宗祠	龙岗镇盛平村	民初	三堂二天井
80	官氏宗祠	龙岗镇盛平村官新合村	民国	三堂二天井
81	黄氏宗祠	南澳镇东冲村大围村	清末	二堂一天井
82	周氏宗祠	南澳镇东农村高岭村	民国	三堂二天井
83	刘氏宗祠	南澳镇东农村杨梅坑村	清末	三堂二天井
84	缪氏宗祠	南澳镇东农村大堆村	清末	三堂二天井
85	殷氏宗祠	南澳镇东农村鹅公岭村	清末	三堂二天井
86	车氏宗祠	南澳镇东农村鹅公岭村	清末	三堂二天井
87	钟氏宗祠	大鹏镇王桐村	清末	三堂二天井
88	钟氏宗祠	大鹏镇上新屋村	清末	三堂二天井
89	钟氏宗祠	大鹏镇水贝村	清末	二堂一天井
90	叶氏宗祠	大鹏镇油草棚村	清末	二堂一天井
91	林氏宗祠	大鹏镇上新屋村	清末	三堂二天井
92	伍氏宗祠	平湖镇新南村	清中期	三堂二天井

93	刘公祠	平湖镇良安田	民初	三堂二天井
94	刘氏宗祠	平湖镇新南村元吉屋村	清末	三堂二天井
95	刘氏宗祠	平湖镇新大村委木古老村	清末	三堂二天井
96	李氏宗祠	布吉镇下李朗村	清末	二堂一天井
97	吴氏宗祠	布吉镇上李朗村	民国	二堂一天井
98	沈公祠	布吉镇丹竹头村	清光绪年间	二堂一天井
99	张公祠	布吉镇坂田村	清末	二堂一天井
100	凌氏宗祠	布吉镇丹竹头村	清末	二堂一天井
101	刘氏宗祠	布吉镇坂田村场美村	清末	二堂一天井
102	邱氏宗祠	布吉镇上水径村	清末	三堂二天井
103	邱氏宗祠	横岗镇西坑村	清末	三堂二天井
104	岳公祠	横岗镇西坑村	清末	三堂二天井
105	萧氏宗祠	坪地镇中心村石灰围村	清末	三堂二天井
106	余氏宗祠	坪地镇中心村黄竹村	清末	三堂二天井
107	萧氏宗祠	坪地镇中心村山塘尾村	新建	三堂二天井
108	林氏宗祠	坪地镇中心村委岳湖岗村	清末	三堂二天井
109	萧氏宗祠	坪地镇坪西村香园村	清末	三堂二天井
110	高氏宗祠	坑梓镇龙田村大窝村	清末	三堂二天井
111	罗氏宗祠	坑梓镇龙田村新屋村	清末	三堂二天井
112	罗氏宗祠	坑梓镇龙田村龙湖村	清末	三堂二天井
113	罗氏宗祠	坑梓镇龙田村龙湖村	清末	三堂二天井
114	钟氏宗祠	坑梓镇龙田村大塘村	清末	三堂二天井
115	黄氏宗祠	坑梓镇沙田村委田村脚	清末	三堂二天井
116	李氏宗祠	坑梓镇金沙龙山村	清末	三堂二天井
117	叶氏宗祠	坑梓镇金沙村岐山村	清末	三堂二天井
118	黄氏宗祠	坑梓镇老坑村水龙村	清末	三堂二天井
119	高氏宗祠	坑梓镇龙田村委大窝村	清末	三堂二天井
120	烈氏宗祠	坪地镇坪东村委福地岗村	清末	三堂二天井

121	道氏宗祠	坪地镇坪东村委福地岗村	清末	三堂二天井
122	萧氏宗祠	坪地镇坪西村	清末	三堂二天井
123	李氏、利氏宗祠	葵涌镇土洋村	清末	三堂二天井
124	钟氏宗祠	葵涌镇坝岗村	清末	三堂二天井
125	蓝氏宗祠	葵涌镇坝岗村	清末	三堂二天井
126	潘氏宗祠	葵涌镇福塘北路	清末	二堂一天井
127	何氏宗祠	葵涌镇高源村	清末	三堂二天井
128	丁氏宗祠	葵涌镇三溪村	清末	三堂二天井

3. 碉楼

序号	名称	地点	时代	备注
1	碉楼	布吉镇坂田村委杨美村	民国	正方形 五层高
2	碉楼	布吉镇坂田村委下围东一巷	清末	长方形 五层高
3	碉楼	布吉镇岗头村委中围路	清末	长方形 四层高
4	碉楼	布吉镇雪象村委象角塘	清末	长方形 四层高
5	碉楼	布吉镇甘坑村委老树	清末	正方形 四层高
6	碉楼	布吉镇甘坑村委鲤鱼塘村	清末	正方形 三层高
7	碉楼	布吉镇上李朗村西村	民国	长方形 三层高
8	碉楼	布吉镇上李朗村东村	清末	长方形 五层高
9	碉楼	布吉镇下李朗村委深朗村	清末	正方形 四层高
10	碉楼	布吉镇下李朗村大坑肚	民国	正方形 四层高
11	碉楼	布吉镇丹竹头村塘尾南	清末	长方形 五层高
12	碉楼	布吉镇丹竹头村塘尾南	清末	长方形 四层高
13	碉楼	布吉镇丹竹头村塘尾南	清末	正方形 三层高
14	碉楼	布吉镇丹竹头村塘尾南	清末	长方形 五层高
15	碉楼	布吉镇丹竹头村围肚	清末	长方形 四层高
16	碉楼	布吉镇吉厦村东门头路	清末	长方形 五层高
17	碉楼	布吉镇吉厦村墙背街	清末	长方形 四层高

18	碉楼	布吉镇樟树布村山尾村	民国	长方形 四层高
19	碉楼	布吉镇厦村厦园	清末	长方形 四层高
20	碉楼	布吉镇厦村厦园	清末	长方形 五层高
21	碉楼	布吉镇沙塘布村	清末	长方形 五层高
22	碉楼	布吉镇大芬村老围	清末	长方形 四层高
23	碉楼	布吉镇下水径村	清末	正方形 五层高
24	碉楼	布吉镇水径村石龙坑	民国	正方形 四层高
25	碉楼	布吉镇布吉一街村	清末	长方形 三层高
26	碉楼	布吉镇南岭老村	清末	长方形 五层高
27	碉楼	布吉镇南岭南路	民国	正方形 四层高
28	碉楼	布吉镇布吉老墟村	清末	长方形 三层高
29	碉楼	布吉镇大芬村老围	清末	三层高
30	碉楼	布吉镇布吉南上村	清末	正方形 二层高
31	碉楼	布吉镇南岭村南路	清末	四层高
32	碉楼	龙岗镇龙岗村	清末	四层高
33	碉楼	龙岗镇龙岗村委上圩街	民国	三层高
34	碉楼	龙岗镇龙岗村委上圩街	清末	四层高
35	碉楼	龙岗镇龙岗村委格水村	清末	四层高
36	碉楼	龙岗镇龙岗村委格水村	清末	四层高
37	碉楼	龙岗镇龙岗村委杨梅岗村	清末	四层高
38	碉楼	龙岗镇南约村委联和村	清末	四层高
39	碉楼	坪山镇竹坑村委龙湖世居角楼	清末	四层高
40	碉楼	坪山镇沙坑村委卢氏围屋角楼	清末	四层高
41	碉楼	坪山镇中华巷	清末	正方形 五层高
42	碉楼	坪山镇文化街	清末	正方形 五层高
43	碉楼	坪山镇万兴街	清末	正方形 五层高
44	林氏宗祠碉楼	坪山镇沙坑村	清末	正方形 五层高

45	黄氏围碉楼	坑梓镇老坑村三角楼村	清末	正方形 五层高
46	碉楼	坑梓镇秀新村沙犁园村	民国	正方形 五层高
47	碉楼	大鹏镇王桐村	清末	长方形 五层高
48	碉楼	葵涌镇石场村	清末	长方形 五层高
49	碉楼	葵涌镇三溪村	清末	长方形 五层高
50	碉楼	葵涌镇葵涌村	清末	长方形 五层高
51	碉楼	葵涌镇葵丰村	清末	长方形 五层高
52	碉楼	平湖镇新大村委木古老村	民国	长方形 五层高
53	碉楼	平湖镇新大村委老树	民国	长方形 五层高
54	碉楼	平湖镇上木古村	民国	长方形 五层高
55	碉楼	平湖镇鹅公岭村	民国	长方形 五层高
56	碉楼	平湖镇平湖村	民国	长方形 五层高
57	碉楼	平湖镇镇内下大街59号	民国	长方形 五层高
58	碉楼	横岗镇西坑村	清末	长方形 五层高

4. 古井

序号	名称	地点	时代	备注
1	水井	南澳镇新大村委碧洲村	清中期	圆形
2	水井	南澳镇新大村委大岭吓村	清中期	方形
3	水井	南澳镇西冲村委沙岗村	清中期	圆形
4	水井	南澳镇西冲村委学斗村东	清中期	圆形
5	水井	南澳镇西冲村委南蛇村	清中期	圆形
6	水井	南澳镇东冲村委上围村	清中期	圆形
7	水井	南澳镇东农村委大碓村	清中期	圆形
8	水井	南澳镇西冲村委学斗村	清中期	圆形
9	水井	大鹏镇鹏城内东北角	清	方形
10	水井	大鹏镇鹏城内红花岩	清	方形
11	水井	大鹏镇鹏城内东北角	清	圆形

12	水井	大鹏镇鹏城内东北角	清	圆形
13	水井	坑梓镇龙田村委大水湾村	清末	方形
14	水井	坑梓镇龙田村委大窝村	清末	方形
15	水井	坑梓镇老坑村委三角楼村	清末	方形
16	水井	坑梓镇老坑村委东坑村	清末	方形
17	水井	平湖镇山厦村	明末	方形
18	水井	龙岗镇同乐村委吓坑村	清末	方形
19	水井	布吉镇三联村委禾沙坑村	清末	方形
20	水井	布吉镇南岭村委南路老村	清末	圆形

5. 宫观庙宇和教堂

序号	名称	地点	时代	备注
1	天后宫古庙	南澳镇东农村委东山村	清末	二进四合院
2	关帝庙	南澳镇新大村委碧洲村	清末	三开间二进
3	谭仙古庙	南澳镇西冲村	民国	现代重建
4	洪圣宫	南澳镇东农村委杨梅坑村	清道光二十八年	
5	土地庙	大鹏镇油草棚村	清末	一间
6	龙岩古寺	大鹏镇西观音山腰	清末	三进三开间
7	东山寺	大鹏镇鹏城东山寺	现代重建	三进五开间
8	天后宫	大鹏镇鹏城内	现代重建	
9	侯王古庙	大鹏镇鹏城内	清末	二进三开间
10	谭大仙庙	大鹏镇鹏城东	现代	一间
11	赵公祠	大鹏镇鹏城内	清末	三间
12	谭大仙庙	龙岗镇龙东村	现代	
13	文武帝庙	坪山镇东胜村	清末	三进三开间
14	观祥古寺	布吉镇厦村	清末	二进三开间
15	谭仙祖庙	坑梓镇荣田村	现代重修	二进三开间
16	鹅公岭古庙	平湖镇鹅公岭村	清末	二进三开间

17	基督教布吉堂	布吉镇布吉街老墟村	清末	二层五开间

6. 府第

序号	名称	地点	时代	备注
1	振威将军第	大鹏镇鹏城正街	清	二进二开间
2	振赖恩爵威将军第	大鹏镇鹏城内	清	三进七开间
3	刘起龙将军第	大鹏镇鹏城内	清	二进三开间
4	赖世超将军第	大鹏镇鹏城内	清	
5	郑氏司马第	大鹏镇鹏城内	清	三进二开间
6	将军第	大鹏镇鹏城内十字街	清末	门楼一间
7	将军第	大鹏镇鹏城内赖将军巷	清末	二进并三处
8	司马第	大鹏镇水贝村	清末	仅存额石
9	昆玉嘉丰第	坪山镇六联村	民国	三间
10	瑞霭吾卢第	坪山镇六联村	民国二十七年	三间

7. 古桥

序号	名称	地点	时代	备注
1	三盛桥	南澳镇东农村委高岭村	民国十五年	单孔
2	登云桥	大鹏镇鹏城西门外	清	三孔
3	荣荫桥	大鹏镇鹏城西南角潭畔	清	三孔
4	官坑桥	大鹏镇鹏城北九顿山下	清	单孔
5	福隆桥	大鹏镇鹏城西北	清	三孔
6	永兴桥	大鹏镇鹏城大坑上村	清	单孔

8. 书室（私塾、学校）

序号	名称	地点	时代	备注
1	华强学校	坪山镇马峦村	民国	三间
2	启贤家塾	布吉镇布吉西门庭街	清末	二进三开间
3	纪勋劳学校	平湖镇	民国	已改建

4	蓝桂书室	横岗镇荷坳村	民国	二进三开间

9. 革命和纪念建筑

序号	名称	地点	时代	备注
1	刘铸伯别墅	平湖镇凤凰山半腰	清末	二层二开间
2	念妇贤医院	平湖镇述昌街	民国	
3	东江纵队司令部	葵涌镇土洋村	抗日战争时期	二层
4	前进报社旧址	坪山镇石灰坡村	抗日战争时期	二层三开间

10. 牌坊

序号	名称	地点	时代	备注
1	东山寺石坊	大鹏镇东山寺前	清咸丰年间	三间四柱
2	清标通管坊	大鹏镇水贝村北	清	三间四柱

11. 塔

序号	名称	地点	时代	备注
1	风水塔	横岗镇西坑村	现代	四层六边

12. 古城

序号	名称	地点	时代	备注
1	大鹏古城	大鹏镇鹏城	明清	保存较好

13. 碑刻

序号	名称	地点	时代	备注
1	罗山石碑	平湖镇山厦村	清康熙年间	青石质 高 74 厘米 宽 48 厘米
2	广东督军 署布告碑	平湖镇老街 11 号	民国五年	青石质 高 110 厘米 宽 58 厘米

3	广东省长公署布告碑	平湖镇老街11号	民国五年	青石质 高102厘米 宽57厘米
4	宝安县知事周德馨碑	平湖镇老街11号	民国五年	青石质 高63厘米 宽57厘米
5	参戎许总爷去思碑	大鹏古城西门外墙南侧	清雍正十年	花岗岩质 高146厘米 宽72厘米

三、龙岗区馆藏文物珍品一览表

序号	名称	时代	级别	质地	规格（厘米）	收藏单位	备注
1	曾生将军的海军呢大衣	抗日战争	2	呢		东江纵队纪念馆	
2	照相机	抗日战争	3	金属		东江纵队纪念馆	缴获日军
3	望远镜	抗日战争	3	金属		东江纵队纪念馆念馆	
4	临时党员证	抗日战争		纸质			
5	省港罢工工人凭证	大革命时期		纸质		大鹏古城博物馆	
6	大鹏古城“重修大鹏所城碑记”	清代		石碑		大鹏古城博物馆	光绪七年（1892年）
7	大夫第匾	清代		木质	201 × 75.5 × 3	客家民俗博物馆	
8	灭火铜枪	清代		铜质	长137， 口径2.7，底径5	客家民俗博物馆	
9	雕花床	民国		木质	209 × 160 × 220	客家民俗博物馆	

10	土窑榨糖机	民国		石质	高54，腹围72	客家民俗博物馆	
11	大襟衫（1）	民国		丝绸	长73，腹围100	客家民俗博物馆	
12	大襟衫（2）	民国		丝绸	长62，腹围48	客家民俗博物馆	

四、龙岗区历史名人一览表

序号	姓名	籍贯	生卒年	备注
1	刘起龙	深圳龙岗大鹏	？—1801	
2	赖云台	深圳龙岗大鹏	1778—1840	
3	赖恩爵	深圳龙岗大鹏	1795—1848	
4	郑金	深圳	1865—1911	
5	郑照	深圳	1870—？	
6	刘铸伯	深圳龙岗平湖	1870—1919	
7	黄友	广东东莞凤岗	1927—1944	
8	黄闻	深圳龙岗葵涌	1916—1945	
9	梁鸿钧	湖南省湘潭县	1905—1945	
10	刘黑仔	深圳龙岗大鹏	1919—1946	
11	潘冠良	深圳龙岗葵涌	1934—1989	
12	蓝造	深圳龙岗葵涌	1917—1990	
13	曾生	深圳龙岗坪山	1910—1995	

五、龙岗区博物馆、纪念馆一览表

名称	地址、邮政编码	电话、传真	开放时间
大鹏古城博物馆	龙岗区大鹏镇鹏城村（518120）	0755—84315618	8:00—17:30
客家民俗博物馆	龙岗区龙岗镇罗瑞合村（518116）	0755—84296108	9:00—17:30

东江纵队纪念馆	龙岗区坪山镇（518118）	0755—84642252（传）	9:00—17:30
东江纵队司令部旧址	龙岗区葵涌镇土洋村（518119）	0755—84230985	9:00—17:30
大鹏华侨纪念馆	龙岗区大鹏镇（518120）	0755—84315618（传）	9:00—17:30

六、龙岗区爱国主义教育基地一览表（博物馆、纪念馆部分）

序号	馆名	电话	地址	备注
1	大鹏古城博物馆	84315618	龙岗区大鹏镇鹏城村	深圳市级爱国主义教育基地
2	东江纵队司令部旧址	84230985	龙岗区葵涌镇土洋村	深圳市级爱国主义教育基地
3	东江纵队纪念馆	84642252	龙岗区坪山镇东纵路石灰陂村	深圳市级爱国主义教育基地

七、龙岗区文物古迹分布图

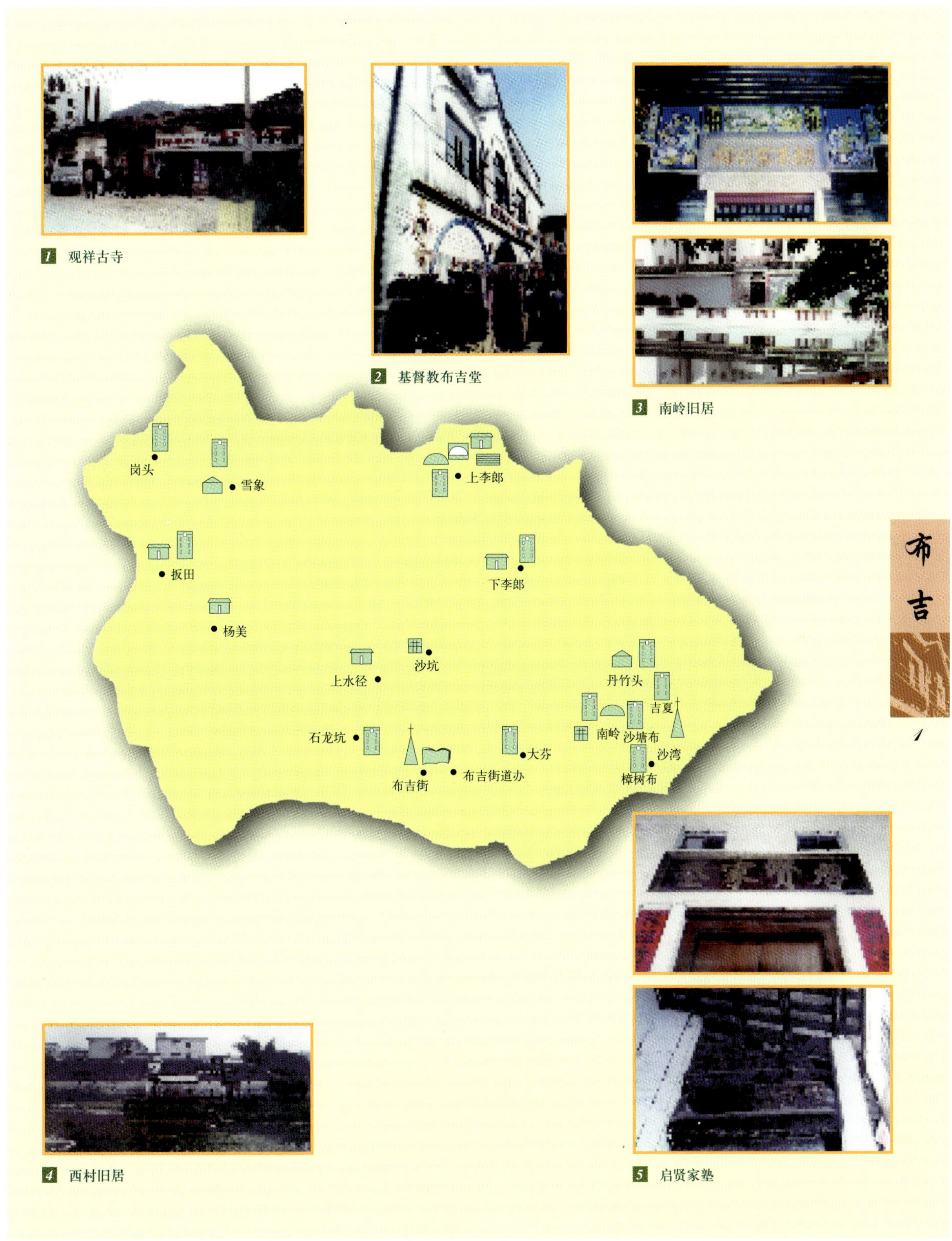

1 观祥古寺

2 基督教布吉堂

3 南岭旧居

4 西村旧居

5 启贤家塾

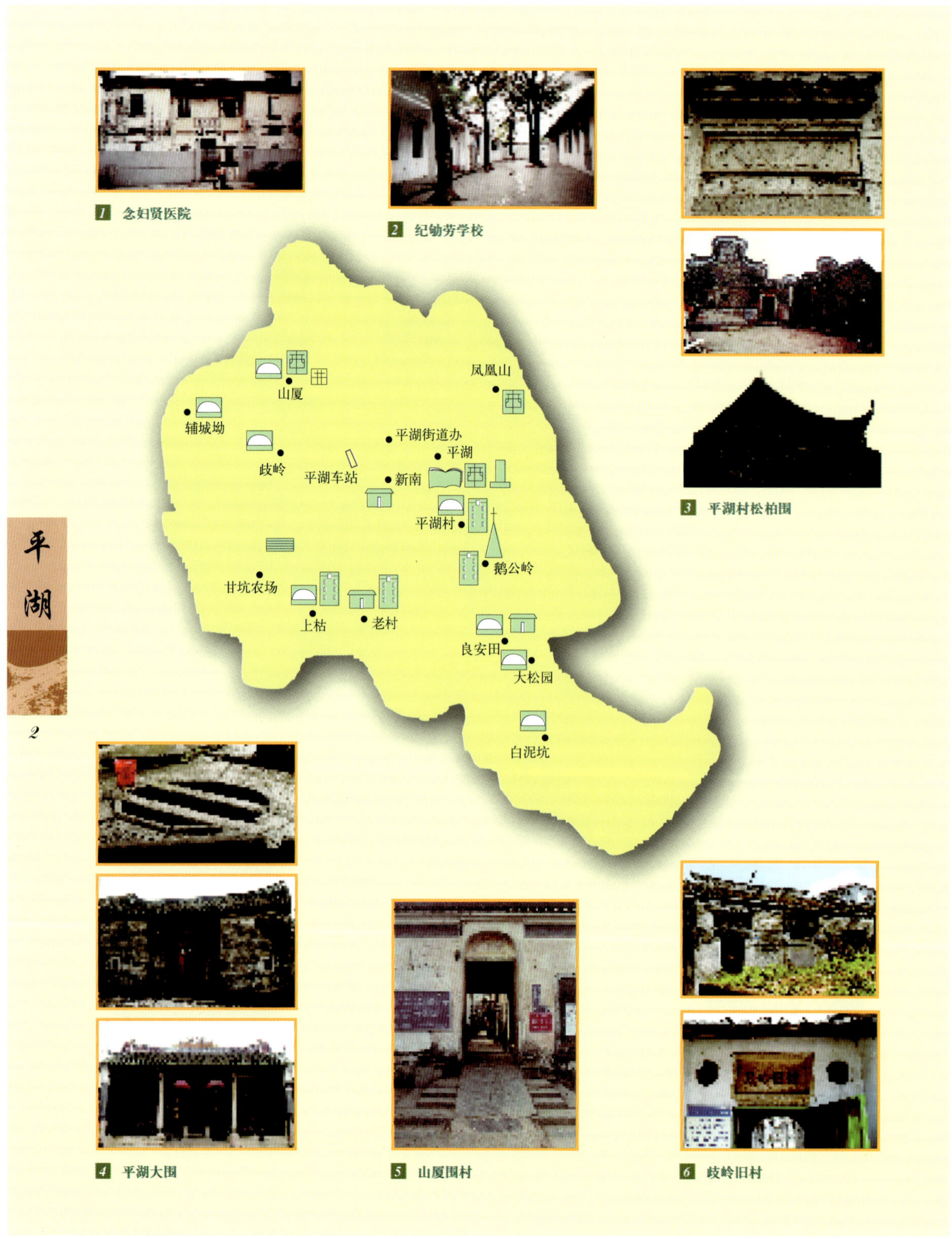
1 念妇贤医院
2 纪勑劳学校
3 平湖村松柏围
凤凰山
山厦
辅城坳
平湖街道办
平湖
歧岭
平湖车站
新南
平湖村
鹅公岭
甘坑农场
上枯
老村
良安田
大松园
白泥坑
4 平湖大围
5 山厦围村
6 歧岭旧村

平湖

2

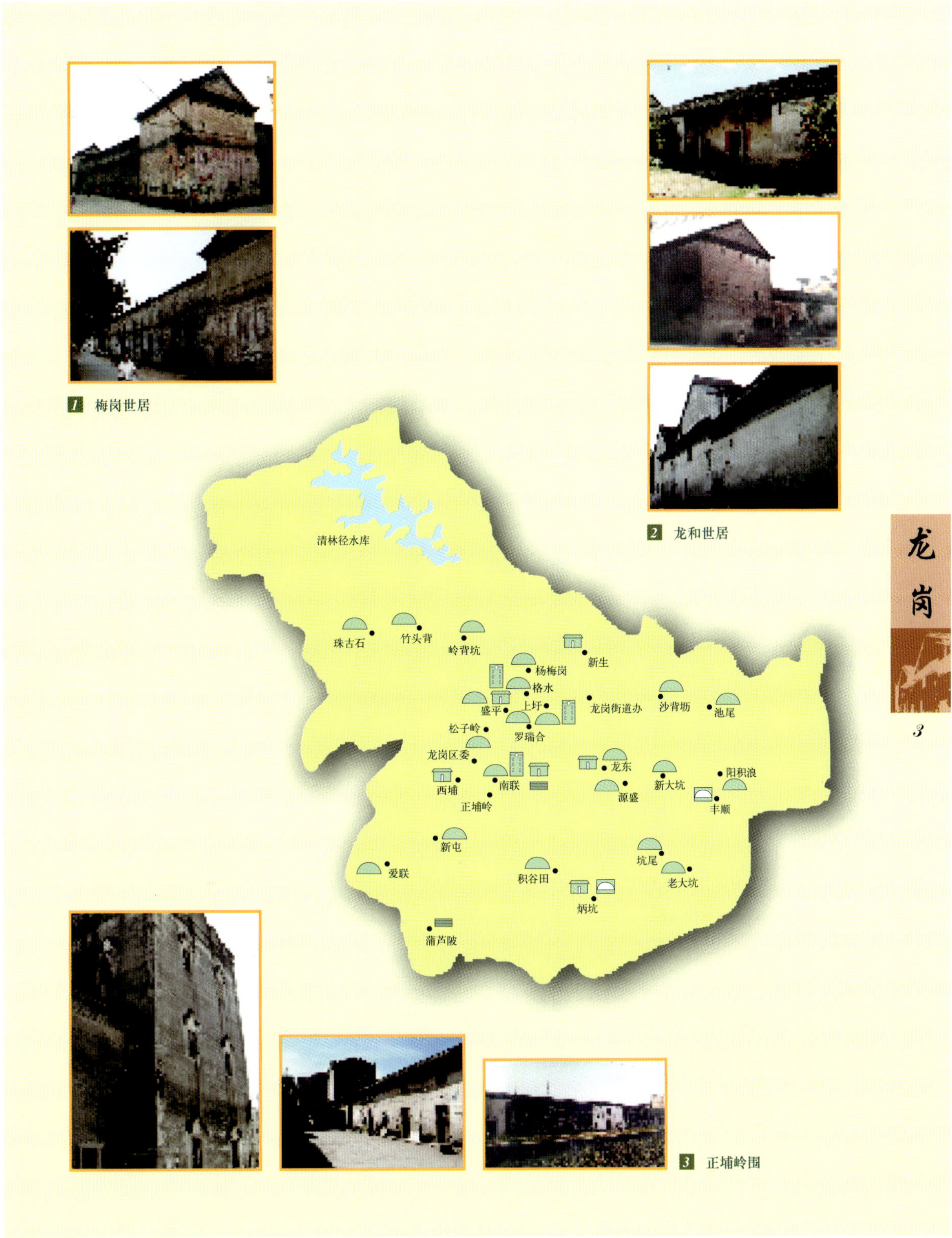

1 梅岗世居

2 龙和世居

3 正埔岭围

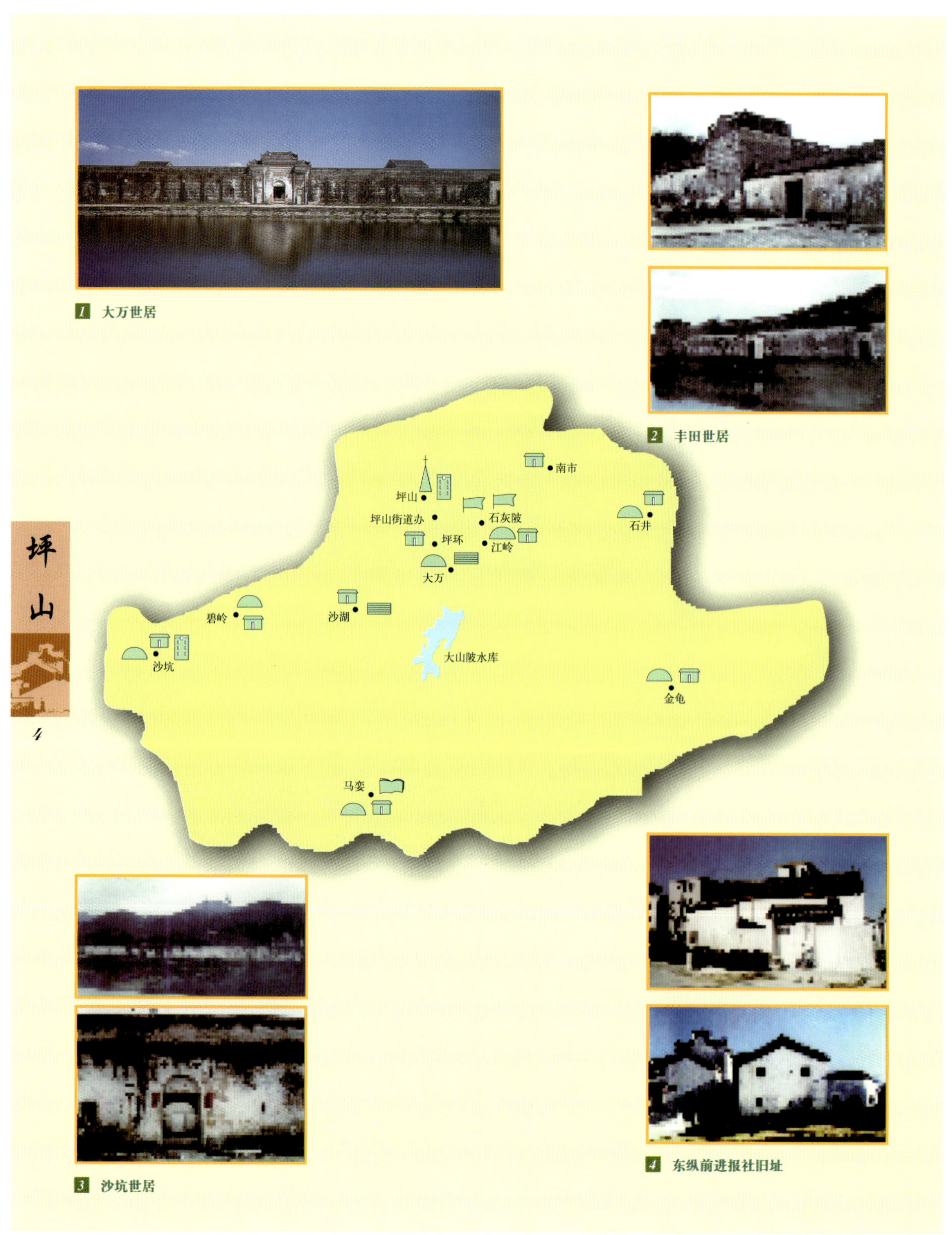

1 大万世居

2 丰田世居

3 沙坑世居

4 东纵前进报社旧址

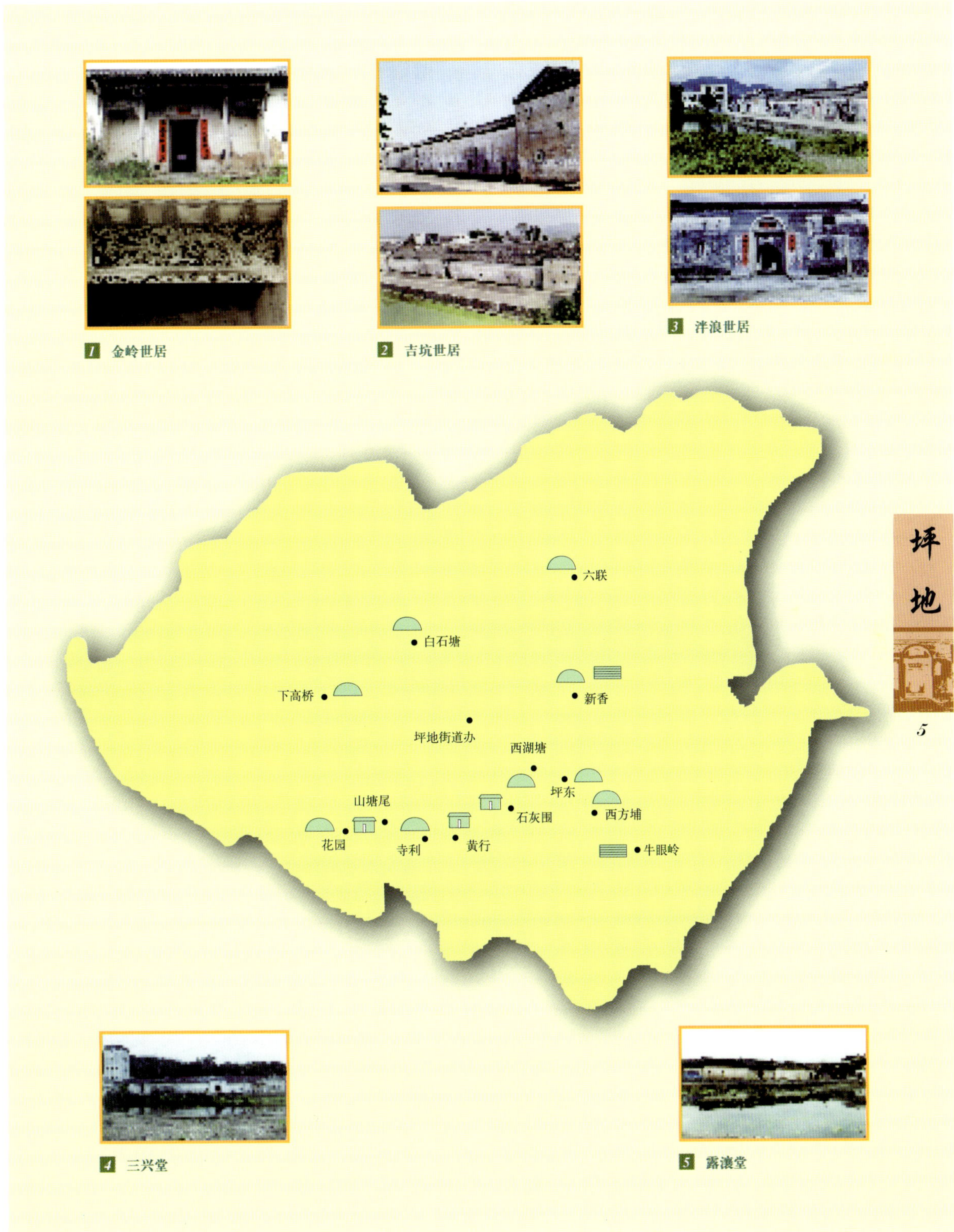

1 金岭世居
2 吉坑世居
3 泮浪世居
六联
白石塘
下高桥
新香
坪地街道办
西湖塘
坪东
山塘尾
石灰围
西方埔
花园
寺利
黄行
牛眼岭
4 三兴堂
5 露瀼堂
坪地
5

1 新乔世居

2 长隆世居

3 青排世居

4 迴龙世居

5 磐龙世居

6 龙田世居

1 茂盛世居

2 莘塘世居

3 高口新居

4 西坑世居

1 东江纵队司令部旧址

2 长安世居

3 福田世居

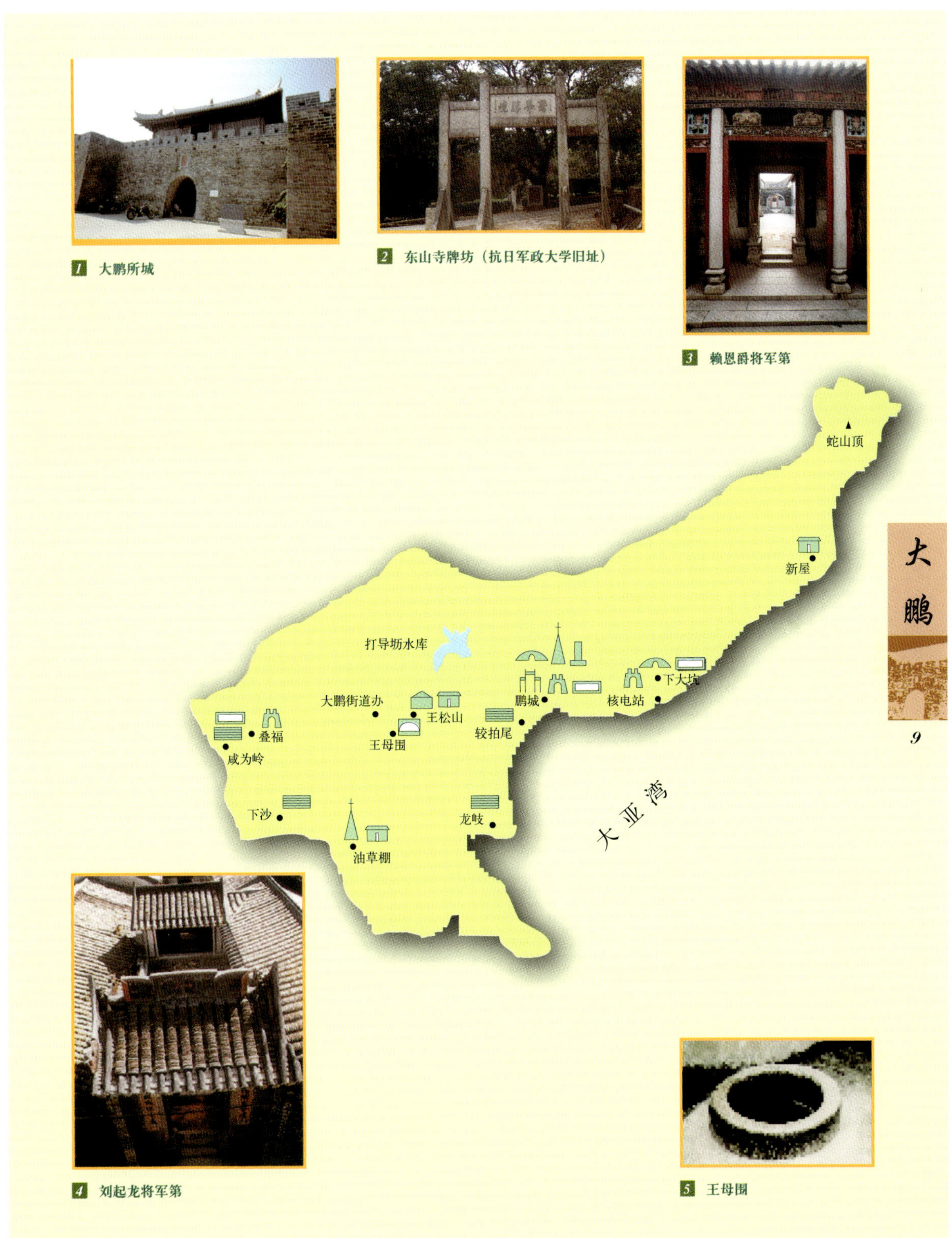

1 大鹏所城

2 东山寺牌坊（抗日军政大学旧址）

3 赖恩爵将军第

4 刘起龙将军第

5 王母围

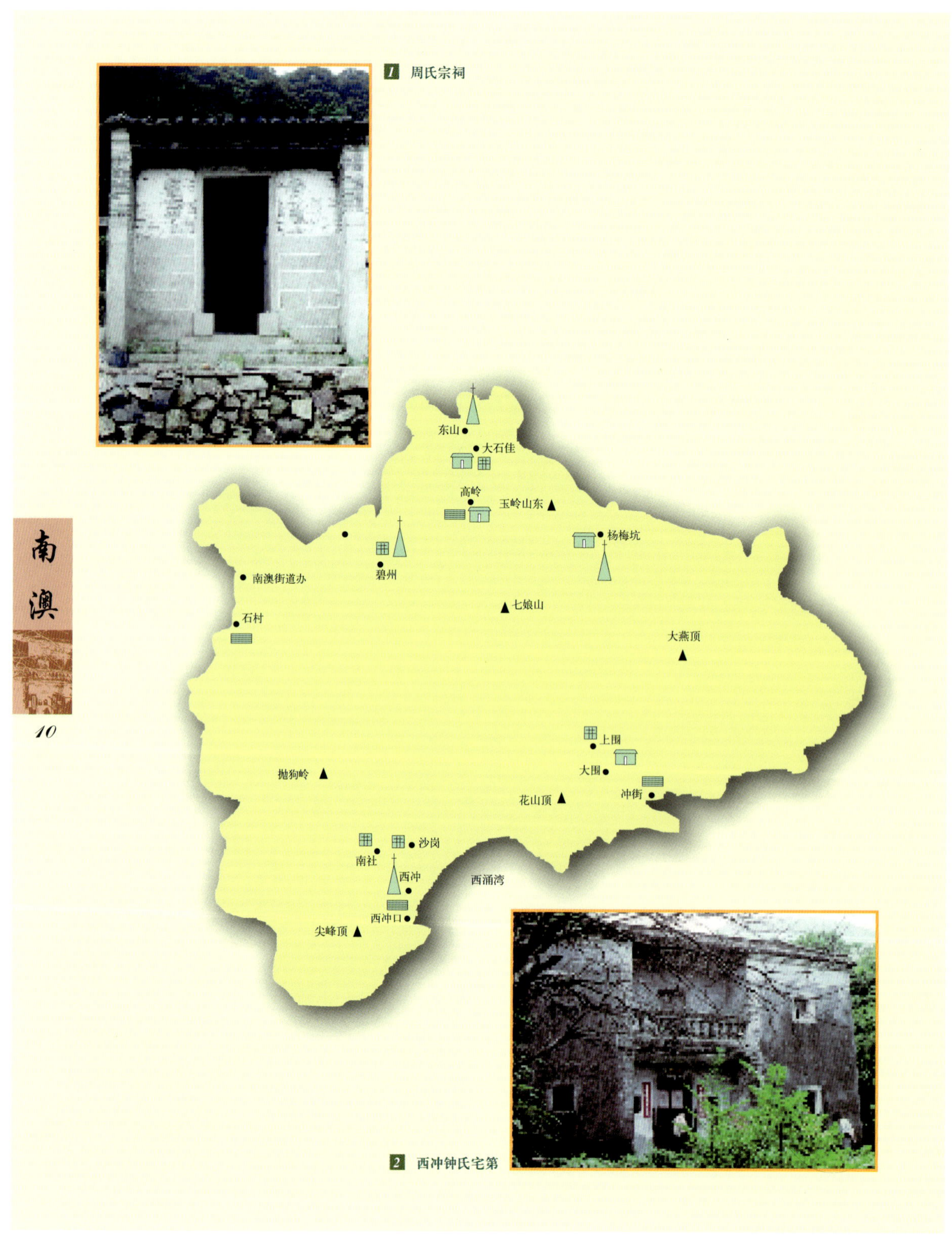

1 周氏宗祠

2 西冲钟氏宅第

编 后 记

龙岗区是深圳最大的一个区，也是深圳客家人主要的居住区。本部分通过对历年来龙岗区物质文化和非物质文化遗产普查资料的整理和研究，系统地记述龙岗区文物资源、非物质文化遗产。

境内分布的客家围屋100余座，蔚为大观。因此龙岗区客家文化遗产，是我们记述龙岗区历史文化资源的重点。

本部分的编写，主要由吴曾德、周军、黄崇岳同志完成。黎乔筑同志提供非物质文化遗产的材料。龙岗区文体局给予了大力支持，客家民俗博物馆提供了相关资料。扬荣昌同志参加概述的编撰，并提供部分文物照片。陈宁、张伟同志绘制龙岗区文物分布图。陈宁同志负责编写的技术工作。

编后记（总）

《广东省县域历史文化资源（深圳卷）》，几经修改，历时一年半，终于完成了编撰工作。起初，我们将深圳市区域内的历史文化资源统一整合编写，后因省文化厅要求深圳和珠海两市须分区编写，故不得不将全书重新分区、整合，并补充了各区概况、历史沿革及图表等。

《广东省县域历史文化资源（深圳卷）》分宝安区部分、南山区部分、福田区部分、罗湖区部分、盐田区部分和龙岗区部分。各部分又分综述、概况、不可移动文物资源、博物馆纪念馆及馆藏文物、非物质历史文化遗产、历史名人、附录等。附录主要有文物保护单位一览表、未定保护级别文物一览表、博物馆纪念馆一览表、爱国主义教育基地一览表等。

本书由深圳市文物管理办公室承担编写。吴曾德、周军、黄崇岳同志通过对历年来深圳市物质文化和非物质文化遗产普查资料的整理和研究，系统地记述深圳市文物资源、非物质文化遗产和区域内历史名人，完成了本书的编写工作。深圳市群众艺术馆的黎乔筑同志提供非物质文化遗产的材料。陈宁、张伟同志绘制各区文物分布图。陈宁同志负责编写的技术工作。

本书的基础材料来源于本市的第二次文物普查。对于为第二次文物普查及之后的整理、初步研究等工作作出贡献的同仁、朋友，再次表示诚挚的敬意和谢意！